FABIAN SIEGLER

FINANZIELLE FREIHEIT MIT DROPSHIPPING

Wie Sie ein profitables Streckengeschäft aufbauen, Ihr eigener Boss werden und Ihr Leben endlich genießen

FBV

Bibliografische Information der Deutschen Nationalbibliothek
Die Deutsche Nationalbibliothek verzeichnet diese Publikation in der Deutschen Nationalbibliografie. Detaillierte bibliografische Daten sind im Internet über http://dnb.d-nb.de abrufbar.

Für Fragen und Anregungen:
info@finanzbuchverlag.de

1. Auflage der aktualisierten und erweiterten Ausgabe 2021

Türkenstraße 89
80799 München
Tel.: 089 651285-0
Fax: 089 652096

Redaktion: Rainer Weber
Umschlaggestaltung: Catharina Aydemir
Umschlagabbildung: JimLarkin/istockphoto.com
Satz: Röser MEDIA GmbH & Co. KG, Karlsruhe
Druck: GGP Media GmbH, Pößneck
Printed in Germany

ISBN Print 978-3-95972-525-5
ISBN E-Book (PDF) 978-3-98609-002-9
ISBN E-Book (EPUB, Mobi) 978-3-98609-003-6

INHALT

VORWORT ZUR AKTUALISIERTEN UND ERWEITERTEN AUSGABE

Ich freue mich sehr, dass Sie sich für Dropshipping interessieren. Dieses Buch hat den Anspruch, Sie in die Welt des E-Commerce einzuführen. Bereits im Herbst 2020 wurde es zum Bestseller in der Amazon-Buchkategorie »Existenzgründung & Selbstständigkeit«. Getoppt wurde dieses für mich nicht ganz unbedeutende Ereignis am 14. Mai 2021. An diesem Tag leuchtete erneut das Bestseller-Schildchen an meinem Amazon-Listing, dieses Mal in der Kategorie »Jobs & Nebentätigkeiten«. Mit der vorliegenden Ausgabe halten Sie eine aktualisierte, in Teilen verbesserte und erweiterte Auflage in Händen. An meiner Mission hat sich nichts geändert!

Ich stelle Ihnen erstmals eine neue Launch-Strategie vor, den Loop-Launch. Zudem vertiefe ich auf der Grundlage Ihrer Zuschriften die Möglichkeiten auf Plattformen wie Pinterest, Facebook und Instagram, gehe auf das Thema Amazon-Werbung ein und runde das vorliegende Buch durch die Thematik Unternehmens- und Teamkultur ab.

Eine auf den ersten Blick offensichtliche Aktualisierung besteht darin, dass ich tiefer gehende oder wichtige Links auf Unterseiten in Form eines QR-Codes darstelle. Sie können diesen mit Ihrer Smartphone-Kamera abscannen und weitere Informationen abrufen. Leidige Tippfehler bei der manuellen Eingabe von Webadressen sollten damit der Vergangenheit angehören. Natürlich wurden auch die mehr als 40 zusätzlichen Videos, überall wo nötig, aktualisiert und erweitert. Sie finden unverändert auf den Schlussseiten Ihren persönlichen Freischaltcode samt QR-Code.

Ich freue mich auch dieses Mal über Ihr Feedback, Ihre Zuschriften und Ihre Vernetzung. Ich lade Sie gerne dazu ein, sich mit mir auf LinkedIn zu vernetzen. In diesem Zusammenhang sei auch auf meine »Geheimwaffe LinkedIn« verwiesen, die ich dem Buchinhalt ebenfalls neu hinzugefügt habe. Nutzen wir die Gelegenheit, um einen der QR-Codes zu testen. Scannen Sie den Code unten ab, um sich mit mir auf LinkedIn zu vernetzen. Alternativ freue ich mich auf Ihre E-Mail an fabian@expertise.rocks

EINLEITUNG

Dieses Buch wurde geschrieben, um Ihnen die Möglichkeit zu geben, Ihr Leben von Grund auf zu verändern. Sie können so weiterleben wie bisher oder etwas völlig Neues wagen. Das Hauptproblem in aller Regel ist: die eigene Komfortzone! Sie verhindert, dass Sie nicht weiter sind als dort, wo Sie in diesem Augenblick sind. Und »dort« ist nicht örtlich gemeint. »Dort« ist der Punkt, an dem Sie sich in Ihrem Leben gerade befinden. Womöglich gefällt es Ihnen dort. Sie kennen sich aus, Ihr Alltag ist Routine. Freuen Sie sich auf Ihren nächsten Urlaub? Läuft bereits der Countdown am Smartphone zum verdienten Tapetenwechsel? Wo geht es dieses Jahr hin? Sonne, Strand und Meer? Gebirgswelt? Entspannung in einer fernen Metropole? Oder dieses Mal – Stichwort Corona – doch lieber noch Urlaub in heimatlichen Gefilden? Hauptsache weg, denken Sie vielleicht. Hauptsache Veränderung.

Wenn Sie sich überhaupt nicht in diesen Zeilen wiederfinden, dann können Sie die Einleitung überspringen und auch den einen oder anderen Abschnitt in Kapitel 1. Sie werden sehen, welche gemeint sind. Wenn Sie sich aber in diesen Zeilen wiederfinden, wenn Sie sich beruflich und im Leben verändern wollen, dann sind diese einleitenden Worte und ganz besonders Kapitel 1 wie geschaffen für Sie. Denn am Ende werden Sie verstehen, warum ich nie »urlaubsreif« bin und auch an Sonn- und Feiertagen gar nicht weiß, dass eben ein solcher Tag ist. Ihr Problem ist möglicherweise, dass Sie Ihren Job nicht lieben und nicht leben. Sie arbeiten, weil Sie müssen. Viele Ihrer Mitmenschen machen das auch so. Leider ist dieser Lebensweg von Erfüllung und finanzieller Freiheit oft weit entfernt.

Beim Lesen der folgenden Kapitel werden Sie verstehen, dass ich nicht Wasser predige und Wein trinke. Nehmen Sie mich als Ihr Vorbild und gerne beim Wort. Von keinesfalls guten Schulnoten zum erfolgreichen Auswanderer auf die Sonneninsel Mallorca. Nein, ich habe weder Strandbar noch Restaurant eröffnet. Und nein, Sie kennen mich auch nicht aus einer der angesagten Auswanderer-Formate im Reality-TV.

Wir werden uns auf den kommenden Seiten näher kennenlernen. Sie werden verstehen, warum ich so handle und denke, wie ich es eben tue. Für den Moment sei Ihnen zusätzlich zu meiner geglückten Auswanderung verraten (diese Zeilen schreibe ich in Palma de Mallorca, meiner Wahlheimat), dass ich mich mit E-Commerce seit über 15 Jahren beschäftige.

Beschäftigen ist eigentlich das falsche Wort. Sich mit etwas beschäftigen, das liegt oft irgendwo zwischen Langeweile und Zwang. Beschäftigt sein und Beschäftigter sein, das ist nahe beieinander. Ein Angestellter im Hamsterrad, Sie wissen schon. Ich dagegen liebe meine Arbeit, und ich möchte auch Sie aus Ihrer Komfortzone herauslocken. Lassen Sie es mich daher wie folgt formulieren: Ich werde Ihnen im Folgenden wichtige Informationen und Techniken zur beruflichen Lebensführung vermitteln. Manche werden Ihnen vielleicht bekannt vorkommen, die eine oder andere Technik werden Sie vielleicht auch schon bewusst oder unbewusst nutzen, aber das meiste wird Ihnen neu sein.

Wenn Ihnen Dropshipping aktuell kein Begriff ist, dann haben wir viele spannende Kapitel vor uns. Sofern Ihnen Dropshipping bereits ein Begriff ist, dann ist es wahrscheinlich wie mit dem Beschäftigtsein: Manchmal ist es anders, als man denkt. Ich interpretiere Dropshipping als seine reinste Handelsform. Nicht als Trendbusiness, nichts mit China und dergleichen. Wir werden zusammen das Handwerk des »Streckenversands« erlernen – ja, es gibt für Dropshipping tatsächlich einen deutschen Begriff, auch wenn ihn offensichtlich keiner verwendet. Sie und ich werden den Weg inmitten Ihrer Komfortzone starten. Dafür müssen Sie hier und da Ihre bisherigen Überzeugungen – zumindest kurzfristig – außer Acht lassen oder, wenn es Ihnen sinnvoll erscheint, gerne auch über Bord werfen.

Am Ende wird Ihnen dieses Buch in jedem Falle dabei helfen, Ihre ganz persönliche, unerschütterliche unternehmerische Basis zu legen. Es geht mir darum, Ihnen das notwendige Rüstzeug für ein langes, gesundes, glückliches und ortsungebundenes Leben zu vermitteln.

Ja, Sie haben richtig gelesen: von Arbeit kein Wort. Keine Sorge, wir werden arbeiten, auch sehr viel, aber Sie werden es nicht mehr als »Arbeit« empfinden. Sie müssen nicht mehr in die überfüllte U-Bahn steigen, um dann neben all den anonymen Smartphone-Usern Platz zu nehmen. Entschuldigen Sie, aber ich muss das so nennen – oder kennen Sie all Ihre Mitreisenden? Natürlich nicht, Sie fahren anonym ins Büro, auf den Bau oder was auch immer Ihren Lebensunterhalt aktuell einspielt.

Schon bald wird es Ihre letzte Fahrt sein. Dann tauschen Sie nämlich Ihren aktuellen Trott gegen einen Laptop mit W-LAN und steuern Ihr eigenes Versandparadies. Und nein, keine Sorge, wir benötigen dazu keine festen Mitarbeiter, keinen Warenbestand, den wir risikobehaftet vorfinanzieren müssen, und auch kein Büro oder Lager. Ich werde Ihnen die Ausbildungswerkzeuge und das Know-how liefern, das Sie benötigen, um zu lernen, wie ein ortsungebundenes Business für jedermann umsetzbar ist.

Sie können das von mir vermittelte Wissen auch als Student, als Hausfrau oder als Vollzeitgeplagter anwenden. Es gibt keine zwingenden Voraussetzungen. Grundsätzlich müssten Sie nicht einmal volljährig sein, ich habe mit 16 Jahren das Unternehmertum für mich entdeckt. Jedenfalls werde ich Ihnen aus allen Gesellschaftsschichten praxiserprobte Handlungspläne geben. Somit können Sie Ihre Veränderung jetzt sofort starten.

Sie werden Ihrem Leben auf eine völlig neue Art und Weise begegnen. Eine derartige Veränderung wird Sie in die Lage versetzen, immer wieder Ihre eigene Antwort auf Erfolg (mehr Zeit, mehr Geld, mehr Freiheit ...) zu finden.

Ich bin mir sicher, dass Sie ein Macher sind. Einer von vielen, die ihren Traum und ihre Ziele in der Realität umwandeln möchten. Selbst wenn Sie bisher noch nicht an diesem Punkt angelangt sind, werden Sie am Ende erfolgreich sein. Sie müssen nur entschlossen sein, alles zu tun, was nötig ist. Würden Sie nicht zu dieser Minderheit gehören wollen, die ihr Leben in die eigene Hand nimmt, hätten Sie dieses Buch gar nicht erst gekauft. Sie sind auch gewiss niemand, der sich auf den Staat verlässt oder darauf wartet, dass jemand anderes zu Ihrer Rettung kommt. Sie sind sich wahrscheinlich darüber im Klaren, dass Sie nicht erst im Lotto gewinnen müssen, um etwas zu unternehmen.

Dieses Buch wird Sie in eine neue Welt entführen. Seine Zeilen sind geschrieben worden für Menschen, die den Willen haben, die Zeit, die Energie und das Durchhaltevermögen zu investieren, die nötig sind, um ihre eigenen Fähigkeiten und Talente in etwas Neuem erfolgreich einzusetzen. Am Ende wartet etwas Unbezahlbares auf Sie: Veränderung – um bereits heute gesünder und bewusster zu leben und nicht erst bei Antritt Ihrer Rente. Das Großartigste dabei wird sein: All dies geschieht ohne klingelnden Wecker. Insbesondere Letzteres ist für mich die höchste Bezahlung, die es geben kann.

Die Freiheit zu entscheiden, wann und wo ich arbeite – in Kürze können auch Sie das. Einfach deshalb, weil Sie nichts weiter brauchen werden als ein internetfähiges Gerät, das passende Mindset und den Mumm, Ihre Komfortzone zu verlassen.

Es gibt Absolventen meines Lehrgangs »Dropmaster«, die ihren gesamten Lebensunterhalt rein digital bestreiten. Ich möchte Ihnen damit aufzeigen, dass Ihre Vergangenheit, Ihre Herkunft, Ihre bisherigen Erfahrungen und auch Niederlagen völlig irrelevant sind. Sie können alles erreichen, wenn Sie ab sofort Ihren Blick auf das Wesentliche richten.

Meine Definition von »wesentlich« vermittle ich Ihnen auch gleich jetzt. Sie können Ihre Fehler wie bisher entschuldigen, Sie können andere oder Pech für die negativen Ereignisse in Ihrem Leben verantwortlich machen, aber egal, wen Sie als Schuldigen auserkoren haben, es verändert nichts an den Tatsachen. Deshalb werden wir Ihre Komfortzone verlassen und etwas Nachhaltiges in Gang setzen. Bevor Sie Ihre Zeit weiter damit verschwenden, nach Entschuldigungen zu suchen, ist es besser, Ihre Unentschlossenheit jetzt sofort zu beenden.

Ziehen Sie einen Strich unter Ihre Vergangenheit, unter die vergangenen Fehler und Missetaten anderer, unter Ihr eigenes Muster aus Zögern, Untätigkeit und Versäumnissen. Ich bin dazu ausgewandert! Es war mir wichtig, mir selbst klar aufzuzeigen: Ja, ich kann mein privates Umfeld tiefgreifend verändern.

Meine Fähigkeit, EU-Dropshipping zu verfeinern, begleitet mich nun seit weit über einem Jahrzehnt. Ich gehe mit Dropshipping im Kopf zu Bett und stehe damit auf, und das losgelöst davon, in welchem Land ich lebe oder gerade verweile.

Natürlich hatte auch ich Sorgen der Ungewissheit, (wird das gut gehen, ohne Spanisch zu sprechen? Wo muss ich mich überall anmelden? Welche Auflagen für Ausländer gibt es? ...), aber diese dürfen einen nicht abhalten zu tun, was immer auch getan werden muss. Der Schlüssel ist einzig und allein Zielsetzung und Beharrlichkeit, getreu dem Motto: Wer langsamer geht, kommt schneller ans Ziel! Vergessen Sie nie: Die Erfolgreichen haben immer klein angefangen. Wenn Sie erst einmal verinnerlichen, dass viele kleine »normale« Aktivitäten etwas Großes erschaffen, dann korrigieren Sie damit auch die maßlosen Vorstellungen, die Neulinge oftmals an den Tag legen. Kontinuität schlägt immer Intensität, auch wenn Sie am Anfang wenig bis keine Ergebnisse sehen. Dropshipping ist vor allem eins: die perfekte Möglichkeit, sich nebenher ein eigenes Geschäft aufzubauen.

Starten wir den ersten Schritt auf dem Weg zum Erfolg und werfen wir gemeinsam einen Blick auf ein paar wichtige erste Fragen und Grundlagen.

KAPITEL 1

»Es ist sinnlos zu sagen: Wir tun unser Bestes. Es muss dir gelingen, das zu tun, was erforderlich ist.«

Winston Churchill

EIN BELASTBARES FUNDAMENT LEGEN: VORTEILE UND RISIKEN DES STRECKENGESCHÄFTS

Fallen wir direkt mit der Tür ins Haus. Lassen Sie uns direkt und unmissverständlich mit den Vor- und Nachteilen dieses Geschäftsmodells starten.

Ja, der Streckenversand ist Segen und Fluch zugleich. Einerseits lockt die Aussicht auf ortsungebundenes Arbeiten, auf Freiheit und wenig finanzielles Risiko, andererseits fallen einem diese Vorteile nicht einfach so in den Schoß. Fakt ist: Nie war es einfacher, ein echtes Unternehmen aus den heimischen vier Wänden heraus zu starten. Dropshipping ist ungebrochen im Aufwind. Vor allem das »China-Dropshipping« macht in sozialen Netzwerken und in den ersten Trefferseiten der Suchmaschinen von sich reden. Dabei ist das Streckengeschäft oder der Streckenversand, so der deutsche Fachbegriff, keinesfalls neu.

Vor Hunderten von Jahren gab es bereits die Direktlieferung. Neu ist die zunehmende Vernetzung und die Tatsache, dass wirklich jeder mit einem Internetanschluss zum Verkäufer werden kann. Online-Marktplätze tun ihr Übriges, damit man seine Zukunft selbst gestalten kann. Dennoch ist es kein Freifahrtschein und gewiss auch kein rechtsfreier Raum. Leider hat es aber genau diesen Anschein. Viele starten ohne solide Vorbereitung in das Abenteuer Dropshipping. Das Bild wird geprägt von Shops, die in jeder Hinsicht wenig ansprechend sind, keinerlei rechtliches Grundgerüst aufweisen und ein Sortiment anbieten, das sich in Beliebigkeit verliert.

Das Ganze mündet in »Versuch und Irrtum«. Die meisten Shops verschwinden schneller, als sie aufgebaut wurden. Die ehemaligen Betreiber versuchen sich auf der nächsten, scheinbar grüneren Wiese.

Da die Eintrittshürden so niedrig sind, trennt sich bereits nach wenigen Wochen die Spreu vom Weizen. Nur die Shops, die diesen Namen auch verdienen, sind auch Monate oder Jahre nach dem Launch (dazu später mehr, Sie können es vorerst als Eröffnung verstehen) noch am Markt.

Um zu begreifen, warum es nicht jeder schafft, beginnen wir mit den Vorteilen des Dropshipping. Der wohl offensichtlichste: Der klassische Wareneinkauf ist nicht mehr notwendig. Die angebotenen Produkte müssen nicht selbst gelagert, verpackt oder versendet werden. All dies übernimmt Ihr Lieferant. (Wie Sie einen solchen finden, erkläre ich Ihnen später.)

Auch als Quereinsteiger können Sie sich eine rentable Perspektive mit Dropshipping aufbauen. Technische Voraussetzungen sind kaum notwendig, da es für fast alles eine Vorlage oder ein Template gibt. Dieser Vorteil ist aber zugleich auch ein großer Nachteil, wie ich Ihnen später noch aufzeigen werde.

Die Betriebskosten für einen Webshop sind recht überschaubar (einige Anbieter stelle ich Ihnen ebenfalls im Detail vor). Für den Moment genügt es, wenn Sie verinnerlichen, dass ein Webshop-Baukasten bereits für wenige Euro im Monat zu bekommen ist. Zur Finanzierung genügt es, wenn Sie ein oder zwei Packungen weniger rauchen oder auf Ihren täglichen Latte vom Coffeeshop verzichten.

Auch um das sogenannte Shophosting (Ihr Speicherplatz im Internet) müssen Sie sich mit dem richtigen Starterpaket keine Sorgen machen. Und natürlich starten Sie auch ohne individuelle anwaltliche Beratung. Nein, nicht blauäugig. Aber die grundlegendsten Dinge wie

Allgemeine Geschäftsbedingungen (AGB), Widerrufsbelehrung und Datenschutzerklärung werden als preiswertes Paketangebot von vielen Kanzleien angeboten. Derartige Angebote umfassen eine anwaltliche Haftungsübernahme. Mit individuellen Rechtsberatungskosten müssen Sie vorerst also nicht rechnen.

EU-Dropshipping ermöglicht zudem das Testen neuer (Absatz-)Märkte oder gleich die Verwirklichung Ihres Hobbys. Und wer wollte nicht schon immer sein Hobby zum Beruf machen? Konkret: Sie gehen sonntags immer zum Golf? Warum nicht einen eigenen Dropshipping-Shop für Golfzubehör betreiben? Sie lieben Ihren Garten oder Balkon? Warum nicht Gartenpflanzen oder Rasenmäher über das Internet verkaufen? Dropshipping-Fähigkeiten können Sie sich im laufenden Betrieb aneignen. Eine kaufmännische Ausbildung oder Vorkenntnisse im Bereich der Betriebswirtschaftslehre sind natürlich zu begrüßen, aber keine Grundvoraussetzung für Erfolg.

Die meisten mir bekannten Händler starteten ihren Warenverkauf mit »Learning by Doing«. Wie gesagt, ich begann mit 16 Jahren. Die Liste all jener Dinge, die ich nicht wusste, war ziemlich lang. Dennoch war es kein Hindernis, um den ersten Schritt zu wagen.

Aber: Wenn Sie über gar keine relevanten Vorkenntnisse verfügen, also wirklich bei null anfangen, können Sie einen Vorab-Ausbildungsschritt in Betracht ziehen. Der bereits erwähnte »Dropmaster« könnte eine solche Möglichkeit darstellen. Ich werde im späteren Verlauf auf diese und weitere Möglichkeiten noch eingehen. Zu meiner Zeit gab es solche Angebote schlicht nicht. Zu Hause hatten wir noch Telefone mit Wählscheiben ...

Jedenfalls: Mit den heutigen Bildungsmöglichkeiten – dieses Buch gehört dazu – kann Ihr Shop zügig gestartet werden, parallel zur Theorie eignet man sich das Praxiswissen an. Sie müssen natürlich lernbereit sein, denn trotz aller Fortschrittlichkeit kommen die Informationen nicht über Autopilot in Ihr Gehirn.

Es gibt glücklicherweise Tausende Videos auf Plattformen wie YouTube, die Ihnen als Neu- bzw. Quereinsteiger die wichtigsten Basics aufzeigen. Geben Sie bei Interesse einfach Suchworte ein wie »EU-Dropshipping« oder auch »Dropshipping Europa«, um passende Videos zu finden. Hilfsbereite Online-Communitys unterstützen Sie zusätzlich beim Start. Suchen Sie sich passende Gruppen und vernetzen Sie sich. Nicht zwingend auf Facebook, sondern in erster Linie in Business-Netzwerken wie Xing (vorwiegend deutschsprachig) oder LinkedIn, wenn es international sein darf. Schlüsselfertige Softwarelösungen, die wir später im Detail entdecken werden, ermöglichen Ihnen einen Einstieg ohne Programmierkenntnisse. Sie profitieren von automatischen Abläufen bei Rechnungserstellung und Produktbestellung bei Ihrem Lieferanten.

Eigenkapital? Sie werden, zumindest mit meiner Methode, in der Aufbauphase eher kein Geld verdienen. Wenn Sie Vollzeit auf Dropshipping um- und einsteigen wollen, dann sollten Sie Lebenshaltungskosten und Dropshipping-Fixkosten für ein halbes Jahr in der Hinterhand haben. Darüber hinaus brauchen Sie kaum eigenes Kapital, da Sie per Vorkasse von Ihren Endkunden bezahlt werden. Erst im Anschluss bestellen Sie (oder Ihre Softwarelösung) beim Lieferanten die gewünschten Produkte. Die Differenz aus dieser Transaktion ist umgangssprachlich Ihr Gewinn, genauer der Rohertrag, von dem natürlich noch Fixkosten wie Arbeitsmaterial, Strom, Miete, Internetkosten, Kopierer etc. abgehen – wobei sich diese im Teilzeitbetrieb zu Hause sehr in Grenzen halten. Der Lieferant sendet dann die Ware an Ihren Endkunden. Als Absender werden Sie genannt, der Lieferant tritt also im Außenverhältnis nicht auf. All dies klingt doch zu schön, um wahr zu sein, oder?

Es ist wahr, dennoch gibt es gerade deswegen auch Risiken und Nachteile, die nicht wenigen zum Verhängnis werden: Derart niedrige Eintrittshürden haben zur Folge, dass viele lieblose und unprofessionelle Shops am Markt agieren. Der Markt aus Angebot und Nachfrage reguliert sich glücklicherweise schnell, sodass derartige Shops in aller Regel nicht lange Bestand haben. Sollten Sie also vorhaben, »mal eben schnell« einen Shop aufzusetzen, dann ist dieser mit großer Wahrscheinlichkeit zum Scheitern verurteilt. Ein professionelles Dropshipping-Business bauen Sie nicht binnen weniger Stunden oder Tage auf. Ohne Fleiß und Ausdauer wird Ihr Shop nicht funktionieren – zumindest nicht dauerhaft.

Wirklich zuverlässige Lieferanten finden Sie auch nicht in den Suchmaschinen-Top-10, anderen Verzeichnissen oder über klickstarke Werbeanzeigen. Vergessen Sie auch käufliche Listen. Die besten Lieferanten müssen verhandelt und von Dropshipping überzeugt werden. Insbesondere in Europa ist Dropshipping bei Weitem nicht so stark präsent wie in den USA. Aus diesem Grund steckt viel Potenzial in der Lieferantenauswahl.

Die Akquise ist aber mit Arbeit verbunden. Wie Sie dennoch erfolgreich aus Ihrer Suche hervorgehen, verrate ich Ihnen in einem späteren Kapitel.

Da Sie die meisten Ihrer Produkte vor dem Verkauf nicht sehen werden, müssen Sie auf die Qualität Ihrer Lieferanten genau achten. Nicht nur die Produktqualität ist relevant, sondern auch die Versand-Zuverlässigkeit. Lieferzeiten von 3 bis 4 Tagen sind in Europa üblich unter Dropshippern. Ebenfalls sehr wichtig sind zuverlässige Bestandsinformationen, eine Genauigkeit von 95 Prozent ist realistisch. Erste Nachteile stechen sofort ins Auge. Sie werden mit Dropshipping kaum taggleiche Zustellungen erreichen, und auch werden Sie nie an die Perfektion eines selbstgeführten Lagers herankommen. Faktisch sind Sie abhängig von Ihrem Lieferanten. Einige Lieferanten können auch direkt mit Ihnen im Abverkauf in Konkurrenz treten. In solchen Fällen können Sie nur den Kürzeren ziehen. Es ist wichtig, bereits zu Beginn diesen Tatsachen ins Auge zu sehen.

Hinzu kommt, Ihre Kunden haben ein gesetzliches Widerrufsrecht in Europa. Dies bedeutet, dass diese auch ohne Angabe von Gründen ihre Bestellung an Sie als Händler/Verkäufer zurücksenden können. Ihr Dropshipping-Lieferant ist gesetzlich hingegen nicht zur Rücknahme verpflichtet. Sie müssen daher genau prüfen, unter welchen Bedingungen bzw. Konditionen Waren von Ihrem Lieferanten zurückgenommen werden. Nicht ohne Grund werden wir uns den leidigen Retouren später mit etwas mehr Tiefe widmen. Produktbilder und Beschreibungen benötigen Sie in jedem Fall von Ihrem Lieferanten.

Gerade weil Sie die Produkte in der Regel nicht direkt begutachten und selbst prüfen können, sind hochwertige Stammdaten essenziell. Leider bieten viele Hersteller nur ungenügende Ausgangsdaten. Sie müssen diese dann händisch aufbereiten, dies kostet Zeit und am Ende auch Geld.

Lassen Sie sich jetzt nicht durch diesen kleinen Überblick an Risiken und Nachteilen verschrecken. Mir ist wichtig, dass wir von vornherein die Waage halten zwischen Licht und Schatten, die es überall gibt. Gehen wir im Folgenden einen Schritt weiter und blicken konkret auf Sie und Ihre Möglichkeiten als Dropshipper.

Dropshipping als Geschäftsmodell – erste Einblicke

Trotz der offensichtlichen Vorteile beim Dropshipping gibt es kritische Stimmen. Klar, einige Nachteile habe ich Ihnen ja bereits umrissen. So oder so, die Frage ist doch: Ist Ihr Glas halb voll oder halb leer?

Mit Dropshipping ist es nicht wirklich anders als mit so ziemlich allem: Es gibt auch Negativstimmen, Vorurteile und Halbwahrheiten. Im Verlauf dieses Buches gehen wir vielen dieser Punkte auf den Grund. Lassen Sie uns aber zunächst mit einer grundsätzlichen Betrachtung starten. Es ist nun mal Fakt, dass Sie kein Verkaufs- oder Vertriebs-Genie sein müssen. Auch Marketing-Skills sind nicht notwendig. Dropshipping ist also ein Geschäftsmodell für jedermann. Wie ich später anhand meines eigenen Werdegangs aufzeigen werde, benötigen Sie auch keinen höheren Schul- oder Bildungsabschluss. Es ist schlicht so, dass es auch kein Mindest- oder Höchstalter als Begrenzung gibt. Auch Geschlecht, Hautfarbe, Nationalität und Religion sind ohne Bedeutung. Wenn Sie erfolgreich mit dem Streckenversand werden wollen, dann können Sie dies auch.

Als Dropshipper, so werde ich Sie hin und wieder im Folgenden nennen, können Sie Ihr eigener Chef werden. Dass dies nicht immer leicht ist, beleuchten wir ebenso, aber es gibt keine Grenzen, die Sie bei der Umsetzung hindern würden. Nicht einmal das liebe Geld kann als Grund angeführt werden, wenn man von den Anlaufkosten absieht. Denn einen Wareneinkauf gibt es beim Dropshipping nicht. In diesem Business zählt nur Ihre Leistung, und genau deshalb hat jeder seine Chance. Wenn Sie sich in Ihrem konventionellen Arbeitsverhältnis »gefesselt« und in Ihrem persönlichen Entwicklungsprozess gebremst oder blockiert fühlen, sind Sie hier richtig. Denn ab sofort kann Ihnen niemand mehr Ihre Kreativität nehmen, Ihren schöpferischen Sinn.

Es mag die unterschiedlichsten Gründe geben, warum Sie bis dato noch nicht durchgestartet, aber jetzt bereit sind für diese neue Herausforderung. Alles, was war, ist uninteressant. Sie können jetzt, hier und heute, den Verlauf Ihrer Zukunft neu schreiben.

Fakt ist, wenn Sie sich nun entscheiden, sagen wir zunächst nebenberuflich, mit täglich zwei Stunden im Bereich Dropshipping durchzustarten, dann haben Sie die Karten neu gemischt. Warum? Ein Beispiel: Wenn Sie stattdessen in einer Bar Getränke servieren, sagen wir der Einfachheit halber ebenfalls zwei Stunden am Abend, als Nebenjob, dann werden Sie exakt für diese zwei Stunden bezahlt. Mit viel Glück gibt es noch etwas Trinkgeld on top, aber eben auch nur für Serviceleistungen, die Sie in eben diesen zwei Stunden erbracht haben. Im schlechtesten Fall wird Ihnen lediglich der Mindestlohn bezahlt, das sind dann um die 20 Euro am Tag. Selbst wenn Sie mehr verdienen wollten, bliebe Ihnen einzig der Weg über mehr Stunden.

Sind wir ehrlich, wie soll das körperlich gehen? Bedenken Sie, dass es ein Nebenjob ist, Sie haben ja bereits einen Vollzeitjob. Dazu kommen möglicherweise ein Lebenspartner, Kinder, Eltern, Freunde, Haustiere und anderes, um das man sich kümmern sollte. Ihr Tag hat, wie auch der meinige, nur 24 Stunden. Wir können es drehen und wenden, wie wir wollen, aber der Tag wird nicht länger werden. Wenn Sie also bereits acht Stunden irgendwo Ihrem Broterwerb nachgegangen sind, dazu die An- und Abfahrt zu Ihrem Vollzeitjob von mindestens einer weiteren Stunde einkalkulieren, dann sind bereits neun Stunden verplant. Zu all dem kommt jetzt am Abend Ihr neuer Nebenjob in der Bar. »Nur« zwei Stunden. Verstehen Sie, dass es mit »nur« nicht getan ist? In Summe sind es mindestens bereits zehn Stunden reine Arbeitszeit, hinzu kommt der An- und Abfahrtsweg zu beiden Jobs. Sie sind also zwischen elf und zwölf Stunden am Ackern. Vielleicht auch länger. Erkennen Sie sich irgendwo in der Geschichte wieder?

In den ersten acht oder neun Stunden haben Sie bereits vollen Einsatz gezeigt. Ihre Leistungskurve soll nun auch noch auf dem zusätzlichen Job oben bleiben? Da Sie keine Maschine sind, werden Sie früher oder später das Handtuch werfen. Oder Sie beginnen, sich selbst kleinzumachen. Sie denken sich: Okay, der neue TV mit Soundbar ist ja nicht wirklich notwendig. Also kaufe ich ihn nicht. Die Kinder brauchen neue Schuhe und Shirts, aber die wachsen ohnehin schnell raus, also kann man sich hier bei befreundeten Eltern aushelfen.

Ja, Sie können improvisieren, Sie können sich in Verzicht üben. Aber am Ende werden Sie so nie an Ihre eigentlichen Ziele und die Erfüllung Ihrer Wünsche gelangen.

Wenn Sie in dieser Art des Hamsterrads festhängen, wird Ihr Zusatzverdienst entweder zulasten Ihres Hauptjobs oder Ihrer Gesundheit stattfinden. Nicht so beim EU-Dropshipping. Wenn Sie die besagten zwei Stunden nebenberuflich auf diesem Gebiet einsetzen, sich ein profitables Sortiment aufbauen und anfangen, auf den entscheidenden Marktplätzen zu verkaufen, dann potenziert sich Ihre Zeit.

Dropshipping ist derart gut digitalisierbar, dass Sie viele Dinge automatisch erledigen können. Sie richten Prozesse einmalig ein, und von da an laufen diese in einer bewährten Abfolge. Sie müssen also nicht jeden Tag beim Nullpunkt starten. Bei Ihrem Bar-Job müssen Sie das. Sie servieren einen Drink nach dem anderen, immer und immer wieder von Neuem. Tun Sie das nicht, verdienen Sie kein Geld und erhalten auch kein Trinkgeld. Beim Dropshipping richten Sie hingegen Ihren Shop ein und erweitern Ihr Sortiment täglich um sagen wir 20 neue Produkte. Das Besondere ist, Sie stellen Ihre Produkte an einer zentralen Stelle ein. Ihre einmal eingestellten Produkte sorgen täglich aufs Neue für Sichtbarkeit. Wenn Sie jetzt einen Schritt weiterdenken, fügen Sie zu Ihren täglichen 20 neuen Artikeln auch noch einen neuen Absatzkanal hinzu. Der Einfachheit halber nehmen wir hier das allseits bekannte Auktionshaus eBay und den Marktplatz von Amazon. In zwei Tagen hätten Sie also 40 neue Produkte in Ihrem Shop und bereits zwei zusätzliche Absatzkanäle. Sowohl eBay als auch Amazon bieten neben dem deutschen Marktplatz auch viele europäische sowie internationale Optionen. Im Handumdrehen können Sie das Angebot Ihrer 40 Artikel (die Arbeit aus zwei Tagen zu je zwei Stunden) vollautomatisch auf all diese Länder übertragen.

Angenommen, Sie folgen der Marschrichtung dieses Buches, dann würden Sie Ihre Produkte zum Beispiel auch in Frankreich, Spanien und Italien anbieten. Innerhalb nur weniger Tage können Sie somit ein Millionenpublikum über eBay, Amazon und viele weitere Multiplikatoren erreichen. Dies ist viel effektiver, als Sie es als Direktvertriebler oder Handelsvertreter jemals sein könnten. Von Ihrem Vergleichsjob in der Bar brauchen wir erst gar nicht reden.

Mit anderen Worten: Sie arbeiten zwei Stunden (zusätzlich) am Tag, werden aber in absehbarer Zeit für einen Output von 40 bis 50 Stunden honoriert. Einfach dank Duplikation und Automatisierung.

Das Besondere ist, dass Ihr Output mehr als 24 Stunden beträgt, obwohl der Tag bekanntermaßen nur 24 Stunden hat. Und genau dieses »Rechen- und Stundenwunder« kommt durch die Potenzierung und Automatisierung Ihrer investierten Zeit zustande. Dies ist der Grund, warum Dropshipping Ihnen völlig neue Möglichkeiten bietet und Sie anderweitige Nebentätigkeiten, wie den beispielhaften Bar-Job, neu abwägen sollten. Bei einem erfolgreich aufgesetzten Dropshipping-Store ist die Potenzierbarkeit nahezu grenzenlos und eben nicht auf einen Tag bzw. auf die Abendstunden begrenzt, wie dies bei einem typischen Nebenjob der Fall ist.

Aus diesem Grund ist es möglich, dass Sie als Dropshipper in der Lage sind, stabil und nachhaltig zu wachsen. Es ist nicht unüblich, dass Sie nach recht kurzer Einarbeitung in Ihrem Nebenjob als Shopbetreiber deutlich mehr verdienen als im Hauptberuf. Ebenso ist es nicht unüblich, dass der Nebenberuf früher oder später komplett zum Hauptberuf wird.

Grundsätzlich gilt: Je engagierter Sie sind, desto höher wird Ihr Einkommen ausfallen. Dropshipping basiert, wenn Sie so möchten, auf einem unverrückbaren, gerechten Gesetz. Wie heißt es so schön? Von nichts kommt nichts! Denn natürlich bringt Ihnen auch die fortschrittlichste Software und die beste Automatisierungstechnik nichts, wenn Sie das Gelernte nicht anwenden. Im Verlauf der folgenden Kapitel werde ich Ihnen aufzeigen, wie Sie eine hochprofitable Vertriebsmaschinerie auf Dropshipping-Basis aufbauen.

Lassen Sie uns ein paar reale Verdienstmöglichkeiten ansehen. Während viele der mir bekannten Dropshipper eher in der Gegend von 500 Euro im Monat verdienen, weil sie nur wenig Zeit investieren können, erzielen die von uns aufgebauten oder verwalteten Stores im Schnitt Verdienste um die 7000 Euro im Monat (»uns«, das sind ich und meine Partner und Kollegen in unserem Unternehmen Expertiserocks®). Für den Mai 2021 schaut das wie folgt aus: Bei durchschnittlich 16,8 Stunden Einsatz pro Woche betrug der durchschnittliche Gewinn pro Dropshipper und Monat fast 7000 Euro.

Aber lassen Sie uns klein beginnen. Zugegeben, 500 Euro klingen nach wenig. Aber es lohnt sich eine genauere Betrachtung. Angenommen, Sie verdienen in Ihrem Hauptberuf bisher 1500 Euro netto, und durch Dropshipping kommen nun 500 Euro zusätzlich hinzu, dann ist das viel! Warum? Im übertragenen Sinne erfreuen Sie sich einer »Gehaltssteigerung« von 33 Prozent. Das ist mehr, als jede Gewerkschaft je erreicht hat.

Als Arbeitnehmer können Sie froh sein, wenn Sie in diesen schweren Zeiten eine Lohnsteigerung von zwei, drei Prozent erhalten. Dropshipping unrentabel? Ich denke nicht! Selbst auf diesem Minimum-Level verdienen Sie in Summe mehr als mit jedem »Bar-Job« (um im Beispiel zu bleiben). Vergessen Sie bei dieser Rechnung den neu gewonnen Komfort nicht. Sie können nun von zu Hause aus arbeiten. Die An- und Abfahrtwege bleiben Ihnen erspart, und Ihre Tätigkeit kann bei Sonne auch im Garten ausgeübt werden. Sie gewinnen also nicht nur eine »Gehaltssteigerung« von über 30 Prozent, sondern auch viel mehr Freiheit und Freizeit.

Zugegeben, dass klingt vielversprechend. Und dennoch: So oft, wie Dropshipping übertrieben als »Goldgrube« und »Schnell-reich-werden-Methode« bezeichnet wird, genauso oft wird es schlechtgemacht.

Da ich selbst einen YouTube Channel unterhalte, kenne ich den Video-Content der Branche recht gut. Mir entgehen auch nicht die (neuen wie alten) Videos, in denen vor dem Geschäftsmodell Dropshipping als angeblich dubiosem Schneeballsystem gewarnt wird. Wobei Letzteres eher an Network-Marketing erinnert. Abzocke, Fake-Mentoren und schlechte Kurse prägen das Stimmungsbild, nicht zu vergessen der Fokus, der fast ausschließlich auf China ruht. Europäisches Dropshipping spielt fast nie eine Rolle, der besagte Video-Content sorgt aber dafür, dass man alles über einen Kamm schert und dass der Unwissende sich mit etwaigen Alternativen, wie eben EU-Dropshipping, gar nicht erst auseinandersetzt. Erfolgreiche Online-Marketer, die von Dropshipping dennoch keine Ahnung haben, tun ihr Übriges. In Videos getreu dem Motto »Fünf Gründe, warum ich mit Dropshipping aufgehört habe« oder »Darum funktioniert Dropshipping nicht« säen sie Misstrauen und unnötige Ängste.

Hunderttausende Klicks sind bei solchen Videos keine Seltenheit. Sie beeinflussen vor allem jene Viewer, die mit Dropshipping nicht vertraut sind oder sich über diese besondere Art des Geldverdienens erst einmal informieren wollen. Leider wird in diesen Videos nicht nur viel Halbwissen verbreitet. Sie werden zudem vor allem von denjenigen hochgeladen, die selbst entweder gar keine Erfahrung mit dem Streckenversand haben oder die gestartet, dann aber aufgegeben haben. Mir ist es wichtig, an dieser Stelle von aufgeben zu sprechen, denn scheitern ist etwas völlig anderes. Letzteres ist dann der Fall, wenn Sie wirklich alles getan haben. Blickt man hinter die Kulissen, ist dies aber in aller Regel nicht der Fall. Sich dies einzugestehen, ist natürlich schwer – leichter ist es da, ein Video ins Netz zu stellen, in dem man über Dropshipping herzieht.

Ich spreche auch an dieser Stelle aus eigener Erfahrung. Vor einigen Jahren hatten wir eine Facebook-Gruppe – Sie ahnen es bereits – zum Thema Dropshipping. Es waren um die 800 Mitglieder, darunter eine Handvoll Kunden und viele allgemeine User, sprich Dropshipping-Interessierte. Eines Tages postete eine Kundin ihren Unmut in eben diese Gruppe. Sie ließ sich aus, wie schlecht Dropshipping doch sei, und auch wir, als ihre Mentoren, wurden mit Kritik überzogen. In den sozialen Medien können solche Debatten recht schnell hitzig werden. So auch in diesem Fall. Plötzlich klinkten sich immer mehr Personen in die Diskussion ein, pflichteten der guten Dame bei.

Das Irrwitzige an der Sache war aber, dass die »Rechthaber«, mit einer Ausnahme, gar keine Kunden waren. Sie konnten also den beschriebenen Kontext gar nicht nachvollziehen. Vielmehr war es Hörensagen. Aber gelesen hatten sich ihre Postings wie echte Kunden, Teilnehmer. Enttäuschte, versteht sich. So etwas steckt an. Ob Videos oder Postings, es kommt am Ende auf dasselbe raus. Erschwerend kam hinzu, dass dieser eine echte Kunde, der ebenfalls seinen Unmut in der Diskussion äußerte, zuvor ein Referenzvideo veröffentlicht hatte. In dem besagten Video lobte er nicht nur seine Mentoren, sondern auch das Geschäftsmodell des Streckenversands: »Ein rundum gelungener Workshop.« In der Facebook-Diskussion wollte er sich an dieses Video nicht mehr erinnern. Als es dann von uns als Administratoren der Gruppe als Antwort gepostet wurde, verstummte die Diskussion. Dennoch vergingen Wochen bis zu diesem Zeitpunkt, und womöglich Hunderte von Lesern ließen sich davon (negativ) beeinflussen. Das ist schade! Wegen solcher Dropshipping-funktioniert-nicht-Geschichten gibt es nicht wenige unnötige Ängste.

Wahr ist, dass EU-Dropshipping harte Arbeit ist. Hart im Sinne von diszipliniert. Auch wenn wenige Stunden am Tag grundsätzlich ausreichend sind, zumindest beim Backen von kleinen Brötchen, muss dieser Antrieb täglich neu entfacht werden. Vergessen Sie dies niemals! Ich habe Ihnen die uns bekannten Durchschnittsgewinne bereits mitgeteilt, dennoch darf es kein Missverständnis geben: Sie sollen sich von diesen Zahlen zwar inspirieren lassen, ihnen aber auch mit dem nötigen Respekt begegnen. Andernfalls werden Sie den Bereich des Otto-Normal-Amazonhändlers nicht verlassen.

Hier ein paar weitere Rechenübungen zur Erläuterung: Gehen wir einmal davon aus, dass Sie sich nur etwas dazuverdienen möchten. Sagen wir, 18 000 Euro im Jahr ist Ihr angestrebter Gewinn. Das entspricht 1500 Euro im Monat. Diese Summe ist deutlich mehr als die 500 Euro aus dem obigen Beispiel, der Unterschied besteht aber auch darin, dass Sie nun anstreben, sich mehr und mehr auf EU-Dropshipping einzulassen. Sie verstehen diese 18 000 Euro Jahresgewinn also nicht als »Gehaltserhöhung«, sondern als eigenständiges Einkommen. Dass diese Summe, so interpretiert, wirklich mehr als bodenständig ist, versteht sich von selbst, wenn man die üblichen Lebenshaltungskosten berücksichtigt. Dennoch scheint diese Summe als Beispiel ganz gut, da Sie sich sicherlich ebenso leicht wie ich damit identifizieren können. Gehen wir weiter davon aus, dass Ihre Fixkosten jährlich bei 21 000 Euro liegen. In Summe benötigen Sie also 39 000 Euro, damit der angestrebte Gewinn übrig bleibt. Gehen wir weiter davon aus, dass Ihre Produkte einen Deckungsbeitrag (Erklärung folgt in Kürze) von 1,50 Euro erwirtschaften. In diesem Fall müssten Sie 26 000 Artikel im Jahr verkaufen. Das ist durchaus möglich, nur müssen Sie sich über diese rechnerischen Verhältnisse im Klaren sein. Natürlich können Sie auch einen höheren Deckungsbeitrag erwirtschaften und entsprechend weniger verkaufen. Aber der durchschnittliche EU-Dropshipper startet mit Kleinpreisprodukten. Aus diesem Grund ist diese Summe realistisch und ein sehr guter Anhaltspunkt.

Kurz zum »Deckungsbeitrag«: Der Deckungsbeitrag ist die Differenz zwischen den erzielten Erlösen (Nettoumsatz) und Ihren variablen Kosten, worunter vorrangig die Nettoeinkaufspreise Ihres Warenangebots fallen. Es handelt sich also um den Betrag, der zur Deckung Ihrer Fixkosten und der angestrebten Rendite zur Verfügung steht. Sind die Kosten eingespielt, wird der restliche Deckungsbeitrag zum Gewinn. Umgangssprachlich wird bei einem erfolgreichen Verkauf, ohne Verlust, von Gewinn gesprochen. Faktisch ist dies falsch, es ist nämlich zunächst nur der Deckungsbeitrag.

In unserem Beispiel geht es um den Verkauf von 26 000 Artikeln im Jahr, bei 365 Tagen wären dies, rein rechnerisch, 71,23 Artikel am Tag. Das klingt nach einer ganzen Menge Arbeit, ist aber alles andere als unüblich und insofern seriös machbar.

Nehmen wir an, dass Sie sparsam wirtschaften und lediglich 8000 Euro Fixkosten im Jahr haben, dann wäre bei identisch angestrebtem Jahresgewinn (in Höhe von 18 000 Euro) eine Summe von 26 000 Euro nötig, um alles abzudecken. Bei einem Deckungsbeitrag von 1,50 Euro müssten Sie 17 333 Artikel verkaufen. Noch immer eine große Stückzahl, jetzt aber nur noch etwas mehr als 47 Stück am Tag.

Nach unseren eigenen Auswertungen verkauft ein durchschnittlicher Amazon-Dropshipping-Händler lediglich 6201 Produkte im Jahr – aber eben nur auf Amazon. Ich meine mich daran zu erinnern, dass es im Bereich des Fulfillment by Amazon (FBA) im statistischen Durchschnitt knapp über 5000 Verkäufe sind. Unabhängig davon, welche dieser Zahlen Sie zugrunde legen, wir wären weit von den benötigen Absatzzahlen unseres bodenständigen Beispiels entfernt. Und genau um diese erste zentrale Erkenntnis geht es, nämlich: Verlassen Sie sich nicht auf nur einen Absatzkanal!

Es ist schwer, mit nur einem Channel, hier Amazon, die benötigten Verkäufe einzuspielen. Weiten Sie daher Ihr Business unbedingt auf eine Vielzahl von Absatzmöglichkeiten aus. Nur so erklären sich auch die lukrativen Gewinnaussichten beim Dropshipping. Hohe Gewinne sind dann möglich, wenn die Abhängigkeit von einem Channel vermieden wird. Diversifizieren Sie!

Und bilden Sie sich in jedem Falle Ihre eigene Meinung! Wenn Sie sich für ein Geschäftsmodell interessieren, wie hier Dropshipping, sollten Sie sich in jedem Fall bei verschiedenen Quellen informieren. Mit diesem Buch haben Sie eine erste kluge Wahl getroffen. Dennoch geht es nicht darum, dass Sie mir bei jedem Wort beipflichten. Betrachten Sie es als das, was es ist, nämlich eine (weitere) Informationsquelle. Um Ihnen zu zeigen, dass nicht alles rosarot ist, und ich dies auch gar nicht behaupten möchte, zeige ich Ihnen nun die sieben häufigsten Fehler beim Start mit dem Streckenversand. Tun Sie sich einen Gefallen und vermeiden Sie diese.

Die 7 häufigsten Fehler beim Start mit Dropshipping

Es gibt nicht nur Vor- und Nachteile, sondern auch schlicht Fehler, die nicht zuletzt aus Unwissenheit begangen werden. Aus meiner bisher 15-jährigen Praxis möchte ich Ihnen die sieben häufigsten Fehler aufzeigen. Es liegt dann an Ihnen selbst, diese gar nicht erst zu begehen – oder abzustellen, wenn das Kind schon in den Brunnen gefallen ist. Diese sieben Fehler sind umgekehrt auch genau die Gebiete, in die Sie, zur Vermeidung eben dieser Fehler, investieren müssen. »Fehlendes Marktverständnis« vermeiden Sie nur, indem Sie sich Marktverständnis aneignen. Sie verstehen, worauf ich hinauswill. Sehen Sie die folgenden Punkte also auch als erste große Orientierungshilfe für Ihre Dos an und nicht nur für Ihre Dont's. Das wird Ihnen den Weg ebnen, um schneller als der Durchschnitt ans Ziel zu gelangen.

Fehler Nr. 1: Fehlendes Marktverständnis

Bevor Sie einen Shop eröffnen und mit Lieferanten telefonieren, um diese zu akquirieren, sollten Sie stets prüfen, ob die favorisierten Produkte grundsätzlich eine entsprechende Nachfrage am Markt aufweisen. Denn ohne einen Bedarf auf Kundenseite werden sich Ihre Produkte nicht verkaufen. Analysieren Sie daher unbedingt das Marktpotenzial der gewünschten Handelskategorie bzw. Produktsparte. Software-Tools, die Ihnen dabei helfen, werden noch vorgestellt. Untersuchen Sie in diesem Schritt nicht nur die potenzielle Beliebtheit der Produkte, sondern verschaffen Sie sich auch einen Überblick über die wichtigsten und erfolgreichsten Wettbewerber. Damit beantworten Sie die Frage, ob am Markt noch Platz ist für einen weiteren Anbieter – nämlich für Sie. Bei diesem Schritt können Sie auch prüfen, mit welcher Strategie und mit welchen Preisen Ihre künftigen Mitbewerber am erfolgreichsten sind.

Im Optimalfall finden Sie eine Nische, die noch nicht ausreichend besetzt ist, jedoch stark nachgefragt wird. Erscheint Ihnen der gewählte Produktbereich nach ausführlicher Analyse wenig erfolgversprechend?

Dann gehen Sie besser kein Risiko ein und entscheiden Sie sich lieber für andere Produkte. Wichtig ist jedoch immer – und das kann nicht oft genug gesagt und betont werden –, dass Sie eine gewisse Branchenaffinität mitbringen. Dies muss nicht zwangsläufig das Hobby sein. Mindestens sollte aber der Wille zum Einarbeiten vorhanden sein und ein persönliches Interesse an den Produkten, die Sie verkaufen wollen.

Fehler Nr. 2: Schlechte Einkaufskonditionen

Ist die richtige Nische gefunden, sind Ihre Einkaufspreise eine wichtige Stellschraube. Auch wenn Sie als Dropshipper nie die allerbesten Konditionen erhalten werden, da Sie bevorzugt ab Stückzahl eins einkaufen, sollten die Einkaufspreise dennoch so niedrig wie möglich sein – selbstverständlich ohne dabei an Warenqualität zu verlieren. Versuchen Sie deshalb, die Konditionen beim Lieferanten so optimal wie möglich zu gestalten. Hier ist Verhandlungsgeschick gefragt und Schüchternheit fehl am Platz. Fragen Sie konkret nach Sonderkonditionen und Rabatten. Mögliche Stellschrauben können auch etwaige Mindermengenzuschläge sein. Oder die Versand- und Verpackungskosten. Denn am Ende müssen auch diese Kostenpositionen in Ihrem Verkaufspreis enthalten sein.

Fehler Nr. 3: Retourenquote zu hoch

Eines der größten Probleme beim »China-Dropshipping« (was Sie hoffentlich nicht betreiben werden) ist, dass die Lieferanten etwaige Retouren nicht zurücknehmen. Sie als Wiederverkäufer sitzen dann auf den Rücksendungen fest und können diese oftmals nur (kostenpflichtig) entsorgen. Auch wenn Ihnen als EU-Dropshipper zumindest bei Reklamationen Lösungen zur Verfügung stehen, machen Retouren langfristig einen nicht unerheblichen Kostenfaktor aus. Zalando und die sonstigen großen Player am Markt können sich aufgrund von Investitionszuschüssen hohe Rücksendequoten erlauben (bzw. »erkaufen«) – Sie können dies zu Anfang leider nicht!

Retournierte Ware kann oft nicht mehr zum Originalpreis verkauft werden. Dadurch entstehen Ihnen als Verkäufer mitunter hohe Verluste. Diese gilt es von Beginn an zu vermeiden bzw. zu minimieren. Überprüfen Sie daher bei Ihrer Produktkategorie, mit welcher Rücksendequote zu rechnen ist.

Ein gutes Beispiel für eine überdurchschnittliche Retouren-Wahrscheinlichkeit ist die Textilbranche. Hier kann die Retourenquote bis zu 40 Prozent betragen, weshalb Kleidung nur in seltenen Fällen für Dropshipping geeignet ist. Am anderen Ende der Skala stehen Unikate. Denn kundenspezifische Anfertigungen sind vollständig vom Widerrufsrecht ausgeschlossen. In fast jeder Branche und Nische ist dies eine gute Möglichkeit, nicht zuletzt, um sich vom Wettbewerb zu differenzieren. Wir werden an späterer Stelle auf diese Faktoren weiter eingehen. Behalten Sie diese aber im Hinterkopf.

Fehler Nr. 4: Unzulängliche Kommunikation mit Lieferanten

Eine gute Erreichbarkeit und eine vertrauensvolle, offene Kommunikation mit Ihren Dropshipping-Lieferanten sind das A und O. Denn entscheidend für die Zufriedenheit Ihrer Kunden ist eine schnelle Reaktionszeit – sowohl beim Versand als auch bei der Beantwortung von Rückfragen und der Erfüllung von Garantieansprüchen. Sie sollten daher potenzielle Handelspartner unbedingt persönlich kennenlernen. Eine gute Gelegenheit dafür sind Messebesuche.

Überzeugen Sie sich am besten vor Ort von der Seriosität und der Arbeitsweise Ihres Handelspartners. Achten Sie insbesondere darauf, wie schnell eingehende Bestellungen bearbeitet werden und Artikel versandt werden. Über die notwenigen Schnittstellen zur automatischen Datenübertragung sollten Sie sich ebenfalls im Vorfeld informieren, denn als Dropshipper sind Sie auf aktuelle Lagerbestände angewiesen.

Fehler Nr. 5: Unvollständige Kostenkalkulation

Wohl wissend, dass Sie noch am Anfang Ihrer Dropshipping-Reise stehen, sollten Sie sich bereits im Vorfeld über die künftigen Kosten informieren. Auch wenn Sie grundsätzlich von niedrigen Investitionskosten ausgehen können, kommen Sie so ganz ohne Aufwendungen und Kosten dennoch nicht ans Ziel. Folgende übliche Kosten sollten Sie in Ihrer Kalkulation berücksichtigen:

1. Text, Design und Programmierung Ihres Online-Shops oder, für den Anfang, Ihrer Landingpages – dazu kommen wir später im Detail.
2. Software und Hardware (Schnittstellen-Programme, PC, Drucker etc.)
3. Arbeitsmaterial wie Papier, Stifte, Druckerpapier, Whiteboard
4. Ausgaben für Marketing und Werbung/Ads – auch wenn diese nach meinem Konzept deutlich geringer sind als bei den üblichen Ansätzen (ganz ohne geht aber nicht).
5. Kosten für Handelsmessen und Vertriebsplattformen wie eBay oder Amazon
6. Sample-Bestellungen: Muster, um sich von der Qualität zu überzeugen, können unter diesen Punkt fallen. Solange Sie nicht aus China importieren, ist dieser Punkt zwar nur bedingt relevant, aber dennoch nicht ganz zu vernachlässigen.
7. Abwicklung eingehender Kundenanfragen und Support

Möglicherweise schalten Sie ein Callcenter dazwischen, um in der Anfangsphase eine bessere Erreichbarkeit zu gewährleisten. Wenn Sie einen festen Hauptjob haben, ist dies zu empfehlen.

Alternativ arbeiten Sie mit einem Online-Rückrufkalender (z. B . terminpilot.de). Diese Lösung ermöglicht eine flexible Terminierung. So oder so sollten Sie vermeiden, dass Neu- und Bestandskunden die Telefondrähte heiß laufen lassen, weil Sie gerade nicht erreichbar sind. Und ja, Ihre Handynummer wirkt im Impressum unseriös und gehört dort auch nicht hin.

Fehler Nr. 6: Holprige Gesamtabwicklung

Auch wenn die Verpackung der Ware und der Versand bei Ihrem Dropshipping-Lieferanten erfolgt, muss dennoch genügend Zeit für alle notwendigen Aspekte der Gesamtabwicklung eingeplant werden. Ein großer Vorteil für Sie als EU-Dropshipper ist, dass die Lieferzeiten oftmals im Bereich von zwei bis fünf Tagen liegen und nicht bei zwei bis fünf Wochen, wie beim China-Dropshipping. Dennoch ist das A und O die Pflege von Kunden und Lieferanten gleichermaßen. Über die Wichtigkeit einer reibungslosen Lieferanten-Kommunikation haben wir bereits gesprochen. Planen Sie immer genug Zeit für Kundenanfragen und für die Kommunikation mit Ihren Lieferanten ein. In einigen Fällen entsteht auch ein absehbarer erhöhter Arbeitsaufwand, etwa in der Vorweihnachtszeit. Vergessen Sie auch nicht Ihren persönlichen Kalender – wenn Sie hauptberuflich anderweitigen Verpflichtungen nachkommen oder die Kinder zur Kita gebracht werden müssen. Ihr Zeitinvestment sollte sich in den Liefer- und Reaktionszeiten Ihres Shops widerspiegeln. Viele Shopbetreiber gehen daran zugrunde, dass sie die Zeitabläufe falsch takten.

Oft unterschätzt wird auch der Aufwand, wenn Warenbestände manuell per Hand übertragen und aktualisiert werden müssen.

Achten Sie deshalb darauf, dass Ihr Lieferant automatische Updates der Lagerbestände bereitstellt. Im Idealfall per direkter API-Schnittstelle (mehr dazu später) oder einer CSV-Datei, die alle ein bis zwei Stunden zur Verfügung gestellt wird.

Kurzum: Reduzieren Sie händische Abwicklungen so weit wie nur irgend möglich. Automatisieren Sie, digitalisieren Sie. Die Gesamtabwicklung unterliegt der Notwendigkeit einer ständigen Optimierung. Sie müssen verstehen, dass Sie Ihre Prozesse ständig anpassen und verfeinern müssen.

Fehler Nr. 7: Nicht lieferbare Ware

Für den Erfolg Ihres Shops ist es essenziell, dass Sie nur verfügbare Produkte vorhalten (oder eine Vorbestelloption anbieten, wie es etwa in der Launch-Phase üblich ist. Dazu später mehr). Damit dies gelingt, sind Sie auf zuverlässige Updates von Ihrem Lieferanten angewiesen. 95 Prozent Genauigkeit ist problemlos machbar. Deutlich weniger ist ein Anlass, sich vom Lieferanten zu trennen. Glauben Sie mir: Nichts ist unschöner, als wenn Sie nach Abschluss einer Bestellung nicht liefern können. Sie verlieren nicht nur das Vertrauen Ihres Kunden. Darüber hinaus besteht die Gefahr, dass Sie auf einer der zahlreichen Bewertungsplattformen eine schlechte Bewertung erhalten. Langfristig können derartige Reputationsprobleme sogar zum Ausschluss auf Verkaufsplattformen wie eBay und Amazon führen. Die Wichtigkeit von Echtzeit-Warenbestandskontrollen kann nicht oft genug betont werden.

In den folgenden Kapiteln und Einzelabschnitten werden wir tiefer einsteigen. Um einen ganzheitlichen, ersten Überblick zu erhalten, liefern obige Punkte aber bereits erste wichtige Erkenntnisse. Auch wenn EU-Dropshipping viele Vorteile mit sich bringt, sollten wir wie gesagt bereits zu Beginn die rosarote Brille ablegen und den Fakten ins Auge blicken.

Arbeiten bis 67 oder aus dem System aussteigen?

Großartig, Sie sind noch hier. Dann sollten wir alles daransetzen, dass Sie sofort mit Dropshipping starten. Wenn Sie bereits selbstständig tätig sind und Dropshipping für Sie die Möglichkeit einer Neuausrichtung darstellt, dann ist dieses Kapitel nicht die erste Priorität. Wenn Sie aber Arbeitnehmer sind, dann wird Sie das Folgende interessieren. Unser staatlich-soziales Konstrukt in Mitteleuropa gibt größtenteils vor, wie Sie Ihr Leben zu leben haben. Hinzu kommt dann, was die Gesellschaft von Ihnen erwartet. So ist das System. Wir werden geboren, dürfen ein bisschen spielen, bekommen aber schon in jungen Jahren eingeschärft, was wir tun müssen und was wir gefälligst zu lassen haben. Kindergarten, Schule – und danach beginnt der »Ernst des Lebens«. Ein furchtbarer Spruch. Und abgerundet wird dieses »Ideal« von Ihrem wohlverdienten Ruhestand. Dabei rückt dieser immer weiter in die Ferne. Berufstätige müssen in den meisten Ländern immer länger arbeiten, diese Aussichten sind nicht gerade motivierend, möchte man noch etwas von seinem Rentendasein genießen.

Mit der Rente soll dem Anspruch auf Erholung und Lebensfreude in der Zukunft Rechnung getragen werden. Sich darauf zu verlassen, ist zwar eine Möglichkeit, aber nicht unbedingt ratsam, wie ich finde. Die gesetzliche Rente, mit 67 oder auch früher, ist in diesen Tagen so unattraktiv wie nie zuvor.

Die Regierungen in aller Welt versuchen, finanzielle Lücken und frühere Versäumnisse durch Anhebung des Renteneintrittsalters auszugleichen. Wenn es nach diesem System geht, werden wir alle dazu verpflichtet werden, bis zum Gehtnichtmehr proaktiv Geld zu verdienen. Wir tauschen also viele Jahre lang Zeit gegen Geld. Freizeit ist in all diesen Jahrzehnten gering gesät, vom wohlverdienten Jahresurlaub einmal abgesehen. In der Praxis kann man zugutehalten, dass das tatsächliche Renteneintrittsalter in vielen Ländern (noch) deutlich unter Deutschland liegt.

Über den bundesdeutschen Tellerrand zu schauen, ist nicht uninteressant. Wirft man einen Blick ins ferne Australien, liegt dort das durchschnittliche Rentenalter bei 54,5 Jahren.[1] Dies ist immerhin ein gutes Jahrzehnt früher als in Deutschland. In Südafrika hören Erwerbstätige durchschnittlich im Alter von 60 Jahren auf zu arbeiten. Dort gibt es eigentlich kein offizielles Renteneintrittsalter. Vielmehr wird die Entscheidung, wann der richtige Zeitpunkt erreicht ist, zwischen dem jeweiligen Angestellten und dem Unternehmen vereinbart.

Im Europäischen Umland fällt Frankreich ins Auge. Dort arbeiten Frauen in der Regel etwas länger als Männer. In Rente geht man dort mit durchschnittlich 60,2 Jahren bzw. als Mann mit 60 Jahren. Dennoch erhalten Erwerbstätige die vollen Rentenbezüge erst mit 67 Jahren. Die Regierung will dadurch erreichen, dass mehr Menschen länger arbeiten. Es gibt also Parallelen zu Deutschland. Wie Sie inzwischen wissen, lebe ich in Spanien. Bei uns ist es so, dass bis zum Jahre 2027 schrittweise eine

Erhöhung stattfindet. Von aktuell 65 auf dann 67 Jahre. Gegenwärtig hören Erwerbstätige im Schnitt bereits mit 62,4 Jahren auf zu arbeiten.

Auch die Spanier sahen sich gezwungen, die Altersgrenzen anzuheben. Auch in Spanien mussten Kosten gespart werden. Die Gewerkschaften hatten daraufhin Streiks angekündigt, sich am Ende jedoch besänftigen lassen. Die Regierung machte die Zusage, dass auch eine Rente mit 65 Jahren möglich ist, sofern mindestens 38 Jahre lang brav die fälligen Beiträge gezahlt wurden. Sie sehen also, egal wohin man blickt, die Rente will sich überall schwerer erarbeiten lassen.

Die große Frage am Ende bleibt: Auch wenn man planmäßig sein Soll erfüllt, rechnet sich dann das Ganze am Ende? Kann man von dieser Rente wirklich leben? Diese Fragen dürfen Sie sich gerne selbst beantworten.

Sie können nun also weiter im System bleiben und am Ende mit dem leben, was Sie vom Staat bekommen, oder Sie können sich aus Ihrer Komfortzone bewegen und Unternehmer werden. Dann nämlich können Sie Ihren Lebensmittelpunkt dorthin verlagern, wo es Ihnen beliebt. Dies kann dann auch das ferne Südafrika sein. Wenn Sie anfangen, selbstbestimmt zu arbeiten, und damit beginnen, Ihr eigenes Vorsorgesystem zu implementieren, dann spielt Ihr »Austrittsalter« überhaupt keine Rolle mehr.

Die verlängerte Lebensarbeitszeit mag ein wichtiger Hebel sein, um den demografischen Wandel zu meistern. Sehr viele Länder plagen ähnliche Probleme. Ein solches Problem sind beispielsweise die Babyboomer, die langsam, aber sicher versiegen. Gemeint sind diejenigen, die zwischen 1954 und 1969 geboren wurden. Viele Fachkräfte verschwinden somit vom Arbeitsmarkt. Die Frage ist: Muss das auch Ihr Problem sein? Ich denke, das muss es nicht. Das Problem der Regierungen ist je nach Betrachtungsweise Ihr Vorteil. Lassen Sie mich das erklären: Während die allgemeine Lebenserwartung um 1960 noch bei 69 Jahren lag, werden die Deutschen derzeit im Schnitt 80 Jahre alt. Tendenz steigend. Das sind großartige Nachrichten, aber nicht, wenn Sie bis 67 im System festhängen. Wenn Sie jedoch selbstbestimmt Initiative ergreifen, dann sind dies großartige Nachrichten.

Statistisch habe ich persönlich also noch fantastische 50 Jahre vor mir, mindestens. Natürlich nicht als Arbeitnehmer, der dann statistisch das Leben nur noch 13 Jahre genießen darf – wenn er es denn genießen kann. Womöglich kommen Ihnen 13 Jahre viel vor. Ich finde es wenig. Ein ganzes Leben voller Arbeit, Sorgen und Nöte, um am Ende – wenn die Rechnung aufgeht – 13 Jahre »frei zu leben«?

Wie viel Geld wird der Durchschnittsarbeitnehmer monatlich wohl haben, um als Rentner die erhoffte Freiheit auch auszuleben? Für viele wird sich diese Freiheit auf den gemieteten Balkon oder den gepachteten Schrebergarten beschränken, wenn überhaupt. Die Zahl der älteren Erwerbstätigen steigt ständig. 2017 waren zwei Drittel der Deutschen zwischen 55 und 64 Jahre alt, noch zehn Jahre zuvor waren in dieser Kategorie nur etwa 50 Prozent. Von den 65- bis 69-Jährigen stehen derzeit noch 16,1 Prozent in Arbeit, mehr als doppelt so viele wie vor zehn Jahren. Ob das nun gut oder schlecht ist, entscheidet letztlich jeder für sich. Verstehen Sie mich nicht falsch, Arbeit ist wichtig und richtig. Doch ich denke, sie sollte sich zum einen auch auszahlen, und zum anderen sollte sie einem nicht ein freudvolles Leben im Jetzt verwehren.

Wenn Sie jeden Morgen pünktlich zur Arbeit fahren, wann haben Sie dann Zeit für Ihre Kinder? Sehen Sie diese wirklich aufwachsen? Kennen Sie deren Freunde und was gerade angesagt ist? Oder Ihr Garten, wann sieht dieser Sie? Zweimal im Monat zum Rasenmähen und wenn der Hund notgedrungen sein Geschäft auf ihm verrichtet, weil für einen echten Spaziergang keine Zeit bleibt? Sie selbst bestimmen doch Ihren Alltag. Zumindest sollten Sie dies. Wenn Sie im System festhängen, tun Sie das aber garantiert nicht. Ihr Arbeitgeber bestimmt, wann Sie kommen und gehen, was Sie heute erledigen müssen und ob er Ihnen pünktlich Ihr Gehalt zahlt. Ihr Leben ist hochgradig fremdbestimmt, Sie haben es aus der Hand gegeben.

Natürlich, das mag für Sie möglicherweise auch ein bequemer Weg sein. Aber denken Sie nicht, dass es Zeit ist für eine Veränderung? Eine tiefgreifende Veränderung, die sich positiv auf Sie und all Ihre Mitmenschen auswirken wird?

In Deutschland geben 40 Prozent der Beschäftigten an, gerne länger zu arbeiten als die Regelarbeitszeit. Zu dieser Aussage kommt eine repräsentative Längsschnittstudie, die zwischen 2010 und 2015 Berufstätige zwischen 55 und 70 Jahren nach ihrer Arbeitslust und ihren Zukunftsabsichten befragte. Die Gründe reichten von Freude am Beruf über Aufrechterhaltung der sozialen Kontakte bis zur finanziellen Absicherung im Alter. Falls auch Sie zur Gruppe der Arbeitswilligen jenseits der 67 gehören, dann wäre es sicher von Vorteil, wenn Sie zumindest in Ihre eigenen Taschen wirtschaften würden. Und genau an diesem Punkt stehen Sie nun.

Sie können noch heute den ersten Schritt zum Dropshipping-Unternehmer starten. Im Hier und Jetzt arbeiten, wo Sie möchten. Sie allein können ab sofort bestimmen, wann Sie arbeiten und mit wem. Sie können alle Aspekte wie soziale Kontakte, finanzielle Absicherung und Freude bei der Arbeit vereinen. Sie selbst sind dann der Regisseur Ihrer Zukunft und nicht ein System, das ganz eigene Interessen verfolgt.

EU-Dropshipping bietet Ihnen die Möglichkeit, das zu realisieren und zu monetarisieren, was Ihnen Spaß macht. Sie lieben es, in Ihrem Garten Heilpflanzen anzubauen? Toll, dann starten Sie Ihr Dropshipping-Business mit Bio-Supplements. Sie lieben Kinder? Großartig, dann verkaufen Sie Spielwaren. Sie sind Outdoor-Fan? Eine Fülle von möglichen Produkten wartet auf Sie. Vielleicht interessieren Sie sich für Nachhaltigkeit? Dann starten Sie jetzt Ihren Webshop mit recycelten Taschen oder Secondhand-Waren. Nachhaltigkeit geht auch im E-Commerce, und zwar immer mehr.

Was auch immer Sie antreibt, warten Sie damit bitte nicht bis zu Ihrem 67. Lebensjahr. Ja, als angehender Unternehmer tragen Sie auch das unternehmerische Risiko, haben keine echte Sicherheit, aber die haben Sie auch im Angestelltendasein nicht mehr. Diese Zeiten sind vorbei.

Wissen Sie, vor vielen Jahren ging mein erstes Unternehmen geradewegs in die Insolvenz. Ich habe einfach neu gestartet und aus meinen Fehlern gelernt. Auf ein Tief folgte ein Hoch. Heute arbeite ich am Strand unter Palmen. Und auch wenn ich von der weltbekannten »4-Stunden-Woche« nach Tim Ferriss noch etwas entfernt bin, ist mein Alltag doch weit weniger Arbeit als vielmehr Freude am Tun. Weniger Müssen und Systemdenken, mehr Freigeist. Darum mein Appell: Starten Sie – und übernehmen Sie die Kontrolle und die Verantwortung. Entfernen Sie das Jammern und das Selbstmitleid aus Ihrem Leben, es wird Sie kein bisschen vorwärtsbringen. Aktuell steuern Sie im Fahrwasser der »Agenda

67« geradewegs in einen Hafen, der zwar sicher scheint, am Ende aber doch nur marode ist. Der Glanz der Rente ist dahin. Es reicht gerade so, Extrawünsche können Sie vergessen.

Die Alternative: In den folgenden Kapiteln biete ich Ihnen ein komplettes, verständliches, einfach zu erlernendes Streckenversandkonzept, mit dem Sie in wenigen Monaten positive Ergebnisse erreichen können.

Tausende Anwender bestätigen dies täglich in der Praxis, über eine Million Views auf meinem YouTube-Kanal unterstreichen zusätzlich, dass ich weiß, wovon ich spreche. Sie werden in sehr naher Zukunft in der Lage sein, den ersten entscheidenden und soliden Grundstein zu legen. Unser aktuell ältester Coaching-Teilnehmer ist 85 Jahre. Er lebt in Thailand und betreibt dort sein Streckenversand-Business. Und auch wenn es klischeeartig klingt, so weiß ich aus erster Hand, dass er oft aus seiner Hängematte heraus Arbeiten delegiert.

Leistungen aus der Rentenversicherung werden in Thailand übrigens ab dem 55. Lebensjahr gezahlt. Wie dem auch sei, ich werde Sie mit diesem Buch in die Lage versetzen, losgelöst von anderen Menschen, Umständen, genetischen Bedingungen oder Sonstigem komplett selbstbestimmt zu arbeiten – auch gerne dort, wo andere Urlaub machen. Selbstdisziplin ist dabei eine der wichtigsten Eigenschaften. Leider haben die meisten Menschen genau diese Eigenschaft auf Snooze gestellt. Lassen Sie uns dies ändern.

Sie werden nie wieder das Opfer der Umstände, des Zufalls und schon gar nicht des Rentensystems sein. Meiner Erfahrung nach wissen die meisten Menschen sehr wohl, was sie machen müssten, um eine Veränderung herbeizuführen, und sie wissen sogar, wie sie dabei vorgehen sollten – aber sie tun nichts. Es ist nicht ausreichend zu wissen, was man tun muss, um dem System zu entkommen, Sie müssen basierend auf diesem Wissen auch handeln. Das ist der Unterschied zwischen Erfolg und Misserfolg und der Unterschied, ob Sie bis 67 Ihre Zeit weiterhin gegen wenig Geld tauschen oder selbstbestimmt arbeiten, wann und wo Sie möchten.

Ergreifen Sie die Initiative und wagen Sie den Sprung aus dem Hamsterrad!

Kann ich es als Dropshipping-Unternehmer wirklich schaffen?

Diese Frage werden Sie sich möglicherweise stellen, auch wenn Sie sich entschieden haben, dass der »Rente-mit-67-Weg« nicht (mehr) Ihrer ist. In diesem Zusammenhang werde ich immer wieder gefragt, was als Dropshipper eine »gute Leistung« ist? Was genau wird von mir als Dropshipper erwartet? Bin ich bereit für den Schritt in die Selbstständigkeit? Bin ich fähig genug? Kann ich die erforderliche Leistung erbringen? Diese Blackbox mit dem Namen »Leistung« werden wir nun gemeinsam öffnen.

Ich muss zugeben, Physik war nicht mein Lieblingsfach in der Schule. Mein Notendurchschnitt im Allgemeinen war bescheiden. Dennoch habe ich mir eines aus dem Unterricht behalten, auch wenn es im Arbeitsleben nicht ganz so einfach zu greifen ist: In der Physik bedeutet Leistung schlichtweg Arbeit pro Zeit.

Nehmen wir als Beispiel die Legende von Sisyphos (eine Figur der griechischen Mythologie, angesiedelt um das Jahr 1400 v. Chr.). Wegen einiger Missetaten wird er von Hermes (u. a. als »Gott der Kaufleute« bekannt) in die Unterwelt befördert, wo er zur Strafe auf ewige Zeiten einen Felsblock einen Berg hinaufwälzen muss, der dann, fast am Gipfel, jedes Mal wieder aufs Neue ins Tal rollt.

Braucht Sisyphos beispielsweise zunächst eine Stunde, um einen großen Stein den Berg hinaufzurollen, ist seine Leistung (womit wir beim Thema wären) geringer, wenn er beim dritten Versuch, etwas erschöpft, bereits zwei Stunden benötigt. Hat diese Definition der Leistung aber überhaupt Aussagekraft?

Eigentlich nicht, denn wirtschaftlich betrachtet leistet Sisyphos nicht wirklich etwas, seine Kraft ist sinnlos verschwendet, und sein Output beträgt null. Und doch verlangt diese andauernde Mühe, seine Disziplin, Respekt und Anerkennung. Denn wir Menschen bewerten eben nicht nur nach reinem Output, sondern handeln untereinander aus, was wir individuell unter (einer guten) Leistung verstehen. Welchen Wert wir ihr zugestehen und welche Art von Leistung wir entsprechend belohnen.

Der französische Philosoph Albert Camus ging sogar so weit, sich Sisyphos als glücklichen Menschen vorzustellen, der die Sinnlosigkeit seines Daseins akzeptiert und sich zum »Herrn seiner Tage« aufschwingt, zur Souveränität seines selbstbestimmten Daseins.

Leistung wird demnach nicht nur nach dem Grad der Anstrengung gemessen oder am Ergebnis oder an der Qualität des Ergebnisses, sondern auch an der Ernsthaftigkeit, mit der ein Mensch seine Existenz annimmt, sein Leben gestaltet und seinem Dasein (hier als Unternehmer) einen Sinn gibt. Dabei zählt vor allem, was der Einzelne unter einem sinnvollen Leben versteht, was sein individueller Anspruch an Freiheit, Reputation, Arbeit, Zeit, Genuss, Familienleben und Geld beinhaltet.

In der Realität sieht es meist anders aus. Wir messen Leistung oft an Lohnsummen, Zensuren, Preisgeldern und Rekordzeiten. Aber auch an anderen quantitativen Zahlen wie Intelligenzquotienten oder Bruttoinlandsprodukten. Dabei widerspricht das Paradigma einer quantitativen Leistungsansicht sogar der Legitimationsgrundlage moderner Leistungsgesellschaften. Denn das Bürgertum begann bereits im 18. Jahrhundert, die Reichsbildung von der Herkunft abzukoppeln und von der individuellen Leistung abhängig zu machen. Seitdem zählt das »meritokratische Prinzip« zu den Grundpfeilern unserer Sozialordnung. Wir schätzen die individuelle Tat eines Menschen höher ein als dessen Status oder dessen Titel oder Rang.

Wir haben aber die Wahl, welche Bewertungsgrundlage für Leistung wir zulassen möchten. Die Historikerin Nina Verheben bildet in ihrem Buch *Die Erfindung der Leistung* sehr gut die Geschichte der Leistung ab, einerseits als Geschichte der Nachweise, Zeugnisse und Zensuren, andererseits als Geschichte von ungleicher Verteilung und ungleichen Zugangsmöglichkeiten.

Die moderne Welt richtete sich in den vergangenen Jahrhunderten nach standardisierten und quantitativ ausgerichteten Leistungsdefinitionen. Menschen wurden nach Ständeordnungen der entsprechenden Gesellschaft zugewiesen, Universitäten wählten die Menschen mit dem Numerus clausus aus und Unternehmen ihre Mitarbeiter nach ihrem IQ. In Sportwettbewerben wurden nicht nur nationale Ränge ermittelt, sondern auch standortübergreifende Rekorde aufgestellt.

Auch als Verkäufer auf Amazon haben Sie sich einem Leistungsanspruch zu fügen. Reaktionszeiten unter 24 Stunden werden erwartet, und Reklamationen sollten stets unter einem Prozent liegen.

Dass Leistung jedoch nicht nur an Zahlen gemessen werden kann, sondern auch an sozialem Vermögen, dass auch mal jemand anderem etwas gegönnt wird, das lernte die Gesellschaft erst spät. Heute wird Leistung auch in anderen Eigenschaften erkannt, zum Beispiel im Engagement für andere. Die Zahl der Menschen, die sich sozial engagieren, steigt stetig an, und die meisten besser gestellten Unternehmer sind heute der Meinung, etwas an die Gesellschaft zurückgeben zu müssen. Dabei wird diese Form des Engagements nicht mehr als lästige Pflichterfüllung gesehen, sondern vielmehr als modernes System von Gegenleistungen. Tatsächlich sind wir heute nach Ansicht von Nina Verheyen auf dem Weg in ein neues Leistungsverständnis, ein posthistorisches Leistungsverständnis. Denn heute messen wir die Leistung eines Autos nicht mehr nur nach PS und Schnelligkeit, sondern auch an seiner Sicherheit und an seiner Umweltbilanz.

Heute unterstützen wir Väter, die sich nicht auf eine schnelle Karriere konzentrieren, sondern auf die Familie. Wir schaffen den Numerus clausus ab, bezahlen soziale Berufe besser und arbeiten in Teams. Glücklicherweise haben wir immer die Wahl, wie Leistung zu bewerten ist. Neue, bessere Sichtweisen auf dem Gebiet der Arbeitsleistung lassen sich auch in die Wirtschaft und ins Unternehmertum übertragen.

Sie sind nicht sicher, ob Sie ausreichend Leistung bringen werden? Ob Ihr Webshop profitabel genug wird? Setzen Sie sich nicht unter Druck, denn auch Ihre persönliche Leistung als Unternehmer ist nicht nur von quantitativen Zahlen abhängig. Finden Sie Erfüllung in Ihrer Beschäftigung? Haben Sie Spaß und Ziele, auf die Sie hinarbeiten? Dann ist der Grundstein für gute Leistung bereits gelegt. Eine bessere Voraussetzung gibt es nicht.

Ihr Weg zur finanziellen Unabhängigkeit ist ganzheitlich zu betrachten. Sehen Sie sich selbst als erfolgreichen Unternehmer und »Leistungsträger«, der sich von den meisten Menschen im Angestelltenverhältnis unterscheidet. Leistungsträger delegieren keine Schuld, sondern übernehmen Verantwortung für Fehler und lösen diese bestmöglich.

Ich erinnere in diesem Zusammenhang an ein Goethe-Zitat: »Auch aus Steinen, die einem in den Weg gelegt werden, kann man Schönes bauen.«

Als Leistungsträger sind Sie emphatisch und nehmen Rücksicht auf Partner, Kunden und Lieferanten. Sie sind nicht von Angst getrieben, sondern streben nach Exzellenz. Sie nehmen Veränderungen positiv auf und nutzen diese als neue Impulse und als neue Chancen. Sie nutzen den Tag und arbeiten effizient und effektiv. Und bitte, Sie lassen sich durch Rückschläge nicht beirren, sondern stehen schnell wieder auf und gehen Probleme direkt an. Das klingt noch nicht nach Ihnen? Macht nichts, jede Reise beginnt mit einem ersten Schritt.

Freunden Sie sich aber damit an, dass Sie über genügend Ideen verfügen, um diese sogar zu teilen. Ihr Ziel ist es, Ihre Arbeit aus Leidenschaft und Berufung zu erledigen. Leistung im Unternehmertum ist immer abhängig von einem positiven Mindset und auch von einer positiven Entwicklung.

Starten Sie mit zunächst 10 Verkäufen in der Woche und können diese dann auf 30 Verkäufe in der vierten Woche steigern? Dann ist auch das schon eine sehr gute Leistung, obwohl Sie schlussendlich vielleicht 100 Verkäufe erzielen möchten – oder müssen.

Engagieren Sie sich und bieten Sie Kunden, Partnern und Lieferanten einen Mehrwert. Bewerten Sie Ihre gute Leistung nicht nur anhand von Zahlen und quantitativen Aspekten. Nur so sind Sie auf dem besten Wege, ein guter Unternehmer zu werden und gute Leistung zu bringen.

Sehen Sie alles immer in Relation. 4 ist mehr als 2, auch wenn Sie 10 anstreben und noch nicht dort sind. Nähern Sie sich Ihren Zielen schrittweise an. Hinfallen gehört dazu, wieder aufstehen und weitergehen auch.

Ich bin überzeugt: In Ihnen steckt alles, was Sie für Ihr Vorhaben benötigen.

Eine bescheidene Schulbildung ist kein Hindernis

Nachdem wir uns von der Idee der Leistungsversklavung verabschiedet haben, sollten wir uns auch darüber einig werden, dass Ihre formale Schulbildung, oder besser der Mangel an einer solchen, kein Hindernis für unternehmerischen Erfolg ist. Sie haben studiert oder einen akademischen Titel? Dann gibt es erst recht keine Probleme. (Überspringen Sie, wenn Sie wollen, diese Seiten.)

Für alle anderen: Nehmen Sie zum Beispiel mich. Ich war der Typ Schüler, der nur als Lehrerschreck etwas vorzuweisen hatte und sich auf einem Vierer-Durchschnitt ausruhte, ein Sitzenbleiber. Meine Zukunftsaussichten nach traditionellen Maßstäben (und auch nach Meinung meiner Eltern) waren nicht rosig. Ich fühlte mich wie Sisyphos, Sie wissen schon. Vergebliche Mühen. Bewerbungen schreiben mit einem solchen Zeugnis machte eigentlich keinen Sinn, und »Kontakte«, die mir die Tür öffnen könnten, suchte ich auch vergebens. Aber warum auch auf andere vertrauen? Wir alle haben das Zeug, die Dinge in die eigenen Hände zu nehmen. Das gilt für jeden Menschen. Ich war mir dessen nicht immer bewusst. Ich hatte zugegeben erst auch die Vorstellung vom »Türöffner«. Es ist eben so viel einfacher, die Schuld bei anderen zu suchen oder bei den »Umständen«.

Aber ich hatte Glück. Ich denke, so würden es die meisten Menschen sehen. Jedenfalls rief mich eine freundliche Dame aus meiner damaligen Krankenkasse an, um nachzufragen, ob ich bereits eine Lehrstelle hätte. Man könne mir einen Ausbildungsplatz als Verkäufer anbieten. In der Hoffnung, dass meine Noten kein Hindernis sind, stimmte ich einem persönlichen Vorsprechen zu. So stand ich wenige Tage später in einem Babyfachgeschäft, familiengeführt mit großer Tradition und großen Werten. Glücklicherweise empfand meine Chefin und Ausbilderin meine bescheidenen Noten als wenig relevant. Ich konnte mich schließlich in der Praxis als Verkäufer bewähren. Und glauben Sie mir, das tat ich. Binnen weniger Monate stieg ich zum Topverkäufer auf (obwohl noch in Ausbildung). Ich hatte rasch ein Gefühl für die werdenden Mamis und Papis. Kinderwagen und Autokindersitze konnte ich hoch und runter verkaufen, offenbar hatte ich ein Händchen für die Praxis. Womöglich ist es bei Ihnen ganz genauso.

Ich bin jedenfalls keine Ausnahme. Die schulischen Noten spiegeln kaum je das wider, was in einem steckt. Oftmals wird der schulische Weg auch nur aus Gehorsam oder Gefälligkeit gegenüber dem Elternhaus begangen. Für Dropshipping gibt es aber keine Eintrittshürde, keine Mindestnoten. Was es aber gibt, was zählt, sind Fleiß und Selbstdisziplin. Diese Eigenschaften sind wichtiger als alle schulischen Noten.

Sie mögen jetzt sagen, der hat gut reden, immerhin bekam er ja eine Ausbildungsstelle. Nun, das Problem war, dass die Geschichte kein Happy End fand. Jedenfalls nicht kurzfristig. Denn inmitten meiner Ausbildung flatterte mir die fristlose Kündigung ins Haus. Sie traf genau an dem Tag bei uns zu Hause ein, als ich das erste Mal krank war. Ich dachte im ersten Moment, dass ich genau deshalb gefeuert wurde. Ich war im Irrtum, wie sich schnell herausstellte.

Grundsätzlich konnte mich mein Arbeitgeber und Ausbilder als Azubi nur mit einem schwerwiegenden Kündigungsgrund feuern. Und genau einen solchen hatte ich geliefert. Wie schon erwähnt, habe ich die Liebe zur Selbstständigkeit bereits mit 16 Jahren entdeckt. Zu dieser Zeit befand ich mich, Sie ahnen es, in besagter Ausbildung zum Verkäufer. Ziemlich unbedarft hatte ich teilweise die gleichen Produkte wie mein Arbeitgeber online zum Verkauf angeboten, teils sogar von den exakt gleichen Herstellern und Lieferanten. Die Kündigung war jedenfalls gerechtfertigt.

Ich verkaufte in Gänze über das Internet, damals vorwiegend über eBay und über meinen eigenen Webshop, später dann auch über Amazon. Am 12. Oktober 2008 titelte das Online-Magazin *wortfilter.de*: »wmbshop-internethandel dürfte nach Dienst- und Lebensalter der jüngste PowerSeller Deutschlands sein.«[2]

Zum Zeitpunkt dieses Berichts war ich 19 Jahre alt, er bezog sich auf einen meiner größten Erfolge damals, nämlich den sogenannten PowerSeller-Status. Mit dem Verkauf angefangen hatte ich wie gesagt bereits mit 16 Jahren, damals aber noch ohne PowerSeller-Status. Der definiert sich wie folgt: »PowerSeller auf eBay sind gewerbliche Verkäufer, die in gleichbleibender Zeit viele Produkte verkaufen und somit über ein durchschnittlich höheres Verkaufsvolumen verfügen als reguläre Verkäufer. Zudem werden sie indirekt einem Bewertungssystem unterzogen, das ihren Service-Grad entsprechend ausweist.«[3]

Zu jener Zeit gab es auch noch das *eBay-Printmagazin*. In der Ausgabe 2/2009, der damaligen Sommer-Ausgabe, berichtete man ebenfalls über mich. In genau dieser Zeit musste ich mich entscheiden, verzweifle ich an der (wie gesagt gerechtfertigten) Kündigung oder setze ich alles auf eine Karte. Ich nahm mir keinen Anwalt, und ich habe der fristlosen Kündigung auch nicht widersprochen. Da ich zum damaligen Zeitpunkt bei meiner Mutter aufwuchs, war die Kündigung natürlich nicht gern gesehen. Ich musste die Initiative ergreifen, und das tat ich auch.

Einer meiner Klassenkameraden und damals mein bester Schulfreund stellte mich seinem Vater vor. Der betrieb ein Einzelhandelsgeschäft. Dieses Mal ging es nicht um den Verkauf von Babyausstattungen, sondern um Fahrräder. Im persönlichen Gespräch erklärte ich meinem künftigen Chef und »Ausbilder zwei«, wie es zur Kündigung kam. Da es keine Schnittmengen zwischen meinem Online-Angebot und seiner Produktpalette gab, gab es auch keine Probleme. Wir machten also einen Deal, sprich einen neuen Ausbildungsvertrag. Ich durfte meine Ausbildung fortsetzen und sogar ein drittes Ausbildungsjahr anhängen. So bin ich heute nicht nur Verkäufer, sondern auch Einzelhandelskaufmann.

Sie sehen also, es gibt immer einen Weg. Natürlich rate ich Ihnen an dieser Stelle nicht, Ihre Ausbildung oder Schule zu schmeißen. Und wenn Sie bereits ausgelernt haben und bereits mitten in einem Nine-to-five-Job festhängen, müssen Sie auch nicht sofort kündigen. Sie können wunderbar parallel starten. Denn bereits zwei bis drei Stunden täglich genügen, um ein echtes Unternehmen aufzubauen. (Sicherlich erinnern Sie sich an mein Rechenbeispiel am Anfang des Buches.) Wichtig ist, es jetzt zu tun, nicht erst morgen, kommende Woche, wenn Sie Urlaub haben oder als guten Neujahrsvorsatz. Sie müssen verstehen: Es wird nie einen perfekten Zeitpunkt geben! Aber jeder Zeitpunkt JETZT ist der richtige.

Wenn Sie gewillt sind zu starten, dann stellt sich die Frage nach dem richtigen Rechtsmantel. Oder mit anderen Worten: Welche Rechtsform passt zu Ihrem Dropshipping-Business? Genau diese Frage klären wir gemeinsam im nächsten Abschnitt.

Welche Rechtsform passt zu Ihrem Dropshipping-Business?

Wenn Sie mit Dropshipping starten, ist es wichtig, die für Sie passende Rechtsform zu finden. Für die »richtige Wahl« gibt es leider kein allgemeingültiges Patentrezept, vielmehr hängt die Entscheidung von Ihrer geplanten Geschäftstätigkeit, vom erwarteten Umsatz und auch von Ihrer Risikobereitschaft ab. Ich sage Ihnen dennoch, worauf Sie bei der Wahl einer Rechtsform samt Firmierung achten sollten. Diese Informationen bilden die Grundlage für weitere Entscheidungshilfen, etwa für ein Gespräch mit Ihrem Steuerberater.

Die GbR

Die einfachste Form der Unternehmensgründung ist wohl die GbR, die Gesellschaft bürgerlichen Rechts. Sie ist besonders gut geeignet, wenn Sie zusammen mit einem oder mehreren Partnern gründen möchten und dabei möglichst wenig Aufwand wünschen. Aber Achtung: Wie beim Einzelunternehmen – dazu später mehr – haften Sie als Gründer nicht nur mit dem Gesellschaftsvermögen, sondern auch mit Ihrem Privatvermögen. Nimmt beispielsweise Ihr Geschäftspartner einen Kredit für die gemeinsame GbR auf, können auch Sie privat von der Bank zur Rückzahlung herangezogen werden.

Vorteile gibt es aber dennoch: Die Gründung ist sehr einfach und günstig obendrein. Sie bräuchten noch nicht einmal einen schriftlichen Vertrag. Diesen sollten Sie aber trotzdem schließen, um sich gegen eventuelle Unstimmigkeiten abzusichern. Auch die Kosten sind gering, lediglich für die Gründung und gegebenenfalls eine Rechtsberatung fallen Kosten an. Startkapital ist nicht vorgeschrieben, und Einlagen können in Form von Geld, Dienstleistungen oder Sachwerten erfolgen.

Wenn Sie allerdings Umsätze über 50 000 Euro erwirtschaften, muss Ihre GbR in eine OHG, eine offene Handelsgesellschaft, umgewandelt werden. Auch die Buchführung ist zunächst recht überschaubar, weshalb die GbR die ideale Rechtsform für einen Business-Start darstellen kann. Wie gesagt, lediglich die private Haftung könnte zum Verhängnis werden, also überlegen Sie gut, ob Sie dieses Risiko eingehen möchten. In jedem Fall sollten Sie auch einen Blick auf die weiteren Gründungsmöglichkeiten werfen.

Die GmbH

Die beliebteste Rechtsform in Deutschland dürfte die GmbH sein, die Gesellschaft mit beschränkter Haftung. Sie ist fast jedem zumindest als Begriff geläufig. Die GmbH ist eine Kapitalgesellschaft mit eigenständiger juristischer Persönlichkeit.

Sie als Gründer und Gesellschafter haften nicht mit Ihrem Privatvermögen, sondern nur mit dem Stammkapital der GmbH. Nur wenn Sie Ihre Pflichten als Geschäftsführer oder Gesellschafter verletzen, können Sie persönlich haftbar gemacht werden. Diese Rechtsform punktet zudem mit einer großen Rechtssicherheit und genießt hohe Anerkennung bei Lieferanten und Kunden gleichermaßen.

Als Nachteil muss das genannte Stammkapital angeführt werden, das 25 000 Euro beträgt. Auch Sachwerte sind grundsätzlich möglich, diese müssen jedoch vorher professionell beschrieben und geschätzt werden. Bei der Gründung einer GmbH ist ein Gesellschaftervertrag vorgeschrieben, auch wenn Sie nur als Einzelperson gründen.

Die UG (haftungsbeschränkt)

Die UG, die Unternehmergesellschaft, ist eine perfekte Lösung für alle, die ihre private Haftung beschränken wollen, aber vorerst keine so hohe Kapitaleinlage wie bei der GmbH leisten können oder möchten. Sie ist als eine Art »GmbH light« anzusehen, denn die Gründung gleicht der GmbH. In der Tat ist es eine gründerfreundliche Vorstufe zur GmbH und insofern auch keine eigenständige Rechtsform. Die Notarkosten und das einzubringende Stammkapital sind geringer als bei der GmbH. Bei der UG reicht schon ein Euro Stammeinlage pro Gesellschafter zur Gründung. Sie wird mit dem Ziel gegründet, sie später in eine GmbH umzuwandeln. Zunächst muss ein Viertel des jährlichen Gewinns zurückgelegt werden, bis 25 000 Euro Stammeinlage erreicht sind.

Das Einzelunternehmen

Grundsätzlich ist auch eine Gründung als Einzelunternehmer möglich. Als Betreiber eines Einzelunternehmens können Sie als Gewerbetreibender unmittelbar starten. Sie benötigen lediglich eine Gewerbeanmeldung für wenige Euro, ggf. eine Umsatzsteuernummer, und das war's dann auch schon. Meine Selbstständigkeit startete genauso.

Als Einzelunternehmer und alleiniger Inhaber haften Sie jedoch mit Ihrem gesamten Privatvermögen. Dies wurde mir schmerzlich bewusst, nachdem ich mein erstes Unternehmen gegen die Wand gefahren hatte. Rückblickend frage ich mich noch heute, warum hat mir niemand zu einer GmbH oder Ähnlichem geraden? Lag es am fehlenden Startkapital? Wollte ich zu schnell einfach starten? War ich schlecht vorbereitet? Ich denke von allem etwas, aber für Sie als Dropshipper ist das Risiko eines vollständigen Scheiterns geringer. Sie müssen faktisch keine Waren vorfinanzieren, keine Festangestellten zahlen und keine repräsentativen Büros unterhalten.

Ich hatte damals »meine Rechnung« nicht komplett auf Dropshipping gesetzt – nur bei Kindermöbeln und Palettenwaren. Ich lernte im Tagesgeschäft aus meinen Fehlern. Negative Bewertungen meiner Kunden und Inkassoschreiben formten meine Zukunft. Es war der Inbegriff des Learning by Doing. Aus diesem Grund sollten Sie, wenn überhaupt, das Einzelunternehmen nur als möglichen ersten Schritt ins Dropshipping-Business ansehen.

Die AG

Für Dropshipping unüblich (zumindest in Deutschland), aber durchaus möglich: die AG, die Aktiengesellschaft. Für die Gründung braucht es mindestens 50 000 Euro Stammkapital und die Überwindung etlicher bürokratischer Hürden. Der Gründungs- und Verwaltungsaufwand ist hoch, dazu kommen diverse Offenlegungspflichten Ihrer Finanzen. Darüber hinaus muss ein Vorstand und ein dreiköpfiger Aufsichtsrat gestellt werden.

Kurz: Die Aktiengesellschaft ist für Dropshipping-Start-ups zunächst nicht geeignet. Für E-Commerce-Unternehmen, die schon größere Erfolge aufweisen konnten und etwas weiterentwickelt sind, kann die AG jedoch eine interessante Alternative darstellen.

Mir sind Dropshipping-Unternehmen bekannt, die als AG am Markt agieren. Der Vorteil ist: Mit einer AG kann auch ohne Bank schnell Kapital eingesammelt und das Eigenkapital erhöht werden. Selbstredend vermittelt eine Firmierung als AG eine gewisse Größe, Finanzkraft und Seriosität.

Ein Zitat einer Handelskammer als generelle Anmerkung zu AG und GmbH: »Deutschland und die Schweiz bieten Unternehmen eine starke Wirtschaft. In beiden Staaten haben sich als Unternehmensform die Kapitalgesellschaften bewährt. In Deutschland hat sich die GmbH durchgesetzt. In der Schweiz wiederum wird die Rechtsform der AG bevorzugt.«[4]

Sie sehen also, dass es je nach Land individuelle Abweichungen geben kann. In der Schweiz ist die AG, die sich anders gestaltet als in Deutschland, auch für Einzelkämpfer und damit auch für Dropshipper eine reale Möglichkeit.

Eine Alternative: Die spanische S.L.

Eine GmbH ist teuer in der Gründung, eine UG wird oft als halbfertiges Unternehmen gewertet und von Geschäftspartnern und Lieferanten nicht wirklich ernst genommen. Wie könnte da ein guter Kompromiss aussehen? Die spanische S. L. lohnt einen genaueren Blick. Wie Sie wissen, genieße ich als Auswanderer hier Informationen aus erster Hand. Außerdem ist die S.L. Dropshipping-bewährt.

Eine spanische S.L., eigentlich Sociedad de responsabilidad limitada genannt, ist quasi das Gegenstück zur deutschen GmbH. Sie orientiert sich am »Ley de Sociedades de Responsibilidad Limitada«, dem Gesetz der Gesellschaften mit beschränkter Haftung. Letzteres ist stark an das deutsche GmbH-Recht angelehnt. Deshalb gibt es viele Gemeinsamkeiten zur heimischen GmbH.

Jedoch auch einige bedeutsame Unterschiede: Das zur Gründung notwendige Stammkapital beträgt lediglich 3006 Euro, also ca. 1/8 des in Deutschland benötigten Stammkapitals. Dazu kommen Anwalts- und Notarkosten. Der Sitz des Unternehmens muss in Spanien sein, da Spanien aber Teil der EU ist, ist dies kein Problem. Die Steuern sind entsprechend nach spanischem Recht abzuführen. Dies kann erhebliche Vorteile mit sich bringen: Die Möglichkeiten, Betriebsausgaben abzusetzen, sind deutlich großzügiger ausgelegt als nach deutschem Recht.

Dennoch handelt es sich hier nicht um ein »Steuerspar-Paradies«. Dies sollte aber ohnehin nicht Ihr gegenwärtiges Hauptaugenmerk sein, soll das Business doch erst einmal ins Rollen kommen. Nach offizieller Eintragung in die Madrider Handelskammer erhalten Sie eine spanische Steuernummer. Alternativ kann oftmals auch eine internationale Steuernummer beantragt werden, die Sie dann zu internationalen Geschäften mit umsatzsteuerbefreiten Lieferungen oder Leistungen berechtigt. Aufgrund der Europäischen Gesetzgebung und der Niederlassungsfreiheit ist es der spanischen S.L. erlaubt, Niederlassungen in Europa zu eröffnen, also auch in Deutschland. Es besteht keine Nachweispflicht über eine reale Tätigkeit am Ort der Niederlassung.

Kommen wir zu der Frage, wer genau eine S.L. gründen darf. Die Antwort: so ziemlich jeder. Sie müssen kein gebürtiger Spanier sein, um eine S.L. zu gründen. Auch Ausländer, EU-Bürger ebenso wie Nicht-EU-Bürger, sind berechtigt, eine S.L. in Spanien zu unterhalten. Sie benötigen lediglich eine sogenannte N.I.E. – Número de Identificación de Extranjeros (Identifikationsnummer für Ausländer). Dies stellt jedoch kein Problem dar, im Internet und vor Ort gibt es viele Anwälte, die Ihnen bei der Gründung behilflich sein können. Wenn Sie im Internet nach Schlagworten wie »Dropshipping mit spanischer S.L.« suchen, finden Sie ebenfalls (bezahlte) Hilfe. Wenn Sie also Ihren Lebensmittelpunkt in Deutschland unterhalten und nicht auswandern wollen, können Sie trotzdem problemlos eine S.L. gründen und führen.

Ihren Firmensitz sollten Sie aber an einer real existierenden Geschäftsadresse in Spanien einrichten – kein bloßer Briefkasten. Keineswegs unüblich ist das Ein- bzw. Untermieten bei einem spanischen Steuerbüro. Der Vorteil ist, dass die Adresse tatsächlich werktags besetzt ist. Postzustellungen sind somit kein Problem, auch können Anrufe (unter Ihrem Firmennamen) angenommen werden. Bei größeren Kanzleien gibt es zudem die Möglichkeit, echte Büroräume anzumieten. Diese stehen Ihnen dann auch zur Verfügung. Eine solche echte, belastbare Konstruktion ist in jedem Falle erstrebenswert, wenn Sie in Spanien unter dem Dach einer S.L. operieren möchten. Außerdem sollten Sie Ihrem Firmensitz regelmäßig einen Besuch abstatten, was mit Billigflügen nach Mallorca kaum mehr kostet als eine ICE-Fahrt in die nähere deutsche Umgebung. Doch genau in diesen Geschäftsreisen zu Ihrem Arbeitsort liegt der große Reiz. Sollte Ihnen Palma de Mallorca im Gegensatz zu mir nicht zusagen, können Sie Ihr Büro natürlich auch auf dem spanischen Festland anmieten, zum Beispiel in Barcelona.

Exkurs: Die Kleinunternehmerregelung

Was genau unter einem Kleinunternehmer zu verstehen ist, Stand 2021, werden wir im Folgenden klären. Wichtig zu wissen ist, dass diese Kleinunternehmerregelung für UG, GmbH, Aktiengesellschaft, Einzelunternehmer, OHG und GbR gleichermaßen gilt.

Nach einem Bericht auf *kleinunternehmer.de* ist ein Kleinunternehmer in Deutschland wie folgt definiert:

> »Die Kleinunternehmer-Regelung soll Geschäftsleuten mit geringen Jahresumsätzen das Leben erleichtern: Sie brauchen sich nicht um die Feinheiten des komplizierten Umsatzsteuerrechts zu kümmern. Anspruch auf den Kleinunternehmer-Status haben Unternehmer und Selbstständige, deren Umsatz mit umsatzsteuerpflichtigen Lieferungen und Leistungen im Vorjahr nicht über 22 000 Euro (bis 2019: 17 500) gelegen hat und im laufenden Jahr voraussichtlich nicht mehr als 50 000 Euro betragen wird.«

Mit anderen Worten: Sie müssen keine Umsatzsteuer erheben. Genauer gesagt: Sie dürfen es nicht. Eine herrlich einfache Welt also? Eher nicht. Für diese Möglichkeit zu votieren – Sie müssen nicht –, ist beim Start nicht unbedingt zu empfehlen. Obwohl doch genau dies so naheliegend scheint, nicht zuletzt aufgrund der Befreiung von der Umsatzsteuerpflicht.

Warum ist das so? Nehmen wir an, Sie verkaufen auf dem Marktplatz Amazon. Wenn Sie über eine solche Plattform als Kleinunternehmer verkaufen, dann müssen Sie trotzdem quartalsweise Ihre Umsatzsteuervoranmeldung abgeben! Aber war nicht genau der Wegfall des Umsatzsteuer-Brimboriums einer der Vorteile, als Kleinunternehmer zu starten? Fragen Sie Ihren sachkundigen Steuerberater, aber nach meiner Auffassung gewinnen Sie da nicht viel. Als Kleinunternehmer brauchen Sie zudem eine Bescheinigung nach § 22f UStG. Anfang 2019 schrieb die IT-Recht Kanzlei auf ihrer Website: »Derzeit werden viele Plattformverkäufer von den Marktplatzbetreibern aufgefordert, eine Bescheinigung im Sinne des § 22f UStG zu übermitteln. Ohne eine solche sei künftig kein Verkauf mehr auf der Plattform möglich. Viele Händler sind verunsichert.«[5]

Diese Verunsicherung betrifft aber alle Händler, egal für welche der genannten Rechtsformen und Unternehmenstypen Sie sich entscheiden. Davor drücken kann sich niemand, auch nicht der Kleinunternehmer. Konkret geht es darum, wie es auf der gerade zitierten Website heißt, dass »das Gesetz mit Wirkung zum 01.01.2019 u. a. neue umfassende umsatzsteuerrechtliche Aufzeichnungspflichten für Betreiber elektronischer Markplätze wie z. B. Amazon oder eBay sowie eine neue umsatzsteuerrechtliche Haftung der Marktplatzbetreiber (vorsieht). Mit anderen Worten: Entrichtet ein eBay-Händler die Umsatzsteuer nicht, muss eBay als Marktplatzbetreiber hierfür geradestehen und bezahlen. Aus diesem nachvollziehbaren Grund möchten sich die Marktplatzbetreiber nun absichern und verlangen entsprechende Bestätigungen von den Händlern.«[6]

Ein weiteres Problem für Sie als Kleinunternehmer ist der Umstand, dass Amazon seinen Sitz für uns Europäer in Luxemburg hat. Wenn Sie von der Kleinunternehmerregelung Gebrauch machen, berechnet Ihnen Amazon auf die Kosten und Gebühren zusätzlich Umsatzsteuer. Gut nachvollziehbar wird dies an der aktuellen Monatspauschale in Höhe von 39 Euro netto, die sodann 46,41 Euro beträgt. Die in diesem Betrag enthaltene Umsatzsteuer dürfen Sie als Kleinunternehmer ohnehin nicht als Vorsteuer geltend machen. Wenn Sie keine Mehrwertsteuer verlangen dürfen, dann dürfen Sie auch keine Vorsteuer geltend machen. Ich denke, Sie ahnen langsam, warum Sie einen Start als »umsatzsteuerbefreiter« Kleinunternehmer gut überdenken sollten.

Ich empfehle Ihnen in jedem Fall ein Gespräch mit einem Steuerberater, stellen Sie aber sicher, dass dieser Erfahrung mit Amazon und anderen Online-Marktplätzen sowie mit dem Thema EU-Dropshipping hat.

Auch wenn das Risiko für eine Insolvenz als Dropshipper deutlich geringer ausfällt als bei einem klassischen Warenhandel mit Wareneinkauf, können die Betriebskosten (etwa für Tools, Verkaufsgebühren, Werbekosten ...) durchaus zu Buche schlagen. Insbesondere bei Kleinunternehmern werden die Betriebskosten im Detail oft vernachlässigt. Bedenken Sie bitte, dass Sie Ihre Rechtstexte im Webshop entsprechend an die Kleinunternehmerregelung anpassen müssen, ebenso den kompletten Check-out-Prozess Ihres Shops. All diese Anpassungen kosten Zeit und Geld. Mängel im Detail erhöhen zudem das Risiko von Abmahnungen, die auch wieder Zeit und Geld kosten.

So viel zum Kleinunternehmer. Früher oder später sollten Sie über eine der vorgestellten Rechtsformen nachdenken.

Exkurs: Steuer-Tücken

Dropshipping ist gemäß Umsatzsteuergesetz ein Reihengeschäft. Vereinfacht gesprochen: Sobald der Endkunde das Produkt im Online-Shop bestellt und bezahlt hat, nicht vorher, kauft der Dropshipper das Produkt beim Hersteller beziehungsweise Großhändler und gibt als Empfänger den Endkunden an.

In Art. 36a Abs. 1 MwStSysRL wird der Begriff Reihengeschäft definiert. Hiernach liegt ein Reihengeschäft vor, wenn dieselben Gegenstände nacheinander geliefert werden und unmittelbar vom ersten Lieferer bis zum letzten Erwerber in der Reihe versandt oder befördert werden.

Das deutsche Umsatzsteuergesetz hat diese Definition in § 3 Abs. 6a Satz 1 UStG übernommen. Ein Reihengeschäft kann daher rein theoretisch auch aus unendlich vielen Lieferungen bestehen, solange die Warenbewegung vom ersten Lieferer zum letzten Abnehmer erfolgt. Es liegen immer mehrere getrennt voneinander zu betrachtende Lieferungen vor, obwohl lediglich eine Warenbewegung vom ersten zum letzten Beteiligten stattfindet. In der gesamten Lieferkette wird eine der Lieferungen als »bewegte Lieferung« angesehen, alle anderen Lieferungen gelten als »unbewegte Lieferungen«. Welche Lieferung als die bewegte gilt, hängt von der Transportverantwortung ab.

Wollen Sie wirklich, dass ich weiter erkläre? Nicht wirklich, oder? Ich denke, wir machen hier einen bewussten Cut. Wir befinden uns gerade inmitten des deutschen Umsatzsteuerrechts bzw. der Europäischen Umsatzsteuergesetzgebung, also mitten im Sumpf. Die einschlägigen Regelungen in Gänze abzuhandeln, ist im Rahmen dieses Buches nicht möglich. Abschließend sollten Sie einfach Folgendes mitnehmen: Als »klassischer Dropshipper«, bei dem der erste Lieferer – also wahrscheinlich Ihr Lieferant – für den Transport verantwortlich ist und der letzte Abnehmer ein Endverbraucher ist, ist Ihre Lieferung als unbewegt anzusehen und gilt im Rahmen des Umsatzsteuergesetzes als an dem Ort ausgeführt, an dem die Lieferung endet. Dies kann, je nach nationalen Steuergesetzen, für Sie bereits ab dem ersten Umsatz zu einer Registrierungs- und Meldepflicht im Land Ihres Kunden führen.

Aber Achtung, die Mär von dem Rettungsanker der oft kolportierten Lieferschwellen gilt für das klassische Dropshipping nicht. Lieferschwellen oder auch das neue »One-Stop-Shop-Verfahren« finden beim klassischen Dropshipper keine Anwendung, da sie ausschließlich für besagte »bewegte Lieferungen« bei Fernverkäufen von einem Mitgliedstaat in den anderen einschlägig sind. Bereits die kleinste Abweichung im Sachverhalt kann weitreichende Folgen für die umsatzsteuerliche Beurteilung haben. Beziehen Sie deshalb auch steuerliche Aspekte in die Planung und vor allem in die Preiskalkulation mit ein.

Bitte beachten Sie, dass es sich in diesem Abschnitt um reine Informationsweitergabe und keine Steuerberatung handelt. An dieser Stelle mein dringlicher Rat an Sie, sich bereits vor dem Start in der Planungsphase steuerliche Unterstützung zu holen. Bei steuerlichen Fragen rund um das Dropshipping können Sie sich zum Beispiel an die auf E-Commerce spezialisierte und voll digitalisierte Steuerberatung von 3S.tax wenden (www.3S.tax).

Tun Sie sich aber selbst einen Gefallen und verirren Sie sich nicht in Facebook-Gruppen und dergleichen, in denen Ihnen der falsche oder unvollständige »Laienrat« fast sicher ist. Das gilt auch für Xing oder LinkedIn jenseits von konkreten Experten wie Steuerberatern oder individuellen Dropshippern mit einschlägiger Erfahrung. Viel zu oft gibt es meiner Erfahrung nach Fragen, die von unwissenden »Gruppensprechern« falsch beantwortet werden. Sparen Sie bitte nicht an dieser Stelle, konsultieren Sie einen echten Steuerexperten. Es ist nichts gegen ein konstruktives Austauschen (wie etwa bei LinkedIn und Xing) einzuwenden, aber bitte gründen Sie nicht Ihre gesamte berufliche Zukunft auf Hörensagen in »Gruppen«.

Bevor Sie sich nicht einschlägig mit dieser Thematik vertraut gemacht haben, sollten Sie keinesfalls international tätig werden. Viel zu viele (angehende) Dropshipper bieten weltweiten Versand an und wissen offenbar nicht, auf was sie sich da einlassen.

Vermeiden Sie kostenpflichtige Abmahnungen (etwa aufgrund falscher Deklarationen auf den Produktdetailseiten, Rechnungen, Gutschriften ...) und Nachzahlungen (aufgrund falscher Steuersätze ...). Stellen Sie Ihr Dropshipping-Business vom ersten Tag an auf steuerrechtlich sichere Beine. Ohne eine einschlägige Beratung wird Ihnen dies nach meiner Erfahrung nicht gelingen.

Fassen wir zusammen: Sie brauchen einen rechtlichen Rahmen, und oben habe ich Ihnen einige vorgestellt. Ideal ist ein rechtlicher Rahmen mit Haftungsbeschränkung, wie die GmbH oder die spanische S.L. Mit einem solchen Fundament können Sie Ihrem Tagesgeschäft bestmöglich nachgehen. Man spricht in diesem Zusammenhang auch von Ihrer »operativen Firma«. Diese Präzisierung ist wichtig, möchten Sie aus Ihrem finanziellen Hamsterrad entfliehen. Sie starten als Einzelkämpfer sprichwörtlich »in« Ihrem Unternehmen. Mit einer Kapitalgesellschaft können Sie es sich dann zur Aufgabe machen, »an« Ihrem Unternehmen zu arbeiten.

Sie fangen dann irgendwann an, Arbeiten zu delegieren, machen nicht mehr alles selbst. Doch dies ist nicht das letztliche Ziel. Ein laufendes und genügend hohes passives Einkommen, losgelöst vom eingangs beschriebenen staatlichen Renten-Weg, das sollte das Ziel sein. Demzufolge steht »Arbeiten bis zum Umfallen« nicht zur Debatte. Auch wenn sich der Fokus in diesem Buch auf die anfänglichen Säulen richtet, den Unternehmensaufbau mit Dropshipping, möchte ich Ihnen noch ein Gedankenexperiment für die langfristige Zukunft mit auf den Weg geben.

Im Idealfall besitzen Sie nämlich irgendwann nicht nur eine, sondern mehrere GmbHs. Mit diesen verdienen Sie als Dropshipper Ihre aktuellen Einnahmen. Zwangsläufig sind Sie bei Ihren operativen Tätigkeiten gewissen Risiken ausgesetzt, aus diesem Grund ist die Haftungsbeschränkung bei Kapitalgesellschaften ideal. Und wenn Sie anstelle einer einzelnen GmbH schließlich mehrere unterhalten, ist das perspektivisch durchaus sinnvoll.

Womöglich starten Sie aktuell mit einem Nischen-Sortiment. Wenn Sie weiter expandieren, kann es zielführend sein, das Sortiment zu verlagern. Zum einen aus steuerlichen Gründen, aber auch aus praktischen. Wenn ein Unternehmensbereich durch die Decke geht und verkauft werden soll, ist dies durch eine vorherige rechtliche Trennung wesentlich einfacher. Aber auch wenn es nicht nach Plan läuft – Sie wissen, ich spreche aus eigener Erfahrung –, kann die Liquidation nur einer einzelnen GmbH und die Fortführung der Geschäfte in anderen der richtige Schritt sein, der aber nur möglich ist, wenn Sie mehrere GmbHs unterhalten.

Das Ziel sollte ein Minimum von zwei GmbHs (oder S.L.) sein, operativ tätig oder nicht. Aber auch wenn Sie nur eine Nische, einen Sortimentsschwerpunkt haben, sollten Sie über kurz oder lang über besagte zwei Kapitalgesellschaften verfügen.

In diesem Kontext haben Sie dann Ihre »Mini-Holding«. Wobei Holding eigentlich nur eine »Halte-Firma« ist. Eine Holding ist also weder ein Weltkonzern noch muss sie in vermeintlichen Steuerparadiesen in Übersee residieren. Aus deutscher Sicht können Sie ganz konservativ zwei GmbHs besitzen, eine Tochter und eine Muttergesellschaft. Eine Holding eben. Ganz schlank. Eine Holding ist letztlich nur eine juristische Person mit der Aufgabe, Ihre Firmenanteile zu verwahren, zu halten.

Sie sollten bei einer solchen Struktur aber darauf achten, dass sämtliche Anteile Ihrer operativen GmbH(s) bzw. S.L. dort gehalten werden. Das Ziel sollte sein, dass alle Gewinne aus Ihrem operativen Tagesgeschäft dorthin fließen. Die Gewinne werden also an die Holding ausgeschüttet.

Diese kauft ab sofort Ihre Vermögenswerte. Dazu können Immobilien, Firmenbeteiligungen, aber auch Aktien gehören.

Mir ist klar, dass sich allein zu diesem Thema ganze Bücherbände befüllen lassen. Das gerade Gesagte ist nur ein kleiner Ausflug in Ihre mögliche Zukunft. Ich empfehle Ihnen als Pflichtlektüre das Buch *Steuern steuern: Mit der richtigen Steuerstrategie zu Vermögen und Wohlstand* von Johann C. Köber.

Obiges sollte Ihnen einen guten Überblick über die rechtlichen Gründungsmöglichkeiten geben. Eine individuelle Steuerberatung kann nur als Muss angeraten werden. Mit diesem Grobüberblick sollten Sie aber in der Lage sein, die richtigen Fragen zu stellen und eine rechtliche Basis zu finden.

Nutzen Sie bereits Ihre wertvollste Ressource?

Sicherlich kennen Sie den legendären Investor Warren Buffett. Von ihm kenne ich den Begriff »Circle of Competence«. Dieser Kompetenzkreis ist es, darauf kommt es an. Denn was immer innerhalb dieses Kreises liegt, darin sind Sie ein wahrer Experte. Was jedoch außerhalb liegt, das verstehen Sie entweder gar nicht oder nur sehr oberflächlich. Ich glaube, es wurde zu Buffetts Lebensmotto: »Kennen Sie Ihren Kompetenzkreis und bleiben Sie darin. Es ist nicht so furchtbar wichtig, wie groß dieser Kreis ist. Aber es ist furchtbar wichtig zu wissen, WO genau die Kreislinie verläuft.« So ist es, auch ich bin wohl punktuell kompetent.

Sie können mich alles zum Thema Streckenversand fragen, ich werde Ihnen garantiert eine fachkundige Auskunft geben können. Es ist wohl auch der Grund, warum ich mich tagtäglich in »meiner Welt« aufhalte. Wie ich Ihnen bereits verraten habe, gehe ich »mit Dropshipping im Kopf« ins Bett und stehe damit wieder auf. Ich fokussiere mich also komplett auf diese Arbeit. Sie nimmt mich vollständig ein. Ich kann Ihnen daher nur empfehlen, dass auch Sie Ihr berufliches Leben rigoros um Ihren eigenen Kompetenzkreis herum aufbauen. Wenn Sie gegenwärtig noch keinen besitzen, dann wird es Zeit, dass Sie sich einen zulegen. Rückblickend dreht sich mein ganzes Leben, seit über drei Jahrzehnten, um den

Handel. Ich habe ganz unterschiedliche Dinge verkauft. Aber Handel ist Handel.

Aufgrund der fortschreitenden Digitalisierung und meiner Lehre aus meinem Konkurs in frühen Jahren habe ich meinen Fokus auf risikoärmere Geschäftsmodelle verlagert. Und so sind wir wieder beim Streckenhandel. Dieser radikale Fokus bringt nicht nur extra große Früchte, sondern in meinem Fall auch den einen oder anderen Extra-Bonus, darunter zum Beispiel, dass ich heute der erste Sachverständige für Dropshipping bin oder – zusammen mit meiner Lebens- und Geschäftspartnerin – das weltweit erste Dropshipping-Brettspiel entwickelt habe.

Fokus, wie hier auf Dropshipping und seine wesentlichen Faktoren, spart vor allem Zeit, weil Sie nicht jedes Mal neu entscheiden müssen, welchen Dingen Sie Aufmerksamkeit schenken sollen und welchen nicht. Sie können mich mit Trends nicht beeindrucken, ich bin immun gegen den Hype der Stunde. Diese Haltung muss nicht immer der Weisheit letzter Schluss sein, und gewiss sollten Sie auch Neuem gegenüber offen sein, aber Sie müssen einen Fokus – ein Ziel – haben.

Das Wissen um Ihren persönlichen Kompetenzkreis, und der Fokus darauf, ist Ihre wertvollste Ressource, Ihr Skalpell, mit dem Sie die Spreu vom Weizen trennen. Sämtliche Informationen, die in Ihren Kompetenzkreis und zu Ihrem Fokus passen, sind wertvoll. Alle, die außerhalb sind, sollten Sie lernen zu ignorieren. Das mag schwer sein. Ihr Newsfeed in den angeschlossenen sozialen Netzwerken quillt über. Mancher wird Sie als Fachidioten abstempeln. Aber nehmen Sie zum Beispiel – eines von vielen – Isaac Newton, einen der begnadetsten Wissenschaftler aller Zeiten. Er war außerhalb seines Kompetenzkreises nicht sonderlich herausragend, seine Spekulationen auf den Aktienmärkten ruinierten ihn finanziell.[7]

Machen Sie sich Ihre mächtigste Waffe zunutze. Entwickeln Sie Ihren Kompetenzkreis! Ihren Fokus! Sie können dann entscheiden, welche Informationen für Sie wichtig sind und welche Infos Sie getrost ignorieren können. Weniger ist mehr.

Angenommen, Sie sind in Ihrem aktuellen Beruf Facharzt, dann gehören die einschlägigen wissenschaftlichen Magazine und Einladungen zu Tagungen in Ihren Aufmerksamkeits-Circle. Vieles andere können Sie getrost übergehen. Sie brauchen nicht zu wissen, ob in China ein Sack Reis umgefallen ist. Und natürlich müssen Sie auch nicht wissen, ob am Ende der Welt eine Seilbahn stehen geblieben ist. Ihr Verstand muss fokussiert bleiben. Je mehr Schrott Sie einfüllen, desto weniger Platz haben Sie für die wirklich relevanten Informationen.

Angenommen, Sie sind Landschaftsgärtner. Auch dann lesen Sie die einschlägigen Fachmagazine und -bücher. Sollten Sie jedenfalls. Selbstverständlich müssen Sie über die aktuellen und geplanten Änderungen in Ihrer Gemeinde Bescheid wissen. Sie sollten öffentliche Ausschreibungen im Auge behalten, aber Sie benötigen keinen Facebook-Newsstream. Natürlich, solche Fachzeitschriften sind zum Teil richtig teuer. Relevanz kostet manchmal Geld. Aber ob einer Ihrer virtuellen Freunde, die Sie aus dem echten Leben nicht kennen, den neuesten Rekord im Dingsbums-Game aufgestellt hat, brauchen Sie nicht zu wissen.

Es ist nicht leicht, ablenkende Apps zu deinstallieren oder sich aus dem einen oder anderen sozialen Netzwerk abzumelden. Tun Sie es trotzdem. In Sachen Selbstdisziplin und Fokus kann es auch ganz schön herausfordernd sein, wenn Ihnen plötzlich kein Chef mehr mahnend über die Schulter schaut. Stellen Sie sich vor, wie es wäre, wenn Sie ab sofort von zu Hause aus am Laptop arbeiten, womöglich in Ihrem Wintergarten. Aber gerade, weil es dort so schön vertraut und gemütlich ist, kann es verlockend sein, mal eben ins Nebenzimmer zu gehen oder in den sozialen Netzwerken zu stöbern. Auch private Telefonate, Online-Shopping und vieles mehr kann Sie von den wirklich wichtigen Tätigkeiten ablenken – wenn Sie es denn zulassen.

Stellen Sie sicher, dass Sie Störfaktoren weitgehend eliminieren, um sich voll und ganz auf Ihre neue Kerntätigkeit – richtig: Dropshipping – fokussieren zu können. Dropshipping und E-Commerce werden Ihr neuer Kompetenz-Circle.

Damit Ihnen dies gelingt, habe ich Ihnen 10 Tipps zusammengetragen, die Ihnen dabei helfen werden, sich maximal zu fokussieren:

1. **Machen Sie Schluss mit Multitasking**
   Multitasking ist grundsätzlich positiv besetzt, denn schließlich muss ja heute jeder in der Lage sein, einige Dinge gleichzeitig

im Griff zu haben. Trotzdem fanden diverse Studien heraus, dass Multitasker sich öfter verzetteln und Aufgaben nicht so gut und schnell erledigen wie die Leute, die sauber von Aufgabe zu Aufgabe wechseln. Kümmern Sie sich beispielsweise zunächst um Kundenanfragen und danach um Ihr Lieferanten-Management.

2. **Treiben Sie regelmäßig Sport**
   Sport sorgt nicht nur für Fitness und Kraft, die Sie als Selbstständiger dringend benötigen. Nein, auch zum mentalen Wohlbefinden und zu einem positiven Mindset trägt Sport maßgeblich bei. Seit ich auf der Insel lebe, spiele ich Tennis und gehe mehrmals die Woche schwimmen. Die Überwindung ist für viele anfänglich schwer, aber es zahlt sich am Ende garantiert aus.
3. **Arbeiten Sie mit To-do-Listen**
   To-do-Listen verschaffen einen Überblick über aktuelle Aufgaben und geben Ihrem Tagesablauf eine Struktur. Darüber hinaus bringen sie den natürlichen Effekt mit, dass man eine Aufgabe nach der anderen abarbeitet und abhakt. Ob Sie Ihre Listen digital verwalten oder mit manuellen Übersichten ist nicht entscheidend. Strukturieren Sie schriftlich, was zu tun ist, um Dinge »aus dem Kopf« zu bekommen. Entmüllen Sie Ihren Geist, halten Sie ihn frei von Verwirrungen darüber, was ansteht.
4. **Übertreiben Sie es nicht mit dem geliebten Kaffee**
   Auch wenn Kaffee zunächst wach und fit macht – diese Wirkung kann schnell ins Gegenteil umschlagen, wenn Sie es übertreiben. Dann wird man unter Umständen zittrig und die Aufmerksamkeitsspanne wird verkürzt. Das Gleiche gilt auch für Energiedrinks. Finden Sie ein gesundes Mittelmaß, wie beim Informations-Input ist weniger oft mehr.
5. **Machen Sie genug Pausen**
   Pausen sind wichtig, um einen klaren Kopf zu bekommen und sich anschließend wieder voll und ganz auf seine Kerntätigkeit fokussieren zu können. Gerade wenn Sie ortsungebunden arbeiten, kann es schwerfallen, Pausen einzuplanen. Da Sie als Unternehmer Ihren Alltag selbst planen, ist dies keineswegs so selbstverständlich wie als Angestellter. Legen Sie trotzdem feste Pausen ein.

6. **Lassen Sie die Arbeit bei der Arbeit**
   Wenn Sie abends Ihren Computer ausschalten, dann denken Sie nicht mehr an die Arbeit bis zum nächsten Morgen. Genießen Sie Ihren Feierabend wie im Angestelltenverhältnis und schalten Sie ab. Das ist wichtig, um am nächsten Tag wieder frisch durchstarten zu können. Ich gebe zu, dieser Punkt ist leichter geschrieben als umgesetzt. Als Vollblut-Unternehmer werden Sie sich nicht so leicht »ausklinken« können. Dennoch müssen Sie hier »Ihre Mitte« finden.
7. **Trainieren Sie Ihr Gehirn**
   Das Gehirn ist letztendlich wie ein Muskel anzusehen, den Sie durch Training wachsen lassen können. Das Netz bietet zahlreiche Möglichkeiten für Gehirn-Jogging – klicken Sie sich doch einfach mal durch. Sie mögen es lieber offline? Auch gut!
8. **Arbeiten Sie offline, wann immer es geht**
   Da ist es schon wieder: offline. Ja korrekt, wenn möglich, dann arbeiten Sie zwischendurch auch immer mal wieder offline. Online bieten sich einfach zu viele Ablenkungen. Ein offener Tab – und wieder sind 15 Minuten Ihrer Arbeitszeit dahin. Ich habe daher etliche Dinge bewusst auf offline verlegt oder ich schalte zumindest den Flugmodus in meinen Mobilgeräten ein.
9. **Machen Sie manchmal einfach gar nichts**
   Auch im Privatleben neigen wir dazu, beim »Relaxen« mehrere Dinge auf einmal zu tun. Fernsehen, nebenbei am Handy surfen und zwischendurch in die Küche, um das Essen umzurühren. Wir müssen allerdings auch mal richtig runterkommen, um uns danach wieder klar fokussieren zu können. Schalten Sie ab, schauen Sie in den Sonnenuntergang.
10. **Legen Sie klare Arbeitszeiten fest**
   Auch wenn Sie Ihr eigener Chef sind (oder werden möchten) – klare Arbeitszeiten mit festgelegten Pausen sind mehr als nur hilfreich, um Ihren Tag zu strukturieren und weniger entscheiden zu müssen. Ich arbeite auch mit Rückruf-Kalender. Ich stelle dort ein, um welche Zeit mich Kunden für Rückfragen oder Coachings »einspannen« können. Außerhalb dieser fest definierten Zeitfenster gehe ich aus Prinzip nicht an mein Telefon. Auch habe ich es mir

zur Regel gemacht, einmal am Tag alle offenen Mailanfragen abzuarbeiten. Dennoch vermeide ich es nach Möglichkeit, dass meine Mail-Kommunikation einem Chat gleichkommt. Im Zuge klarer Arbeitsstunden habe ich auch feste Zeiten für Weiterbildung (z. B. Bücher lesen) oder für Tennis- und Schwimmeinheiten.

Diese 10 Tipps sollten Ihr Fokussierungspotenzial deutlich erhöhen. Bei mir haben sie es getan.

Neben der täglichen Arbeitsstruktur werden Sie auf eine weitere Herausforderung in Sachen Fokus stoßen. Sie werden mit Ihrem Dropshipping-Business erfolgreicher werden und nach und nach auf viele weitere potenzielle Geschäftspartner, Lieferanten und Deals treffen. Viele Menschen möchten dann mit Ihnen Geschäfte machen und an Ihrem Erfolg teilhaben. Hier ist es wichtig, richtig zu selektieren und sich auf die wirklich lukrativen Angebote zu fokussieren. Denken Sie bitte daran: Solche Angebote können nur dann die richtigen sein, wenn sie in Ihren Kompetenzkreis passen.

Als Dropshipper sind daher scheinbar lukrative Kryptowährungen nicht passend, um nur ein Beispiel zu nennen. Früher oder später werden Sie an den Punkt kommen, an dem Sie sehr durchdacht mit Ihren zeitlichen Ressourcen umgehen müssen. Weniger lukrative Projekte und Partner stehlen Ihnen dann die Zeit, die Sie für eher erfolgversprechende Tätigkeiten benötigen. Deshalb ist es wichtig, dass Sie lernen, NEIN zu sagen und auch mal Projekte ablehnen, die Ihnen früher vielleicht attraktiv erschienen wären. Die anderen Wiesen sind nicht immer grüner. Sie müssen nur an Ihr eigenes Vorhaben glauben. So klappt's dann auch mit dem Fokus auf Ihr neues Dropshipping-Business.

Von den Tücken des Trugschlusses

Einige Gründer gehen mit falschen Vorstellungen über das Vorhaben Dropshipping an den Start. Ich habe deshalb die wichtigsten Irrtümer und Trugschlüsse für Sie zusammengefasst, damit Sie bei einer Neugründung bzw. Umfokussierung keine bösen Überraschungen erleben. Die folgenden Ausführungen haben Schnittmengen mit den bereits beschriebenen

7 häufigsten Fehlern und den Vor- und Nachteilen, die Sie bereits kennengelernt haben.

Dennoch ist es nicht dasselbe, denn es gibt einen erheblichen Unterschied zwischen einem Fehler und einem Trugschluss. Ein Trugschluss ist eine Schlussfolgerung, die logisch und richtig klingt, sich letztlich aber als falsch herausstellt. Fehler werden oftmals einfach aus Unwissenheit begangen oder weil man ein bekanntes Prozedere nicht befolgt. Trugschlüsse sind tückischer: Man glaubt zu wissen, tatsächlich weiß man eben nicht. Manchmal über einen langen Zeitraum. Im Folgenden geht es um fünf Trugschlüsse, denen Einsteiger im EU-Dropshipping immer wieder zum Opfer fallen.

Trugschluss Nr. 1: Analysedaten bestimmen Ihren Erfolg

Lassen Sie sich von Analysezahlen nicht verwirren oder demotivieren. Wenn Sie zum Beispiel regelmäßig Blogartikel zu Ihren Produkten veröffentlichen und anhand Ihrer Trackingzahlen feststellen, dass im Schnitt nur acht Menschen Ihre Beiträge lesen, geben Sie sich anschließend vielleicht keine Mühe mehr oder veröffentlichen keine Beiträge mehr. Vergessen Sie aber nicht, dass derartige Analysezahlen nur eine rein quantitative Aussagekraft haben und nichts über die Qualität Ihrer Leser aussagen. Vielleicht befindet sich unter Ihrer kleinen Leserschaft ein einflussreicher TV-Produzent, ein wichtiger potenzieller Großkunde oder ein möglicher Investor.

Andersherum ist es auch ein Trugschluss: Erzielen Sie direkt sehr große Erfolge mit Ihren Veröffentlichungen, mit Tausenden von Klicks, geben Sie sich vielleicht auch dann nicht mehr viel Mühe, sondern gehen davon aus, dass alles ein Selbstläufer ist. Natürlich sind Tracking-Zahlen ein hilfreicher Indikator, jedoch sagen sie oft nicht das aus, was Sie glauben. Denn ausschlaggebend ist nicht, wie viele Leser, Zuschauer oder Besucher Sie auf Ihrer Website verbuchen, vielmehr zählt, wie motiviert, leidenschaftlich oder kaufbereit diese Menschen sind. Wichtig ist deshalb gerade zum Start Ihres Dropshipping-Business, dass Sie Analysezahlen nicht überbewerten. Ich versichere Ihnen, ich kenne das Gefühl gut, wenn Sie Videos drehen, diese aber nur eine Handvoll Views erreichen. Glauben Sie an das, was Sie tun, und lassen Sie sich nicht entmutigen. Bedenken Sie immer: Die meisten Menschen scheitern nicht, Sie geben auf.

Trugschluss Nr. 2: Erst starten, wenn alles perfekt ist

Viele Unternehmer, die gründen, möchten erst in den Markt eintreten, wenn Sie denken, dass alles perfekt vorbereitet ist, das gesamte Equipment vorhanden ist und sie sich zu 100 Prozent sicher fühlen. Das Problem dabei ist, dass dieser Zustand niemals eintritt, auch nicht nach ein oder zwei Geschäftsjahren. Es wird immer die eine oder andere Baustelle geben oder Prozesse, die verbesserungswürdig sind. Wenn Sie darauf warten, bis alles perfekt ist, können Sie leider nie starten. Schieben Sie den Start Ihres Dropshipping-Business deshalb nicht auf, sondern fangen Sie einfach an. In einem späteren Kapitel werde ich Ihnen ausführlich erklären, wie Sie sogar Ihre potenziellen Kunden um Hilfe und Rat fragen können. Nicht perfekt an den Start zu gehen, ist also geradezu der Plan. Ich komme auf diese wichtige Tatsache immer wieder zu sprechen. Dann mit meinem Lieblingsvergleich: Auch Bananen werden grün geerntet, um rechtzeitig verkauft werden zu können. Bitte verwechseln Sie diese Vorgehensweise nicht mit einem »planlosen« Start. Sie werden einen Plan von mir erhalten, mit diesem können Sie Ihren Launch (die Eröffnung Ihres Stores) genau umsetzen.

Aufschieben, Prokrastination, ist leider weitverbreitet. Hier noch ein paar Tipps für den Sofortstart: Fürs Erste, einfach klein anfangen. Hauptsache anfangen. Auch wenn noch nicht alles zu 100 Prozent steht, auch wenn Lieferant und Produkt noch nicht feststehen. Fangen Sie bitte dennoch einfach an! Im Kapitel für den perfekten Launch erhalten Sie alle weiteren Tipps für einen gelungenen Start. Auch etwaige Perfektionszwänge legen Sie bitte beiseite. Befreien Sie sich davon. Vergessen Sie überkritische Perfektion und starten Sie lieber mit dem von mir skizzierten Plan durch. Um Feinheiten und kleine Schönheitskorrekturen können Sie sich später noch kümmern. Auch nach über 15 Jahren im E-Commerce optimiere ich täglich. Das tue ich also seit mindestens 5475 Tagen, und seit wann optimieren Sie?

Setzen Sie sich bitte Deadlines. Das sind verbindliche Termine oder wie ich gerne sage: Träume mit einem Datum. Gerade wenn kein mahnender Chef über Sie wacht, sind selbst gesetzte Deadlines ein Muss. Ein Vorsatz wie »Ich fange jetzt mal an« ist de facto keine richtige Zielsetzung. Es gibt unterschiedliche Methoden. Die wohl bekannteste ist die SMART-Methodik. Dabei definieren Sie Ihr Ziel nach folgenden Prinzipien: **S**pezifisch (Was ist das Ziel?), **M**essbar (Wie viel?), **A**ttraktiv (Warum?), **R**ealistisch (Was ist möglich?), **T**erminiert (Wann?).

Ein Ziel definiert nach SMART kann lauten: »Ich möchte bis Ende des Jahres einen Nettogewinn in Höhe von 18 000 Euro (R), um keine Angst mehr vor unerwarteten Rechnungen zu haben (A).«

Wir haben bereits über Zeitfresser gesprochen. Bestellen Sie Newsletter ab, ordnen Sie Ihr Mailsystem und löschen Sie Lesezeichen von Shoppingseiten, sozialen Netzwerken und anderen unerwünschten Ablenkungen. Eigentlich sollten Sie dies bereits gemacht haben, aber eine kleine Erinnerung zwischendurch kann sicher nicht schaden. Die liebe Ordnung und Struktur sollten Sie auch nicht außer Acht lassen. Starten Sie mit einem durchdachten Arbeitsplan, was wann und wie erledigt werden soll. Bringen Sie Struktur in den Arbeitsalltag und erstellen Sie sich einen Timetable, der Ihnen zu Struktur und Ordnung im Arbeitsalltag verhilft.

Trugschluss Nr. 3: Als selbstständiger Unternehmer kommt der Erfolg von selbst

Viele angehende Dropshipper wagen deshalb den Schritt in die Selbstständigkeit, weil Sie sich mehr Freizeit erhoffen. Sie vermuten, dass sie als ihr eigener Chef weniger Arbeitszeit und weniger Stress haben werden. Außerdem mehr Freiheit und Flexibilität. Mit Sicherheit können Sie ein wenig mehr Flexibilität erwarten – das ist in der Anfangsphase aber wahrscheinlich schon alles. Nach meiner Beobachtung bemühen sich

Festangestellte, Arbeit und Leben getrennt voneinander auszubalancieren. Firmen und Staat stellen allgemeine Regeln auf, die für alle passen sollen – willkommen im System. Selbstständige, wozu auch (in Teilzeit) Dropshipper gehören, erschaffen ihre eigene (Parallel-)Welt. Wir vermischen Arbeit und Leben. Wir definieren dabei unsere Gemeinschaft und bewegen uns in kleinen vertrauten Gruppen, den Communitys. Innerhalb dieser bauen wir eine Welt um unsere Arbeit herum auf. Selbstständige Dropshipper fürchten sich nicht vor dem Alter und streben auch nicht den Plan-Ruhestand mit 67 an, sondern haben oft eine Idealvorstellung, die aus lebenslangem Arbeiten und Lernen besteht. Die Arbeitsweise wird sich ändern, aber wir zielen nicht darauf ab, dass wir »fertig sind«. Der Erfolg kann daher nicht »von allein« kommen, da es mit jedem erreichten Erfolg direkt die nächste Stufe zu erklimmen gilt. Fakt ist, wenn auch Sie erfolgreich werden möchten und für Ihre Idee brennen, werden Sie erst mal mehr und intensiver arbeiten als zuvor in Ihrer Festanstellung. Das Gute: Es wird Ihnen nicht viel ausmachen, da Sie sich mit Leidenschaft in Ihre Arbeit und Ihr neues Umfeld stürzen werden.

Eine Variante dieses Trugschlusses ist die Annahme, dass genügend Vorabinvestitionen das Kind schon schaukeln werden. Es gibt Gründer, die investieren vor dem Markteintritt (Launch, wie es eigentlich genannt werden sollte) große Summen in Software, Hardware, Büroumgebung, Workshops und Weiterbildungen und denken dann, dass damit die Hauptarbeit erledigt sei. Das ist nur leider nicht der Fall. Anfängliche Investitionen sind zwar erforderlich, um sich das notwendige Wissen und die notwendigen Ressourcen für den Online-Handel anzueignen, ersetzen allerdings nicht die fortdauernde Arbeit nach Beginn des Launchs. Doch um diese fortwährende Optimierung geht es mir. Ich möchte täglich besser werden. Sie sollten sich das ebenfalls zum Ziel setzen.

Trugschluss Nr. 4: Wenn es nicht sofort läuft, läuft es gar nicht

Die wenigsten Unternehmen und Shops starten direkt von 0 auf 100 durch, meist liegt dazwischen eine Menge Arbeit und Engagement. Es ist wie beim Besteigen des Mount Everest. Der Weg ist beschwerlich, er ist lang, und die Sicht ist oft gering. Aber man weiß: Da oben ist er, der Gipfel! Behalten Sie also Ihre Motivation bei und lassen Sie sich nicht entmutigen, wenn Ihr Produktangebot nicht gleich in den ersten Wochen durch die Decke geht. Machen Sie sich klar, dass jeder, der hoch hinaus möchte, zunächst am Basislager starten muss. Dabei spielt es keine Rolle, ob Sie blutiger Anfänger, Fortgeschrittener oder Experte sind. Wir alle müssen unten anfangen. Auch ich starte mit Ihnen gemeinsam an der Basis. Mit jedem Lauch werden Sie und ich routinierter. Gemeinsam meistern wir die vor uns liegende Strecke auf den symbolischen Berggipfel leichter. Dennoch ist es kein Selbstläufer, so wie bislang auch keine Seilbahn auf den Mount Everest gebaut wurde. Nur ein steiler und anstrengender Weg führt empor. Und oft werden Führer gebraucht. Ich habe gelesen, dass man im Schnitt 8 bis 12 Wochen im Basislager verbringt, bevor man überhaupt zum Gipfel aufbrechen darf. Bis ganz nach oben erwarten Sie nochmals sieben Stationen, an denen Halt gemacht wird. Jede dieser Zwischenstationen besucht man, bevor es weitergeht. Die Parallele zum Dropshipping ist offensichtlich. Ihr Geschäft wird nur in den seltensten Fällen sofort »laufen« – und das ist normal, ebenso wie Sie nicht geradewegs auf den Gipfel des Mount Everest stürmen können. So funktioniert es nicht. Machen Sie es wie die Profis: Gehen Sie mit Disziplin und Durchhaltevermögen Schritt für Schritt. Verschnaufen Sie, wenn es notwendig ist, stehen Sie wieder auf, wenn Sie gestürzt sind. Aber behalten Sie unbeirrt das Ziel im Auge.

Trugschluss Nr. 5: Ein gemachtes Nest ersetzt eigenes Engagement

Einige Gründer kaufen schlüsselfertige Webshops, Landingpages oder Salespages und nehmen dann an, dass sie kein eigenes Engagement mehr einbringen müssen. Warum? Na, immerhin läuft der Verkauf ja bereits erfolgreich, sagen sie sich. Keine Frage, die Übernahme eines fertigen Dropshipping-Webshops spart eine Menge Zeit und Aufwand und bringt die Sicherheit eines gut laufenden Shops mit sich – dennoch müssen Sie nach der Übernahme ausreichend Zeit und Arbeit einbringen, um den Shop auch weiterhin erfolgreich am Laufen zu halten. Denn von nichts kommt eben auch nichts. Auch hier ist harte Arbeit notwendig. Es gibt mir bekannte Fälle, wo ein Shop mit Hunderten von Bestellungen an die Wand gefahren wurde, einfach deshalb, weil all diese nicht rechtzeitig bearbeitet wurden.

So viel zu den wichtigsten Trugschlüssen. Im folgenden Kapitel möchte ich Ihnen Know-how zur Lieferantenauswahl und zur Sortimentsgestaltung an die Hand geben. Sie sind jetzt bereits auf einem guten Weg. Steigen wir also tiefer in die Materie ein.

KAPITEL 2

»Wenn Sie beabsichtigen, nur das zu verkaufen, was bislang gut lief, dann ist das so, als ob Sie ständig mit Blick in den Rückspiegel Auto fahren.«

Fabian Siegler

WIE ERSCHAFFT MAN EIN LUKRATIVES STRECKENVERSAND-SORTIMENT?

Die ersten Grundlagen haben wir nun gesichtet. Nun geht es um Ihr Sortiment. Die Frage nach dem »perfekten Sortiment« gehört zu meinem Mentor-Alltag. Jeder sucht den Heiligen-Sortiment-Gral. Tatsächlich ist es leichter, als Sie vielleicht annehmen. Wir sind jetzt an dem Punkt, an dem Sie etwas kennenlernen sollten, das sich »Long Tail« nennt. Es ist absolut großartig und bietet sich in keinem Geschäftsmodell so gut an wie beim Dropshipping.

Wenn Sie einen Lieferanten für Ihren Dropshipping-Shop aussuchen, behalten Sie stets im Hinterkopf, dass die Waren nicht vorfinanziert werden müssen. Sie möchten die Waren nicht einkaufen. Sie möchten lediglich über das Recht verfügen, diese Ihrem Kundenkreis beispielsweise über Amazon oder Ihren eigenen Shop anbieten zu dürfen. Aufgrund dessen liegt der Gedanke nahe, dass Ihr Sortiment auch groß sein und in die

Breite gehen darf. Wie gesagt, Sie kaufen keine Waren ein. Genau jetzt kommt der Long Tail ins Spiel.

Die Long-Tail-Theorie wurde publik durch den Journalisten und Autor Chris Anderson. Er fand heraus, dass Anbieter virtualisierbarer Produkte den Großteil ihrer Umsätze mit Nischenprodukten machen. Bitte gleich verinnerlichen: Nischenprodukte!

Ich bin der Überzeugung, dass Dropshipping exakt in diesen Ansatz spielt. Faktisch halten Sie Ihr Sortiment lediglich virtuell vor, kein Kauf, keine Lagerung. Und jetzt bedenken Sie bitte: Das unbekannte, am schlechtesten verkaufte Produkt, ob nun Buch, Song oder Waffeleisen, ist nur einen Klick vom verkaufsstärksten Buch, Song oder Waffeleisen entfernt. Auf Marktplätzen wie Amazon wird dies besonders deutlich, erst recht, wenn man die vielen anderen großen Aggregatoren wie das Auktionshaus eBay oder Streaming-Anbieter hinzudenkt. Bemerkenswert ist die Tatsache, dass der Gesamtabsatz aller umsatzschwächsten Produkte den Absatz der wenigen Bestsellerprodukte erreicht und nicht selten sogar übertrifft.

Und genau das ist der Long Tail, der »lange Schwanz«. Sie müssen sich das als eine Umsatzverteilungskurve vorstellen. Sie hat die Form einer flachen, nahezu endlosen Linie und umfasst die pro Jahr nur wenig verkauften Produkte. Flächenmäßig ist dieser »lange Schwanz« aber nicht kleiner als der »Kopf«, also die Spitze – die Bestseller. Diese Erkenntnis war bereits vor Jahren ein enormer Anreiz, potenzielle Kunden zu Klicks auf wenig bekannte oder wenig nachgefragte Artikel zu ermutigen.

Ein Beispiel: Ich und meine Mitstreiter befinden uns mit unserem Podcast und auch Workshop-Angeboten in eben einer solchen Nische. EU-Dropshipping ist nichts anderes als Long Tail im Dienstleistungsbereich.

Es geht darum, die Aufmerksamkeit auf die wenig gefragten Produkte – eben den besagten Long Tail – zu lenken. Führt man diesen Gedanken konsequent zu Ende, macht es natürlich Sinn, auch solche Produkte zu listen, die bislang gar nicht angeboten wurden. Laut einem Bericht von *wortfilter.de* wurden »auf den EU5-Marktplätzen, also Deutschland, Großbritannien, Spanien, Frankreich und Italien, allein im Oktober 2019 131 Millionen neue Produkte entdeckt«.[8]

Wenn Sie jetzt den Gedanken zu Ende führen, dann ist die spannende Frage: Wie viele dieser neuen Angebote sind in der Praxis hart umworben? Bereits an der Anzahl, 131 Millionen neue Produkte, wird schnell klar: Es kann sich unmöglich nur um Bestseller handeln. Long Tail ist also auf jeden Fall gelebte Praxis, nur bei den Dropshippern hat sich dies noch nicht herumgesprochen. Viele suchen den Heiligen Gral, die »Winning Products«. Im zuvor zitierten Bericht heißt es weiter: »Im Ranking der EU5-Marktplätze liegt der deutsche Marktplatz mit 586 Millionen ASIN/ Produkten weit vorne. Danach folgen Großbritannien, Italien, Frankreich und Spanien mit nur 322 Millionen Produkten.« ASIN = Amazon Standard Identification Number. Letztere ist eine zehnstellige alphanumerische Produktidentifikationsnummer. Bei Büchern entspricht die ASIN der ISBN. Sie sehen also auf einen Blick: Millionen Angebote sind in vielen EU-Ländern erst gar nicht gelistet. Hier liegt das ungenutzte Potenzial – auch im Jahr 2021! Listen Sie solche Artikel, füllen Sie diese Lücken.

Dies vereinfacht auch die Lieferantensuche, da Sie im Kernmarkt, in diesem Falle etwa Deutschland, die Produkte bereits vorfinden. Falls Sie sich jetzt fragen, ob es wirklich so leicht ist, ein lukratives Angebot zu erschaffen, lautet die Antwort schlicht: ja!

Es kommt aber noch unglaublicher. Nicht nur fehlen Millionen von Produkten auf bestimmten Märkten, auch vorhandene Produkte sind schlichtweg nicht auffindbar, weil sie zu keinem Keyword »ranken«, wie das so schön heißt. Die bereits zitierte Quelle: »... sehr beeindruckend ist die Information, wie viele Produkte überhaupt zu mindestens einem Keyword ranken oder für die Verbraucher völlig unsichtbar sind.« Und um wie viele »Unsichtbare« geht es? Fast 50 Prozent aller Produkte! Egal ob gelistet oder nicht. 50 Prozent!

Wenn Sie also Long Tail mit nicht gelisteten oder bislang nicht auffindbaren Produkten kombinieren, sind Sie definitiv aus den Startlöchern. Wenn Sie die Zusatzmeile gehen und Ihre Angebote mit schönen Titeln und Beschreibungen optimieren, heben Sie sich garantiert ab. Das Problem ist, dass die wenigsten sich überhaupt der Optimierungsmöglichkeiten bewusst sind – oder aber den Aufwand scheuen. Ja, Dropshipping ist Arbeit. Jedoch zahlt sich Ihr Investment in überzeugende Texte aus, denn am Ende kann dies nicht selten das Zünglein an der Waage sein, um auch die Retourenquote deutlich zu senken. Dazu jedoch später noch mehr.

Hier liegt jedenfalls der Schlüssel zum Erfolg. Nutzen Sie diese Gelegenheit, bevor es zu viele andere tun. Long Tail funktioniert, und zwar auch abseits von Handelsplattformen wie Amazon. Auch die Suchmaschinenanbieter wie Google, Bing und Baidu profitieren von dieser Methodik kräftig. Denn sie alle haben festgestellt, dass es in ihrem Interesse liegt, die Suche nach Nischen zu honorieren. Wie? In Form von kaufbaren Werbeplätzen, Stichwort: Google Ads, früher als Google AdWords bekannt. Alternative Werbesysteme bieten heute auch die anderen Suchmaschinenbetreiber.

So richtig und wichtig Long Tail auch ist, Sie müssen dennoch eine klare Sortiment-Strategie anstreben. Keinen Bauchladen.

Die Verlockung zum Bauchladen ist nachvollziehbar, gerade weil Sie als Dropshipper keine Waren vorfinanzieren müssen. Dennoch sollten Sie Sachverstand und Herzblut in Ihr Sortiment einfließen lassen und zum Ziel haben, Expertise und Expertenstatus in Ihrer Nische zu entwickeln.

Bedenken Sie bitte, egal wie obskur ein unbekanntes Produkt anmutet, es kann zunehmend entmumifiziert und ins Bewusstsein der Massen gerückt werden. Stellen Sie sich vor, Sie wären in Ihrer Stadt der Einzige, der für den Musikstil »Business-Rap« schwärmt. Den gibt es wirklich. In Vor-Internet-Zeiten hätten Sie praktisch keine Möglichkeit gehabt, an einschlägige Interpreten zu kommen. Denn wo hätten Sie schon einen Anbieter gefunden, der diesen Musikstil bei verschwindend geringer Nachfrage vorhält? Weitab vom Mainstream-Radio? Sammlerbörsen und Flohmärkte wären wohl die einzige Chance gewesen. Heute jedoch ist es gängige Realität, etwas auf Abruf zu erhalten (und produziert zu bekommen).

Selbst die exotischste Musik, wie eben Business-Rap, gibt es zum digitalen Download. Egal, wo Sie leben oder arbeiten. Vorbei sind also die Zeiten, in denen Sie mit speziellen Vorlieben allein dastehen. Ein Klick, und Ihr Wunsch ist erfüllt und Ihre Kreditkarte belastet. Als Dropshipper machen Sie sich diese Logik bewusst zunutze. Egal, welche besonderen Interessen Sie oder Ihre künftigen Kunden haben, auch Begierden, heute ist die Zeit, um der Nachfrage ein Angebot gegenüberzustellen.

Alles, was jemals erdacht und erfunden wurde oder noch wird, kann für Millionen Menschen oder auch nur für eine Handvoll Interessenten von Wert sein. Da die Kosten für die Zurverfügungstellung aber derartig gering sind, lohnt sich das Offerieren selbst bei Kleinstmengen, getreu dem Motto: Kleinvieh macht auch Mist. Der Marktzugang ist da. Es ist kein Ding der Unmöglichkeit mehr, lukrative Nischen zu erschließen.

Dropshipping ist das perfekte Vehikel in diesen Zeiten. Es gibt also keinen Grund, ständig nach Trendprodukten oder den »Winning Products« Ausschau zu halten. Wesentlich wichtiger ist zu verstehen, dass sich im Grunde jeder Artikel zum Anbieten lohnt. Können Sie Ihr Sortiment dann noch untereinander vernetzen, etwa indem Sie Cross- und Up-Selling (passende Zusatzangebote und Alternativen) betreiben, dann geht die Post wirklich ab. Dazu später mehr.

Ist es nicht befreiend zu wissen, dass Sie im Prinzip so viele Artikel ins Sortiment integrieren können, wie es Ihnen beliebt? Niemand wird Sie limitieren. Es gibt schlicht keinen Grund, nicht in die Breite zu gehen, allein schon, um zu schauen, was sich wirklich verkauft. Wenn Sie nach den ersten Verkäufen ein besseres Gespür für Ihr Portfolio haben, können Sie beginnen, sich auf einen kleineren gemeinsamen Nenner zu konzentrieren. Aber limitieren Sie sich nicht unnötig. Ein großes Sortiment wird Sie nahezu das Gleiche kosten wie ein kleines. Produkte sind nur Bits und Bytes. Ob Sie 10 oder 10 000 Artikel im Angebot haben, wird sich bei Ihren Server- und IT-Kosten nicht spürbar bemerkbar machen. Und auch viele Online-Marktplätze wie Amazon oder der deutsche Marktplatz Yatego bieten Ihnen die Möglichkeit, unbegrenzte Artikelmengen zu listen. Ihre Fixkosten steigen nicht, darum ist der Long Tail so mächtig!

Fake it till you make it

Aller Anfang ist schwer. Das ist kein Geheimnis. Und auch wenn sich bei Dropshipping der Einstieg recht unkompliziert gestaltet und Sortiment-Strategien wie das gerade beschriebene Long-Tail-Modell zum Ausprobieren einladen, stellt sich oftmals die Frage: Wie genau anfangen? Wahrscheinlich haben Sie nicht viel außer einer Idee. Wenn überhaupt. Man könnte auch sagen, das Blatt ist noch unbeschrieben. Dass Sie bereits in den ersten Tagen oder auch Wochen sofort sehr hohe Umsätze erzielen, gehört tendenziell eher ins Reich der Wunschträume. Wenn Sie den Markt nicht mit einer absolut innovativen Idee erobern, die sofort die Massen begeistert, geht es am Anfang oft schleppend voran. Aber Sie erinnern sich: Wie wir Leistung definieren, liegt an uns selbst. Wir gehen Schritt für Schritt voran.

Und übrigens, als Dropshipper sind wir zunächst »nur« Wiederverkäufer und nicht Innovationstreiber. Deshalb brauchen wir auch nicht ständig neues Fremdkapital und gigantische Medienaufmerksamkeit. Viel Vorarbeit, Werbung (egal ob Content-Marketing, Blogbeiträge oder – virtuelle – Mund-zu-Mund-Empfehlungen) sind dennoch nötig, um Ihr Geschäft zum Laufen zu bringen und die ersten größeren Erfolge (groß ist auch nur relativ) zu verbuchen. Derartige Anstrengungen sind am Ende aber notwendig, insbesondere dann, wenn Sie von »Selbstläufern« wie Plattformen (darunter Platzhirsch Amazon) erst mal absehen.

Aber auch dort will eine sichtbare Position erarbeitet werden, das bloße »Dabeisein« ist leider nicht alles. Ich darf Sie daran erinnern, dass fast die Hälfte aller Amazon-Angebote in der Praxis unsichtbar sind. Der Ruhm kommt meistens schleichend und nicht über Nacht. Wichtig ist dennoch, von Anfang an einen positiven und vertrauenswürdigen Eindruck bei Kunden und bei potenziellen Geschäftspartnern zu vermitteln. Kein Kunde möchte in einem offensichtlich völlig unbekannten Shop einkaufen, und kein Lieferant möchte Partnerschaften mit einem blutjungen Anfänger eingehen, der zum Start unter Umständen auch noch grobe Fehler begeht. Dieser Aspekt, wie man von außen wahrgenommen wird, wird oft außer Acht gelassen. Viele Webshops haben weder eine SSL-Verschlüsselung noch ein Gütesiegel (Stichworte für Ihre tiefergehende Google-Recherche: Trusted Shops, TÜV, EHI) noch unabhängige Kundenbewertungen (Ekomi, ProvenExpert) zu bieten. Vielmehr sieht alles nach Improvisation aus. Doch wie lässt sich Beliebtheit, Know-how und Erfolg vermitteln, wenn noch nichts dergleichen vorhanden ist? Die Lösung lautet: Fake it till you make it!

Spielen Sie Ihre Rolle so lange, bis Schein und angestrebte Realität irgendwann zusammenpassen. Denn wir selbst und auch Ihre Kunden und Partner glauben letztendlich, was sie sehen und was ihnen präsentiert wird. Wie bereits festgestellt, ist es wichtig, zunächst überhaupt ins Tun zu kommen. Sie haben also keine andere Wahl, als sofort einen kompetenten Eindruck zu vermitteln, auch wenn noch nicht alles im Lot ist.

Stopp! Ich kann Ihre Unsicherheit spüren. Ihnen ist mittlerweile klar, dass ein breites Sortiment nur Vorteile bringt. Stichwort Long Tail. Auch ist es absolut okay für Sie, »halbperfekt« zu starten, denn aller Anfang ist schwer. Aber wie bekommen Sie nun Lieferanten (überzeugt)? Sie haben eine Produktidee und sind auch bereit, viele Produkte in der Breite zu listen. Doch woher kommen dann diese Produkte? Ich werde in Kürze das Geheimnis lüften. Lassen Sie uns noch kurz den Gedankengang über das »Unperfekte« zu Ende führen. Vertrauen Sie mir, es ist wichtig!

Haben Sie sich jemals ein Prüfungszeugnis Ihres Arztes zeigen lassen oder eine Arbeitsgenehmigung Ihres Handwerkers? Wissen Sie, ob der Busfahrer auch wirklich einen Führerschein besitzt? Die Antwort lautet: nein. Maßgeblich dafür, ob Sie dem Arzt, dem Busfahrer oder Ihrem Handwerker Vertrauen schenken, ist sein Auftreten. Vertritt er seine Leistungen mit einem ausgeprägten Selbstbewusstsein und wirkt er kompetent, dann glauben wir seinen Aussagen und geben die Verantwortung gern in seine Hände ab.

Doch wie kann jemand, der noch nicht einmal Amateur ist, anderen Personen glaubhaft Können und Wissen vermitteln? Der Schlüssel hierzu liegt im Selbstvertrauen. Machen Sie sich das zunutze. Auch Sie können mit dem richtigen Auftreten und dem richtigen Mindset so ziemlich alles erreichen.

Selbstvertrauen ist King – Selbstzweifel sind fehl am Platz. Denn Selbstvertrauen führt zu so etwas wie einer selbsterfüllenden Prophezeiung (Selbstzweifel übrigens auch!). Wer vermittelt, dass er erfolgreich ist, wird ernst und wahrgenommen und erhält die nötige Aufmerksamkeit. Daraus entstehen Erfolge, die wiederum nach außen noch mehr Erfolg vermitteln, was wiederum noch mehr Kunden und Erfolg mit sich zieht.

Im Fall von Dropshipping sieht die Sache folgendermaßen aus: Haben Sie am Anfang einen leeren Webshop, werden Sie weder Kunden noch Lieferanten akquirieren können. Bestücken Sie den Shop zu Anfang deshalb zum Beispiel mit einigen Fake-Artikeln (von Ihren Wunschlieferanten), bevor Sie potenzielle Lieferanten kontaktieren. (Wie Sie das tun, und wo Sie diese finden, erzähle ich Ihnen gleich.)

Beherzigen Sie diese Vorgehensweise, werden Lieferanten nach meiner Erfahrung schneller eine geschäftliche Partnerschaft mit Ihnen eingehen, zudem befinden Sie sich in einer besseren Verhandlungsposition.

Sie kreieren praktisch ein Abbild dessen, was Ihr tatsächliches Ziel ist. Haben Sie Ihren Shop dann im Anschluss mit (im Sinne des Long Tail) echten Produkten bestückt, starten Sie mit der Veröffentlichung bzw. mit der später ausführlich vorgestellten Launch-Phase. Etwaige Fake-Produkte aus Zeiten des beschränkten Zugangs löschen Sie vorher.

Bereits hier der Hinweis: Mit »Produkte bewerben« ist keinesfalls gemeint, dass Sie Ihren Shop einfach online schalten. Ich habe dieser Thematik ein ausführliches »Launch-Kapitel« gewidmet. Für den Moment sind wir noch in der Vorbereitungsphase. Wir möchten zunächst lediglich einen ansehnlichen ersten Eindruck vermitteln.

Arbeiten Sie so früh wie möglich mit positiven Rezensionen und Zitaten von ehemaligen Käufern, die Ihre Produkte loben. Wenn Sie solche am Anfang nicht haben, sollten Sie diese dennoch nicht selbst schreiben. Fakt ist: Neue Käufer werden sich von guten Rezensionen angesprochen fühlen und Ihrer Warenqualität schneller vertrauen. Echte Bewertungen erhalten Sie durch Umfragen im Zuge der später erläuterten Launch-Strategie. Unter dem Gesichtspunkt des »Fake it till you make it«-Gedankens könnten Sie Rezensionen auch »schreiben lassen«. Hierzu senden Sie Warenproben kostenfrei an potenzielle Kunden und bitten um ein ehrliches, schriftliches Feedback. Aber schreiben Sie sie nicht selbst.

Nehmen Sie zum besseren Verständnis »Amazon Vine – Club der Produkttester« als Beispiel. Dort wird der Service wie folgt beschrieben: Amazon Vine »lädt die vertrauenswürdigsten Rezensenten bei Amazon ein, ihre Meinungen zu neuen und noch nicht veröffentlichten Artikeln zu veröffentlichen. Anhand dieser Angaben können die anderen Kunden bessere Kaufentscheidungen treffen«.[9]

Es gibt hier in der Tat Parallelen. Erstens handelt es sich um echte Bewertungen (von anderen, nicht von Ihnen selbst) und zweitens richtet sich dieser Service, wie Sie gerade gelesen haben, primär an noch nicht gelaunchte Produkte. Ihr Shop befindet sich in einer ganz ähnlichen Situation.

Kurzum, seien Sie überzeugt, dass es funktioniert und verkaufen/präsentieren Sie sich so gut, wie es nur irgendwie geht. Denn die meisten Leute glauben nur das, was sie sehen. Haben Sie die ersten Lieferanten und später Kunden gewonnen und somit tatsächlich überzeugt, entwickelt sich das Ganze zum Selbstläufer.

Eine kleine Geschichte zwischendurch. Kennen Sie die sogenannten Cargo-Kulte aus Melanesien? Im Zweiten Weltkrieg führte Amerika bekanntlich Krieg gegen Japan und landete zur Vorbereitung und zur Planung auf kleinen Inseln im Pazifik. Dort bauten sie Landebahnen und Tower, in denen die Lotsen zu den Flugzeugen funkten. Die Ureinwohner der Inseln hatten damals keinen Kontakt zu den Amerikanern und sprachen auch deren Sprache nicht. Sie beobachteten das merkwürdige Treiben lediglich aus der Ferne und stellten fest: Jedes Mal, wenn ein Amerikaner in den mysteriösen Turm stieg, landeten kurz danach Flugzeuge, die mit Waren und Lebensmitteln beladen waren. Die Ureinwohner gingen davon aus, dass die Amerikaner in den Türmen um reiche Gaben beteten und diese daraufhin dann von den Göttern erhielten.

Daraus entstanden die sogenannten Cargo-Kulte. Die Ureinwohner bauten ihrerseits hoffnungsvoll Landebahnen und Türme und beteten in den Türmen um das Wiedererscheinen des Wunders, das natürlich nie eintraf. Die Ureinwohner glaubten jedoch fest daran, dass ihnen eines Tages ihre Ahnen Reichtümer aus dem Himmel schicken würden. Sie hatten das Phänomen schließlich bei den Amerikanern beobachtet.

Auf YouTube findet man viele eindrucksvolle Videos dazu, und der Begriff des Cargo-Kults wird oft metaphorisch genutzt. Er steht dafür, dass Menschen Wunder erwarten, die aber nie eintreten, da sie sich schlichtweg auf falsche Beobachtungen und Rückschlüsse beziehen.

Viele Menschen betrachten die Erfolgsgeschichten von anderen und denken, sie könnten diese schnell und einfach für sich selbst wiederholen. Diese Annahme ist falsch. Dennoch sind Geschichten dieser Art, Vorbilder, Kulte und Rituale nicht völlig sinnlos, denn sie schaffen Ihnen ebenso wie mir Ziele. Wenn Sie oft genug Erfolgsgeschichten lesen und hören, arbeiten Sie unweigerlich selbst darauf hin, diese ebenso zu erreichen.

Wer Mentoren, Vorbilder und Ziele hat, ist deutlich erfolgreicher, weil er einfach bewusst auf etwas hinarbeitet. Hierbei ist auch der sogenannte Placebo-Effekt interessant. Wenn uns von unserem Umfeld kommuniziert wird, dass etwas eine bestimmte Wirkung auf uns und unseren Erfolg hat, glauben wir eher, dass dies tatsächlich so ist. Dieser Effekt ist nicht nur bei der Einnahme von Medikamenten wissenschaftlich bewiesen, sondern gilt auch für unsere Karriere und unsere unternehmerische Tätigkeit.

Wird uns von unserem Umfeld eingeredet, dass wir etwas sowieso nicht schaffen, dass unser Vorhaben aussichtslos ist und dass unser Tun zum Scheitern verurteilt ist, werden wir eventuell daran glauben, dass dies der Wahrheit entspricht, und entsprechend mutlos an die Sache herangehen. Sagt uns jedoch eine relevante Person (etwa Ihr Mentor), dass wir bildlich gesprochen Superkräfte besitzen, dass wir unser Business mit Sicherheit zum Erfolg führen werden und unseren Webshop zum Verkaufsschlager machen, tritt auch dies mit einer hohen Wahrscheinlichkeit ein. Sie sind also Ihres Glückes Schmied und können mit positivem Glauben und etwas Verkaufstalent selbst pushen und zum gewünschten Erfolg gelangen!

Ihr Weg zum Erfolg in Kürze:

- Legen Sie sich eine positive Grundeinstellung zu.
- Glauben Sie an sich, Ihre Idee und daran, dass Sie Ihr Dropshipping-Business erfolgreich führen werden.
- Fake it till you make it! Solange Ihr Geschäft noch nicht läuft (bzw. gelauncht wurde), erzählen Sie jedem, dass alles bestens auf dem Weg ist. Letztlich stimmt das auch.
- Überzeugen Sie Ihre Mitmenschen mit Ihrer positiven Einstellung. Vermitteln Sie den Eindruck, dass Ihre Produkte gefragt sind, dann werden sie es in naher Zukunft auch sein.
- Setzen Sie sich Ziele und glauben Sie an Wunder. Mit anderen Worten, beschaffen Sie sich Unterstützung von Ritualen, Mentoren und erfolgreichen Vorbildern (lesen Sie Biografien).
- Arbeiten Sie konkret auf einen Zustand, auf eine Zahl und somit auf Ihren persönlich definierten Erfolg hin.
- Lassen Sie sich durch Rückschläge nicht entmutigen und bleiben Sie am Ball.
- Halten Sie an Ihrem positiven Mindset fest, dann widerfährt Ihnen auch Positives!

Jetzt ist es an der Zeit, dass Sie Ihre zukünftigen Lieferanten finden und überzeugen. Im nächsten Abschnitt gebe ich Ihnen praktische Tipps, damit Ihnen beides leichter von der Hand geht.

Wie Sie in Europa hochwertige Dropshipping-Lieferanten finden

Ich gebe Ihnen im Folgenden einige Anregungen, wo Sie Ihre ersten europäischen Lieferanten finden können. Ich persönlich favorisiere LinkedIn und Xing. Sie sollten fürs Erste ein kostenfreies Profil bei einem dieser Business-Netzwerke einrichten. Im Anschluss können Sie mit einer Stichwortsuche wie »Dropshipping« auf die Suche gehen oder etwas präziser mit »Dropshipping Garten«, wenn Sie beispielsweise Gartenartikel verkaufen möchten. Das Schöne auf diesen Netzwerken ist, dass Sie unweigerlich direkt beim korrekten Ansprechpartner rauskommen. Denn diese Netzwerke sind personenbezogen. Hinter jedem Firmenprofil (Lieferant) steht also in jedem Fall ein Ansprechpartner. Dies kann bei kleineren Firmen der Firmeninhaber persönlich sein oder der Vertriebsmitarbeiter bei größeren Unternehmen.

Diesen können Sie dann direkt ohne Medienbruch über die Kontaktmöglichkeit auf LinkedIn bzw. Xing anschreiben. Sie müssen also nicht erst umständlich eine E-Mail schreiben. Xing eignet sich in erster Linie für Businesskontakte im deutschsprachigen Raum, LinkedIn auch für internationale. Dort finden Sie aber dennoch auch deutschsprachige Mitglieder.

Wichtig ist, dass Sie vor einer Kontaktaufnahme Ihr Profil einrichten: ein professionelles Profilbild (mit weißem, neutralem Hintergrund), korrekte Kontaktmöglichkeiten sowie die Webadresse Ihres vorläufigen Shops.

Bedenken Sie, dass zum aktuellen Zeitpunkt Ihr Webshop nicht tatsächlich geöffnet ist. Sie befinden sich im Testbetrieb, wie im letzten Abschnitt unter dem Motto »Fake it till you make it« erörtert.

Sie erwarten daher keine echten Kunden und auch keine echten Bestellungen. Jede Shop-Software ermöglicht es Ihnen, Ihren Shop in den Urlaubsmodus zu setzen (Sie erfahren später, welche Systeme ich Ihnen empfehlen kann). Um den Shop betreten zu können, braucht man ein von Ihnen definiertes Passwort. Diesen beschränkten Zugang können Sie dann wohldosiert an ausgesuchte Wunschlieferanten senden.

Bei der Kontaktaufnahme zu dem jeweiligen Lieferanten bitten Sie dann um eine Zusammenarbeit, die Einkaufskonditionen sowie die Vertragsmodalitäten und Lieferbedingungen (kurz AGB genannt, die allgemeinen Geschäftsbedingungen). Ein Beispiel für einen solchen Lieferantenvertrag/AGB können Sie bei der bereits aus Kapitel 1 bekannten DGH abrufen:

Wenn Ihre Anfrage auf positive Resonanz stößt, vereinbaren Sie im Folgenden, dass Sie die Produktbilder und Beschreibungstexte auf Ihrer eigenen Seite verwenden können. Versäumen Sie eine solche schriftliche/vertragliche Zusicherung, könnte man Sie kostenpflichtig abmahnen. Dies gilt es in jedem Fall zu vermeiden.

Bei dieser Kontaktaufnahme, die wie beschrieben direkt über eines der Business-Netzwerke oder per E-Mail erfolgt, verweisen Sie nochmals auf die Tatsache, dass Ihr Shop noch im Aufbau ist und das Produktportfolio noch nicht final eingepflegt ist.

Behalten Sie stets im Hinterkopf: Ihr Shop ist offiziell ja weder (ohne Passwort) aufrufbar noch eröffnet (Stichwort Launch!).

Sollten Sie eine Lieferantenkooperation nicht über LinkedIn oder Xing einleiten wollen, gibt es viele weitere Ideen, um erste passende Lieferanten zu finden. Für den Start kann es zum Beispiel klug sein, wenn Sie sich kleinere Handelspartner suchen. Nicht selten kann auch regionale Nähe ein Vorteil sein.

Ich selbst habe vor meiner Auswanderung nach Spanien nahezu jedes Weingut in meiner Umgebung angerufen und abgeklärt, ob ich sie nicht vertrieblich unterstützen könne. Ich habe angeboten, ihre Produkte kostenfrei in meinen Webshop und auf Marktplätzen wie Amazon zu integrieren. Oftmals waren die Weinbauern skeptisch. »Ob sich das verkauft?« Ich entgegnete dann immer: »Was haben Sie zu verlieren? Lassen Sie es uns testen. Ich integriere die Produkte in mein Portfolio und Sie senden die verkauften Weinflaschen zu meinem Kunden. Nur für den Fall, dass doch jemand – wider Erwarten – bei mir einkauft. Haben wir einen Deal?« Na klar hatten wir einen! Was hindert Sie daran, bei Ihren Winzern im Landkreis das Gleiche zu tun?

Ein weiteres Beispiel: Suchen Sie im Internet nach Webshop-Verzeichnissen. Ja, nicht nach Lieferanten-Verzeichnissen, sondern nach Webshops im Allgemeinen.

Scannen Sie den folgenden QR-Code. Auf dieser Site finden Sie über 5000 Webshops aus Österreich. Praktischerweise ist das Ganze nach Branchen sortiert.

FLOWCODE
PRIVACY.FLOWCODE.COM

Beispielsweise finden wir dort »Bekleidung & Schuhe«, also österreichische Webshops für Kleidung, Schuhe, Lederwaren und Secondhand Fashion. Wir finden dort aber auch österreichische Webshops für Uhren, Wearables (Smart Watches), Schmuck, Brillen und Optik. Es gibt dort noch eine ganze Menge mehr solcher Kategorien. Das sind aus Sicht der Lieferantensuche Nischen. Wenn Sie sich für eine solche entscheiden, gelangen wir zu einer alphabetischen Liste all dieser Shops.

Nun schauen wir gezielt in den Shop-Beschreibungen nach relevanten Schlüsselwörtern. Solche, die auf einen Hersteller oder eine Manufaktur hindeuten. Eine solche »Keyword-Recherche« ist nichts anderes als das Durchsuchen von Xing oder LinkedIn, nur dass wir hier einen sehr definierten Bereich durchsuchen. Die Qualität ist um Längen zielführender als bei Google und Co. Denn wir haben es hier mit so vielen kleinen Anbietern zu tun, dass Sie kaum über Suchmaschinen zu finden sind. Genau hier liegt die Stärke. Sie können mit wenig Aufwand Produkte von bester (regionaler) Qualität finden und gleichzeitig nahezu ohne Konkurrenz verkaufen. Wenn ich also in einer solchen Übersicht Worte wie »handgearbeitet«, »Unikate« oder »individuell« lese, dann »klickt« es bei mir, ich werde hellhörig. Meine Neugierde ist geweckt, und ich schaue mir diesen Webshop genauer an. Oftmals sind das kleine Familien- und Handwerksbetriebe, ähnlich wie die Winzer aus meiner Umgebung. Solche Handelspartner sind sehr zuverlässig und auch dankbar. Kurz, Sie sind offen für Ihre Anfrage per Telefon oder E-Mail bzw. direkt über ein Business-Netzwerk. Worauf warten Sie? Nehmen Sie Kontakt auf. Nehmen Sie die ersten Produkte in Ihren Shop auf. Lassen Sie Ihren Shop wachsen.

Hier noch ein weiterer Praxistipp für das Auffinden hochwertiger Dropshipping-Lieferanten: Besuchen Sie B2B-Portale wie Zentrada. Dort finden Sie rund 400 000 Artikel und viele Lieferanten, die auch Dropshipping anbieten. All das versammelt auf einer Plattform. Stöbern Sie durch die Artikel, um sich weitere Inspiration zu holen. Auch auf Zentrada können Sie direkt über die Handelsplattform mit den Lieferanten in Kontakt treten, alternativ finden Sie auch die Lieferanten-Websites und sonstige Kontaktangaben. Keine Sorge, Sie können dort komplett kostenfrei starten:

> »Die kostenfreie Basic Membership bietet Ihnen den dauerhaften Zugang und Nutzwert der Beschaffungsplattform mit den Online-Shops führender Lieferanten aus ganz Europa. Gewinnen Sie im Großhandelseinkauf und nutzen Sie Ihre TradeSafe-Bestellabwicklung und Kundenservice mit 100 % Käuferschutz.«[10]

Auch auf Messen können Sie traditionell Lieferanten finden. Im Kielwasser der Corona-Pandemie gibt es da natürlich Einschränkungen. Einige Messen mit Jahresturnus werden in diesem Jahr auch bei niedrigen Inzidenzwerten nicht mehr stattfinden, sie wurden direkt auf den nächsten regulären Termin im Jahr 2022 verschoben. Dennoch sollten Sie diese

Möglichkeit nicht ausblenden. Sie könnten sogar nur die Messeverzeichnisse im Netz durchblättern, um sich von den Ausstellerlisten inspirieren zu lassen. Nutzen Sie dazu Websites wie messe.de für einen ersten Eindruck. Wenn Sie sich dann für eine Messe entschieden haben, rufen Sie das Ausstellerverzeichnis auf.

Sie könnten jeden dieser Hersteller kontaktieren, um eine Geschäftsbeziehung anzubahnen. Ein persönlicher Besuch wäre gar nicht nötig – unabhängig von möglichen Corona-Einschränkungen.

Wie geht es nun weiter, nachdem Sie einen passenden Lieferanten ausfindig gemacht haben?

7 Tipps, um Ihre Dropshipping-Lieferanten zu überzeugen

Wie Sie mit Ihrem Lieferanten verhandeln, hat entscheidende Auswirkungen auf Ihren späteren Erfolg. Denn eine vermeintlich geringe Kosteneinsparung von beispielsweise 2 Prozent kann Ihren Gewinn bereits erheblich steigern. Legen Sie deshalb besonderes Augenmerk auf Ihre Verhandlungstaktik bei der Akquise von Lieferanten. Ich präsentiere Ihnen hier meine 7 Tipps, wie Sie in Verhandlungen überzeugen.

1. Verhandlungsziele definieren

Definieren Sie zunächst ein Ziel für sich selbst und stellen Sie sich dann bildlich vor, wie der Lieferant diesem Ziel zustimmt. Dies verstärkt die Motivation, Ihr Ziel zu erreichen, und wirkt bildlich gesehen wie ein Magnet. Sie überzeugen sich selbst mit diesem Bild im Kopf mehr, als wenn Sie mit einer negativen oder keiner bestimmten Erwartung in die Verhandlung gehen. Das überzeugt wiederum Ihren Lieferanten. Definieren Sie dann ein Minimal- und ein Maximalziel und beginnen Sie, sich auf die Verhandlung vorzubereiten. Nehmen Sie sogenannte ABC-Analysen oder Marktanalysen vor, um Ihre Argumente zu untermauern.

2. Die organisatorische Vorbereitung

Erfahrene Verkäufer sind überzeugt, dass eine umfassende und gute Vorbereitung zu über 80 Prozent über den Erfolg einer Verhandlung entscheidet. Das heißt: Je schwieriger Ihre anstehende Verhandlung sich voraussichtlich gestaltet, umso intensiver müssen Sie sich darauf vorbereiten. So sollte zum Beispiel auch die Vorbereitung der Umgebung stimmen. Nicht reservierte Besprechungsräume, defekte Licht- oder Beamer-Anlagen oder das Fehlen von wichtigen Dokumenten und Unterlagen wirkt unprofessionell und lässt Sie ganz schnell in schlechtem Licht erscheinen. Auch eine fehlende Struktur kann Ihre Verhandlung zerstören. Erstellen Sie deshalb im Vorfeld einen Ablaufplan und zeigen Sie Struktur. Falls Sie über Mitarbeiter/Freelancer verfügen und diese anwesend sind, stellen Sie unbedingt sicher, dass diese ebenfalls bestens vorbereitet sind und sich auf keinen Fall in ihren Aussagen widersprechen. Denn auch das Auftreten Ihrer Mitarbeiter beeinflusst die Atmosphäre der Verhandlung erheblich.

3. Der Einstieg ins Verhandlungsgespräch

Starten Sie harmonisch und freundlich in die Verhandlung. Auch Sympathie entscheidet über den Ausgang der Verhandlung. Eine Runde Small Talk und eine kurze Erklärung zum Ablauf des Gesprächs kann die Stimmung lockern und für einen angenehmen Einstieg sorgen. Das Gespräch sollte stets über die sachliche Ebene und nicht über die Beziehungsebene laufen. Auch wenn Ihnen Ihr Lieferant unsympathisch sein sollte: Diese Gefühle haben auf der geschäftlichen Ebene nichts zu suchen, wenn Ihnen der Lieferant gute Produkte zu einem attraktiven Preis liefert.

4. Die Analysephase der Verhandlung

Besprechen Sie zunächst die Erwartungshaltung und erfragen Sie auch die Ihres Gegenübers. Stellen Sie Fragen, um die Verhandlung zu führen, und finden Sie heraus, wie gut Ihr Gesprächspartner vorbereitet ist.

Dessen Vorbereitung hat natürlich auch Einfluss auf Ihre Position in der Verhandlung. Achten Sie immer auf nonverbale Kommunikation – auf Ihre und auf die Ihres Lieferanten. Über 90 Prozent der Kommunikation findet nonverbal statt. Kontrollieren Sie deshalb Ihre Gestik und Mimik und sorgen Sie für eine positive Atmosphäre.

5. Die Verhandlungsphase

Jetzt geht es ans Eingemachte, der Kern der Verhandlung beginnt. Nutzen Sie die passende Strategie, mit der Sie Ihren Verhandlungspartner überzeugen. Man unterscheidet zwischen den folgenden Verhandlungsstrategien:

a. Die sogenannte Durchsetzungsstrategie kommt zum Einsatz, wenn einer der beiden Verhandlungspartner in der besseren Position ist und so seine Forderungen durchsetzen kann. Diese Form der Verhandlung lässt jedoch den Verhandlungspartner leiden und schadet der geschäftlichen Partnerschaft. Versuchen Sie es mit einem Kompromiss und mit Freundlichkeit.
b. Analog dazu gibt es noch die Defensivstrategie. Diese Strategie beinhaltet »Nachgeben« in bestimmten Teilen der Verhandlungsmasse, damit in zukünftigen Verhandlungen diese Kompromisse durch langfristige Forderungen ausgeglichen werden können. Es wird also ein Kompromiss geschlossen, der beiden Seiten entgegenkommt. So wird ein Ergebnis erzielt, das zwar nicht optimal ist, jedoch beide Seiten zufriedenstellt.
c. Alternativ gibt es noch die »Wenn-dann-Strategie«. Hier wird die Forderung mit einem Nutzen verknüpft. Beispielsweise können Sie Ihrem Lieferanten eine zusätzliche Verkaufsförderung (zum Beispiel Werbeflyer, Präsentation auf der Shop-Startseite, Sponsoring auf Verkaufsplattformen ...) anbieten, die diesem dann zusätzlichen Umsatz generiert (wenn). Gleichzeitig kann dann Ihre Forderung nach einem Discount für die Ware verhandelt werden (dann).

6. Der Abschluss der Verhandlung

Sämtliche Ergebnisse Ihrer Verhandlung sollten in einem Protokoll festgehalten werden. Sie sollten sofort oder zeitnah abgeglichen werden, um Missverständnisse auszuschließen. Beenden Sie die Verhandlung positiv und betonen Sie, wie sehr Sie sich über die Zusammenarbeit freuen. Nutzen Sie die Verabschiedung, um noch einmal persönliche Themen aufzugreifen.

7. Nachbereitung der Verhandlung

Stellen Sie eine Liste der nun anstehenden To-dos zusammen und notieren Sie Deadlines und Aufgaben. Setzen Sie sich messbare Ziele und überprüfen Sie regelmäßig, ob diese Ziele erreicht werden. Arbeiten Sie heraus, welche Faktoren für den Erfolg oder Misserfolg verantwortlich waren und ob das Verhandlungsgespräch Auswirkungen auf dieses Ergebnis hatte. Denn nur wenn Sie wissen, warum Sie erfolgreich sind oder eben nicht, können Sie zukünftig entsprechend handeln.

Ist der richtige Lieferant erst einmal gefunden, dann geht es natürlich auch um regelmäßigen Absatz. Was könnte sich hier besser anbieten als Abo-Produkte? Bei der Suche nach Produkten und Lieferanten behalten Sie stets die folgende Frage im Hinterkopf: Eignet sich dieses Produkt für wiederkehrende Einnahmen? Eine gute Flasche Wein hat Sie überzeugt? Sehr gut, dann wäre ein Abo eine großartige Möglichkeit, um Ihren Kunden zu einem wiederkehrenden Kunden zu machen. Außerdem bringt Ihnen ein Abo regelmäßige, planbare Einnahmen. Lassen Sie uns daher den Gedanken nachfolgend vertiefen.

Abo-Produkte sorgen für wiederkehrende Umsätze

Sie denken vielleicht, ein Abo gibt es nur bei Ihrer Tageszeitung. Nein, längst können Sie online praktisch alles im Abo bestellen. Und damit herzlich willkommen im E-Commerce der heutigen Zeit.

Gerade als Dropshipper sollten Sie die Wichtigkeit eines Abo-Modells verstehen. Sie sollten verstehen, dass Sie mit dem richtigen Sortiment (Stichwort Long Tail) und mit den richtigen Lieferanten in der Lage sein werden, wiederkehrende Umsätze einzuspielen. Im Kapitel über den eigentlichen Launch, also Ihre Eröffnung, gehen wir noch mehr in die Tiefe. Bedenken Sie aber bitte bereits jetzt: Im Ziel möchten wir keine Einmalkäufer! Für das »schnelle Geschäft« wäre es ausreichend, einige Produkte auf Marktplätzen wie Amazon zu streuen. Da Sie die Kundendaten aus diesen Verkäufen aber nicht verwenden können, um ein eigenes, unabhängiges Dropshipping-Business aufzubauen (mehr dazu im Kapitel 6), gehen Sie bitte den in diesem Buch aufgezeigten nachhaltigen Weg: echte Stammdaten, echte Stammkunden, echte wiederkehrende Einnahmen, echte Unabhängigkeit!

Viel zu oft werden Produkte einfach nur verkauft. In typischen Bauchladen-Stores (von A bis Z wird alles angeboten) werden Produkte ohne Sinn und Verstand »kombiniert«. Es ist das Ergebnis der typischen Winning-Product-Strategie, man sucht das »nächste große Ding«. Diese trendgetriebene Denkweise führt dazu, dass die angebotenen Produkte nicht zusammenpassen. Sofern überhaupt eigene Kundendaten gewonnen wurden (also losgelöst von Marktplätzen), können diese nicht sinnvoll weiterverwendet werden. Und auch ein »einfaches« Anschreiben per E-Mail im Sinne der DSGVO wäre dann nicht möglich. Denn Bestandskunden dürfen Sie nur dann ohne Weiteres kontaktieren, wenn Sie sich in Ihrer Werbung an den Artikeln orientieren, die der Kunde anfänglich erworben hat (oder wenn Sie über die entsprechende Einwilligung, Opt-in, verfügen).

Schade nur, dass Sie so nie ein nachhaltiges Business aufbauen werden. Viele Dropshipper mussten bereits diese unangenehme Erfahrung machen. Sie horten Hunderte oder Tausende Kundendaten, die aber praktisch wertlos sind. Und das in einer Zeit, in denen Daten das wahre Gold sind. Ja, Sie müssen eine Strategie haben, was Sie mit Kundendaten (DSGVO-konform, siehe Kapitel 9) anstellen. Viel zu oft wird schlicht nichts gemacht.

Das endlose Neukundengesuche mit kostspieligen Werbe-Ads startet dann von Neuem. Aus diesem Hamsterrad müssen Sie raus oder im Idealfall gar nicht erst rein. Abos sind eine Lösung für dieses Problem.

In den Medien kann man nicht übersehen, dass die Zeit für Abos reif ist. Ein Bericht auf *webspotting.de* fasst das wie folgt zusammen:

> »In den letzten Jahren hat der Abo-Commerce, auch Subscription-based E-Commerce genannt, in Deutschland immer mehr an Bedeutung gewonnen und viele verschiedene Geschäftsmodelle hervorgebracht. Anfang der 2000er entstanden erste Produkt-Abonnements, die über das Internet angeboten wurden. Die Hochphase des Abo-Commerce begann aber erst ab 2011, nachdem der Trend aus den USA auch Deutschland erreichte. Bis heute entstanden viele Start-ups mit unterschiedlichsten Abonnements. Von Rasierklingen, Windeln, Kleidung, Kosmetikprodukten bis hin zu Kochboxen.«[11]

Auch in den von uns betreuten Projekten können wir diesen Trend bestätigen. Immer mehr alltägliche Dinge werden als Abo erworben. Am Ende stärkt es Ihre Planungsfähigkeit und verspricht Stammkunden. Es gibt Shop-Betreiber, die ausschließlich Abonnements anbieten. Als Dropshipper wird eine solche Ausschließlichkeit kaum eine Option sein, aber als zusätzliche Vertriebsoption zum Kern-Sortiment ist es auf alle Fälle sinnvoll.

Im bereits zitierten Bericht heißt es weiter: »... im internationalen Vergleich lassen sich besonders Produkt-Nischen identifizieren, die es bisher nicht in Deutschland gibt. Abonnements für Nagelpflege oder Unterwäsche für Frauen sind noch nicht vertreten. Aber auch allgemeinere Kategorien wie Bücher oder Kunst & Kultur sind noch unterrepräsentiert. Dennoch spiegeln sich überwiegend ähnliche Produkt-Abonnements und besetzte Kategorien wider.«

Auch Amazon hat ein eigenes Abo-Modell, es trägt den Namen Amazon Subscribe & Save. Kunden können bis zu 15 Prozent Rabatt erhalten, wenn Sie Produkte über Amazon abonnieren. Es ist also zielführend, das Sortiment bewusst »Abo-getrieben« aufzubauen. Der Long Tail ist der Freund des Abos, Sie sollten daher genau dieses Potenzial nutzen. Viele Produkte sind sehr speziell, werden aber von diesen Kunden gerade deswegen, weil Sie rar sind, immer und immer wieder gekauft. Warum also nicht direkt ein Abo (mit Preisvorteil) anbieten? Bei der Einrichtung eines Abos sollten Sie aber darauf achten, keine Fallstricke einzubauen. Kommunizieren Sie transparent den Nutzen, liefern Sie in jedem Fall pünktlich. Und: Ermöglichen Sie dem Kunden, das Abo jederzeit abzubestellen. Im Gegensatz zu Ihrem Handyvertrag, der üblicherweise zwei Jahre geht, sollten Abo-Produkte im E-Commerce sofort kündbar sein. Wenn Sie ein Abo anbieten, dann sollten Sie die folgenden Punkte unbedingt beachten:

- Bieten Sie Preisnachlässe in Höhe von 5 bis 15 Prozent an (im Idealfall gestaffelt, je nach Gesamtanzahl der Abo-Produkte bzw. Bezugsdauer).
- Ihr Kunde kann sich auch ohne Kundenkonto in der Abo-Übersicht anmelden (beispielsweise über einen Link, der in der Bestell-E-Mail bereitgestellt wird).
- Das Abo-Produkt kann gewechselt oder komplett storniert werden – keine Mindestvertragslaufzeit!
- Ihr Kunde wird im Falle einer Kündigung nach dem Kündigungsgrund gefragt. Dies ist kein Pflichtfeld, aber nach meiner Erfahrung werden Sie dennoch eine brauchbare Rückmeldung erhalten. Das Schöne ist, wenn Sie diese Frage mit vordefinierten Antworten bereitstellen, können Sie direkt eine Lösung anbieten (z. B . für eine Kündigung, die aufgrund von *zu häufig* ausgelöst wurde, könnten Sie *aussetzen* oder *diese Lieferung überspringen* (perfekt in Urlaubszeiten) oder auch *nur jede 2. Lieferung senden* anbieten.
- Erinnerung per E-Mail immer drei Tage vor jeder erneuten Lieferung. Damit vermeiden Sie Retouren, da der Kunde dann noch immer »5 vor 12« die Bestellung abbrechen kann.

Beenden wir dieses Thema mit den Worten von Christian Häfner von happycoffee.org:

> »Wir gewinnen jeden Tag neue Abo-Kunden und viele davon sind auch schon richtig lange dabei. Es springt auch immer mal wieder jemand ab, aber in der Summe ist es ein richtig erfolgreiches Modell für uns. Generell wird unser Produkt von 60 % unserer Kunden mehr als einmal gekauft. Und von diesen 60 % nutzen relativ

viele das Abo, weil es wesentlich bequemer ist und man auch noch die 10 % Dauerrabatt erhält.«[12]

Im nächsten Abschnitt werde ich Ihnen etwas über Ihre Wunschkunden mitteilen. Wenn Sie diese kennen, können Sie ihnen auch problemlos ein Abo-Modell offerieren. Um Abo-Modelle in Ihrem Shop zu etablieren, müssen Sie Ihre Kunden kennen. In der bevorstehenden Launch-Phase betreiben Sie womöglich Umfragen, eine Art direkte Marktforschung. Dennoch, ein reines Zielgruppendenken war gestern. Definieren wir nun, wer Ihre Kunden, Ihre Zielgruppe, wirklich sind. Das ist wichtig, denn am Ende müssen die ausgesuchten Produkte nicht primär Ihnen gefallen, sondern Ihren (Abo-)Käufern.

Klassisches Zielgruppen-Denken funktioniert nicht mehr

In der klassischen Marketing-Lehre geht es um Zielgruppenkunden und Personas. Im Grunde könnte man sehr vereinfacht sagen, man denkt in Schubladen. Getreu dem Motto, alle Leser des *Manager Magazins* sind Manager, Deutsche sind stets pünktlich, Italiener sind laut, und Franzosen wissen gut zu leben. Alle Männer lieben Fußball, und Frauen denken natürlich ausschließlich ans Shoppen. Wann immer man Menschen begegnete, und sei es bloß in der Werbeplanung, dachte man früher bevorzugt in Schubladen, ergo Stereotypen. Ein solches Stereotyp vereinfacht schlicht die Sichtweise, reduziert auf meist einen(!) vermeintlich gemeinsamen (größten) Nenner.

Für sich genommen muss ein solches Stereotyp nichts Negatives bedeuten, aber zeitgemäß sieht anders aus. Der moderne Gegenentwurf nennt sich Targeting (engl. target = Ziel). Genauer gesagt: programmgesteuertes, vollautomatisches Targeting. Wir verstehen darunter die weitaus filigranere und ganzheitliche Zielgruppenansprache im Online-Marketing. Im Zuge dieser zeitgemäßen Zielgruppenbestimmung spreche ich im Folgenden nicht von Zielgruppen, sondern von »Wunschkunden« – ein Begriff, der auf Marketing-Guru Russel Brunson zurückgeht. Diese Vorgehensweise berücksichtigt, dass wir alle mehr als nur ein Hauptinteresse haben, dass unser Leben nicht eine Schublade ist, sondern aus vielen und oft ganz unterschiedlichen Komponenten besteht. Selbst der Manager (um im Beispiel zu bleiben) hat womöglich Familie und Kind und interessiert sich für ferngesteuerte Autos oder Puppenhäuser.

Dank moderner Technologien ist es erstmals in der Geschichte möglich, Onlinekampagnen »Wunschkundengenau« auszuspielen. Targeting ist in der Lage, unter allen möglichen Zielgruppen genau diejenigen Wunschkunden mit Werbung zu erreichen, die Sie erreichen wollen. Alle anderen bleiben außen vor. Um dieses Ziel bestmöglich zu erreichen, stehen Ihnen als Werbetreibender zahlreiche Techniken der Zielgruppensegmentierung zur Verfügung. Eine von mir bevorzugte Vorgehensweise möchte ich genauer vorstellen, da sie sich insbesondere für den angehenden Dropshipper mit begrenztem Werbebudget einerseits und überschaubaren Werbe-Skills andererseits hervorragend eignet.

Ich führe Ihnen gleich meine Sicht auf die Dinge aus. Zuvor möchte ich Ihnen aber drei Beispiele von Amazon nicht vorenthalten. Auch sie belegen, aus einer neuen Perspektive, warum klassisches Zielgruppendenken nicht mehr funktioniert. Hätte Amazon vor vielen Jahre alle seine Kunden (Zielgruppe: Amazon-Kunden) gefragt, ob sie *Amazon Prime* wünschen (mit dem Gratis-Premium-Versand und unzähligen Erweiterungen wie kostenfreien Videos, Musik und vielem mehr), hätten sie diese Frage verneint. Wer braucht das schon? Auch kein Kunde hatte um *Echo* (den smarten Lautsprecher) gebeten. Marktforschung und klassische Zielgruppen-Analysen bringen Sie hier nicht weiter.

Bleiben wir kurz bei *Echo*. Was hätte Amazon denn 2013 fragen sollen? Ob Sie einen schwarzen Zylinder in der Form einer Pringles-Dose in der Küche stehen haben wollen? Eine Dose, die permanent in Bereitschaft ist und mit der Sie sprechen können? Und obendrein Fragen beantwortet, das Licht einschaltet und Musik spielt? Kein Kunde hätte das gewünscht. Vielmehr wäre man schief angeschaut und mit einem »Nein, danke« abgespeist worden. Eine weitere Amazon-Innovation, der Clouddienst AWS, ist heute einer der profitabelsten Unternehmensbereiche überhaupt. Faktisch hat aber niemand um AWS gebeten. Niemand. (Fragen Sie gerne persönlich bei Jeff Bezos nach!)

Wie sich herausstellten sollte, war die Welt tatsächlich bereit und sehr interessiert an einem Angebot wie AWS. Aber die Menschen wussten es nicht. All diese drei Beispiele vereint Neugierde, gepaart mit Risikobereitschaft und unzähligen Experimenten. Sie können Ihre Wunschkunden erreichen, aber Sie können zusätzlich(!) auch mutig sein und die bekannten Fahrbahnen verlassen.

Dieser Einschub in die eigentliche Thematik ist mir sehr wichtig. Denn viel zu oft wird »Zielgruppen-Kunde« und »Wunschkunde« synonym verwendet. Kennen wir den Zielgruppen-Kunden (nach früheren Maßstäben z. B. »Gärtner« oder »Eltern«), können wir ihn mit Bewerbung erreichen und ihm alles verkaufen – dachte man. Richtig ist, Sie können mit dieser Vorgehensweise vieles verkaufen. Aber ganz sicher nicht alles. Es wird auch bei Ihnen der Tag kommen, wo es klug ist, einen anderen, einen neuen Weg zu gehen.

Ich werde Ihnen später mehr über Droptienda® und Dropmatix® erzählen. Beide sind Softwarelösungen, die es nicht geben sollte, denn kein Kunde oder Anwender hat darum gebeten. Es gab unzählige Lösungen, alles Silos, nichts wirklich Ganzheitliches. Umso mehr ist es großartig, dass es solche Software-Tools nun doch gibt. Sie können von einer nie zuvor erreichten Automatisierung Ihrer Prozesse profitieren. Jetzt, mit dem Produkt, gibt es auch einen Markt. Und in diesem Sinne gibt es auch Wunschkunden.

Targeting löst, wie schon angedeutet, das klassische Zielgruppen-Denken ab und versteht sich als ein Teilbereich des Online-Marketings. Mithilfe von Targeting wird versucht, Werbung so exakt wie möglich auf Ihren Wunschkunden auszurichten. Das ist aber nicht alles. Die Entwicklung geht zu vollautomatischem Targeting, sprich programmatischer (programmgesteuerter) Platzierung von Werbung. Betrachten wir dies aus Sicht des Werbekunden.

Angenommen, Sie möchten 1000 Kontakte Ihres Wunschkunden erreichen, so spricht man von einem Tausender-Kontakt-Preis (TKP). Dieser bildet die Grundlage und entscheidet, ob Ihr Werbemittel (z. B. ein Bild, Video) im automatisierten Einkauf der Werbung den Weg zu Ihren Wunschkunden finden wird. Denn, und jetzt kommt der springende Punkt, egal wo sich Ihr Wunschkunde im Netz bewegt, sieht dieser nun Ihre Werbung. Es widerspricht demnach der klassischen Marketing-Lehre, in der Sie einzelne, bewusste Werbeumfelder auswählen würden, getreu dem Motto: »Besucher der Website XYZ und Leser des Magazins ABC sind unsere Zielgruppe.«

Die Gebotsabgabe findet über sogenannte DSPs (Demand Side Platforms) statt. Stark vereinfacht sprechen wir von Marktplätzen, auf denen verschiedene Händler, Medienanbieter sowie Website-Betreiber ihre freien Werbekapazitäten feilbieten und bereit sind, diese zu vergleichsweise niedrigen Preisen freizugeben. Sie buchen also keine Werbeseite in einem Magazin, dass dann jeder Leser zu Gesicht bekommt, sondern Sie definieren nur Ihren Wunschkunden, aber nicht das Werbeumfeld. Und klar, eine zweite Umschlagseite eines gedruckten Magazins kann pro Ausgabe eben nur einmal zum Festpreis verkauft werden, in der digitalen Welt können Werbeplätze aber sekündlich neu vergeben werden.

Ich verwende daher bewusst das Wort Wunschkunde, denn genau darum geht es beim Targeting mittels programmatischen Einkaufs von Werbeflächen. Das klassische Zielgruppendenken im Sinne von Werbeumfeldern gerät dabei zunehmend in den Hintergrund. Eine Website oder eine einzelne Webseite (eine Unterseite einer Website) wird bei jedem Besucher neu geladen und ein Werbemittel (z. B. Ihr Banner oder Video) wird eben bei jedem Ladevorgang neu ausgespielt. Doch ausgespielt wird nur dann, wenn der Webseitenbesucher auch relevant aus Sicht des Werbekunden ist.

Selbst bei reichweitenstarken Websites kann in der Praxis nur ein Bruchteil an Ausspielungen erfolgen. Es verbleibt nahezu immer ein riesiges Restinventar. Dieses landet dann zu Schleuderpreisen auf solchen Demand Side Platforms. Es sind nicht immer Restplätze, die dort erworben werden, aber im Grunde werden freie Kapazitäten verkauft. Ein Werbetreibender der alten Schule, der garantiert auf einer ganz bestimmten Website bzw. in einem ganz bestimmten Werbeumfeld gesehen werden will, muss auch im Jahre 2021 mit entsprechenden Marketingbudgets aktiv werden.

Sie als Dropshipper müssen dies meiner Meinung nach nicht, und können von solchen »Rest-Inventaren« profitieren. Denn Ihnen geht es im Grunde um zwei Dinge: zum einen um den Produktverkauf und zum anderen um die Lead-Generierung (dazu später mehr). In beiden Fällen geht es aber nicht um Branding und reines Prestige. Aus diesem Grund erachte ich es nicht als notwendig, teure Werbeplätze einzukaufen, wenn es auch automatisch und zu einem Bruchteil der Kosten geht. Zumal Sie auf diese Weise Ihre Wunschkunden genau dort erreichen, wo diese sich aufhalten. Dies können Websites sein, von denen Sie nicht einmal wissen, dass Sie überhaupt existieren. Wie hätten Sie demnach dort (direkt, exklusiv) Werbung schalten sollen?

Durch den programmatischen Einkauf gerät also die ursprüngliche Aufgabe einer klassischen Mediaplanung in den Hintergrund. Sie benötigen daher auch keine (kostspielige) Agentur, die im Auftrag des Markenverantwortlichen (also Ihnen) Ihre Zielgruppe aus strategischen Gesichtspunkten relevante Medienumfelder identifiziert und im Anschluss Werbung bucht. Verstehen Sie mich nicht falsch, klassische Zielgruppen-Analysen haben noch immer Bedeutung. Aber Sie als Dropshipper, der »nur« seinen Wunschkunden erreichen möchte, muss diesen (kostspieligen und langwierigen) Weg nicht gehen.

Zumal Mediaplaner heute oft nicht planen, sondern Daten sortieren, und zwar ohne wirklichen Blick auf die Werbeumfelder. In der Folge wird Werbung nicht mehr nur bei etablierten und seriösen Medienanbietern ausgespielt, sondern auch auf nationalen und internationalen Seiten mit zwielichtigem Ruf. Dieses Risiko bzw. dieser Nachteil bringt programmatischer Einkauf mit sich, unabhängig davon, ob Sie selbst Hand anlegen oder einen Planer damit betrauen. Websites wie Breitbart, Bearing Arms oder Wayne Dupree, die über derartige Marktplätze mitunter ebenfalls erreicht werden, sollten gegebenenfalls – aus Branding-Gesichtspunkten – ausgeschlossen werden.

Aber am Anfang steht zunächst eine Grundsatzentscheidung. Möchten Sie Ihre Wunschkunden mithilfe von programmatischem Mediaeinkauf erreichen oder nicht? Zum anderen steht die zweite Grundsatzfrage im Raum. Wiegt der günstige Preis im jeweiligen Werbeumfeld die geringe Werbewirkung für die eigene Marke auf? Wenn es Ihnen vorrangig um Markenaufbau und Sichtbarkeit geht, dann wohl kaum. Wenn es Ihnen hingegen um Abverkauf und Lead-Generierung geht, dann in jedem Fall.

Sollten Sie es auf einen Selbstversuch ankommen lassen und sich dem programmatischen Einkauf öffnen, dann kommt eine wichtige Aufgabe auf Sie bzw. Ihre Agentur zu: die Qualitätskontrolle, nicht zuletzt, um zwielichtige und werbeunwirksame Websites zu eliminieren. Bedenken Sie bitte, jede(!) Agentur kann Ihnen ein exaktes Reporting all jener Sites und Seiten erstellen, auf denen Ihre Werbemittel ausgeliefert worden sind. Dies ist vor allem dann zielführend, wenn Kampagnen längerfristig eingesetzt werden und die Auslieferung so kontinuierlich optimiert werden soll. Der anfängliche Aufwand, diese Seiten manuell abzusurfen, insbesondere auf die Gefahr hin, dass mehrere Hundert oder manchmal auch Tausend Websites oder Webseiten besucht und geprüft werden müssen, ist die Mühe dennoch wert. So entsteht bereits ein guter Filter, denn für Sie als angehenden Dropshipper ist es essenziell, heute bereits an morgen zu denken. Zumindest dann, wenn Sie ein nachhaltiges Business aufbauen möchten.

Bleiben wir bei Ihrem Wunschkunden. Kleinere Start-ups bieten gewaltigen Großkonzernen einfach nur aus dem Grund erfolgreich Paroli, dass sie wissen, an wen (genau!) sie verkaufen. Das ist eine unbestreitbare Tatsache, schauen Sie nur in die Tagespresse. (Schauen Sie aber besser nicht zu oft rein, es führt nur zu Ablenkungen und liegt damit außerhalb Ihres Kompetenz-Circle. Sie erinnern sich …) Als Start-up mit großem Potenzial dürfen Sie sich als Dropshipper in jedem Fall auch sehen.

Fakt ist, in den letzten Jahren wurden (und werden gerade jetzt) die Karten in der Weltwirtschaft neu gemischt. Die Reichweite, die Sie heute aus Ihrem bequemen Homeoffice heraus aufbauen können, ist unvergleichlich. Nie zuvor war es möglich, mit derart geringen Kosten und derart geringem Aufwand (Stichwort programmatischer Einkauf) eine solch riesige Wunschkundschaft zu erreichen. Zur Erinnerung: Allein Amazon bietet Ihnen ein Millionenpublikum. Diese potenzielle Käuferschaft erreichen Sie als Seller für läppische 39 Euro netto monatlich. Das Geschäftsmodell Dropshipping tut sein Übriges, macht es doch den risikoreichen Wareneinkauf direkt obsolet. Dennoch oder gerade aufgrund dessen ist es wichtiger denn je, dass Sie Ihre Kunden genau kennen.

Genau meint nicht nur Name und Herkunftsland, es geht um Tiefe. Diejenigen Unternehmen überleben, die ihren Kunden über einen langen Zeitraum hinweg folgen. Das geschieht mitunter recht subtil. So richtig ins Bewusstsein kommt es erst, wenn der nächste Datenskandal von sich reden macht.

Ihre Kunden zu kennen, schließt auch eine Webseiten-Analyse mit ein. Auch dies geht weit über die Nutzung von Google Analytics und Co hinaus. Es wird Zeit, dass Sie bloße Vermutungen und Theorien über das Besucherverhalten Ihrer Kunden durch Fakten ersetzen. Die Lösung sind Video-Aufzeichnungen über das tatsächliche Besucherverhalten auf Ihrer Landingpage oder in Ihrem Webshop. Indem Sie die Klicks und Mausbewegungen Ihrer Website-Besucher sehen, können Sie Usability-Probleme sofort erkennen und lösen.

Kurz: Visualisieren Sie das Verhalten Ihrer Interessenten und Kunden. Verstehen Sie, was Benutzer von Ihrem Shop erwarten, worum es diesen wirklich geht und was Sie tun müssen, um mehr Abverkäufe zu erzielen.

Spannend sind auch die Scroll-Verhalten, ein wichtiger Indikator für die Motivation Ihrer Besucher und Kunden. Wird Ihre Site nur oberflächlich angeschaut oder befassen sich Ihre Besucher mit den Inhalten und Produkten? Wo kommen Ihre Besucher und potenziellen Kunden eigentlich her? Finden Sie die größten Verbesserungs- und Testmöglichkeiten, indem Sie feststellen, auf welcher Seite und in welchem Schritt die meisten Besucher Ihren Shop verlassen.

Wie Sie in der späteren Launch-Phase (im entsprechenden Kapitel) noch erfahren werden, ist Feedback sehr wichtig. Dabei geht es nicht nur um Bestelltransaktionen, gerade im Vorfeld ist Feedback wichtig. Kurzum, ermöglichen Sie Besuchern ebenso wie Bestandskunden gleichermaßen eine einfache Möglichkeit, sofortiges Feedback zu hinterlassen. Finden Sie heraus, was Menschen lieben und was sie hassen.

Identifizieren Sie Wachstumschancen. indem Sie Ihre Kunden genauer kennenlernen. Das im letzten Abschnitt skizzierte Abo-Modell schlägt auch diesen Weg ein, Sie erfahren durch jede Bestellung mehr über Ihre Kunden. Welches Abo-Intervall wählen sie? Wie oft benötigen sie Nachschub an Hunde-Leckerli? Alle 14 Tage oder genügt auch monatlich oder quartalsweise? Wird eine Packung, die für einen Monat ausreichen soll, 14-tägig bestellt, kann davon ausgegangen werden, dass es mehrere Hunde im Haushalt gibt. Bei quartalsweise könnte es die Oma sein, die den Hund nur ab und an hütet.

Eine spannende Reise der Erkenntnis, nicht wahr? Es ist wichtig, dass Sie diese Tatsache anerkennen.

Der erfolgreiche Dropshipper von morgen erwartet von seinen potenziellen Kunden nicht, dass diese zwangsweise folgen. Er operiert nicht auf einem Marketingansatz, bei dem das Produkt im Mittelpunkt steht, sondern folgt einer Marketingstrategie, die sich ganzheitlich um den (potenziellen) Kunden dreht. Das ist eines der Hauptmerkmale eines Wandels, der bereits stattfindet.

Es genügt daher nicht mehr, einen lieblosen Webshop einzurichten. Nein, Sie müssen echten Mehrwert bieten. Nehmen Sie meinen YouTube-Channel. Über Dropshipping sprechen viele, aber echten Mehrwert bieten die wenigsten. Glaubt man den Kommentaren unter meinen Videos, empfinden diesen echten Mehrwert viele als authentisch und nützlich. Ein Beispielkommentar dazu: »Genial, ich liebe Zahlen, Daten, Fakten, denn Zahlen lügen nicht 😁 klasse Video✌.«

Genau darum geht es! Ich für meinen Teil bin bereit, etwas zu geben. Ich gehe in Vorleistung mit hochwertigem Content. Ich interagiere mit meinen Zuschauern und interessiere mich für sie. Genau das müssen auch Sie tun!

Punkten Sie durch Ihr europäisches Lieferanten-Netzwerk mit überdurchschnittlichen Lieferzeiten (insbesondere im Vergleich zu China) und mit der Ausschaltung von Zoll-Problemen. Letzteres schlicht deshalb, weil Sie als Verkäufer keine Waren einführen. Diese Erkenntnis spiegelt sich auch in den Plänen des Handelsriesen Alibaba wider. Der errichtet nämlich ein riesiges Logistikzentrum in Belgien und somit mitten in Europa. Jüngst, so Medienberichte, gab es jedoch Widerstand von Klimaaktivisten, denn diese wollen dem Konzern einen Strich durch die Rechnung machen. Grund für den Unmut sind die Wachstumspläne des Konzerns, der bald in jeden Haushalt Europas liefern möchte. Der Konzern schaffte 2019 in China an einem einzigen Tag, dem Singles' Day am 11. November, Umsätze von 32 Milliarden Euro. Weiteren Medienberichten zufolge umfasst die angestrebte Logistikfläche rund 220 000 Quadratmeter. Dies ist in der Tat eine Kampfansage an Platzhirsch Amazon. Dessen Logistikzentren in »Koblenz, Graben, Rheinberg und Pforzheim sollen zum Beispiel mit einer Gesamtfläche von etwa 100 000 Quadratmetern zu Buche schlagen. Bad Hersfeld liegt mit einer Gesamtfläche von etwas mehr als 150 000 Quadratmetern weit vorn. Nur das Amazon-Lager in Werne weist insgesamt 230 000 Quadratmeter auf und kann somit mit der Alibaba-Größe mithalten«.[13]

Für China-Dropshipper könnte dies das endgültige Aus bedeuten, denn es gibt kaum einen Anreiz mehr, Waren aus China zu importieren, wenn der Gigant nun selbst vor Ort ist.

Nehmen wir mit Blick auf Kundenkenntnis den US-Konzern Walmart als weiteres Beispiel. Auch dieser einstige Traditionalist des Einzelhandels hat massiv in den Online-Handel investiert. Davon profitieren auch Sie, denn auf dem Walmart-Marketplace können Sie Ihre eigenen Warenangebote (ähnlich wie bei Amazon) listen. Walmart ist nur eines dieser Unternehmen, die inmitten dieses Wandels stecken. Diese Innovationsliebe war beileibe nicht immer so. Jahrzehnte über gab es ausschließlich stationäre Filialen, die Produkte des täglichen Bedarfs verkauften. Vergleichen Sie Walmart mit der aus Deutschland bekannten Supermarkt-Kette Real (inzwischen Kaufland). Das genaue Gegenteil: Man tut sich schwer, überhaupt als Marke weiter zu bestehen. »Metro verkauft die Supermarktkette Real«, titelte etwa *augsburger.allgemeine.de*.[14]

Aber auch der Online-Shop – heute unter kaufland.de erreichbar – wurde abgestoßen, getrennt von den lokalen Stores, also offenkundig noch immer kein Liebhaberprodukt. Digitalisierung nach amerikanischem oder fernöstlichem Vorbild sieht anders aus. Dennoch möchte ich anmerken: Es tut sich was. Kaufland.de entwickelt sich in die richtige Richtung.

Erlauben Sie mir, kurz auf den Schuhversender Zappos einzugehen, denn dieser ist ein extrem gutes Beispiel für Kundenorientiertheit und Erfolg im Dropshipping. Zappos wurde 1999 von Nick Swinmurn gegründet. Ausgangspunkt war eine Suche nach speziellen Schuhen, die Swinmurn jedoch nirgends fand. Er begann anschließend, im Internet zu recherchieren, und stellte verblüfft fest, dass es zum damaligen Zeitpunkt keinen Online-Schuhhändler gab. Er brauchte nur noch sein Interesse an Schuhen mit einem riesigen Marktpotenzial zusammenzubringen. Gesagt, getan: Ab sofort fotografierte er im örtlichen Fachhandel diverse Schuhmodelle und stellte diese in seinem Webshop zum Verkauf bereit. Nachdem ein Kunde online gekauft hatte, suchte er auf direktem Wege den stationären Laden erneut auf, um eben diese Schuhe dort zu kaufen und an seinen Onlinekunden zu versenden. Dies war bereits die Vorstufe des Dropshipping, denn er musste kein Lager betreiben, ging nicht in Vorleistung und bot faktisch Waren an, die er nicht hatte. Schon in den ersten Wochen kamen Bestellungen im Wert von rund 2000 Dollar je Woche. Wie Sie in dem Buch *Delivering Happiness: Wie konsequente Kunden- und Mitarbeiterorientierung einzigartige Unternehmen schaffen* von Tony Hsieh nachlesen können, wuchs der Online-Shop derart schnell, dass der Gründer auf »echtes Dropshipping« umstieg, um die hohe Nachfrage weiter (professionell) bedienen zu können. Zum damaligen Zeitpunkt war Dropshipping bereits weit in vielen Branchen verbreitet, aber nicht in der Schuhbranche. Eine der größten Herausforderungen bestand demnach darin, Markenhersteller davon zu überzeugen, deren Waren einem jungen, unbekannten Unternehmen anzuvertrauen, das noch dazu ausschließlich über das Web (und bevorzugt über Dropshipping) verkaufte.

Um das zu erreichen, war es also notwendig, von Anfang an offene und funktionierende Beziehungen zu allen Lieferanten aufzubauen. In der Anfangszeit wurde daher sehr viel Zeit und Herzblut investiert, um eine faire, partnerschaftliche und ehrliche Basis zu schaffen. Damit gelang es Zappos bereits in der Frühphase, Markenhersteller vom Ansatz zu überzeugen, und in der Folge stellten sich auch die ersten Erfolge ein. Im Jahre 2000 betrugt der Umsatz beispielsweise bereits etwa 1,6 Millionen Dollar, und im Folgejahr waren es beeindruckende 8,6 Millionen Dollar. 2002 betrug der Jahresumsatz runde 32 Millionen Dollar, für 2003 war eine Umsatzverdoppelung geplant. Wobei bereits rund 25 Prozent des Gesamtumsatzes durch Dropshipping erzielt wurde.

Wenn Sie irgendwann richtig expandieren, dann kann es Ihnen auch als Dropshipper passieren, dass Sie einen Showroom benötigen, um dort Produkte aus Ihrem Sortiment auszustellen. Denn insbesondere Markenhersteller legen oft Wert darauf, dass man die Produkte auch live ansehen und testen kann. Es ist kein Zufall, dass viele hochkarätige Online-Shops auch einen Showroom bzw. Pop-up-Store haben. Der Unterschied zu einem klassischen Ladenlokal ist, dass Sie zum einen sehr eingeschränkte Öffnungszeiten haben. Üblich ist beispielsweise nur auf Termin. Zudem befinden sich Showrooms im Regelfall nicht in einer A-Lage der Fußgängerzone, sondern meist in Industriegebieten oder kleineren Ortsteilen am Stadtrand.

Diese pragmatische Vorgehensweise nutzte anfänglich auch Zappos, wie Sie im besagten Buch nachlesen können. Dort heißt es etwa: »Können wir nicht unsere Bürolobby als ›Laden‹ benutzen? Was macht denn einen ›Laden‹ überhaupt aus?« Es ging also um die Frage: Was wäre, wenn sie nur ein Paar Schuhe im Laden ausstellen würden und den Rest über das Internet verkaufen würden? Und die Antwort: »Ich schätze, im Prinzip entspräche das wohl der Definition eines Ladens.«

Ich möchte an dieser Stelle diese Thematik hier abkürzen, kann aber aus eigener Erfahrung sagen, dass die Verknüpfung Showroom mit Webverkauf über Dropshipping bis zu einem gewissen Grad tatsächlich eine Möglichkeit sein kann, um Ihre Reichweite und Ihr Sortiment weiter zu vergrößern und den Schwerpunkt unverändert auf Dropshipping statt auf stationärem Verkauf zu lassen.

Ja, wir reden hier von einem »Luxus-Problem« in ferner Zukunft, wenn wir von der Notwendigkeit eines Showrooms reden. Das wird Ihnen nicht übermorgen passieren. Aber wenn irgendwann ein Lieferant mit weltweit bekannter Marke Ihre Dropshipper-Dienste unter der Bedingung in Anspruch nehmen will, dass Sie einen Showroom etablieren, dann sagen Sie bitte nicht nein!

Der Internet-Schuhhändler Zappos wurde übrigens im Jahr 2009 von Amazon übernommen – laut Medienberichten für fast 1 Milliarde Dollar. Was für eine Erfolgsgeschichte!

Und so schließt sich der Kreis, denn nicht nur Zappos, auch Amazon denkt da in völlig anderen Dimensionen wie »wir Deutsche«. Jeff Bezos, zeitweise der reichste Mann der Welt und Firmengründer von Amazon, sagte es klipp und klar: »Stell den Kunden an die allererste Stelle. Wir möchten das kundenorientierteste Unternehmen der Welt werden.«

Die Kundenerfahrung ist also das zentrale Bindeglied, so auch bei Netflix. Ebenso wie bei Amazon Video und Joyn kann man Ihnen auch dort sagen, welche Spielfilme und Serien Sie mögen und welche nicht. Und selbst wenn Sie nur auf Ihrem E-Book-Reader einige virtuelle Seiten lesen, wird genau festgehalten, wie schnell Sie lesen und wo Sie womöglich abschalten oder Dinge notieren oder mit Freunden teilen.

Ob App oder Webshop, es geht um »zuhören«, auswerten und lernen. Ihre Kunden kennenlernen, Ihnen virtuell über die Schulter schauen, genau das ist die Kunst. Am Ende mündet dies dann in echte Personalisierung, sei es bei Werbung wie der programmatischen Ausspielung oder der maßgeschneiderten Sortimentserweiterung.

Überspitzt könne man auch sagen, viel zu viel wird im Vorfeld die »Zielgruppe« analysiert und vermessen und am Ende kauft dann doch ein völlig anderer Kunde. Wenn Sie mit Dropshipping starten, sei es im eigenen Store oder auf Vertriebsplattformen wie Yatego, Walmart oder eben Amazon, dann müssen auch Sie nach und nach diese Klaviatur des Online-Marketings beherrschen lernen. Und einer der einfachsten Einstiege sind programmatische Ads.

Sie benötigen zudem eine geistig offene Haltung, bei der Sie Ihre (potenziellen) Wunschkunden wie Abonnenten behandeln. Haben Sie einen zahlenden Abonnenten, können Sie täglich Neues über ihn lernen. Das Wichtigste ist aber, dass Sie damit jetzt unmittelbar beginnen. Heute, nicht morgen.

Im folgenden Abschnitt werde ich Ihnen erklären, was es mit dem sogenannten Minimum Viable Product, kurz MVP, auf sich hat und was Landingpages und Salespages sind. Es ist eine Vorstufe, die es Ihnen ermöglicht, einen profitablen Launch zu verwirklichen – auch dann, wenn noch längst nicht alles nach Perfektion aussieht.

Zum aktuellen Zeitpunkt haben Sie womöglich Ihre ersten Lieferanten und Produkte im Auge. Sie können sich langsam ein Gesamtbild vorstellen, aber ganz rund ist Ihr Konzept noch nicht. Das ist nicht schlimm. Für den Start fokussieren wir uns auf nur ein Produkt. (Nur bitte kein »Winning Product«.)

Richtig ist, im Kern streben wir ein breites Sortiment an. Der Long Tail lässt grüßen. Das ist jedenfalls unser Ziel. Sie wissen mittlerweile, dass Sortimentsbreite leicht realisierbar ist. Zusätzliche Kosten fallen kaum an. Dennoch ist aller Anfang schwer. Aus diesem Grund picken Sie sich nun ein Produkt aus Ihrem virtuellen Sortiment. Das darf Ihre Lieblingsflasche Wein sein, wenn Sie einen solchen Shop betreiben möchten. Was auch immer Ihr Favorit ist, stellen Sie diesen in Ihre gedankliche Mitte!

Landingpages, Salespages und Ihr Minimum Viable Product

Das sogenannte Minimum Viable Product, kurz MVP, steht für »ein Produkt mit den minimal erforderlichen Anforderungen und Eigenschaften«. Meist wird das MVP im Kontext mit dem Lean-Startup-Gedanken verwendet. Eric Ries prägte diesen Begriff bereits 2008. Empfehlenswert ist auch sein Buch *Lean Startup: Schnell, risikolos und erfolgreich Unternehmen gründen*. Doch warum ist dies für Sie als Dropshipper von Interesse, möchten Sie doch kein eigenes Produkt herstellen, sondern lediglich verkaufen? Die Parallele liegt im übertragenen Sinn.

Ihr Ziel ist ein schlankes Produktangebot, um schnellstmöglich die ersten greifbaren Erfolge einzufahren. So verstanden, beinhaltet Ihr auf ein Minimum reduziertes Produktangebot alle Phasen: Ihren Launch samt Landing- und Salespage und später auch Ihren Webshop. Alle Bausteine, die ich Ihnen in diesem Buch an die Hand gebe, haben nur ein Gesamtziel und unterliegen dem MVP-Konzept: Weniger ist am Anfang mehr. Verharren Sie also nicht in Details und kommen Sie möglichst bald (wenn auch strukturiert, wie empfohlen) ins Tun.

In der Praxis stoßen wir fast immer auf zu viel Detailverliebtheit. Dies führt dazu, dass Ihr Shop Ewigkeiten im Ausbaumodus verharrt. Am Ende fressen dann die Betriebskosten das Vorhaben über kurz oder lang auf. Im krassen Gegensatz dazu gibt es die »One-Day Dropshipper«, deren Stores direkt nach der Neueröffnung, dem Launch, wieder verschwinden. Der gesunde Mittelweg muss also her. Wie dieser im Detail aussieht, zeige ich Ihnen Schritt für Schritt, hier und in den weiteren Kapiteln. Damit dieser »Mittelweg« aber gelingt, brauchen Sie eine Ausgangsbasis – oder eine »grüne Banane«.

Bananen werden grün geerntet. Aufgrund der Frachtzeit wäre es sehr unklug, eine gelbe, reife Banane zu ernten. Vielmehr reifen diese in den Verkaufsflächen nach und kommen meist grün-gelb dort an. Gewiss, nicht jedem Käufer ist das recht, möchte er doch eine saftige, gelbe Banane kaufen. Aber aus Produzentensicht ist es klug, ein nicht ausgereiftes Produkt (eben die Banane) auf den Weg zu bringen. Mehr noch, faktisch wird eben dieses nicht perfekte Produkt verkauft. Es reift wie beschrieben auf dem Weg zum heimischen Obstkorb nach und wird erst mit der Zeit »perfekt«. Wenn Sie also Ihren geplanten Webshop oder Ihren Wunschlieferanten oder Ihren bevorstehenden Launch zu sehr perfektionieren und idealisieren, dann tun Sie dies, weil Sie den Weg für die ideale Marktreife ebnen möchten. Doch diesen perfekten Zeitpunkt der Marktreife zu finden, ist sehr schwer. Wann ist Ihr Produkt, in Anlehnung an die Banane noch zu grün (unperfekt) oder schon faulig und matschig (idealer Zeitpunkt verpasst)? Die meisten Dropshipper sind anfänglich nicht routiniert in der Handhabung dieser Fragen. Dies ist nicht schlimm, aber genau aus diesem Grund sollten Sie einem Anspruch nach Perfektion widerstehen.

Wenn wir ehrlich sind, haben Sie bereits verstanden, dass Dropshipping und Perfektion nicht wirklich Hand in Hand gehen. Sie können mit der besten Automatisierung die Warenbestände nur bedingt kontrollieren. Sie können die Lieferzeit gegenüber China-Dropshipping von Wochen auf 4 bis 5 Tage im Durchschnitt optimieren, aber eine flächendeckende Same-Day-Lieferung wird nicht möglich sein mit Dropshipping. Auch werden Sie viele Lieferanten überzeugen können, mit Ihnen zusammenzuarbeiten, aber garantiert nicht alle. Einige bestehen auf einen Showroom oder möchten auf Biegen und Brechen kein Glied im Streckenhandel sein. Vergessen Sie also, von Anfang an Perfektion zu erreichen, ob im Ablauf oder im Produkt. Richtiger ist, jeden Tag ein bisschen besser zu werden.

Die am Anfang angestrebte Perfektion liegt wohl auch darin begründet, dass man Angst vor Scheitern und Zurückweisung hat. Darum fühlt es sich gut an, möglichst alles zu kontrollieren und alle Eventualitäten abzuwägen. Perfektion ist eine Herausforderung für jedes Business und beschränkt sich nicht auf Dropshipping. Aber nüchtern betrachtet ist sie nicht entscheidend. Oder wie Salvador Dali einmal sagte: »Fürchte nicht die Perfektion, du wirst Sie eh nicht erreichen.« Gefragt ist eine selbstbewusste Haltung und die damit einhergehende Leichtigkeit gegenüber dem eigenen Scheitern an der Perfektion.

Was passiert denn in der Praxis, wenn Ihr Webshop, Ihr Sortiment oder Ihr Launch nicht perfekt funktioniert? Ganz einfach, dann bessern Sie einfach nach und machen damit Ihre Kunden zufriedener. Wie oft haben Sie schon auf einen Bildschirm gestarrt, um die Fortschrittsanzeige zu verfolgen? Wie viele Updates wurden auf Ihren Geräten, sei es Smartphone, PC oder Laptop, in den letzten Wochen, Monaten oder Jahren eingespielt? Egal ob Fehlerbehebungen oder Sicherheits-Updates, all dies sind laufende Verbesserungen, weil man eben nicht perfekt war und das auch gar nicht im Raum stand. All diese Dienste werden schrittweise optimiert, um die Kundenerfahrung zu verbessern. Und all diese Dienste sind als »grüne Bananen« gestartet und erst beim Anwender gereift.

Der Grundgedanke bei der Erstellung Ihres Minimum Viable Product, Ihres Grundgerüsts als Dropshipper, ist der folgende: Es muss schnell und einfach vonstattengehen. Ein Beispiel dafür ist der Bau einer einfachen Landingpage mit den einfachsten, grundlegendsten Funktionen. Nach dem Motto »Fake it till you make it«. Ihr eigener Online-Shop ist zwar das erklärte Ziel, aber am Anfang sollten wir uns zunächst mit einer simplen Verkaufsseite begnügen, der sogenannten Landingpage.

Diese Landingpage wird auch Zielseite genannt und versteht sich als eine speziell eingerichtete Website, die beispielsweise nach einem Klick auf ein Werbemittel oder nach einem Klick auf einen Eintrag in einer Suchmaschine erscheint. Sie ist auf den Werbeträger (bzw. Absender) und dessen Zielgruppe optimiert. In diesem Buch verstehen wir daher eine Landingpage nicht als »irgendeine Zielseite«, sondern als eine bewusst erschaffene.

In diesem Zusammenhang werden sich die Marketingexperten unter Ihnen vielleicht fragen: Warum Landingpage, warum nicht Squeeze-Page?

Gemäß einer gängigen Definition auf optimizely.com versteht man unter einer Squeeze-Page eine Seite, die eigens dazu eingerichtet wurde, E-Mail-Adressen von Besuchern und potenziellen Kunden zu sammeln. Squeeze-Pages sind in einer Weise gestaltet, die Anreize, absichtliche Verknappung und andere psychologische Taktiken anwenden, um den Seiten-Besucher unter Druck zu setzen (engl. *squeeze*), damit er seine E-Mail-Adresse mitteilt.

Ich habe mich im Folgenden für den Begriff Landingpage entschieden, da im Sinne des hier vorgestellten Launchs auf Squeeze-Page-Taktiken weitgehend verzichtet wird. Richtig ist aber, dass auch Sie Anreize schaffen, damit sich Interessenten bei Ihnen eintragen und Ihre E-Mail-Adresse hinterlassen. Stichwort: LeadMagnet und Problembewusstsein mit der Aussicht auf Problemlösung in der eigentlichen E-Mail-Sequenz. Die

Begriffe Landingpage und Squeeze-Page mögen in etlichen Kontexten austauschbar sein, im vorliegenden Buch bin ich aber der Auffassung, dass Landingpage der besser geeignete Begriff ist.

In unserem Verständnis von Landingpage bieten wir auf einer solchen Seite auch keine Produkte zum direkten Verkauf an. Vielmehr soll ein Werteaustausch stattfinden. Das Ziel Ihrer Landingpage besteht darin, dass Sie (mindestens) an die E-Mail-Adresse Ihres potenziellen Kunden gelangen. Im Gegenzug bieten Sie einen Mehrwert, im Marketing nennt man dies »Lead Magnet«.

Wie das Ganze in der Praxis aussehen kann, soll mein *Erfolgsguide* verdeutlichen.

Sie können die Seite auch besuchen und den Prozess live testen. Scannen Sie hierzu einfach den nachstehenden QR-Code:

In obigem Beispiel wird auf den *Erfolgsguide* passend zu diesem Buch hingewiesen. Mehr nicht. Die simple Aufforderung lautet: Tragen Sie Ihre E-Mail-Adresse ein, damit wir Ihnen ergänzend zum Buch wichtige Informationen zuschicken können.

Die E-Mail-Adresse, die Sie einsammeln möchten, ist der sogenannte Lead. Wir betreiben diesen Aufwand, um später Ihren potenziellen Kunden immer und immer wieder per E-Mail kontaktieren zu dürfen. Sie entgehen auf obige Weise auch dem Druck, sofort verkaufen zu müssen.

Analog zu unserer Landingpage gibt es auch die sogenannte Salespage. Auf dieser bieten Sie dann das Produkt zum Kauf an. In diesem Buch bereiten wir gemeinsam einen Produkt-Launch vor. Der erste Teil besteht im Errichten besagter Landingpage, gefolgt vom Verkauf über Ihre Salespage. In diesem Verständnis wäre auch eine Verkaufsseite auf Amazon eine Salespage.

Erst im dritten Schritt folgt dann Ihr eigener Webshop. Dieser setzt, um sinnvoll funktionieren zu können, nebst potenziellen Kunden in ständig zunehmender Zahl auch ein breites Sortiment voraus, das beschriebene Long-Tail-Sortiment. Da Sie anfänglich in der Regel über beides nicht verfügen, weder über potenzielle Kunden noch über eine nennenswerte Anzahl von Verkaufsprodukten, starten wir bei besagter Landingpage.

Ihr Ziel sollte es sein, zunächst 200 bis 300 Leads (= potenzielle Kunden) in rund 90 Tagen einzusammeln. Mit diesem Fundament starten wir dann den Produkt-Launch (Ihr Eröffnungsgebot) über Ihre Salespage!

Landingpage und Salespage machen also den Anfang, bringen Sie ins richtige Fahrwasser. Und wenn der Laden ins Laufen kommt, dann erweitern Sie das (Long-Tail-)Sortiment. Ein solches breites Sortiment (= Long Tail) ist dann in jedem Fall in einem Shop besser aufgehoben. Aber bedenken Sie immer, unabhängig davon, an welcher Entwicklungsstufe Sie sich gerade befinden: Das Vorbild sind immer grüne Bananen. Der echte Reifeprozess findet zusammen mit Ihren Kunden statt. Denn das erklärte Ziel besteht darin, mit Dropshipping Geld zu verdienen.

Ungeachtet der angestrebten Höhe Ihres Dropshipping-Einkommens geht es letztlich genau darum. Um finanzielle Freiheit mit Dropshipping zu erreichen, müssen Sie sich auf einen nicht perfekten, auf einen ständig zu optimierenden Weg einstellen. Ja richtig, der Weg ist das Ziel!

Während Ihr Shop etliche Links, Botschaften und Produkte enthält, lenken eine Landingpage und der »Call to Action« (das ist die Handlungsaufforderung »Hier anmelden!« oder »Hier herunterladen!«) die Aufmerksamkeit kompromisslos nur auf dieses eine Ziel – den Werteaustausch: E-Mail-Kontaktadresse gegen Ihren Lead Magnet (Ihren »Köder«, wenn Sie so wollen).

Im Durchschnitt haben Landingpages in einer Analyse 65 Prozent besser konvertiert als die dazugehörigen Websites/Shops. (Basierend auf einer Analyse von 455 Landingpages im Landingpage Analyzer.) Baukästen für Landingpages gibt es etliche. Wir selbst nutzten jahrelang Unbounce.com oder zuvor auch Optimizepress.com, das für Sie infrage kommt, wenn Sie WordPress mögen. Heute setzen wir auf die Komplettlösung Droptienda® aus unserem eigenen Haus (mehr dazu in Kapitel 6 unter »Shop-Systeme für Ihren Einstieg«).

Diese Page soll also »nur« funktionieren, mehr für den Moment auch nicht. Es ist wie bei einer grün-gelben Banane, besonders schmackhaft mag sie nicht sein, aber es ist dennoch eine Banane, die Sie im Handel kaufen können. Das Wichtigste ist, möglichst sofort ins Tun zu kommen. Eine solche Seite wird also möglichst schnell veröffentlicht, um Ihren potenziellen Kunden zumindest die Grundinhalte oder die Grundidee präsentieren zu können.

Denkbar wäre auch, dass Sie direkt auf einer solchen Landingpage nach deren Wünschen und Feedbacks fragen. Sie können so ziemlich alles machen, außer verkaufen. Das tun Sie erst später, im Zuge des Launchs über Ihre Salespage. Im Übrigen kann diese Herangehensweise auch die Lösung für neue Lieferanten sein. Mit einem völlig leeren Shop zu starten ist alles andere als gut, und wird auch nicht empfohlen.

Klar ist: Jeder startet bei null, kauft er nicht direkt einen profitablen, übernahmebereiten Store. (So etwas gibt es, beispielsweise unter dem Stichwort Elite-Dropshipping. Eine Google-Suche genügt für weitere Informationen.) Aber auch dieser muss irgendwann einmal von Grund auf erschaffen worden sein. Platzieren Sie daher auf Ihrer Landingpage (oder in Ihrem Webshop, falls Sie schon einen haben) die ersten Informationen für Ihre neuen Lieferanten und Wunschkunden.

Anhand der erhaltenen Leads und Feedbacks können Sie anschließend Infos, Produkte oder weitere Funktionen hinzufügen. Zunächst werden von Ihnen jedoch nur die absoluten Basis-Inhalte erstellt. Alle weiterführenden Funktionen und Inhalte werden erst einmal außen vor gelassen. Nur die absolut notwendigen Funktionen, die für die Ankündigung des Produkts (blättern Sie zurück zum Landingpage-Beispiel) oder zum Überzeugen Ihres Wunsch-Lieferanten erforderlich sind, werden eingebaut. Der Vorteil: Es wird eine Menge Geld, Zeit und Arbeit gespart. Und Sie kommen wirklich direkt ins Tun.

Es ist nach meiner Erfahrung einfach sinnvoller, zunächst einen Sortiments-Prototypen zu entwickeln, der nur den nötigsten Umfang aufweist. Bedenken Sie: Wenn Sie sehr viel zeitlichen und monetären Aufwand in die Entwicklung eines Webshops oder einer Landingpage oder von Marketingkampagnen stecken (insbesondere, wenn Sie die Möglichkeit von programmatischen Ads vernachlässigen), besteht stets die Gefahr, dass Sie Ihre Idee oder Vision am Markt und an den Kundenwünschen vorbeientwickeln. Dann haben Sie die perfekt überreife Banane, die niemand kaufen mag.

Die kurzfristigen Feedbackschleifen helfen Ihnen, Ihr Vorhaben immer mehr an der echten Nachfrage auszurichten. Am Ende muss der Köder (Ihr Sortiment) dem Fisch (Kunden) und nicht dem Angler (Ihnen als Verkäufer) schmecken. Darum beginnen Sie jetzt mit der Entwicklung Ihrer Sortimentsidee. Diese mündet dann in Ihrem Launch-Konzept.

Struktur-Übung: Von der Theorie zur Praxis

Wenn Sie noch nie etwas strukturiert geplant haben, machen Sie doch die folgende kleine Übung mit mir. Sie wird Ihnen dabei helfen, in Abläufen zu denken. Denn genau diese sind es, die Ihren Launch ermöglichen, eines fügt sich zum anderen. Die Kunst liegt darin, zu erkennen, was zu viel des Guten ist. Und was wirklich notwendig ist.

Schnappen Sie sich ein paar Klebezettel oder Haftnotizen oder schneiden Sie ein Blatt Papier in kleine Kärtchen. Die Größe ist dabei gar nicht entscheidend, auch nicht die Farbe oder die Papierdicke. Sind Sie bereit?

Lassen Sie uns starten. Beginnen wir mit einer simplen Frage. Was genau machen Sie jeden Morgen als Erstes? Lassen Sie es uns aufschreiben. Jede Aktion auf ein Stück Papier oder eine Haftnotiz. Womöglich steht bei Ihnen »Snooze-Taste drücken«. Irgendwann haben wir es endlich aus dem Bett geschafft, jetzt wären Hausschuhe von Vorteil. Also notieren wir »Hausschuhe anziehen«. Ich bevorzuge es, als Erstes die Zähne zu putzen und dann zu duschen. Zuvor muss ich aber meine Brille vom Nachttisch nehmen, sonst wird alles Weitere sehr schwer.

Ich notiere dann also in meinem Fall »Brille vom Nachttisch nehmen« und dann »Brille kurz reinigen und aufsetzen«, dann »zum Bad-Waschbecken gehen und Zähne putzen«. Im Anschluss »Schlafanzug ausziehen« und »unter die Dusche gehen«. Bei den Frauen kommt womöglich jetzt noch »Haare waschen« hinzu. Dann »aus der Dusche zum Kleiderschrank«. Dort angelangt »nach passendem Outfit für den Tag suchen und anziehen«. Bei mir heißt es dann »raus mit den Hunden«. Zuvor aber »rein in die Schuhe«. Da unsere beiden Hunde ohne Leine gehen, ist das recht fix erledigt. Und so weiter, bis Sie irgendwann an Ihrem Arbeitsplatz sitzen. (Ein Vorteil von EU-Dropshipping ist, dass Sie Ihren Arbeitsplatz auch ins warme Bett verlagern können. Laptop auf, und los geht Ihr Arbeitsalltag. Ihr Tagesablauf wäre also in der Tat auf ein Minimum reduziert. Aber dies nur am Rande.)

In der Praxis sieht es womöglich noch wie folgt bei Ihnen aus: Sie müssen vorher noch Ihren Wagen aus der Garage holen oder zur S-Bahn-Station laufen. Das Schöne ist, es gibt kein richtig oder falsch. Wichtig ist, Sie haben, wenn Sie jede dieser Aktionen auf jeweils eine Karte geschrieben haben, nun einen guten Überblick der für Sie üblichen »To-dos« – Dinge, die am Morgen bzw. an jedem Morgen erledigt werden müssen. Sicherlich sind wir uns einig, dass hier sehr viel »Kleinkram« dabei ist, und bei Ihnen ist das womöglich noch einiges mehr, da Sie noch mehr Haustiere haben … und Kinder ... Lassen Sie uns daher Ihren (oder meinen) Tag gedanklich noch einmal starten.

Dieses Mal beschränken wir uns auf das Nötigste, denn dummerweise haben wir verschlafen. Duschen wird also heute Morgen nicht in den Zeitplan passen, und auch die Hunde müssen mit dem Garten vorliebnehmen. Zähneputzen könnte dem Mundwasser weichen, das Duschen der Extraportion Deo. Es geht jetzt darum, dass Sie Dinge, die nicht absolut notwendig sind, aus Zeitgründen weglassen. Sie werden dennoch zu Ihrem Termin kommen oder mit Ihrer Arbeit starten. Der entscheidende Punkt ist, dass Sie dies entweder sehr ausschweifend und gemütlich tun können oder fix, weil Sie bereits in Zeitverzug sind.

Legen Sie zunächst Ihre beschriebenen Karten vor sich auf einen Tisch. In Europa ist es üblich, zeitliche Abläufe ebenso wie das Lesen von links nach rechts zu meistern. Darum liegt nun die Karte mit Ihrem Wecker (oder was auch immer Ihre erste Tagesaktion war) ganz links auf dem Tisch. Legen Sie nun Karte an Karte, um Ihren Morgen abzubilden. Beginnen Sie mit dem ausführlichen Teil (Sie wissen schon, der mit der Dusche).

Nachdem nun auf Ihrem Tisch alle Aktionskarten liegen, haben Sie ein Gesamtbild. Das große Ganze. Zur Erinnerung, dies ist noch nicht Ihr MVP. Aber das wird es gleich werden.

Vom Grundsatz her sollte die MVP-Planung (ebenso wie Ihre spätere Sortiments-Planung) tendenziell in die Breite (Stichwort Long Tail) gehen. Sie haben diese Breite direkt auf Ihrem Tisch vor Augen. Wir gehen aber nicht in die Details.

Wie warm Sie duschen und ob Sie lieber Kokos-Shampoo oder Honigarmoma verwenden, tut aktuell nichts zur Sache. Ebenso ist es irrelevant, ob Sie beim Frühstück Marmelade oder die Wurst-und-Käse-Variante vorziehen. Derartige Details sind im übertragenen Sinne Features, die gaaanz zum Schluss relevant werden. Nice to have. Sie erinnern sich, ich habe einige Seiten früher bereits festgestellt, dass man zu sehr detailverliebt werden kann. Das Marmelade-Wurst-Thema ist so ein Fall. Und ja, Kokos vs. Honig auch.

Vor Ihnen auf dem Tisch liegt also nun Ihr morgendlicher Tagesablauf. In der Regel sind dies 15 bis 25 Aktionskarten. Es können aber auch mehr sein oder weniger. Wenn es viel weniger sind, beneide ich Sie etwas. Verraten Sie mir Ihr Effizienz-Geheimnis?

Auf Ihrem Tisch liegen nun alle Karten von links nach rechts, dies sieht in etwa wie folgt aus:

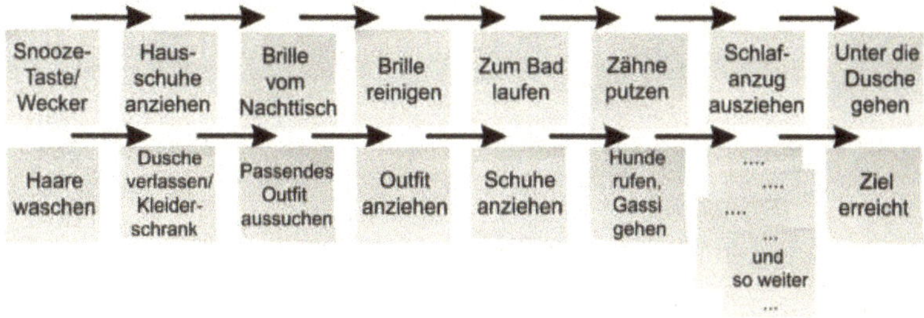

Nun misten Sie aus, da Sie im zweiten Durchlauf deutlich weniger Zeit haben. Sie erinnern sich, der Wecker hat nicht geklingelt (oder er wurde viel zu lange überhört). Am Ende ist das Warum egal, es muss eine Lösung her. Sie schieben nun alle Karten mit Aktionen, die NICHT wirklich getan werden müssen, nach unten. »Aufstehen« und »Brille vom Nachttisch nehmen und aufsetzen« wären in meinem Fall essenzielle Dinge, auf die Hausschuhe könnte ich verzichten, ebenso auf die Dusche. (Okay, nur dieses eine Mal.)

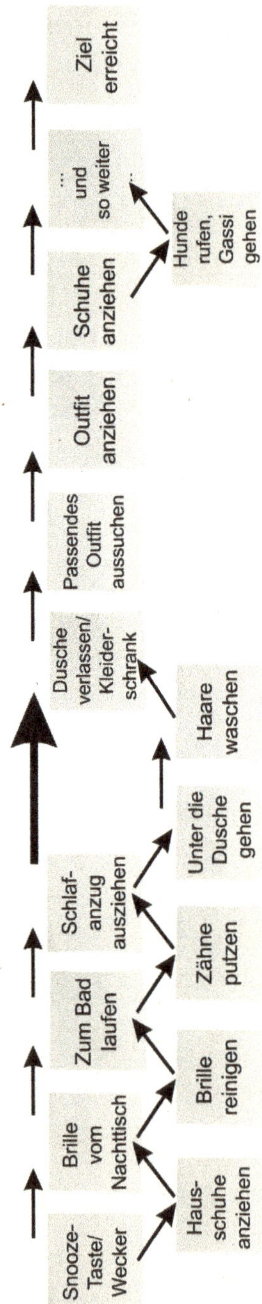
Snooze-Taste/Wecker
Haus-schuhe anziehen
Brille vom Nachttisch
Brille reinigen
Zum Bad laufen
Zähne putzen
Schlaf-anzug ausziehen
Unter die Dusche gehen
Haare waschen
Dusche verlassen/Kleider-schrank
Passendes Outfit aussuchen
Outfit anziehen
Schuhe anziehen
Hunde rufen, Gassi gehen
… und so weiter …
Ziel erreicht

In meiner unteren Reihe sehen Sie solche Aktionen wie »Hausschuhe«, »Brille reinigen«, »Zähne putzen«, »Duschen«, »Haare waschen« sowie »Hunde rufen, Gassi gehen«. (Die Hunde bleiben heute einfach im Garten, es ist ein toller Sommertag.) Ich kann also, wenn es »sein muss«, auf all diese unteren Aktionen verzichten. Sie nehmen nun den oberen Weg, dieser ist wesentlich kürzer, überschaubarer.

Herzlichen Glückwunsch, dies ist Ihre grüne Banane bzw. Ihr MVP! Denn dieses Gedankenspiel können Sie mit Ihren Funnels (»Verkaufstrichter« bzw. serielles Marketing, dazu später mehr), Ihren Landingpages und Shop-Designs, aber auch mit sonst allem machen. Beginnen Sie damit, sich nach und nach von allem zu verabschieden, was für den angestrebten Zweck im Moment nicht wirklich notwendig ist.

Die (vorerst unnötigen) Details, die nun auf Ihrem Tisch in der unteren Reihe verbleiben, werden Sie später Ihrem Vorhaben hinzufügen. Bevor Sie diese Elemente aber einfügen, fragen Sie nach Feedback. Es geht stets darum herauszufinden, ob Ihre Wunschkunden diese Detail-Elemente auch so lieben wie Sie. Oder unterscheiden sich Ihre Vorstellung und die Vorstellung Ihrer potenziellen Kunden? Meistens ja, und genau darum geht es. Sie müssen im Vorfeld keine Blindfahrt starten. Stattdessen optimieren Sie Zug um Zug. Genießen Sie die Einfachheit und dass weniger wesentlich mehr sein kann!

Bitte werden Sie aktiv, spielen Sie mit Schere und Papier und bauen Sie einige solcher Planungsgerüste. Es ist wichtig, die richtigen Prioritäten zu setzen. All die Theorie bringt Ihnen ohne die Praxis nichts. Trauen Sie sich. Sie möchten doch das Hamsterrad verlassen? Machen Sie einen Plan, zerlegen Sie Ihre Anforderungen. Und testen Sie!

Ihre Basissortimentsidee (und ist diese noch so vage) sollte in jedem Falle zeitnah an den Markt herangeführt werden. In Kürze erhalten Sie eine detaillierte Schritt-für-Schritt-Anleitung für Ihren persönlichen Launch. Zuvor erkläre ich Ihnen aber, warum wir dabei auf klassisches E-Mail-Marketing setzen.

KAPITEL 3

»95,4 Prozent der 5000 Top-Unternehmen im deutschsprachigen Raum betreiben aktiv E-Mail-Marketing.«

Absolit Consulting, 2019

E-MAIL- UND MESSENGER-MARKETING IM VERGLEICH

Bevor wir zum eigentlichen Launch kommen, lassen Sie uns eine wichtige Tatsache festhalten, die sich in den vorherigen Kapiteln bereits herauskristallisiert hat: Dropshipping ist Kommunikation! Sie müssen mit Menschen in Kontakt treten und mit ihnen kommunizieren. Darum geht es. Ohne Kommunikation keine Interessenten und E-Mail-Kontakte, ohne Interessenten keine Käufer. Und auch mit denen will weiter kommuniziert werden. Das ist das Spiel! Was immer Sie zu sagen haben, kann heute – in Zeiten von Internet und Social Media, von online und offline – über zahllose Kanäle erfolgen. Deshalb wird es Sie vielleicht überraschen, wenn ich Ihnen jetzt eröffne, dass die gute alte E-Mail der Schlüssel zu Ihrem Dropshipping-Erfolg sein wird. In Zeiten von Facebook, Instagram und WhatsApp wird das klassische E-Mail-Marketing gerne abgeschrieben – fälschlicherweise, kann ich Ihnen versichern.

Ungelogen, 87,3 Prozent aller Verkäufe generieren wir genau hierüber, in der letzten Buchauflage waren es auch bereits 85 Prozent. Fakt ist, E-Mail-Marketing ist auch heute noch ein erfolgreiches Tool, um Ihre Wunschkunden direkt anzusprechen. Auch Sie sollten sich von Unkenrufen nicht verunsichern lassen und diese Form des Marketings aktiv nutzen.

Anhand von E-Mail-Marketing lassen sich nun mal schnell und kostengünstig Informationen streuen, und es gibt kein anderes Tool, mit dem effektiver kommuniziert werden kann.

In diesem Zusammenhang lohnt ein Blick darauf, »was Kunden wirklich wollen«, denn genau dies ermittelte das Marktforschungsinstitut Splendid-Research exklusiv für die *ONEtoONE*-Redaktion. Ich fasse kurz zusammen, was in Ausgabe 03/21 darüber zu lesen war: Kunden wünschen sich demnach zu 71,6 Prozent Preisnachlässe, gefolgt von 61,5 Prozent, die genaue Produktinformationen wollen – genau diesen beiden Aspekten werden Sie während der später ausführlich vorgestellten Open-Cart-Phase gerecht. Eine individuelle Ansprache war hingegen nur 45,6 Prozent der Befragten wichtig. Die gute Nachricht ist, dass im Grunde jedes professionelle E-Mail-Marketing-Tool die Ansprache personalisieren kann. Reiner Content, also Inhalt, wird offenbar nur von 36,2 Prozent der Kunden geschätzt. Meine Launch-Strategie erfüllt demnach die wichtigsten Kundenwünsche.

Übrigens: 86,3 Prozent finden E-Mails von Unternehmen gut. Behalten Sie dies in Erinnerung, wenn Sie sich nach dem Launch mal wieder per E-Mail melden. Sie können also unbesorgt sein, Ihre Nachrichten werden überwiegend positiv aufgenommen werden. Im Zuge der Erst-Eintragung auf Ihrer Landingpage dürfte die Akzeptanzrate nochmals wesentlich höher sein, denn die Interessenten (Leads) wollen ja Ihre E-Mail mit den angekündigten Problemlösungen erhalten! Denn sie haben diese ja eigenständig angefordert. Spannend ist, dass 63 Prozent aller Befragten Gutscheine einem direkten Rabatt (56 Prozent) vorziehen. Sie könnten also auch dies zu Ihrem Vorteil nutzen und während des Launchs in der Open-Cart-Phase einen Gutschein integrieren. Mit einem Gutschein würden Sie das ohnehin attraktive Gesamtangebot nochmals schmackhafter darstellen.

Gerne können Sie Messenger-Marketing später in Ihrer E-Mail-Strategie kombinieren, aber fokussieren Sie sich zumindest in der Aufbauphase auf die bewährte E-Mail.

Klar, Ihre Wunschkunden haben Ihr Smartphone heute nahezu immer dabei und kommunizieren über Messenger-Dienste wie WhatsApp,

Signal, Threema oder Viber mit Freunden und Familie. Sie sind ständig online und somit immer erreichbar. Messenger-Marketing nutzt diese Tatsachen, um den Kunden direkt und unmittelbar anzusprechen. Dabei erfolgt die Ansprache persönlicher als über andere Marketingkanäle. Nachrichten über einen Messenger können entweder über einen Chatbot erfolgen oder tatsächlich live ausgeführt werden. Außerdem lassen sich über Messenger-Dienste GIFs und Buttons verschicken, die in E-Mails teilweise nicht möglich sind.

Aber Achtung: Auch wenn Messenger-Marketing aus der Sicht von Unternehmen Vorteile bietet, ist das Problem, dass viele Empfänger sich in ihrer Privatsphäre verletzt fühlen, wenn sie Nachrichten von Firmen und Marken über ihre privaten Nachrichtendienste erhalten. Sie ziehen es vor, Newsletter und Werbemails per E-Mail zu erhalten, die sie dann zu einem Zeitpunkt öffnen, der ihnen zusagt.

Wobei wir im Sinne dieses Buches keine Newsletter versenden werden. Es ist wichtig, dies zu verstehen. Ausgereiftes E-Mail-Marketing vermittelt stets den Eindruck, als wäre jede Mail persönlich geschrieben. Zu viel bunte Grafiken wären hier also zu plakativ und am Ende nicht förderlich. Dennoch verwenden wir im Folgenden hin und wieder die Formulierung »Newsletter«, da dies geläufig ist und ich möglichst ohne komplizierte Fachbegriffe aufklären möchte. Für Messenger-Dienste bedeutet diese latente Inakzeptanz aber, dass sich viele (potenzielle) Kunden nach kurzer Zeit wieder von den Messenger-News abmelden. Deshalb ist es ratsam, E-Mail-Marketing zu bevorzugen oder zumindest ergänzend zu betreiben. So wird sichergestellt, dass die Streuverluste nicht allzu groß ausfallen.

E-Mail-Marketing wird oft nur mit dem Versand von Newslettern gleichgesetzt, bietet aber viel mehr Möglichkeiten. Denn neben den klassischen News bieten sich auch viele verkaufsfördernde Möglichkeiten. Weniger plakativ, sachlich und informativ, versteht sich.

Um eine E-Mail an einen potenziellen Kunden zu senden, braucht es im Grunde keine komplexe Software. Womöglich haben Sie bereits Microsoft Outlook auf Ihrem Computer installiert oder Sie kennen Freemail-Anbieter wie gmx.de oder web.de oder auch G-Mail von Google. Bedenken Sie aber zunächst immer, dass Sie vor einer Newsletter-Aussendung ein rechtlich belastbares Fundament schaffen müssen. Konkret bedeutet dies, dass bei jeder Newsletter-Anmeldung, egal ob über Ihren Webshop oder über andere Kanäle, eine Einwilligung des E-Mail-Empfängers vorliegen muss. Sie dürfen ohne eine solche keinen Neukunden anschreiben. Man spricht hierbei von Double Opt-in. Nur wenn ein solcher vorliegt, sind Sie rechtlich auf der sicheren Seite. Beim E-Mail-Marketing spielt die sogenannte DSGVO eine Rolle (siehe dazu Kapitel 9). Der Double-Opt-in-Ablauf ist in der Praxis nicht komplex: Ihr Interessent bekommt nach dem Eintrag in Ihr Newsletter-Anmeldeformular (auf das Sie ihn über eine Landingpage aufmerksam gemacht haben, siehe das vorherige Kapitel) eine erste E-Mail mit einem Aktivierungslink. Klickt er diesen Link, dann bestätigt er damit, auch wirklich Ihren Newsletter erhalten zu wollen. Zudem stellen Sie sicher, dass fehlerhafte oder unzustellbare E-Mail-Adressen (etwa durch Tippfehler) nicht in Ihrem Verteiler landen.

Wenn Sie sich für eine professionelle E-Mail-Marketing-Software entscheiden (statt vorinstalliertes Outlook oder die zuvor erwähnten Freemail-Anbieter) können Sie beispielsweise »Trigger Mails« an Bestandskunden versenden. Sie ermöglichen es Ihnen, den (potenziellen) Kunden direkt zu einem bestimmten Anlass zu kontaktieren. Zum Beispiel an seinem Geburtstag. Ihr Empfänger erhält dann eine Glückwunsch-Mail mit einem Gutscheincode oder einem speziellen Geburtstagsangebot. So wird der Bestandskunde »getriggert«, sprich veranlasst, die Website des Verkäufers zu besuchen. Aber auch viele andere Trigger-Möglichkeiten bestehen, darunter zum Beispiel der Versand von Rechnungen oder einer Mail, die fragt, ob mit der aktuellen Bestellung alles in Ordnung war. Das Ziel von Trigger Mails ist schlichtweg, Ihr Unternehmen in Erinnerung zu rufen und Kunden zu motivieren, Ihren Shop (erneut) zu besuchen. Eine weitere Möglichkeit, Umsatz über E-Mail-Marketing zu generieren, ist der Versand von Up-Selling- oder Cross-Selling-E-Mails.

Beim Up-Selling können Sie Ihrem Kunden sozusagen ein Upgrade für Ihr Produkt oder Ihre Dienstleistung verkaufen. Wenn der Kunde beispielsweise ein Basis-Abo (mehr dazu im Kapitel über Abo-Modelle) für eine monatliche Blumenlieferung (ja, Blumen können Sie via Dropshipping verkaufen) bei Ihnen erworben hat, können Sie ihm das teurere Premium-Abo (größerer Strauß, ausgefallenere Blumensorten, längere Haltbarkeit/Frische etc.) vorschlagen.

Im Rahmen des Cross-Sellings bieten Sie Ihren Kunden verschiedene Produkte an, die den bereits gekauften Artikel ergänzen. Hat der Kunde zum Beispiel ein Fahrrad in Ihrem Shop gekauft, können Sie ihm eine Luftpumpe oder spezielle Zusatzausrüstungen vorschlagen. Beim Kauf einer Spiegelreflexkamera können zum Beispiel zusätzliche Objektive oder Kamera-Taschen angeboten werden. Bitte beachten Sie, dass für solche Automatisierungen in jedem Falle eine professionelle E-Mail-Software benötigt wird. Wir selbst nutzen hierfür Dropfunnels®. Eine solche Lösung ist auch für den Einsteiger geeignet, jedoch liegen die Möglichkeiten weit über den Bordmitteln »klassischer« Mailprogramme.

Der Vorteil von Cross- und Up-Selling besteht also darin, dass der Kunde die Produkte sehr wahrscheinlich tatsächlich benötigt und darüber hinaus sogar dankbar für den Vorschlag und die einfache Präsentation ist. So bleibt ihm langes Suchen im Netz nach dem passenden Zubehör erspart, und er bestellt oft gerne.

Es gibt viele weitere Argumente, die für E-Mails als Marketing-Tool der Wahl sprechen. E-Mail-Marketing ist einfach, schnell und kostengünstig. Wenn Sie beispielsweise auf das genannte Dropfunnels® beim E-Mail-Versand setzen, können Sie beliebig viele Kontakte verwalten, unlimitiert Kampagnen erstellen und unbegrenzt viele E-Mails versenden. Das Ganze ist kostenfrei und nicht limitiert, lediglich ein kleiner Hinweis auf Dropfunnels® findet sich am Ende der versendeten Nachricht. Gegen ein kostenpflichtiges Upgrade lässt sich dieser Hinweis aber, sofern störend, entfernen. Mit keinem anderen Instrument lassen sich so viele Menschen mit so wenig monetärem Einsatz erreichen. Die im nächsten Kapitel vorgestellte Launch-Strategie fußt übrigens vollständig auf E-Mails.

Fakt ist, praktisch jeder besitzt heutzutage ein E-Mail-Postfach, aber nicht jeder ist bei einem Messenger angemeldet. Dies trifft umso mehr auf bestimmte Zielgruppen zu, zum Beispiel die sogenannten »Silber-Surfer«. Gemeint sind die gut betuchten Best Ager – oder schlicht digitalaffine Senioren. Es gibt im Übrigen so viele verschiedene Messenger, dass man mit einem einzigen Messenger niemals seine vollständige Zielgruppe erreicht.

Der *emma-Marketing*-Report 2018 bestätigt, dass 59 Prozent aller Marketing-Experten E-Mail-Marketing als die beste Quelle für hohe Gewinne ansehen.

McKinsey stellte sogar fest, dass E-Mails 40-mal effektiver seien als Social-Media-Marketing. E-Mail-Marketing bietet zudem Sicherheit. Denn Messenger- und Social-Media-Kanäle können plötzlich geschlossen werden, Konten können gesperrt werden oder die Sichtbarkeit der Beiträge und Nachrichten kann eingeschränkt werden.

Aus all diesen Gründen erarbeiten wir Ihre vollständige Launch-Strategie auf E-Mail-Ebene. Sollte Ihr Herz dennoch in Richtung Messenger schlagen, können Sie die in Kürze vorgestellte Formel einfach leicht abwandeln.

Bevor es so weit ist, hier einige frische Impulse für den Aufbau einer E-Mail-Marketingkampagne:

1) Bevor Sie jemandem etwas verkaufen, sollten wir die E-Mail-Adresse der Person erhalten. Dies ist wichtig, weil über 99 Prozent aller Shop-Besucher nicht direkt (beim ersten Mal) kaufen. Damit wir diesen Interessenten aber immer wieder gezielt und persönlich ansprechen können, benötigen wir seine E-Mail-Adresse. Weitere Angaben wie seinen Namen oder gar Straße und Ort benötigen Sie nicht. Weniger ist mehr. Bei persönlichen Daten werden die Menschen misstrauisch, die E-Mail-Adresse gibt Ihnen im Prinzip jeder – ist er noch so fremd. Bei Adresse oder Telefonnummer braucht es dann etwas mehr Vertrauen. Genau dieses Vertrauen bauen wir mit unserem Launch schrittweise auf. Wir beginnen aber ganz simpel. Daher genügt uns zunächst nur die E-Mail-Adresse.

Diese Tatsache ist wichtig, denn Sie werden Ihre Marketingkosten dramatisch – nahezu gegen null – senken, sofern Sie potenzielle Kunden immer und immer wieder kontaktieren können. Gleichzeitig erhöhen wir die Chance auf einen Verkauf drastisch. Merke: Hier geht es nicht nur um »dürfen«, Stichwort DSGVO, hier geht es um »können«, »in der Lage sein«. Nur mit einem Kundenkontakt können Sie nachfassen, werben, direkt verkaufen.

2) Damit Ihnen jemand seine E-Mail-Adresse geben kann, benötigen wir, wie schon im vorherigen Kapitel erläutert, eine einfache Seite im Web. Keinen Webshop und auch keine Produkte. Eine einfache Seite. Eigentlich genügt eine Eingabezeile für die E-Mail-Adresse. In der Praxis ist es ein wenig mehr, aber wirklich nur ein wenig. Betrachten Sie es als einen Tausch. Sie bieten kostenfrei wertvolle und spannende Infor-

mationen. Im Gegenzug für diese erhalten Sie die E-Mail-Adresse. Es ist ein Geben und Nehmen. Solche simplen Seiten tragen den Namen Landingpage. Wir hatten bereits im vorherigen Kapitel darüber gesprochen, nebst bildlicher Darstellung. Lassen Sie es uns an dieser Stelle nochmals wiederholen: Eine Landingpage ist eine separate Seite im Internet. Diese kann sehr simpel sein und hat alleinig das Ziel, dass wir ein Tauschgeschäft abwickeln können. Ihre wertvollen Informationen (siehe Punkt 3 im Folgenden) gegen die E-Mail-Adresse Ihres potenziellen Kunden. Sie können solche Seiten mit Webbaukästen wie beispielsweise Unbounce, Droptienda oder Optimizepress aufbauen. Sie benötigen keinerlei Vorkenntnisse. Diese Online-Editoren sind sehr intuitiv. Elemente können durch einfaches Verschieben bearbeitet werden. Alles direkt online. Auch gibt es eine Vielzahl kostenfreier Designs, sogenannte Templates. Kurzum, es hindert Sie nichts daran, jetzt sofort damit zu starten.

3) Damit sich möglichst viele bei Ihnen eintragen, müssen Sie einen Nutzen und Wert erschaffen. Auch das ist sehr einfach und zudem kostenfrei möglich. Ich möchte Ihnen zwei Beispiele geben.

Beispiel eins: Angenommen, Sie möchten in Zukunft eine Komplett-Sauna mit Dropshipping verkaufen. (Den genauen Hersteller wissen Sie noch nicht, aus diesem Grund haben Sie auch noch keinen Lieferanten. Aber das Thema sagt Ihnen einfach zu.) Dann könnten Sie ein sogenanntes Whitepaper erstellen. Das ist im Grunde ein Word-Dokument, das als PDF abgespeichert wird. Dieses selbst erstellte Dokument mit etwas Text und einigen Fotos beinhaltet Ihre wichtigen Informationen zum Thema Sauna. Ein solches Whitepaper könnte »Sauna gesund oder ungesund? Was Sie zur Sauna-Wirkung wissen sollten« zum Inhalt haben. Klingt doch interessant, wenn Sie (aus Kundensicht) vorhaben, eine Sauna demnächst anzuschaffen, oder? Der Kunde will das Whitepaper haben und sendet Ihnen die E-Mail-Adresse, um es (kostenfrei) zu erhalten.

Beispiel zwei: Sie haben vor, einen Webshop für Hunde-Zubehör zu starten. Auf Ihrer Landingpage prangert der Titel »Teletaktgeräte und Sprühhalsbänder – Tierquälerei für Anfänger. PETA Deutschland e.V. spricht sich entschieden gegen die Verwendung von Sprühhalsbändern aus«.[15]

»Tragen Sie sich jetzt ein und erhalten Sie den vollständigen Bericht sowie eine tierfreundliche Alternative. Vertrauen Sie uns, Hundeerziehung geht auch ohne Schmerzen!« (Na, haben Sie sich schon eintragen? Ist das Interesse geweckt?)

Es geht einfach darum, dass Sie Spannung und Nutzen vermitteln müssen. Sie verkaufen zum gegenwärtigen Zeitpunkt nichts! Aus diesem Grund benötigen Sie, wenn Sie Ihre Seite in Betrieb nehmen, nicht einmal einen Lieferanten. Sie können diesen bis ganz zum Launch-Ende offenlassen. Fake it till you make it – Sie erinnern sich. Sie bieten Mehrwert, Punkt! Es gibt ein Problem (ist der Saunabesuch nun gesund oder nicht, sind Hundehalsbänder mit Elektroschocker wirklich ohne Alternative?) und dieses Problem lösen Sie in Ihrer E-Mail – genauer gesagt: Sie kündigen eine Lösung an!

Sie möchten noch mehr solcher Anregungen?

»37 starke Ideen für Lead Magnets« (so nennt man diesen Mehrwert im Marketing) finden Sie unter folgendem QR-Code:

4) Sie haben nun Ihre erste Landingpage und ein griffiges Thema (Ihre Wunschnische: Sauna, Hundezubehör ...) samt Mehrwert. Mit anderen Worten, Ihr Lead Magnet ist platziert. Jetzt warten Sie nur noch darauf, dass die Interessenten zu Ihnen auf die Landingpage gelangen. Ich werde Ihnen noch in diesem Kapitel erklären, wie uns das gelingt. Lassen Sie uns aber zuvor Ihren Mehrwert-Köder (den Lead Magnet) überzeugend ausformulieren.

Bedenken Sie bitte, falsch platzierte Nachrichten ohne aussagekräftigen Inhalt können Ihren potenziellen Kunden tendenziell mehr abschrecken als auf Ihre Seite bringen. Gehen wir jetzt einmal davon aus, dass Sie über eine oder mehrere Landingpages E-Mail-Kontakte und damit Interessenten erhalten. Doch was müssen Sie beachten, damit E-Mail-Marketing zu Ihren neu gewonnenen Interessenten wirklich funktioniert? (Ich beziehe mich bewusst auf diesen Ausdruck, wie geschildert können Sie die folgenden Tipps auch für einen Messenger adaptieren.)

5) Die Betreffzeile ist ausschlaggebend dafür, ob der Adressat die E-Mail öffnet. Gestalten Sie sie deshalb aussagekräftig und spannend. Zur Info: Die durchschnittliche Öffnungsrate von Marketing-E-Mails liegt bei etwa 50 Prozent. Beispiele für gute Betreffzeilen sind: »Was jeder über gesunde Ernährung wissen sollte« oder »Bist du mutig genug, ein Buch zu schreiben?« Fragestellungen, Provokationen oder polarisierende Aussagen sind fast ein Garant, dass die Mail geöffnet wird. Wichtig ist auch, dass Ihr Betreff zum Lead Magnet passt. Sie sollten die zuvor auf der Landingpage aufgebaute Spannung in der ersten Mail einlösen. Diese erste E-Mail mit Ihrem Whitepaper (oder sonstigem Lead-Magnet-Inhalt) sollten Sie unmittelbar nach der Eintragung versenden. Daher empfiehlt sich ein automatischer Versand. Wenn Sie zunächst mit manuellen Excel-Listen oder dergleichen arbeiten, dann sollten Sie den Inhalt binnen 12 bis 24 Stunden nach der Eintragung aussenden. In der Praxis kann dies jedoch schon zu lange sein, da viele Internet-User an eine prompte (wenn auch automatische) Antwort gewöhnt sind.

6) Setzen Sie auf Personalisierung, sowohl in der Mail als auch in der Betreffzeile. Denn personalisierte Betreffzeilen erhöhen die Öffnungsrate oft deutlich. Sprechen Sie Ihre Kunden direkt mit dem Namen an (sofern Sie diesen abgefragt haben) oder nehmen Sie auf bereits gekaufte Produkte Bezug. Wenn es sich um einen Erstkontakt nach einer Eintragung auf Ihrer Landingpage handelt, dann nehmen Sie hierauf Bezug.

7) Achten Sie auf die richtige Zeit des E-Mail-Versands. Montagvormittag haben E-Mails zum Beispiel andere Öffnungsraten als Freitagnachmittag. Machen Sie sich auch Gedanken darüber, wann Ihre Zielgruppe am Laptop oder am Smartphone aktiv ist, und versenden Sie Ihre E-Mails zu der entsprechenden Zeit. Wenn Sie automatische E-Mail-Sequenzen senden, dann sollten Sie die erste E-Mail immer direkt nach der Eintragung absenden. Auch dann, wenn es drei Uhr nachts ist. Denn wenn der Kunde jetzt aktiv ist, dann hindern Sie ihn nicht in seinem Interessensfluss.

8) Plakative E-Mails, Bilder und Schriften werden stärker vom Kunden wahrgenommen. Nutzen Sie auch ab und zu hochwertige, animierte GIFs. Diese aktivieren den Kunden stärker, sollten aber mit Bedacht eingesetzt werden.

9) Achten Sie darauf, dass Ihre Mails mobil-kompatibel sind. Denn immer mehr Newsletter-Empfänger lesen E-Mails auf einem Mobilgerät wie einem Smartphone oder Tablet.

Es wird Zeit, dass auch Sie die Vorteile des E-Mail-Marketings für sich und Ihr Dropshipping-Business entdecken. Ich hoffe Sie erahnen bereits die fantastischen Möglichkeiten. In Kombination mit der im nächsten Kapitel vorgestellten Launch-Formel erhalten Sie ein mächtiges Vertriebstool. Keine Sorge, Sie müssen dazu keine 16-Stunden-Schichten schieben und auch nicht nachts stundenlang E-Mails anlegen. Bereits wohldosierte Nachrichten mit speziellen Angeboten oder kleinen Erinnerungen können ein guter Start ins E-Mail-Marketing sein.

Wenn der Einsatz von Messenger-Marketing zu Ihrer Zielgruppe besser passt und nicht zu viel Zeit in Anspruch nimmt, ergänzen Sie Ihre Kommunikation mit wohldosierten Messenger-Nachrichten. Sie werden schnell merken, wie effektiv diese Marketinginstrumente im Verbund sein können. Insbesondere wenn Sie Ihre Nachrichten als Teil einer Serie planen, im Marketingsprech »Funnel« genannt.

Es bleibt letztlich Ihnen überlassen, auf welches Pferd Sie setzen. In meinen Augen ist E-Mail-Marketing keinesfalls kränkelnd, sondern vielmehr quicklebendig. Aber: Insbesondere vor dem Hintergrund des ortsunabhängigen Arbeitens haben Sie eindeutig Wichtigeres zu tun, als die Daten derselben Kontakte mühselig in unzähligen separaten E-Mail-Listen zu pflegen. Bedenken Sie bitte, wir sprechen hier nicht von stumpfen Newslettern. Und schon gar nicht von einer listenbasierten Verwaltung. Es ist okay, mit einer Excel-Liste zu starten, aber in der Praxis werden Sie schon bald auf eine professionelle Lösung umsatteln.

Ein Horror-Beispiel, wie Marketing nicht geht, habe ich wöchentlich in meinem eigenen Postfach. Eines der renommiertesten Immobilienunternehmen des Landes stellt in seinem Newsletter tatsächlich genau dies im Betreff fest: »Newsletter«. Zudem sind die Angebote so wenig auf meine Bedürfnisse abgestimmt (zum Beispiel werden Immobilien angeboten, die keine Tiere erlauben. Ich habe aber zwei Hunde ...), dass dieses Rundschreiben mit ziemlicher Sicherheit alle Empfänger aus dem Verteiler erhalten.

Ein Armutszeugnis, denn so funktioniert es nicht. Aber als aufmerksamer Leser wissen Sie dies ja längst. Es sollte immer um Beziehungspflege und automatisierte Kundenbindung gehen. Und diese beginnt bereits vor Ihrer eigentlichen Geschäftseröffnung, dem Launch.

Sogenannte E-Mail-Listen, Verteilerlisten oder auch Listen von Empfängergruppen werden diesen Anforderungen, wie anhand des Immobilien-Beispiels verdeutlicht, in keiner Weise gerecht. Viel hilft nicht immer viel. Das Ziel ist stets, dem richtigen Kontakt die relevante Information zuzuspielen. Informieren Sie sich daher über technische Möglichkeiten am Markt. Die einschlägigen Softwarelösungen wie das bereits empfohlene Dropfunnels® sind bereits zum Gegenwert einer guten Tasse Kaffee täglich zu mieten.

»Einmal aufgesetzt, immer verfügbar« – so das Ziel. Nach dem erstmaligen Set-up im Zuge Ihrer Launch-Kampagne brauchen Sie nicht mehr weiter an Ihre Follow-up-E-Mails zu denken. Wie Sie derartige Funnels mit eben solchen Follow-up-E-Mail-Serien kombinieren, erfahren Sie später. Nochmals: Ihre Kundenadressen sind Ihr kostbarster Schatz. Aus diesem Grund ist deren Akquirierung auch die erste Priorität.

Wichtig: Beginnen Sie so früh wie möglich mit dem Aufbau einer E-Mail-Liste. Dabei spielt es (noch) keine Rolle, ob Sie Ihre Abonnenten in einer Excel-Liste verwalten oder in einer professionellen Software wie Dropfunnels®. Entscheidend ist, dass Sie nie zu früh damit beginnen können, Ihre Liste zu erschaffen.

Ich schulde Ihnen noch eine Antwort auf die Frage, wie Sie nun Besucher und somit Interessenten auf Ihre Landingpage bekommen. Sie haben dort Ihren Lead Magnet scharf geschaltet, nun warten Sie, bis sich die Liste füllt. Sie wissen bereits, dass unser Ziel 200 bis 300 Interessenten in den kommenden 90 Tagen sind. Wie also gehen wir das am klügsten an?

Betrachten wir die Skizze auf der nächsten Seite. (Praxistipp: Eine solche können Sie auch selbst kostenfrei mit dem Planungstool von Dropfunnels® erstellen. Richtig, mit Dropfunnels® können Sie nicht nur E-Mails versenden, sondern auch im Vorfeld die vollständige Kampagne visuell darstellen und planen.)

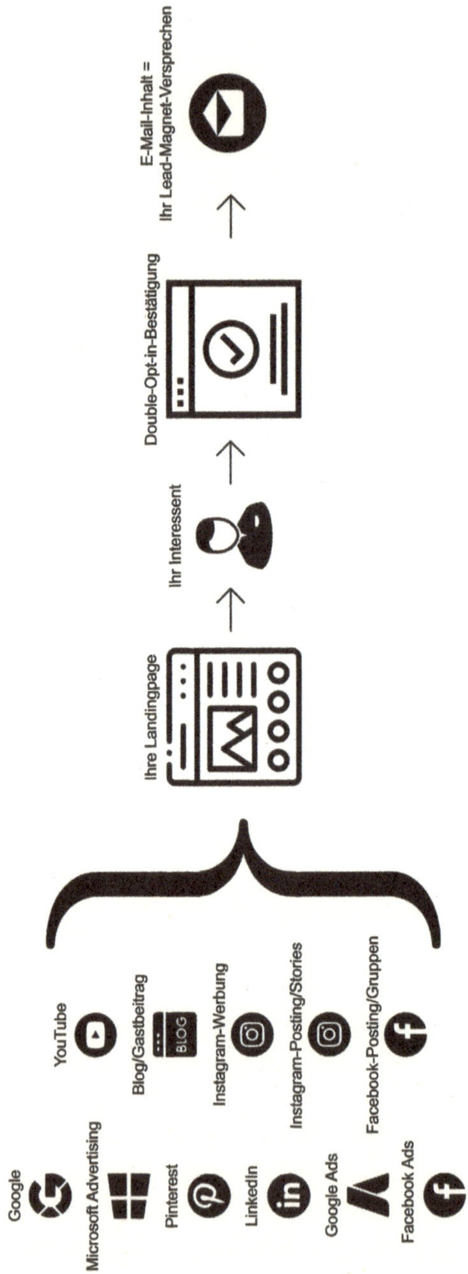
Google
Microsoft Advertising
Pinterest
LinkedIn
Google Ads
Facebook Ads
YouTube
Blog/Gastbeitrag
Instagram-Werbung
Instagram-Posting/Stories
Facebook-Posting/Gruppen
Ihre Landingpage
Ihr Interessent
Double-Opt-in-Bestätigung
E-Mail-Inhalt =
Ihr Lead-Magnet-Versprechen

Im Mittelpunkt steht nun also Ihre Landingpage. Nachdem sich der Interessent mit seiner E-Mail-Adresse eingetragen hat, senden Sie diesem (nach Möglichkeit automatisch und unmittelbar im Anschluss) Ihren zugesagten Mehrwert. Sie lösen also das Versprechen Ihres Lead Magnet ein. Immerhin wartet Ihr Interessent auf die angeforderten Unterlagen. In dieser ersten Kontaktaufnahme können Sie auch ein Video oder ein PDF mit weiteren Informationen einfügen. Wichtig ist nur, dass Sie das Versprochene auch direkt liefern. Sie verkaufen nichts! Sie bewerben nichts! Sie liefern lediglich das Versprochene. Sie bekommen damit den Fuß in die virtuelle Tür. Sie übermitteln Vertrauen und Expertise. Das ist unheimlich wichtig, wenn Sie später dann etwas zum Kaufen anbieten.

Jetzt zum spannenden Teil: Wie kommen die Interessenten nun auf Ihre Page? Dafür gibt es unzählige Möglichkeiten. Auf der Skizze links habe ich Ihnen 13 Möglichkeiten dargestellt. Im Folgenden reiße ich diese kurz an und gebe Ihnen weiterführende Links, damit Sie Ihre Recherche vertiefen können.

Wir starten auf der Skizze ganz links in der ersten Spalte und gehen dann von oben nach unten, von links nach rechts.

1/13 Google

Google ist die Nummer 1 unter den Suchmaschinen weltweit und zählt zu den wertvollsten Marken der Welt. Gegründet wurde Google am 4. September 1998 und ist somit über 20 Jahre am Markt. Diese Bekanntheit spielt uns in die Hände, denn sehr viele Suchanfragen starten bei Google. Sie sind also gut beraten, Ihre Landingpage (ebenso wie später Ihren Shop) bei Google listen zu lassen. Zugegeben, diese Möglichkeit ist von allen die langfristigste Option und für Landingpages auch nur bedingt geeignet. Denn es kann sein, dass Ihre Seite nicht mehr aktuell ist, bis sie in einigen Monaten bei Google auffindbar ist. Denn nur weil Sie »gelistet« sind, findet Sie noch lange keiner. Hand aufs Herz: Wie viele Seiten auf den Google-Suchergebnissen gehen Sie zurück? Dennoch sollten Sie sich damit beschäftigen, da Sichtbarkeit in Google immer relevant ist. 10 Möglichkeiten, wie Sie Google dazu bekommen, Ihre Page zu indexieren (Möglichkeiten, die tatsächlich funktionieren) finden Sie hier:

2/13 Microsoft Advertising (früher Bing Ads)

Microsoft Advertising, ehemals Bing Ads, ist ein Pay-per-Click-Werbeprogramm von Microsoft. Sie bezahlen also nur Geld, wenn ein Interessent auf Ihre Anzeige klickt (zumeist einige Cents, in Ausnahmefällen aber auch einige Euro je Klick. Sie können einstellen, was Sie maximal bereit sind auszugeben). Dies bedeutet, dass Sie für das Ausspielen Ihrer Werbung zunächst kein Geld bezahlen, nur für eine tatsächliche Weiterleitung (nach Klick auf Ihre Anzeige) auf Ihre Landingpage. Sie können sich auch »nur« bei der Suchmaschine Bing listen, ähnlich wie bei Google beschrieben. Aber Bing genießt keine »Optimierungsrelevanz«. Für bezahlte Anzeigen ist die Website Bing dennoch sehr lohnend, da die Klickpreise in der Regel weit unter denen von Google liegen – und dies bei exakt dem gleichen Suchwort. Die Funktionsweise gleicht dem Google-Ads-System (siehe Punkt 6/13), auch dort zahlen Sie pro Klick auf Ihre Anzeige. Mehr zum Thema Werben auf Bing finden Sie hier:

3/13 Pinterest

Pinterest ist eine Bild-Suchmaschine. Immer wieder wird Pinterest als »Paradies für backwütige, bastelnde Hausfrauen und Bridezillas, die ihre Märchenhochzeit planen« abgestempelt. Das ist aber ein Trugschluss. Sie sollten diesen Kanal nicht unterschätzen, denn die Plattform funktioniert anders, als manche denken. »Pinterest ist kein Social Network, Pinterest ist eine Suchmaschine« lautet das Motto. Ich möchte daher ein paar Besonderheiten hervorheben.

Zunächst sollten Sie sich klar darüber werden, dass ein typischer Nutzer mit einem spezifischen Problem auf die Plattform geht. Er gibt dort die entsprechenden Suchbegriffe in die Suchleiste ein. Im Anschluss werden ihm passende »Pins« vorgeschlagen – Bilder aller Art, die mit einer Website verlinkt sind, zum Beispiel mit Ihrer Landingpage. Damit Ihre Pins angezeigt werden, müssen Sie diese SEO-optimieren.

Pinterest, als Suchmaschine verstanden, liefert Antworten auf konkrete Fragen. Etwa zur passenden Feiertagsdeko oder zu Geschenktipps für Geburtstage, Ostern, Weihnachten oder Hochzeit. Es ist also sinnvoll, Produkte auf derartige Anlässe auszurichten und diese zu gruppieren. Das Suchvolumen »Feiertage« ist natürlich extrem umfangreich. Es lohnt sich also, vorab ein Gespür für die Nische und den Wettbewerb zu entwickeln. Je nach Umfang des Sortiments können auch 15 Pins am Tag und demnach 450 Pins pro Monat keine Seltenheit sein. Ich habe diese Zahlen bewusst genannt, um aufzuzeigen, dass es höchstwahrscheinlich mit einem Pin am Tag, den Sie einstellen, nicht getan sein wird. Um einen derartigen Aufwand zeitlich zu bewältigen, müssen Sie Ihren Publishing-Prozess optimieren. Sie sollten, wie für andere Kanäle auch, Zeit einplanen, um die Inhalte bereits im Voraus zu gestalten und deren Veröffentlichung zu planen. Die jeweiligen Postings (Pins) sollten dann in jedem Falle mit einem Call-to-Action-Button wie »shoppen« oder »entdecken« versehen werden. Auch Branding, Farben und Schriftarten sollten bei den Pins stimmig sein. Empfehlenswert ist zudem, auf dem Text-Overlay mit zwei bis drei Wörtern kurz zu erklären, worum es geht.

Klickt der Nutzer auf den Pin, gelangt er im Normalfall nicht direkt auf eine Website, sondern auf Blog-Inhalte oder auf eine Landingpage, wie in unserem Falle. Aus Pinterest-Sicht geht es zunächst darum, Hilfestellung zu liefern, wie der Suchende sein Problem lösen kann. Im Rahmen der hier vorgestellten Launch-Strategie spielt uns diese Erwartungshaltung direkt in die Karten. Denn wie Sie später noch im Detail erfahren werden, startet Ihre Launch-Sequenz genau mit der Problemlösung. Aus Sicht von Pinterest wäre also erst der dritte Klick die Weiterleitung zu den passenden Produkten im Shop. Im Rahmen der vorgestellten Launch-Strategie würde es zu diesem dritten Klick auf den Shop bzw. zur Salespage gar nicht erst kommen. Ich weise im Rahmen des Gesamtverständnisses dennoch darauf hin, weil ich Ihnen dringend empfehle, Pinterest für Ihr gesamtes (späteres) Sortiment zu verwenden und relevanten Traffic abzuschöpfen.

Aber kommen Sie nicht in Versuchung, den Zwischenschritt der Problemlösung (und sei es »nur« in Blog-Form) zu überspringen. Pinterest-Nutzer sind nicht direkt im Kauffieber wie beispielsweise Amazon-Kunden. Faktisch suchen Pinterest-Nutzer anders. Während ein Amazon-Kunde beispielsweise konkret nach »Adidas Sneaker 45« suchen würde, wird ein Pinterest-Nutzer wohl eher nach »Sneaker Trends« oder »Sneaker Ideen« suchen. Nutzer auf Pinterest sind demnach viel weiter vorne im Funnel anzutreffen und haben in aller Regel keine konkrete Kaufabsicht. Für sie steht zunächst die Problemlösung im Vordergrund, und genau darum – ich wiederhole mich – ist Pinterest ein sehr relevanter Traffic-Kanal für Ihren Launch! Pinterest ist grundsätzlich kostenfrei, bietet aber auch Anzeigenwerbung. Sie können aber auch kostenfrei solide Besucherströme auf Ihre Landingpage leiten. Und genau in diesem kostenfreien Kontext empfehle ich es Ihnen hier.

4 + 5/13 LinkedIn

Über das soziale B2B-Netzwerk LinkedIn habe ich bereits berichtet. Sie können Ihre Inhalte in einem professionellen Rahmen präsentieren und damit hochwertigen Interessenten-Traffic auf Ihre Landingpage leiten. Die Zielgruppe von LinkedIn lässt sich mit den folgenden Worten beschreiben: gebildet, wohlhabend, professionell und offen für berufliche Vernetzung. Allein im deutschsprachigen Raum beträgt die Mitgliederzahl rund 17 Millionen. Weltweit sind es fast 740 Millionen User. Insofern ist LinkedIn die unangefochtene Plattform Nummer eins seiner Art. Interessant ist zudem, dass es hier von Entscheidungsträgern nur so wimmelt. Nahezu 60 Prozent der Nutzer sind zwischen 25 und 34 Jahren, von denen mehr als 41 Prozent in einer Führungsposition mit Entscheidungsbefugnissen arbeiten. Ich selbst versuche jeden Tag, Montag bis Sonntag, eigene Texte auf meinem Profil zu veröffentlichen oder zumindest branchenrelevante Inhalte zu kommentieren. Im Folgenden sehen Sie ein Beispiel. Mir entstehen dafür im Übrigen keinerlei Werbekosten.

Fabian Siegler
EU-Dropshipping-Experte I Sachverständiger für Dropshipping I Ausge...
1 Monat • Bearbeitet •

GIBT ES FÜR DROPSHIPPING IN EUROPA EIN ERP- ODER CRM-SYSTEM?

Um es kurz zu machen: nein. Klar, unser digitales Zeitalter erfordert Dynamik und Umdenken von Unternehmen mit Blick aufs Customer-Relationship-Management, aber auch auf das ERP. Auf das was? Ja genau, das klären wir im Folgenden. Der #ecommerce ist geprägt von Flexibilität und fordert eine schnelle Reaktion auf Kundenanforderungen sowie optimierte IT-Lösungen, die sowohl Schnelligkeit als auch Kompatibilität mit sich bringen.

EINE Software, die zur Steuerung sämtlicher (oder fast aller) Geschäftsprozesse eingesetzt wird – das ist der Heilige Gral. Für den Augenblick genügt zu wissen, dass in der Praxis eines Dropshippers viele verschiedene Management-Systeme genutzt werden. Da sind sie wieder, die Abkürzungen, #CRM hier und #ERP da. Aber wie sonst soll der #Shopify-Store mit den Verkäufen aus #eBay und #Amazon unter einem Dach verwaltet werden? Derartige Systeme sind Anker der IT-Architektur eines jedes #Dropshipping-Unternehmens.

Doch wie könnte eine bezahlbare und auf Europa zugeschnittene Lösung aussehen? Lies jetzt den vollständigen Bericht oder kontaktiere mich gerne direkt.

Gibt es eine Dropshipping-Software, die alles kann?
dropshipping-magazine.rocks • Lesedauer: 1 Min.

Gefällt mir Kommentar Teilen Senden

Das großartige an LinkedIn sind die Hashtags. Im gezeigten Beitrag sind dies die # im Text. Jeder dieser #-Begriffe stellt eine Verlinkung dar. Diese Schlüsselbegriffe zielen also auf meine Wunschkunden ab. Das Bild am Ende ist verlinkt mit meiner Landingpage. Die drei »Hand-Icons«, Emojis genannt, zeigen dem LinkedIn-Nutzer, was er tun soll: »Hier klicken«.

Ich könnte nun auch mit einem kleinen Geldbetrag von um die 50 Euro nachhelfen, um die Sichtbarkeit zu steigern. Ich selbst nutze keine bezahlte LinkedIn-Werbung. Da es aber einen Neukundengutschein gibt, sollten Sie sich – wenn gerade so eine Aktion läuft – diese Möglichkeit nicht entgehen lassen. Ausführliche Informationen zu den Werbemöglichkeiten auf LinkedIn finden Sie hier:

6/13 Google Ads (früher AdWords)

Um die Relevanz von Google wissen wir bereits. Neu an dieser Stelle ist, dass Sie sogenannte Text-Ads schalten können. Dabei gibt es einige wenige Anzeigenplätze, beginnend ab der ersten Seite der Suchergebnisse. Die hinteren Seiten sind wesentlich preiswerter, bekommen aber auch deutlich weniger Anfragen. Sie müssen wissen, hinter den Kulissen findet jedes Mal, wenn jemand eine Google-Suche startet, innerhalb von Millisekunden-Bruchteilen eine Auktion statt. Alle Werbenden mit einer Google-Ads-Kampagne für die in der Suchanfrage enthaltenen Keywords konkurrieren um die Anzeigenplätze. Die Suchbegriffe, für die Sie werben und somit auffindbar sein möchten, bestimmen Sie selbst, ebenso Ihr Höchstgebot. Die Ads überzeugen aufgrund der messerscharfen Segmentierung, also der geringen Streuverluste (vorausgesetzt, die Kampagne ist korrekt aufgesetzt), sowie der genauen Kostenkontrolle (da Sie nur für Klicks und somit Weiterleitungen zu Ihrer Landingpage/Shop bezahlen) und dem gezielten Targeting. Letzteres (engl. target = Ziel) bezeichnet die genaue Zielgruppenansprache.

7/13 Facebook Ads

Facebook wurde am 4. Februar 2004 von Mark Zuckerberg und seinen Harvard-Zimmermitbewohnern gegründet. Zunächst war das Netzwerk unter dem Namen Facemash, dann Thefacebook bekannt. Je nach Zielgruppe kann sich Facebook-Werbung lohnen, auch wenn es kein Must-have ist, wie in der Dropshipping-Szene immer wieder zu hören ist.

Ich möchte kurz aufzeigen, warum Facebook grundsätzlich als Marketing-Kanal funktioniert. Wie bei den meisten anderen Netzwerken auch, geht es primär um das Scroll-Verhalten der Nutzer. Die Absicht von Facebook besteht also darin, Sie möglichst lange zum Scrollen zu animieren, so lange, bis Sie etwas finden, das Sie interessiert. Inhalte, die auf Facebook beachtet werden sollen, müssen also Aufmerksamkeit erregen, um die Scroll-Bewegung zu stoppen!

Diese Grundregel ist unabhängig davon gültig, ob Sie Ads schalten oder einen organischen Post absetzen. Wenn Nutzer über Ihr Posting hinwegscrollen, dann ist dies gleichzusetzen mit »keine Relevanz«. Neben reinen Text oder Bild-Postings möchte das Unternehmen natürlich auch in der Lage sein, Botschaften über Video zu vermitteln. Damit Videos angesehen werden, muss das Vorschaubild überzeugen. Dieses sogenannte Thumbnail (das statische Bild, das der Werbeempfänger sieht, bevor er das eigentliche Video zu sehen bekommt), wird auch als »Buchcover für Online-Videos« bezeichnet. Aus eigener Erfahrung kann ich bestätigen, dass auch bei Facebook Aufmerksamkeit der entscheidende Faktor ist, um User-Scrolling zu stoppen. Insbesondere wenn sofort ersichtlich ist, worum es im Video geht, ist das Thumbnail gelungen.

Es gilt als Best Practice, niemals das Produkt oder das Logo im Thumbnail zu zeigen, da Nutzer ein Video seltener ansehen, wenn sie glauben, es handle sich um ein Werbevideo. Das ist eine sehr wichtige Erkenntnis und richtig angewendet von unschätzbarem Wert! Sie sollten also Produktbilder und Text erst nach dem Thumbnail auf der Video-Ebene zeigen. Warum? Weil Nutzer dann über den Thumbnail scrollen, um den Text zu lesen oder die Produktbilder anzusehen.

Das wiederum aktiviert die Auto-Play-Funktion und registriert einen »View«.

Ähnlich wie bei den Google Ads können Sie auch hier sehr zielgruppenspezifisch bzw. Wunschkunden-spezifisch vorgehen. Ein Vorteil ist, dass Sie auch Videowerbung oder Bilder verwenden können, was im vorliegenden Kontext bei Google nicht möglich ist. Solche Ads erreichen nicht selten ein Millionenpublikum. Ein weiterer Vorteil ist, dass die Werbung geteilt werden kann. Man spricht dann von »viraler Reichweite«. Wenn Sie also nicht nur eine stupide Werbung schalten, sondern sich etwas mehr ins Zeug legen, dann können Sie mit kleinem Geld eine nahezu grenzenlose Reichweite erreichen.

Wir werden in einem späteren Kapitel nochmals auf zahlreiche weitere Möglichkeiten von Facebook eingehen, dann im Kontext eines Facebook-Shops und in Kombination mit Instagram. Für den Augenblick vertiefen wir das Thema nicht, da es hier um ersten Traffic für Ihre Landingpage geht und nicht primär um den direkten Produktverkauf.

8/13 YouTube

»Mit YouTube-Anzeigen erreichen Sie potenzielle Kunden und können diese genau dann zum Handeln bewegen, wenn sie YouTube Videos aufrufen oder suchen – Kosten entstehen dabei nur, wenn die Videoanzeige auf Interesse stößt.« So beschreibt die Videoplattform sich selbst. Besser kann man es kaum auf den Punkt bringen. Ein Video kann je nach Produkt sehr überzeugend sein. Wir selbst arbeiten fast ausnahmslos mit Videos und Webinaren. Wenn Sie sich nicht selbst vor die Kamera (oder Ihr Smartphone mit Videorecorder) stellen möchten, dann kann ein Screencast eine hervorragende Alternative sein. Bei Letzterem handelt es sich um eine Video-Aufzeichnung Ihres Computerbildschirms. Sie können dann einfach die Tonspur beisteuern. Entsprechende Software gibt es unzählige und auch kostenfrei. *Screencast-O-Matic* wäre eine solche Option. Sehr gerne verwende ich auch *Loom*, eine Erweiterung für Ihren Internetbrowser. Sie können also direkt aus Ihrem Browser aufnehmen. Das Video wird dann sogar direkt online gespeichert und kann problemlos auf YouTube veröffentlicht werden. Mehr zum Thema Videowerbung auf YouTube finden Sie hier:

9/13 Blogger Outreach und Gastbeiträge

Wenn Sie gerne schreiben, sollten Sie sich als Gastautor betätigen. Viele Websites suchen solche Gastautoren. Nicht selten wird die Arbeit auch noch bezahlt. Aber davon losgelöst geht es darum, dass Sie einen Blogbeitrag (mit Mehrwert) erstellen können und dieser dann auf einer bereits etablierten Website veröffentlicht wird. Sie machen sich also die Arbeit für einen Text und profitieren von dem bereits bestehenden Leserstamm des Blogs. Blogger Outreach bezeichnet die Idee, die Reichweite, die Blogger innerhalb eines bestimmten Publikums haben, für sich selbst zu nutzen. Es ist also nicht ganz das Gleiche wie ein Gastbeitrag. Beim Outreach-Gedanken bieten Sie einem Blogger (ähnlich einem Influencer) einen Kooperationsanreiz, zum Beispiel eine Umsatzbeteiligung. Dieser bewirbt dann Ihre Produkte bzw. Ihre Landingpage und leitet Ihnen so Traffic zu.

Im Folgenden finden Sie über 360 Websites und Blogs, die Gastautoren suchen. Die Übersicht ist nach Kategorien gegliedert. Je nachdem, in welcher Nische Sie künftig Produkte verkaufen möchten, kann sich eine Kooperation also durchaus lohnen. Zur erwähnten Übersicht und zu weiteren Hintergrundinformationen gelangen Sie unter:

Praxistipp: Wenn Sie sich für eine Zusammenarbeit interessieren, dann sollten Sie die Kontaktaufnahme professionell angehen. Eine 08/15-E-Mail an den Blogbetreiber ist fehl am Platz. Hier einige Beispiele wie es nicht funktionieren wird:

»Hallo liebes Team von xyz.de« (im Klartext: Ich habe keine Zeit und Lust, um im Impressum nach dem zuständigen Ansprechpartner zu suchen, daher spreche ich alle Webmaster nur mit Team an).

Ebenfalls nicht besser wäre »Bei meiner Recherche zum Thema xyz bin ich auf Ihren Blog gestoßen« (das sagt in Wahrheit: Google hat dies vorgeschlagen, und ich habe desinteressiert auf den erstbesten Link geklickt). Und auch ein »Ich finde Ihren Blog toll« ist eben nicht toll. Denn in Wahrheit sagt dies aus, dass Sie noch keinen einzigen Beitrag gelesen haben.) »Ich konnte bereits einiges lernen« ist ebenfalls nicht zielführend. Fakt ist doch, die Themen interessieren Sie eigentlich gar nicht, aber Sie wollen kostenfreien Traffic für Ihren nächsten Launch.

Diese Beispiele waren bewusst etwas plakativ. Aber viele Anfragen – die wir auch selbst für das *Dropshipping Magazine* erhalten – sind genau so formuliert. Tun Sie dies nicht. Setzen Sie sich wirklich mit dem Blog auseinander und schreiben Sie ein ehrliches Anschreiben. Was ist der Vorteil für beide Seiten? Warum macht eine Kooperation für alle Sinn? Dabei ist es egal ob Sie einen Beitrag beisteuern wollen (Gastautor) oder ob Sie hoffen, dass ein erfolgreicher Blogger für Sie die Werbetrommel rührt (Outreach). Erfolg werden Sie nur dann haben, wenn es keinen einseitigen Nutzen gibt, wenn es eine Win-win-Situation ist.

10/13 Bezahlte Instagram-Werbung und Influencer-Kooperationen

Instagram ist das Bilder-Netzwerk schlechthin. Es wurde am 9. April 2012 für 1 Milliarde Dollar von Facebook gekauft. Sie können dort ein kostenfreies Profil erstellen und dann Bilder in die weite Welt senden. Wie Sie »organisch«, also unbezahlt, Instagram zu Ihrem Vorteil nutzen können, erfahren Sie direkt im Anschluss. Widmen wir uns zunächst den Ads. Das hat den Hintergrund, dass es wesentlich schneller geht. Präsenz kann sich lohnen, immerhin loggen sich über 60 Prozent der Nutzer täglich ein und machen das Netzwerk damit zur Nummer 2 nach Facebook, was die Nutzung betrifft. Der Vorteil von Instagram Ads ist, dass Sie direkt auf Ihre Landingpage weiterleiten können. Im späteren Verlauf des Buches werde ich Sie auch über die Möglichkeiten eines eigenen Shops direkt in Instagram unterrichten. Doch da wir gegenwärtig noch am Anfang sind, wäre dies verfrüht. Erlauben Sie noch einen Hinweis zu Influencer-Kooperationen. Das sind streng genommen keine Ads, sie haben aber ebenfalls die Bewerbung Ihrer Produkte, Landingpage etc. zum Ziel.

2020 untersuchte HypeAuditor, eine Analyse-Plattform für Influencer-Marketing, den Status der Influencer-Branche in Deutschland. Analysiert wurden rund 100 000 deutsche Influencer-Accounts auf Instagram (und YouTube). Auffällig ist, dass drei Viertel dieser Influencer weniger als 20 000 Follower haben. Satte 35 Prozent hatten sogar weniger als 5000 Fans. Lange Jahre wurde nur nach Schwergewichten Ausschau gehalten. Dies öffnete auch vielen unlauteren Mitteln die Türen, denn es wurden zuhauf Follower, Likes und sonstige Interaktionen gekauft. Einfach nur, um auf den ersten Blick eine höhere Reichweite vorweisen zu können. Man kann auch sagen: Über Jahre stand die Quantität im Vordergrund. Reichweite war die alles entscheidende Währung. Doch immer mehr Werbetreibende entdeckten kleinere Influencer unterhalb der 50 000-Follower-Grenze für sich. Selbst Großunternehmen folgen verstärkt dieser Marschrichtung. Die Gründe sind vielschichtig, aber gewiss spielt auch die Kostenfrage mit rein.

Für Sie als Dropshipper ist diese Entwicklung zu begrüßen, denn Sie können nun weitaus preiswerter Werbung auf Instagram einkaufen. Und zwar nicht nur direkt in Form von klassischen Ads, sondern eben auch über solche Kooperationen. Der HypeAuditor-Studie zufolge verlangen Influencer mit einer Million Follower im Schnitt 10 500 US-Dollar – für einen einzigen Werbe-Post! Bei einem Influencer mit weniger als 20 000 Followern kostet ein solcher Post nur 270 US-Dollar. Nano- und Micro-Influencer sind also gefragter denn je und stellen eine sehr attraktive und authentische Möglichkeit dar, Traffic auf Ihre Landingpage zu bringen. Im späteren Verlauf dieses Buchs werde ich Ihnen verschiedene Launch-Strategien vorstellen. Das Thema Multiplikator, wie hier Influencer, werde ich dann weiter vertiefen.

Für den Augenblick halten Sie bitte fest: Sie können mit einem kleinen Budget eine deutlich größere Audienz erreichen und obendrein noch das Ausfallrisiko auf deutlich mehr Akteure verteilen. Weniger Reichweite, mehr Interaktion lautet also die Empfehlung. Engagement, auch Interaktion genannt, wird also zunehmend wichtiger. Ich möchte an dieser Stelle nicht unterstellen, dass Nano- und Micro-Influencer per se glaubwürdiger oder authentischer sind als ihre großen Mitstreiter, dennoch sprechen die Zahlen eine klare Sprache. Behalten Sie diese Gedankenspiele in jedem Falle im Hinterkopf und erinnern Sie sich, wenn Sie später über ein Sortiment und einen Webshop verfügen. Wenn Sie dann schnell und einfach den richtigen Influencer für Ihr Sortiment finden möchten, empfehle ich Ihnen diesen Beitrag:

FLOWCODE
PRIVACY.FLOWCODE.COM

11 + 12/13 Organische Instagram-Postings und Instagram Stories

Über Instagram-Werbemöglichkeiten haben wir bereits gesprochen. Wenn Sie ein kostenfreies Profil eröffnet haben, können Sie Bilder posten. Damit Sie Ihre Zielgruppe auch erreichen, sollten Sie auch hier #-Hashtags verwenden. Mit dem kostenfreien Instagram-Hashtag-Generator von *Sistrix* erhalten Sie passende Vorschläge. Gewinnen Sie weitere Follower und erhalten Sie mehr Likes auf Ihre Bildbeiträge. Sie können das Tool hier kostenfrei testen:

In Ihrem Profil können Sie auch sogenannte »Status-Updates« veröffentlichen. Instagram nennt dies Stories. Zudem gibt es neuerdings auch sogenannte Reels. Mit solchen können Sie kurze und unterhaltsame Videos auf Instagram erstellen. Reels können im Feed mit Ihren Abonnenten geteilt werden. Sofern Sie ein öffentliches Konto haben, kann über einen neuen Bereich, Explore genannt, auch der gesamten Instagram-Community das Reel gezeigt werden.

Es gibt sehr zahlreiche Publikationen, um sich auf dem Laufenden zu halten. Es würde die Möglichkeiten dieses Buches bei Weitem übersteigen, alle Marketingaspekte von Instagram zu vertiefen. Die Weiterentwicklung ist aber spannend, beispielsweise war bei der Erstauflage dieses Buches bei Instagram noch keine Spur von Reels zu finden. Auch die direkten Vertriebsmöglichkeiten über Facebook-Shops und Instagram standen seinerzeit noch in den Kinderschuhen. Im späteren Verlauf werde ich hierauf nochmals gesondert eingehen.

Damit Sie ein Gespür dafür erhalten, ob sich Ihre Anstrengungen auf Instagram lohnen, ist es sinnvoll, sich auch mit einigen Kernzahlen zu beschäftigen. Die Grundlage hierzu bildet der sogenannte Business-Account. In den Instagram-Einstellungen finden Sie den Menüpunkt »Konto«. Als Nächstes klicken Sie auf den Menüpunkt »Zu professionellem Konto wechseln« und schon starten Sie die Umwandlung in ein Unternehmensprofil. Das ist kostenfrei und aufgrund der detaillierten Auswertungsmöglichkeiten dringend zu empfehlen. Sie sollten dies unabhängig davon tun, ob Sie rein organisch posten möchten oder auch bezahlte Werbung bzw. Influencer-Kooperationen erwägen. Es ist immer empfehlenswert, anhand von Kennzahlen und Statistiken bessere Einblicke zu erhalten.

Um zu messen, wie stark (Influencer-)Accounts performen, empfiehlt sich die noch recht junge Leistungskennzahl (KPI) »Engagement Rate«, die sich mit einer einfachen Formel berechnen lässt: *Likes + Kommentare geteilt durch die Follower-Gesamtzahl mal 100*. Je höher diese Engagement Rate, desto intensiver wird ein Post von der Gefolgschaft wahrgenommen. Sie können damit sowohl Ihren eigenen Account auswerten als auch Influencer-Accounts, wenn Sie eine Kooperation erwägen. Untersuchungen von HypeAuditor zum Engagement von (Influencer-)Followern zeigen: Deutsche Accounts mit 1000 bis 5000 Followern bringen es auf eine durchschnittliche Engagement Rate pro Post von 7,14 Prozent. Dies ist insofern ein guter Anhaltspunkt, weil man auch mit einem neuen Account recht schnell eine Follower-Zahl in dieser Größenordnung aufbauen kann. Offensichtlich ist, dass Sie womöglich auch selbst als Nano-Influencer wahrgenommen werden können. Sich dessen bewusst zu werden, kann für die spätere Strategie sehr wichtig sein.

Das Publikum solcher Nano-Influencer ist im Grunde handverlesen und überzeugt daher mit einer solch überdurchschnittlichen Interaktionsrate. Zum Vergleich: Influencer mit 5000 bis 20 000 Followern erzielen durchschnittlich gerade einmal 3,38 Prozent. Auf größeren Accounts interagieren also deutlich weniger Fans mit einem einzelnen Post, darum ist tatsächlich weniger mehr. Auch wenn Sie anfangs geringe Reichweiten haben, ist dies, wie Sie gerade gesehen haben, kein großes Problem.

Die Zeiten, in denen die Währung reine Followers und Likes waren, neigen sich glücklicherweise dem Ende zu. Und all jene, die über Jahre Unsummen in gefakte Reputationen investiert haben, erleben zunehmend eine herbe Enttäuschung. Die Plattform wird künftig nämlich die Likes abschaffen. Zwar nicht die Like-Funktion selbst, sondern die Anzeige über die Anzahl der Likes. Wenn es dann aber wirklich so weit ist, dann brauchen wir auch eine neue Formel zur Berechnung. Wie Sie sehen, es bleibt spannend.

13/13 Facebook-Postings und -Gruppen

Ich habe bewusst die Kategorie (bezahlte) Facebook Ads (7/13) separat abgehandelt. Denn Sie können Facebook für Ihr Dropshipping-Unternehmen auch komplett kostenfrei nutzen. Die Reichweite wird dann deutlich geringer sein, aber dennoch ist die Präsenz nicht zu unterschätzen. Das Mindeste sollte das Einrichten einer Firmenpräsenz auf Facebook sein. Es entstehen Ihnen keine Kosten. Unter dem folgenden QR-Code »erfahren Sie Schritt für Schritt, wie Sie 2021 eine Facebook-Seite für Ihr Unternehmen aufsetzen. Von der Anmeldung, Auswahl der Kategorie, Anlegen der Vanity-URL bis zum richtigen Profilbild. In Teil 1: die fünf Schritte bis zur Veröffentlichung Ihrer Facebook-Unternehmens-Seite« (zitiert aus gruenderkueche.de).

Ebenfalls kostenfrei sind Facebook-Gruppen, die großes Potenzial haben. Sie können auch Ihre eigene Gruppe gründen und auf diese Weise eine eigene Community aufbauen. Doch für den Start sollten Sie sich aktiv in bestehende Gruppen einbringen. Sie können dann auch einzelne Mitglieder direkt über Facebook kontaktieren und diese dann, wenn es die Kommunikation zulässt, in Richtung Landingpage leiten. (Führen Sie kein Verkaufsgespräch! Interessieren Sie sich wirklich für Ihren Gesprächspartner. Ihr »Link Tipp« zu Ihrer Seite sollte beiläufig erfolgen.)

Inzwischen sollten Sie sowohl über das nötige Fundament-Wissen verfügen, um eine ansehnliche Landingpage online zu haben, als auch über genügend Inspiration, wie Sie relevante Interessenten auf Ihre Page leiten können. Das Schöne ist, dass Ihnen das mit etwas Zeit und Hingabe komplett kostenfrei möglich ist. Aber auch mit kleinem Werbebudget und keinerlei Vorkenntnissen können Sie erste Ads in den genannten Netzwerken schalten. Wie gesagt: Ziel ist, 200 bis 300 Interessenten in Ihre erste E-Mail-Liste zu spülen. Aus Erfahrung können Sie davon ausgehen, dass sich auf einer überzeugenden Landingpage rund 40 Prozent der Besucher auch eintragen. Ob Sie das tun werden, hängt maßgeblich von Ihrem Lead Magnet (und weniger von der Seitengestaltung) ab. Wenn Sie also längere Zeit deutlich schlechtere Werte einfahren, dann sollten Sie Ihren Lead Magnet überarbeiten oder komplett austauschen. Wenn Sie jeden Tag durchschnittlich 2,22 Eintragungen verzeichnen, sind Sie nach 90 Tagen am Ziel. Sie haben dann binnen rund drei Monaten 200 Interessenten. 200 potenzielle Kunden. Wie klingt das für Sie? Sollten Sie am Tag etwas über 3 Personen überzeugen, sind es bereits 300 nach 90 Tagen. 2 bis 3 E-Mail-Kontakte (Interessenten) am Tag, das ist das Ziel. Vorerst. Das ist eine Kleinstmenge, die Sie auch ohne Marketingbudget erreichen können. Sie können sich auch 120 Tage Zeit nehmen. Wichtig ist: Setzen Sie sich eine (realistische) Deadline. Denn dann startet Ihr erster Launch. Wie das genau vonstattengeht, erfahren Sie im nächsten Hauptkapitel.

Ein Ziel ist ein Traum, der mit einem Datum versehen ist

Ich finde, in diesem Satz steckt ungeheure Kraft und eine geballte Motivation. Lesen Sie diese Worte gerne ein paar Mal nacheinander, und dann werden Sie spüren, wie sie sich in Ihrem Kopf manifestieren. Sobald dies geschehen ist, werden Sie nie wieder ein Ziel anvisieren, ohne zu wissen, wie und bis wann. Der bevorstehende Launch und/oder das Verlassen Ihres persönlichen Hamsterrads sind Ziele, die es nun zu fixieren gilt. Auch die vorgestellten Traffic-Ideen sollten Sie an ein konkretes Umsetzungsdatum knüpfen, damit Sie am Ende auch wirklich Ihr Ziel erreichen.

Stellen Sie sich dies vor wie bei einer Autofahrt. Ich bin sicher, Sie würden niemals in ein Auto steigen und einfach drauflosfahren, jedenfalls nicht beruflich. Sie wissen zumindest den Zielort. Und Sie werden sich einen ungefähren Zeitpunkt für die Erreichung des Zielorts vorgenommen haben, auf der Grundlage verschiedener Parameter (Wegstrecke, Geschwindigkeit etc.) und einer realistischen Einschätzung. In ähnlicher Weise definieren Sie auch den Zeitpunkt der Erreichung Ihres beruflichen oder privaten Ziels. Ich frage mich tatsächlich hin und wieder, wieso viele Menschen eine einfache Autofahrt oft bis ins Detail planen, aber die Etappen Ihres Lebens, das sie nur einmal leben können, planen sie nicht.

Starten Sie hier und jetzt Ihre Planung. Denken Sie an die grünen Bananen und dass nicht alles perfekt sein muss. Es kann sein, dass Ihr erster Launch nicht perfekt verläuft. Und auch Ihre erste Landingpage wird gewiss Luft nach oben haben und vielleicht auch der erste Lieferant. Aber das ist, wie Sie inzwischen wissen, Teil des Geschäfts. Sie wachsen am Feedback Ihrer Kunden. Wenn Sie Wegstrecken mit dem Auto planen, werden Sie womöglich neue Abkürzungen oder einen besseren Straßenverlauf entdecken. Sie müssen dazu nur Ihren Tunnelblick verlassen oder auch die Überzeugung loslassen, dass Sie bereits den besten Weg kennen. Bleiben Sie offen für Neues. Wenn Sie einen fünf Jahre alten Wagen haben und in einen Stau oder eine Straßensperre geraten, dann wird Ihnen ihr fest eingebautes Navi in puncto Aktualität kaum eine Hilfe sein. Deshalb werden Sie wohl intuitiv zu Ihrem Smartphone-Navi greifen. Doch Letzteres ist für viele nur deshalb das bevorzugte Gerät, weil es ständig von Updates und technologischem Fortschritt lebt. Ihr fest verbautes Navi mag vor fünf Jahren bis zur Marktreife entwickelt worden sein. Aber bereits am Tag des offiziellen Launchs war es veraltet. Es war eine faule Banane.

Eine perfekte Ausgangsform anzustreben, ein Produkt, einen Webshop etc. im Sinne einer vollendeten Marktreife, ohne Verbesserungspotenzial, ist nicht nur höchst komplex, sondern auch nicht erstrebenswert. Im Grunde ist dieser Perfektionsanspruch verwurzelt in der »alten Schule«. Diese Art zu denken, die in der Verbundenheit mit alten, perfekt ausgestatteten und ingenieursmäßig konzipierten Produkten des Industriezeitalters wurzelt, ist bei Dropshipping eindeutig wenig hilfreich. Gerade bei digitalen Umfeldern wie Ihrem Webshop oder dem Dropshipping-Lagerbestand (den Sie glücklicherweise nicht physisch vorhalten) können und müssen Sie jederzeit Änderungen vornehmen oder die Ansprüche der Kunden nachjustieren.

KAPITEL 4

»Ich habe Tausenden Studenten (die in Hunderten von Nischenmärkten operieren) beigebracht, wie sie ihr Business vom Nullpunkt aus launchen, und sie haben über eine Milliarde Dollar an Verkäufen generiert (und diese Summe wächst täglich weiter).«

Jeff Walker

EINEN HOCHPROFITABLEN PRODUKT-LAUNCH DURCHFÜHREN

Nun ist es so weit. Alles, was Sie bisher gelesen haben, hat mehr oder weniger den Unterbau für den Launch geliefert. Der Launch ist Ihre Eröffnung. Als Branchenkenner bin ich der Meinung, dass Ihr langfristiger Erfolg unbedingt von der richtigen Reihenfolge abhängt. Erlauben Sie mir aus diesem Grund eine kurze Zusammenfassung, bevor wir im Detail zum Launch, also zu Ihrer offiziellen Geschäftseröffnung gehen.

Sie haben vor, einen Online-Shop zu eröffnen. Dazu bedienen Sie sich des Geschäftsmodells Dropshipping, weil Sie dann keine Waren einkaufen müssen. Das virtuelle Anbieten genügt. So weit, so richtig. Da Sie aber nichts überstürzen sollten, beginnt Ihre Reise aus dem Hamsterrad mit einer einzigen Seite: der Landingpage. Um noch unabhängiger zu werden und Ihre Reichweite zu steigern, werden wir später weitere Verkaufsplattformen wie eBay oder Amazon oder Preisvergleichsportale als lohnende Skalierungshebel einsetzen. Lassen Sie uns an dieser Stelle zunächst über alle Vertriebskanäle sprechen, die typisch für Dropshipping sind. Einige haben Sie bereits kennengelernt, andere vertiefen wir noch im späteren Buchverlauf.

Ihre Vertriebskanäle im Überblick:

Landingpage: Im Kern eine Themenseite oder auch eine produktbezogene Detailseite. Im Ziel geht es um exakt eine Handlungsaufforderung: »Geben Sie mir Ihre E-Mail-Adresse und erhalten Sie im Austausch wertvolle Informationen.«

Letzteres war die bereits dargestellte Sache mit dem Lead Magnet. Eng mit der Landingpage verknüpft ist das bereits vorgestellte E-Mail-Marketing. Das eine ergänzt das andere, Ihr »hochmotiviertes, nie krank werdendes Verkaufsteam«. Letztlich ist eine Landingpage ein Sieb, das die Uninteressierten von den Interessierten trennt (die Ihnen dann ihre E-Mail-Adresse geben).

Salespage: Jeder Besucher auf Ihrer Salespage musste sich zuvor auf der Landingpage eintragen. Nur Interessierte von der Landingpage werden zur Salespage geleitet, die nicht öffentlich zugänglich ist, auch nicht für Suchmaschinen. Der eigentliche Produktverkauf findet ausschließlich hier statt, nicht auf der Landingpage.

Online-Shop: In einem weiteren Kapitel erfahren Sie Grundlegendes über die verschiedenen Anbieter von Webshop-Software sowie deren Vor- und Nachteile. In Ihrem Shop gibt es nicht nur ein Produkt, sondern eine ganze Fülle. Das ist dann das Thema Long Tail. Da wir noch am Anfang stehen, folgt der Shop-Aufbau erst später.

Preisvergleichsportale: Damit Sie in Suchmaschinen gefunden werden, können Sie Werbung schalten. Google Ads wäre ein bereits beschriebenes Beispiel. Google Shopping kennen Sie noch nicht – ein Preisvergleichsportal. Der Unterschied ist, dass Sie auf einem Preisvergleichsportal fast ausschließlich Produkte finden. Bei einer Suchmaschine finden Sie auch viele andere Dinge. Ein solches Vergleichsportal leitet die Besucher, ähnlich einer Suchmaschine, auf Ihren Webshop. Spannend war diesbezüglich der April 2020, damals hat Google in den USA eingeführt, dass Google Shopping kostenfrei genutzt werden kann. Diese Neuerung wurde dann Ende Oktober 2020 auch auf andere Länder – unter anderem Deutschland – ausgeweitet. Dies betrifft die neu eingeführten organischen Produkteinträge, die nun zusätzlich zu den bezahlten Ads in den Google-Shopping-Ergebnissen angezeigt werden. In einem Bericht auf omsag.de heißt es hierzu: »Ist Google Shopping für Sie bisher Neuland? Dann gilt es, zunächst ein ›Google Merchant Center‹-Konto einzurichten und zu optimieren. Hier werden, wie bei kostenpflichtigen Anzeigen, alle Produktinformationen hochgeladen. Dazu müssen Sie zunächst einen Shopping Feed erstellen und Ihre Produktdaten exportieren – d. h., Sie hinterlegen alle Produkte, die Sie online bewerben möchten.«[16]

Marktplätze: Unter einem Marktplatz versteht man einen Online-Shop auf einer Plattform. Amazon ist der wohl bekannteste Marktplatz. Sie können Ihre Produkte Millionen von Amazon-Kunden anbieten. Mehr über Amazon erfahren Sie später. Gleiches gilt für Platzhirsch eBay. Auch dort ist es möglich, einen eigenen eBay Shop zu eröffnen. Alle Informationen hierzu finden Sie in Kapitel 6.

Weniger bekannt, aber in Deutschland die Nummer 3 und deshalb durchaus relevant, ist Yatego. Die Online-Plattform »zählt mit mehreren tausend Fach- & Einzelhändlern, 5 Mio. Kunden und über 17 Jahren Erfahrung im E-Commerce zu den ältesten und größten Marktplätzen in Deutschland«.

Affiliate: Wenn Sie ein Produkt, das Ihnen gefällt, mit Provisionsabsicht weiterempfehlen, nennt man dies Affiliate-Marketing. Das ist für sich genommen eine eigene Vertriebsart, also losgelöst von Dropshipping. Nennenswert Geld können Sie damit jedoch nur dann verdienen, wenn Sie bereits über eine Community verfügen, der Sie bestimmte Produkte empfehlen. Als Dropshipper können solche Partnerschaften dennoch relevant sein. Beim sogenannten Joint Venture Launch nach Jeff Walker sieht man den Nutzen sehr gut. Ich habe seine Methodik in den letzten 15 Jahren speziell für EU-Dropshipping optimiert. Wenn Sie bereits jetzt mehr über Affiliate-Marketing erfahren möchten, dann besuchen Sie Digistore24, eines der größten Affiliate-Netzwerke in Europa. Eine Alternative, ebenfalls aus Deutschland, ist AffiliCon.

Sie sehen, es gibt eine Vielzahl von Vertriebsmöglichkeiten. Wir aber beginnen wirklich überschaubar. Ohne Lieferanten und ohne belastbares Sortiment ist eine Shop-Eröffnung reines Wunschdenken. Zwar überzeugen auch Marktplätze und Preisvergleichsportale mit einer gigantischen

Reichweite an potenziellen Kunden, aber die Wahrheit am Anfang Ihrer Dropshipping-Karriere ist dann doch eher die, dass Sie in der Angebotsvielfalt untergehen oder sich bei all den Möglichkeiten schlicht »verlaufen«.

Starten wir daher mit einem simplen Launch. Der Dreh- und Angelpunkt ist Ihre (erste) Landingpage. Wir haben im vorherigen Kapitel bereits geklärt, wie Sie eine solche erstellen und auch, wie Sie potenziellen Besuchern den Weg dorthin ebnen.

Mein Ziel ist, dass Sie bewussten, wohldosierten Traffic erhalten. Zur Erinnerung: 2 bis 3 Interessenten am Tag, für rund 90 Tage. Also bewusste Besucherströme. Wenn Sie Ihr Business direkt auf einem Marktplatz oder mit einem eigenen Shop starten und mit Preisvergleichsportalen um neue Kunden buhlen, dann ist dies schnell überfordernd. Bleiben dann die ersehnten Verkäufe aus, begraben Sie Ihr Dropshipping-Vorhaben, bevor Sie überhaupt gestartet sind.

Es geht darum, das Sortiment stets nach den Wünschen Ihrer Kunden auszurichten! Weg vom eigenen Geschmack, Sie wissen ja, der Köder muss dem Fisch und nicht dem Angler schmecken. (Zur Erinnerung: Misten Sie Ihre Haftnotizen auf Ihrem Tisch reichlich aus!) Kurzum: Vor der Eröffnung legen Sie den Grundstein für Ihren späteren Geldsegen und sollten sich gerade deshalb an die gleich folgenden sechs Erfolgsschlüssel der Launch Formula nach Jeff Walker halten. Walker ist ein bekannter Business-Coach und Autor des *New York Times*-Bestsellers *An Internet Millionaire's Secret Formula to Sell Almost Everything Online.*

Die wichtigsten Grundlagen aus unserer eigenen langjährigen Praxiserfahrung mit dem Geschäftsmodell Dropshipping decken sich mit Walkers bewährten Methoden, der die folgenden Leitlinien vertritt:

- Überzeugen Sie Ihre Kunden bereits auf Ihrer Eröffnungs-Landingpage stets mit hochwertigen Inhalten, denn ein ersichtlicher Mehrwert (Lead Magnet) ist für den Kunden unerlässlich.
- Pflegen Sie die bereits bestehenden Kundenkontakte (Ihre E-Mail-Liste) und bauen Sie diese systematisch weiter aus.
- Nutzen Sie den im Folgenden vorgestellten Launch, um neue Kunden zu generieren, Produkte zu entwickeln (Stichwort Whitelabel Dropshipping) und sich perfekt auf den Joint Venture Launch

(auch hierzu erhalten Sie noch in diesem Kapitel alle Informationen) vorzubereiten. White Label bedeutet übersetzt »Weißes Etikett«, was allerdings nicht treffend symbolisiert, worum es sich hierbei handelt. Im Prinzip geht es darum, dass Sie Produkte unter Ihrem eigenen Firmen-/Markennamen verkaufen, jedoch das Produkt selbst nicht herstellen. Im Falle von Dropshipping kaufen Sie auch keine Großmengen auf Vorrat, die Produktion beim Hersteller erfolgt erst auf Abruf (Ihrer Bestellung) und im Idealfall ab Stückzahl eins.

- Bieten Sie neuen Kunden eine weitere, individuelle Launch-Sequenz per E-Mail.
- Bieten Sie Ihren Kunden stets neue und weiterführende Produkte an (Stichwort Up- und Cross-Selling).

Okay, sehen wir uns an, wie dies alles in der Praxis funktioniert. Die erste Phase ist der sogenannte Pre-Launch, das geschilderte Vorgehen mit einer Landingpage. Die meisten, die Dropshipping nicht (wirklich) verstehen, versäumen bereits hier, den Grundstein zu legen. Sie starten direkt mit der Shop-Eröffnung, ohne zu wissen, ob das Sortiment beim Kunden auch gut ankommen wird.

Auf Ihrer Landingpage soll lediglich Aufmerksamkeit gewonnen werden. Und wichtig: ohne(!) dass bereits etwas verkauft wird. Potenzielle Kunden müssen jetzt neugierig gemacht werden, dass bald etwas Neues auf den Markt kommen wird (ein neues Produkt, vielleicht erstmalig in Europa verfügbar, oder die Lösung für ein Problem etc.). Wir hatten über Lead Magnets bereits gesprochen, ebenso über das erste Ziel, 200 bis 300 Interessenten in Ihre persönliche E-Mail-Liste innerhalb von rund 90 Tagen zu integrieren. Rufen Sie sich das in Erinnerung!

Nach Jeff Walker sollte sowohl auf Ihrer Landingpage als auch in den folgenden E-Mails an Interessenten stets mit den folgenden Triggern gearbeitet werden:

- Autorität – machen Sie Ihre Kompetenzen deutlich.
- Reziprozität – je höher der vermittelte Wert des Pre-Launch-Contents (PLC), desto stärker geraten Ihre Leser in Zugzwang, Ihrem Angebot zu folgen
- Vertrauen (dieses baut sich mit der Zeit auf, über mehrere Tage).

- Erwartung (Tag des Launchs als Event, der Trigger Erwartung ist eng verknüpft mit Knappheit).
- Sympathie – wirken Sie sympathisch und vertreiben Sie sympathische Produkte.
- Events und Rituale. Auch der Launch sollte als Event inszeniert werden.
- Gemeinschaft – schaffen Sie eine Community.
- Knappheit – arbeiten Sie mit Verknappung, z. B. mit höheren Preisen nach dem befristeten Eröffnungsangebot.
- Sozialer Beweis / soziale Bewährtheit (z. B. durch Social-Media- oder Blog-Kommentare unter Ihrem Pre-Launch-Content).

Bei Ihrer Landingpage- und Kampagnen-Optimierung überlegen Sie sich also:

- Wie kann ich Aufmerksamkeit erregen und auffallen?
- Wie kann ich Inhalte so gestalten, dass sie unterhaltsam und womöglich witzig aufbereitet sind?
- Was wünscht sich mein Wunschkunde? Wovon träumt dieser, und was schreckt ihn ab? Beziehen Sie die Ergebnisse dieser Überlegungen in Ihre Entwicklungen ein. (Darum ist es wichtig, dass Sie nur das verkaufen, wovon Sie wirklich Ahnung haben und wofür Sie auch selbst brennen. Ohne Detailwissen sind Sie mit dem potenziellen Kunden nicht auf Augenhöhe.)
- Wie sollte ein unwiderstehliches Angebot für meine Kunden gestaltet sein? (Dies beinhaltet auch die richtigen Versandkosten, Lieferzeiten und Zahlungsarten. Betrachten Sie all dies ganzheitlich!)

Nutzen Sie die eben vorgestellten Trigger. Mit anderen Worten: Kreieren Sie ein Versprechen (= Ihren Lead Magnet). Stellen Sie so Ihre Autorität und einen klaren Nutzen dar. Bieten Sie zudem den sozialen Beweis für Sympathie und Interaktion über Blogs und soziale Medien.

Sie wissen nun, worauf es ankommt, aber wie genau läuft so eine Eröffnung nun ab? (Und ja, mir ist bekannt, dass Sie höchstwahrscheinlich noch immer keinen Lieferanten haben.) Wir gehen also an dieser Stelle zunächst davon aus, dass Sie Ihr erstes Ziel erreicht haben, nämlich Interessenten über Ihre Landingpage. Stapeln wir vorsichtshalber etwas tiefer als geplant. Sie haben 150 Interessenten in 90 Tagen gewonnen. Es sind nicht die 200 angestrebten, aber dennoch: Großartig, drücken wir ein paar Augen zu. Sie haben Ihr Ziel erreicht, lassen Sie uns damit arbeiten! 150 potenzielle Kunden!

Holen Sie sich bitte jetzt (gedanklich, sofern Sie noch nicht ins Tun gekommen sind) Ihren Lead Magnet vor Augen bzw. auf Ihren Bildschirm. Sie senden Ihre erste E-Mail an jeden einzelnen der 150 Interessenten.

In dieser ersten Mail lösen Sie Ihr Versprechen ein. Sie bieten den versprochenen Mehrwert, die Problemlösung. Zur Erinnerung, wir hatten bereits zwei Beispiele: »Sauna & Gesundheit« und »Hunde & elektrische Halsbänder«. Das Ziel ist nun, auf ein Eröffnungsangebot = Ihren Launch »hinzuarbeiten«. Wenn Sie nun Ihre erste E-Mail fertig haben, dann kann diese mitunter sehr lang sein. Schließlich möchten Sie einen echten Mehrwert bieten. Der Mehrwert kann auch in einem E-Mail-Anhang aufbereitet sein, einem PDF, in dem Sie auf 5 Seiten – möglichst kompetent – über Hund und Halsband referieren.

Im Grunde verfassen Sie ein Angebot. Sie kennen das womöglich. Neulich wollte ich einen überdachten und verglasten Wohnbereich anbauen (das, was man in Deutschland »Wintergarten« nennt) und das Angebot war über 37 DIN-A4-Seiten lang. Zugegeben, es war sehr detailverliebt. Aber genau solche Angebote meine ich.

Was macht man intuitiv in so einem Augenblick? Ich blättere oder scrolle direkt auf die letzte Seite. Weil erfahrungsgemäß dort der Gesamtpreis steht. Nachdem ich mich vom ersten Schock erholt habe, blättere bzw. scrolle ich wieder zurück.

Im Grunde ist das Neugierde. Diese ist wichtig und beim Verkauf auch hilfreich. Was wir nun tun, ist Folgendes: Wir nehmen Ihre erste E-Mail, also Ihr Angebotsschreiben, und machen daraus vier Teile. Sie haben richtig gelesen: VIER. Ihre E-Mail ist kein Einzelkind. Wir reden von Vierlingen, die nacheinander das Licht der Marketing-Welt erblicken.

Das ist die funktionierende Methode! Sie bauen einen Spannungsbogen von der ersten zur vierten Mail. In keiner dieser Mails nennen Sie einen Preis. Sie verkaufen nichts. Sie verteilen lediglich Ihr Angebot auf vier mehr oder weniger gleich große Teile. Zudem springen Sie zwischen Problem und Lösung hin und her. Machen wir es konkret:

In der ersten Nachricht bedanken Sie sich für das Interesse. Dann beginnen wir mit dem Problem und der ersten Lösung. Das erste Problem ist der Aufhänger, Ihr Lead Magnet aus Ihrer Landingpage. Es ist unglaublich wichtig, diesen Bezug beizubehalten.

Nachdem Sie diese erste Lösung präsentiert haben, »fällt Ihnen ein«:

Es gibt weitere Probleme. So ein Mist! Also müssen Sie auch dieses Problem lösen – jedoch in einer zweiten Mail. Diesen Prozess wiederholen Sie in Summe viermal. Sie sind also der Superheld. Sie schaffen die Probleme und lösen Sie auch wieder. Wenn Sie neu in einem Geschäftsbereich sind und wenig über die Probleme Ihrer Zielgruppe wissen, dann spielen Sie stiller Mitleser in Facebook-Gruppen oder in den bereits vorgestellten Business-Netzwerken Xing und LinkedIn. Suchen Sie auf YouTube nach Videos und verfolgen Sie die Kommentare oder gehen Sie auf Amazon und lesen Sie sich die Produktbewertungen durch. Gerade die negativen können unheimlich viel über Unzufriedenheit, ergo Probleme verraten.

Das Wichtigste: Diese vier Mails nennt man in Ihrer Gesamtheit eine Sequenz. Sie versenden sie in einer Zeitspanne von rund einer Woche. Auf der folgenden Grafik gehe ich von einer Woche aus. Also (im bewährten Intervall) alle zwei Tage eine E-Mail-Nachricht.

Praxis-Hinweis: Auf der folgenden Illustration sehen Sie zwei Personen. Einen Herrn auf der oberen Skizze und eine Dame darunter. Der Herr trägt sich in diesem Beispiel an einem Montag um 11:30 Uhr Mittag in Ihren Verteiler ein.

Die Dame besucht Ihre Landingpage hingegen erst am Mittwoch. Sie ist zudem offensichtlich nachtaktiv. Sie trägt sich um 02:15 Uhr nachts ein.

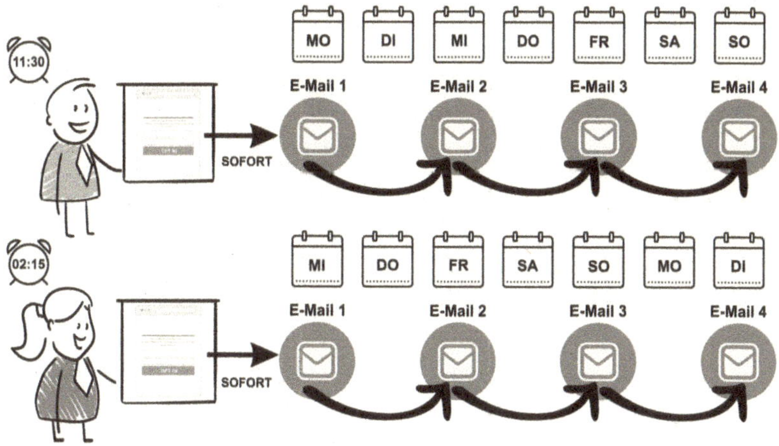

Die Mail-Inhalte sind in beiden Fällen zu 100 Prozent gleich. Auch ändert sich am Versandintervall (der Sequenz) nichts. Die erste Mail wird prompt unmittelbar nach der Eintragung zugestellt. Die folgenden drei Nachrichten senden Sie jeweils zwei Tage zeitversetzt (siehe Grafik).

Sie holen Ihre Interessenten genau zum gewünschten Zeitpunkt – personalisiert, maßgeschneidert – ab. Im Idealfall senden Sie alle drei Folgenachrichten immer zur gleichen Zeit. Die nachtaktive Dame erhält also auch Mail 2, 3 sowie 4 immer um 02:15 Uhr nachts. Der Herr hingegen stets um 11:30 Uhr mittags. Das ist wichtig, da Sie auf diese Weise die Gewohnheiten Ihrer Interessenten nicht unterbrechen. Es hat bestimmt seinen Grund, warum die Informationen zum gleichen Thema (Ihrem Lead Magnet) zu so unterschiedlichen Uhrzeiten abgerufen werden. Aber genau das ist das Schöne, die Landingpage erfüllt 24 Stunden am Tag genau diesen Zweck. Sie ist stets dann präsent, wenn sie benötigt wird.

Wie bereits ausgeführt, sollten Sie diese Abfolgen mit einer professionellen Software automatisieren. Wenn nicht, müssen Sie das zeitnah händisch stemmen.

Im Folgenden ein Beispiel aus der Praxis, Mail 1/4: Sie wird versendet sofort nachdem sich ein Interessent auf der Landingpage in Ihren Lead Magnet eingetragen hat.

Willkommen im Dropshipping-ohne-China-Club
Hallo lieber Interessent,

mein Name ist Fabian Siegler, und ich bin in Deutschland der erste Sachverständige für Dropshipping. Heute möchte ich die Gelegenheit nutzen, um Sie persönlich zu begrüßen. Es freut mich, dass Sie mehr über unsere erfolgreichen Dropshipping-ohne-China-Projekte erfahren möchten. Das Sie sich zudem für eine nachhaltige Business-Lösung interessieren, ist großartig.

Von uns können Sie erwarten, dass wir sämtliche Lösungen selbst überprüft haben. Mehr noch, sämtliche verwendeten Strategien, Software-Tools sowie empfohlene Handelsplätze haben oder hatten wir selbst im Einsatz oder gar vollständig selbst entwickelt! Sie können sich darauf verlassen, dass wir Ihnen keine Winning-Products- oder Schnell-reich-werden-Strategien als Lösung anpreisen. Auch empfehlen wir rein gar nichts nur einer Vermittlungsprovision wegen. (Zu viele Anbieter verkaufen bzw. bewerben Produkte nur wegen der Provision!)

Sie sind nun Teil unserer exklusiven Community. Nutzen Sie die Möglichkeit und laden Sie sich den Erfolgsguide – wie angekündigt – direkt als E-Mail-Anhang (beigefügt) herunter. Expertiserocks wurde von Kunden empfohlen. Dafür stehen die veröffentlichten Bewertungen Hunderter zufriedener Kunden als beste Referenz. Gerade Ihnen gegenüber als neuem Dropshipping-Interessenten möchten wir mit größtmöglicher Transparenz auftreten, und wir freuen uns sehr auf den Austausch mit Ihnen.

Nehmen Sie sich daher bitte ein paar Sekunden Zeit, um direkt auf diese E-Mail zu antworten. Ja, richtig, diese wurde automatisch versendet. Aber dennoch stehen dahinter echte, interessierte Absender, und zwar mit Namen Fabian und Jasmin. (Auch dies ist nicht üblich, viel zu oft ist eine Kontaktaufnahme nicht direkt möglich: »noReply«.)

Als zusätzlichen Bonus für Ihr Vertrauen erhalten Sie neben unseren bewährten Fallstudien im Anhang auch Referenz-Videos von echten

Kunden. Wir tun seit 15 Jahren alles dafür, dass Sie Ihre eigenen Dropshipping-Ziele bestmöglich erreichen können. Insbesondere wenn Sie momentan noch Vorurteile oder gesunde Skepsis haben, sollten Sie sich den Anhang unbedingt ansehen. Vertiefen Sie den Inhalt, reflektieren Sie das Gelesene.

Halten Sie zusätzlich ab übermorgen Ausschau nach unserer nächsten E-Mail mit der Betreffzeile: 5 Gründe, warum Dropshipping nicht funktioniert.

In diesem Sinne: Auf Ihren baldigen Erfolg und eine tolle Zusammenarbeit.

Ihr Fabian Siegler

Erster Sachverständiger für Dropshipping

PS: Die nächsten Tage werden Ihnen vorkommen wie Weihnachten …

Denn als zusätzlichen Bonus für Ihr Interesse sende ich Ihnen in den kommenden 48 Stunden nicht nur eine allgemeingültige Antwort, sondern ich beantworte jede Ihrer Fragen persönlich. Also antworten Sie gerne jetzt auf diese E-Mail und testen Sie uns ;-)

(Impressum, als Absendersignatur)

Sie haben schon richtig gelesen: 5 Gründe, warum Dropshipping NICHT funktioniert. Dazu später mehr ...

Fazit: In dieser ersten E-Mail lösen wir nicht nur unser Versprechen vom Lead Magnet ein, sondern schaffen auch ein vertrauensvolles Verhältnis. Ich betone die Erreichbarkeit und mein aufrichtiges Interesse. Das ist wichtig, da Sie anhand der E-Mail-Antworten eine Menge lernen können. Die wahren Probleme offenbaren sich zwischen den Zeilen.

Der Lead Magnet ist in meinem Beispiel unser *Erfolgsguide*. Dieser enthält viele echte Fallbeispiele von zufriedenen und erfolgreichen

Kundenprojekten. Sie können diesen im Übrigen tatsächlich anfordern. Sie finden ihn unter dem nachfolgenden Link. Das Tolle ist, dass Sie die weiteren drei E-Mails (dieser Sequenz) dann zudem live testen können! Worauf warten Sie noch? Wenn Sie den QR-Code noch nicht an früherer Stelle gescannt haben, dann haben Sie jetzt eine weitere Gelegenheit:

Nach der vierten E-Mail sind wir zu 80 Prozent am Ziel. Sie haben eine Landingpage und richtig getrommelt. Über etliche Traffic-Kanäle sind die Interessenten binnen rund 90 Tagen auf Ihrer Page zusammengekommen, und 150 haben sich von Ihrem Lead Magnet überzeugen lassen und Ihnen Ihre E-Mail-Adresse gegeben. Dann haben Sie den Superhelden gespielt und in vier aufeinander aufbauenden Mails Probleme und Lösungen geboten. Wow!

Launchen OHNE Lieferant und Artikel

Wenn Sie zum Zeitpunkt der Erstellung Ihrer vier Mails noch keinen Lieferanten haben, könnte auch eine »Lieferanten-Adressdatenbank« eine Einstiegslösung sein. Bemühen Sie eine Suchmaschine wie Google. Geben Sie dort einfach »Dropshipping Lieferanten finden« oder Ähnliches ein. Aber eigentlich sollten Sie mittlerweile mit meinen bisherigen Tipps zum Thema »Lieferanten finden« bereits auf der sicheren Seite sein. Trotzdem gleich vorweg: Im Notfall geht es zunächst auch ohne Lieferanten.

Denn so oder so, ab jetzt geht's ans Geldverdienen. Machen wir also Ihre Geschäftseröffnung komplett. An dieser Stelle gibt es zwei Möglichkeiten. Entweder Sie haben bereits einen Lieferanten oder Sie haben noch keinen. In beiden Fällen werden Sie nun eine fünfte E-Mail senden und JETZT auch verkaufen. Der große Unterschied ist, *was* Sie verkaufen. **Ab hier finden Sie eine Lösung für den Fall, dass Sie noch kein Produkt bzw. keinen Lieferanten haben. Wenn Sie in dieser Hinsicht bereits versorgt sind, könnten Sie versucht sein, die folgenden Seiten zu überspringen. Allerdings entgehen Ihnen dann einige allgemeingültige Ausführungen, beispielsweise dazu, wie man mit Bonus-Angeboten ein Angebot attraktiver macht!**

Also gut, fangen wir mit der Situation an, dass Sie keinen Lieferanten und folglich auch noch keinen Verkaufsartikel haben, trotz der bisherigen Bemühungen. Aber immerhin: Sie verfügen über eine klare Nischenvorstellung. Über Letztere müssen Sie zwangsläufig verfügen, denn Sie haben ja bereits vier Mails geschrieben und Ihre Expertise bewiesen. Sie haben bestimmte Probleme Ihrer potenziellen Kunden gesehen und diese immer wieder aufs Neue gelöst. Eine echte Expertise. Langsam kauft man Ihnen Ihre Autorität ab – zu Recht! Das ist wichtig, denn es ist einer der zuvor beschriebenen psychologischen Trigger.

Was machen Sie also, wenn Sie keinen Lieferanten ausfindig gemacht haben? Zum Beispiel deshalb, weil Sie noch keine griffige Produktidee für Ihre Community haben? Nun, dann hilft nur ein persönliches Gespräch. Fragen Sie doch, welche Probleme (im jeweiligen Themenbereich!) Ihre potenziellen Kunden noch haben. Wenn Sie alle 150 aus Ihrer Liste befragen, dann käme gewiss eine bemerkenswerte Vielfalt heraus. Sicherlich gibt es Überschneidungen, weil einige die gleichen Probleme haben. Wenn Sie nun gestaffelt entlang dieser Gemeinsamkeiten vorgehen, um eine passende Lösung = »das gesuchte Produkt« anzubieten, dann ist das des Rätsels Lösung und Sie verdienen Geld.

Beispiel Sauna: In Ihrem Lead Magnet haben Sie über die Vor- und Nachteile in puncto Sauna + Gesundheit informiert. Sie haben Ihren Verteiler langsam, aber sicher in Richtung »eine Sauna wäre schon eine sinnvolle Investition (auch für meine Gesundheit)« gebracht. Ziel dieses Gesprächs wäre es nun, mehr über Sauna-»Probleme« zu erfahren. Welche Fragen bewegen Ihre Zielgruppe?

- Kann eine Sauna über Eck eingebaut werden, wenn wenig Platz vorhanden ist?
- Kann ich mir eine Sauna überhaupt leisten? (Was wäre ein angemessenes Preis-Leistungs-Verhältnis aus Kundensicht?)
- Benötige ich einen Starkstromanschluss für den Betrieb?
- Benötige ich die Genehmigung von Behörden oder als Mieter vom Vermieter?

Das Großartige ist, dass Sie bereits bei dieser »gemeinsamen Lösungs- und Produktsuche« bezahlt werden. Ja richtig, man wird Sie dafür bezahlen, dass Sie KEIN Produkt haben. Ich erkläre das noch. Sie haben in Wahrheit nicht einmal einen blassen Schimmer von einer Produktidee (denn hätten Sie diese, hätten Sie bereits einen Lieferanten gefunden und würden nun das Produkt als solches verkaufen. Mehr zu diesem Ansatz später). Sie haben lediglich Autorität und Expertise in einem Markt wie Tierzubehör, Sauna & Wellness oder was auch immer.

Ihre fünfte Mail bezeichnet Launch-Formel-Erfinder Jeff Walker als Open Cart, also als »offenen Warenkorb«.

Da Sie keinen Artikel haben, ist Ihr Artikel eben »virtuell«, eine Dienstleistung. Hier mein Vorschlag, wie Sie satte drei Produkte bekommen ohne Produktidee. Wie Sie diese drei Produkte zudem im Anschluss immer wieder zu Geld machen werden UND mindestens eine weitere Produktidee für ein weiteres Produkt haben werden. Ach so, fast hätte ich es vergessen. All das bekommen Sie, nachdem man Sie bereits ein erstes Mal im Zuge des Open-Cart-Ansatzes bezahlt hat.

Wichtig ist: Die Eröffnungsphase sollte unbedingt zeitlich befristet werden. 7 bis 10 Tage ist der Richtwert. Wir nehmen hier 10 Tage.

Diese in Summe fünfte Mail senden Sie am Tag 1/10 Ihres offenen Warenkorbs. In dieser Mail freuen Sie sich darauf, Ihren 150 Interessenten Ihr Angebot zu unterbreiten. Wie Sie diese Mail genau formulieren, verrate ich Ihnen ab Seite 173. Dort finden Sie unter dem Stichwort Mail 1/10 weitere Informationen.

Ihre Interessenten sind angeheizt und dürfen nun endlich Geld ausgeben. Immerhin haben Sie ja in den vorangegangenen vier Mails »nur«

Nutzwert geliefert, aber nie ein Angebot unterbreitet, Sie haben auch nie einen Preis genannt. (Wie auch, ohne Produkt?)

Ihr befristetes Sonderangebot, das ab heute für maximal 10 Tage gültig ist, ist ein – *Trommelwirbel* – Live-Webinar/Meeting (mehr Infos unter den Websites GoToMeeting oder GoToWebinar). Oder, wenn Sie keine Kameras mögen, eine Gruppen-Telefonkonferenz. Eine Lösung dafür wäre der Anbieter mytelco.

Sie bieten also ein »virtuelles Gruppengespräch« an. Denken Sie an Jeffs Trigger. Sie können, um den Wert Ihres Angebots zu erhöhen, die Teilnehmeranzahl limitieren. »Nur noch 25 freie Plätze.« Und ganz wichtig, stellen Sie sofort den Termin bereit, wann dieses Gespräch stattfindet. Wenn Sie also 10 Tage Zeit zulassen, um sich für dieses Gespräch einzubuchen, dann sollte es nach meiner Empfehlung sofort am 11. Tag starten. Das ist ein mächtiger Ansatz, weil dann die zeitliche Verknappung wirklich begründbar ist. »Leute, wir können das Angebot nicht länger aufrechterhalten als bis Sonntag Mitternacht. Wie Ihr wisst, starten wir mit unserem Webinar am Montagvormittag bereits um 12 Uhr.«

Das realistische Ziel sollte sein, dass 10 Prozent aus Ihrer Interessenten-Liste kaufen. Von 150 potenziellen Kunden sollten also 15 kaufen. Unsere »Verknappung« in Bezug auf »nur noch 25 freie Plätze« sollte also in der Praxis seine Wirkung entfalten, uns aber kein »echtes Geschäft« abschneiden. Genau in dieser Feinjustierung liegt der Erfolg.

Fast hätte ich es vergessen: »Wenn Sie jetzt zugreifen und sich in den kommenden 10 Tagen einen dieser 25 begehrten Plätze sichern, dann erhalten Sie folgende VIER Bonus-Leistungen 100 Prozent kostenfrei. Sie erhalten nach dem Webinar eine Videoaufzeichnung (1). Außerdem erhalten Sie eine Audiospur (2), damit Sie sich das ganze jederzeit auch unterwegs, ähnlich einem Podcast, anhören können. Und Sie erhalten als weiteren Bonus ein Transkript (3). Das ist sehr hilfreich, wenn Sie etwas nochmals nachlesen möchten. Und außerdem habe ich eine exklusive Facebook-oder-LinkedIn/Xing-Gruppe für Sie (4). In dieser exklusiven Gemeinschaft können wir vernetzt bleiben und uns weiter über dieses spannende Thema austauschen.«

In diesem Beispiel hätten Sie 15 Teilnehmer. Diese bezahlen Sie während der Angebotsphase und somit vor dem eigentlichen Webinar bzw. vor der Video-Konferenz. Sie haben also faktisch Geld verdient, ganz ohne Produkt.

Wenn Sie jetzt unsicher sind, über was Sie in diesem Meeting genau sprechen sollen, mache ich es Ihnen noch leichter. Ihre 15 Käufer werden es Ihnen sagen! Denn direkt nach dem Kauf der Teilnahme an der Videokonferenz versenden Sie automatisch nicht nur eine Bestellbestätigung. Sie bedanken sich auch nicht nur für den Kauf, sondern Sie integrieren in diese Nachricht direkt eine kleine Umfrage. (Ein hervorragendes Tool ist SurveyMonkey, oder Sie verwenden auch hierfür die kostenfreien Bordmittel von Dropfunnels®. Mit Letzterem können Sie nicht nur Ihren Launch planen und die Mails versenden, sondern auch Umfragen wie diese erstellen.)

Beispiel Sauna: Wenn Sie nach der Anwendungshäufigkeit fragen, werden Sie ein besseres Gespür für die Anforderungen bei Ihrem Sauna-Lieferanten erhalten. Denn es gibt »Einsteigermodelle« und Profi-Modelle. Die Art der Nutzungshäufigkeit und die Vertrautheit mit dem Produktumgang können wertvolle Rückschlüsse auf die ideale Saunakabine (spätere Lieferantensuche) sowie für die anstehende Gruppendiskussion liefern!

Pro-Tipp: Wenn sich aufgrund der Umfrage-Ergebnisse bereits eine klare Tendenz abzeichnet, können Sie sich nicht nur perfekt auf den anstehenden Termin vorbereiten, Sie können zudem auch auf externe Experten z. B. einen Sauna-Lieferanten zurückgreifen und diesen in das Gespräch integrieren. (Dieser kennt seine Produkte am besten. Zudem ist es eine hervorragende Gelegenheit, vor 15 potenziellen Kunden die Vorzüge anzupreisen.)

Letztlich geht es darum, bei Ihren potenziellen Käufern zu erfragen, welche Probleme noch immer ungelöst sind. Sie haben bereits vier Mails mit Problemen und deren Lösung gesendet, aber es gibt noch mehr. Insbesondere solche auf Produktebene. Erinnern Sie sich an meine Beispiele! Genau jene offenen Fragen werden nun in diesem virtuellen Meeting gelöst.

Ihre Kunden sagen, was ihnen auf dem Herzen liegt. Somit sind Sie am Montag (um im Beispiel zu bleiben) bestens vorbereitet und sind einfach der Moderator. (Mit Blick auf den obigen Pro-Tipp müssen Sie diesen Call nicht allein durchführen!) Beziehen Sie die anderen Teilnehmer mit ein und ermöglichen Sie, dass während des Dialogs Lösungen und (Produkt)-Ideen gefunden werden. Sie müssen nur moderieren, keinesfalls der Wortführer sein. Beobachten Sie und sorgen Sie für eine entspannte Atmosphäre. Das ist alles!

Ich möchte Ihnen noch kurz erklären, wie Sie die versprochenen vier Boni erstellen. Wenn Sie den empfohlenen Tools folgen, dann erhalten Sie direkt von diesen die Ton- und Bildaufnahmen. Laden Sie diese Video- und Audiodateien einfach in eine kostenfreie Dropbox und teilen Sie den Link mit den Teilnehmern/Käufern. Die Transkripte, also Textabschriften, können Sie automatisch bei *sonix.ai* oder vergleichbaren Anbietern erstellen lassen. Und Ihre »exklusive Gruppe« eröffnen Sie in einem der genannten bzw. von Ihnen bevorzugten sozialen Netzwerke. Das ist alles.

Wenn Sie das Bonus-Material etwas weiter aufbereiten, kann im Handumdrehen aus einem Transkript ein E-Book oder Whitepaper werden. Dieses können Sie dann als eigenständiges Produkt verkaufen oder als neuen Lead Magnet für eine neue Landingpage verwenden, beispielsweise beim Vertrieb über Kindle Direct Publishing (kurz KDP). Damit können Sie E-Books und Taschenbücher kostenlos im Selbstverlag veröffentlichen und Millionen Leser auf Amazon erreichen.

Ein echter Booster ist eine kostenlose Promotion über Kindle. Diese Option finden Sie in Ihrem KDP-Konto im Bücherregal unter dem Menüpunkt »Werbung«. Sie können dann während eines 90-Tage-Zyklus bei Kindle Select fünf Tage auswählen, an denen Ihr E-Book kostenlos angeboten werden soll. Mit einer Amazon-Werbeanzeige (ich werde im späteren Verlauf noch ausführlich auf Amazon als Absatzkanal und die Werbemöglichkeiten zu sprechen kommen) kurbeln Sie in diesem Aktionszeitraum die kostenlosen Downloads kräftig an. Bereits jetzt liegt jedoch auf der Hand: Sie zahlen für Werbung, erhalten aber keine unmittelbaren Einnahmen. Denn das E-Book wird ja kostenlos angeboten. Stattdessen zünden Sie aber einen mächtigen Vertriebsturbo, der sich letztlich meist (sprichwörtlich) auszahlen wird. Mein persönlicher Rekord liegt bei stolzen 12 393 (kostenfreien) Downloads innerhalb von nur fünf Tagen. Selbstredend, dass sich die Produkt-Bekanntheit und Platzierung auf Amazon erheblich gesteigert hat.

Eine derartige Promo-Aktion bewirkt im Sinne eines Launchs extrem wertvolle Leads. Damit Sie aus einem kostenfreien E-Book-Download einen echten Lead machen, müssen Sie den User aus dem E-Book zu Ihrer Landingpage leiten. Sie sollten daher nicht nur relevanten Inhalt bereitstellen, sondern auch klar und plakativ auf Ihre Landingpage für weitere Informationen verweisen. Auf diese Weise fungiert Amazon als Traffic-Lieferant für Ihren nächsten Launch.

Ein weiterer Vorteil besteht darin, dass Sie die Sichtbarkeit aufgrund des ebenfalls gestiegenen Verkaufsrangs massiv steigern. Diese Sichtbarkeitserhöhung überträgt sich wohl nicht 1:1 auf andere Produkte, jedoch auf die Ebene der Verkäufer-Performance im Allgemeinen und auf Ihre Sichtbarkeit bei Google. (Wagen Sie einen Selbsttest. Unheimlich viele Top-3-Treffer bei Google werden von Amazon belegt.) Ein toller Effekt ist zudem, dass auch nach Ende der Kostenlos-Phase künftige Verkäufe ebenfalls begünstigt werden, da die gesteigerte Sichtbarkeit nicht sofort wieder verfliegt. (Insbesondere der Traffic aus Google ist nicht zu unterschätzen.)

Mit einem kleinen Trick können Sie Ihr E-Book sogar dauerhaft (also über die offiziellen fünf Tage hinaus) kostenlos anbieten. Dazu muss Ihr E-Book nur auf einer anderen Plattform ebenfalls kostenlos verfügbar sein. Selbstverlage wie der Anbieter Books on Demand aus Norderstedt können hier eine Möglichkeit darstellen. E-Books können Sie dort ebenfalls kostenfrei veröffentlichen, und auch auf vielen anderen Onlinebuchhandlungen wie bücher.de, Hugendubel, Thalia.de, Osiander.de, eBook.de und vielen mehr haben Sie diese Möglichkeit. Einen solchen Link schicken Sie nun an das Amazon-Support-Team mit der Bitte um Anpassung des Preises auf 0 Euro. Diesem Wunsch muss zwar nicht stattgegeben werden, es ist aber wahrscheinlich, dass die Amazon-Mitarbeiter Ihnen entgegenkommen und Ihr Buch schon bald mit einem Preis von 0 Euro auszeichnen. Aber Achtung: Wenn Sie ein kostenloses Buch mit Pay-per-Click bewerben, macht Amazon logischerweise keinen Umsatz. Sodass solche Kampagnen mit der Zeit immer weniger Impressionen (Sichtbarkeit) bekommen und es langfristig schwer sein wird, diese am Leben zu halten. Dennoch können Sie um Längen die offiziellen fünf Tage übertreffen.

Sie können also weiteres Geld verdienen mit eben diesen bereits vorhandenen Materialien aus Ihrem »Launch ohne Lieferanten«. Außerdem sollten Sie, wie bereits ausgeführt, aufgrund des Inputs nun in der Lage sein, einen Lieferanten zu finden, um passende Dropshipping-Produkte anzubieten. Dieser Schritt ist Ihr nächster Launch, der sogenannte »Internal Launch«, also der »interne Launch«, weil Sie dann a) Käufer und nicht nur Interessenten haben und b) ein (neues) Produkt.

Launchen MIT Lieferant und Artikel

Lassen Sie mich kurz die anderen Leser zurückholen, die Mehrzahl, wie ich hoffe: Produkt steht fest, Lieferant steht fest! Wir bringen uns jetzt alle auf denselben Stand und schließen dann den ersten Launch gemeinsam ab.

Also, Sie haben einen Lieferanten, sehr gut! In der Regel hat dieser mehr als nur ein Produkt, es ist daher wichtig, dass Sie sich nur eines aussuchen. Eines, das die Probleme am besten löst. Eines, hinter dem Sie stehen. In den vergangenen vier Mails haben Sie bereits einige Probleme gelöst. Schauen Sie nun, welches Produkt am besten die Anforderungen erfüllt. Dieses Produkt stellen Sie nun in den Mittelpunkt Ihrer maximal 10 Tage dauernden Eröffnungszeremonie.

Ihr Produkt wird es zu diesem Preis-Leistungs-Verhältnis nur exakt 10 Tage geben. Auch hier können Sie die Menge limitieren oder weitere Boni hinzufügen. Dies könnte zum Beispiel auch ein verlängertes Widerrufsrecht sein. Verbraucher haben ein 14-tägiges Widerrufsrecht. Das heißt: Sie können gekaufte Produkte ohne Angabe von Gründen bis zu 14 Tage nach Vertragsabschluss an Sie retournieren (in einem früheren Kapitel haben Sie bereits Tipps zur Vermeidung solcher Retouren erhalten). Sie könnten diese Zeitspanne aus Kulanz erweitern auf sagen wir 100 Tage. Sie könnten auch einen Kauf auf Rechnung anbieten, normal ist Vorauskasse (per Überweisung, PayPal, Kreditkarte etc.). Bei einem Rechnungskauf sollten Sie aber mit einem Zahlungspartner zusammenarbeiten, doch dazu gleich mehr.

Wichtig ist: Kreieren Sie auch in diesem Fall ein unschlagbares Angebot. Wenn das Produkt etwas komplex ist, könnten Sie auch hier eine »gemeinsame Support-Gruppe« eröffnen oder eine Telefon- bzw. Videokonferenz nach dem Motto: »Diese fünf Hacks bei der Bedienung kennt kaum ein Nutzer. Sparen Sie Frust und Zeit.«

Ich habe auf der nächsten Seite eine kleine Grafik eingebaut, damit wir alle wieder auf dem gleichen Level sind. Ich verrate Ihnen jetzt, wo genau Ihre Kunden den Kauf abschließen. Denn bislang hatte ich ja nur gesagt, dass wir eine fünfte Mail senden mit dem Angebot. Wie Sie dies genau bereitstellen und wie Sie das Geld erhalten, habe ich bislang übersprungen. Einfach deswegen, damit Sie erst den Gesamtablauf erfassen können. Nun gehen wir also in diese Open-Cart-Phase mental hinein. Schauen wir uns das im Detail an. Denn egal, ob Sie ein physisches Produkt verkaufen oder eine Gesprächsrunde, ein Webinar oder einen Download, es ist immer gleich!

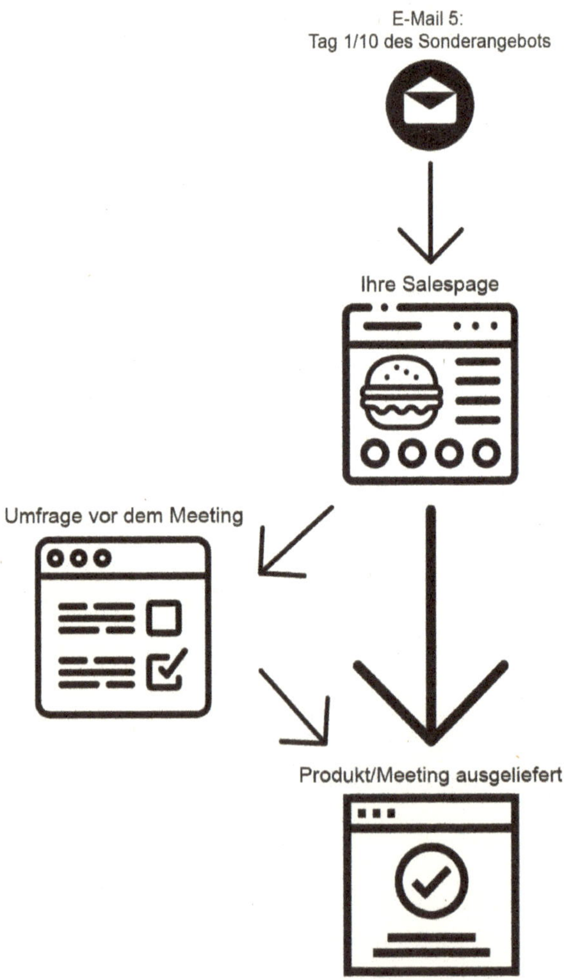

Starten wir auf der Grafik ganz oben. Ob Sie einen Lieferanten haben und somit ein physisches Produkt zum Launch anbieten oder nicht, ist egal. Diese fünfte Mail zum Eröffnungstag erhalten alle Kunden. Wenn Sie ein virtuelles Produkt haben, zum Beispiel ein Webinar über Sauna-Technologie, dann gehen Sie den kleinen Umweg über die Umfrage wie gezeigt.

Das ist alles. Was bislang noch nicht besprochen wurde, das ist die Salespage, auf der Ihr eigentlicher Verkauf stattfindet.

Sie verfügen über eine Landingpage, dort wo Sie ganz zu Beginn den Lead Magnet montiert hatten. Nun können Sie mit der gleichen Software eine zweite solche Page bauen. Wir nennen diese aber nicht mehr Landingpage, sondern Salespage. Technisch gleich, aber im Zweck unterschiedlich. Sale = Verkauf, es ist Ihre Verkaufsseite. Auf dieser neuen Seite platzieren Sie Ihr Produkt. Ihr Angebot. Nur dieses eine, auf das alle Ihre Mails zugearbeitet haben, keine weiteren Produkte. Ihre Bonusleistungen und Leistungsbeschreibungen und auch den Preis – all das platzieren Sie dort. In Ihrer fünften Mail verlinken Sie also auf diese Salespage. Denn dort findet der eigentliche Verkauf statt. Die Kunden bestellen also nicht per E-Mail oder Telefon, sondern Sie bestellen auf Ihrer Salespage. (Diese Seite nehmen Sie nach Ablauf der 10 Tage wieder offline!)

Ich habe noch eine zweite Grafik für Sie. Denn die besagte Salespage bekommt nun eine Erweiterung. Wir reden gewissermaßen von einer Vorder- und einer Rückseite. Die Vorderseite, die sieht Ihr Kunde. Das ist die Seite mit Ihrem Angebot. Nun kommt der »unsichtbare« Teil. Dort findet nämlich die Zahlung des Kunden statt. Irgendwie muss das Geld auf Ihr Konto und die Bestellung (im Falle eines physischen Produkts) zum Lieferanten, damit der die Bestellung an Ihren Kunden senden kann.

Ich hatte im Zuge von Affiliate-Marketing bereits die beiden Online-Verkaufsplattformen *Digistore24* und *AffiliCon* kurz erwähnt, bei denen die Zahlungsabwicklung integriert ist. Auch wenn Sie kein Affiliate machen, können Sie dort einen kostenfreien Vendor-Account eröffnen. Man nennt Verkäufer oder Produktanbieter auch Vendors. Gehen Sie also auf eine dieser Seiten und erstellen Sie einen Account. Diese Anbieter stellen Ihnen diesen »unsichtbaren« Teil Ihrer Verkaufsseite bereit. Durch eine Anmeldung bei einem dieser Anbieter ermöglichen Sie Ihren Käufern, dass sie per Überweisung, Kreditkarte oder PayPal bezahlen können. Ihr Kunde geht also auf Ihre Salespage (sichtbare Vorderseite). Auf dieser Seite haben Sie den Preis genannt. Sie platzieren nun einen sogenannten »Call to Action«, eine Handlungsaufforderung, als Button auf dieser Seite. »Hier kaufen« oder »Jetzt kaufen« oder »In den Warenkorb«. Wird ein solcher Button gedrückt, gelangt der Kunde zu dem »unsichtbaren« Teil, dem sogenannten Check-out, der nach dem Anklicken sichtbar wird. Ohne an dieser Stelle bereits über die richtige Wahl des Shop-Systems vorgreifen zu wollen, sollten Sie sich als Alternative zu obigen Dienstleistern auch Droptienda® ansehen. Droptienda® ist eine Komplettlösung und spezialisiert auf EU-Dropshipping. Es umfasst das Shop-System (dazu später mehr), bietet Ihnen aber zusätzlich von Haus aus die Möglichkeit zur Erstellung von Content-Seiten wie Landing- und Salespages. Wenn Sie Droptienda® für Ihren Launch einsetzen, dann können Sie auch Ihre spätere

Expansion (bei der Ihr Shop im Vordergrund stehen wird) über dasselbe System ausbauen. Alle Aufbauarbeiten und Seiten bleiben Ihnen erhalten.

Wenn Sie hingegen nur auf einen reinen Zahlungsabwicklungsanbieter setzen (Beispiel Stripe), wird dieser nur getrennt von anderen Bausteinen wie etwa Affiliate-Handling funktionieren. Insofern ein klarer Nachteil! Droptienda® selbst bietet Ihnen auch die klassische Shopfunktion, Sie können daher zentral einen Zahlungsabwicklungsanbieter Ihrer Wahl verwenden. Als Beispiel sei Mollie B.V. oder Stripe, Inc. erwähnt. Digistore24 und AffiliCon können Sie hingegen nicht in Ihrem Shop implementieren.

Wie auch immer Ihre Wahl ausfällt, letztlich verlinken Sie in der fünften Mail Ihre Salespage und nicht den »unsichtbaren« Check-out. Technisch wäre auch dies möglich, aber es ist nicht sinnvoll. Denn Sie müssen das Angebot erst mal unterbreiten – auf Ihrer Salespage.

Nun haben Sie alles, was Sie benötigen: ein großartiges Angebot, eine Salespage und eine Online-Verkaufsplattform wie beispielsweise Digistore24 oder AffiliCon oder Droptienda®.

Wenn Sie **kein** physisches Produkt haben, dann empfehle ich Ihnen Digistore24. Im Falle versandfähiger Produkte empfehle ich AffiliCon. Sie erhalten von diesen Zahlungsanbietern dann gebündelt eine Gutschrift auf Ihr Konto. Eine kleine Provision verbleibt bei diesen Anbietern, dafür wickeln sie aber das gesamte Payment für Sie ab. Informieren Sie sich bei den Anbietern direkt, wenn Sie weitere Fragen haben.

So viel im Schnelldurchlauf. Das Herzstück Ihres Launchs hängt von der besagten Salespage ab. Wir werden daher im Folgenden ein Muster ansehen. Haben Sie den Aufbau dieser erst einmal verinnerlicht, können Sie das Grundgerüst auf jedes Produkt Ihrer Wahl übertragen und eigenständig optimieren.

Der perfekte Aufbau Ihrer Salespage

Die im Folgenden vorgestellte, bewährte Abfolge können Sie als Fahrplan verwenden. Schauen wir uns die Bausteine einer Salespage inhaltlich etwas genauer an. Zur besseren Orientierung habe ich hier eine Skizze.

Starten wir ganz oben. Man nennt dies die Kopfzeile bzw. den Header Ihrer Salespage. Sie finden diesen in der nachstehenden Grafik als Nummer (1).

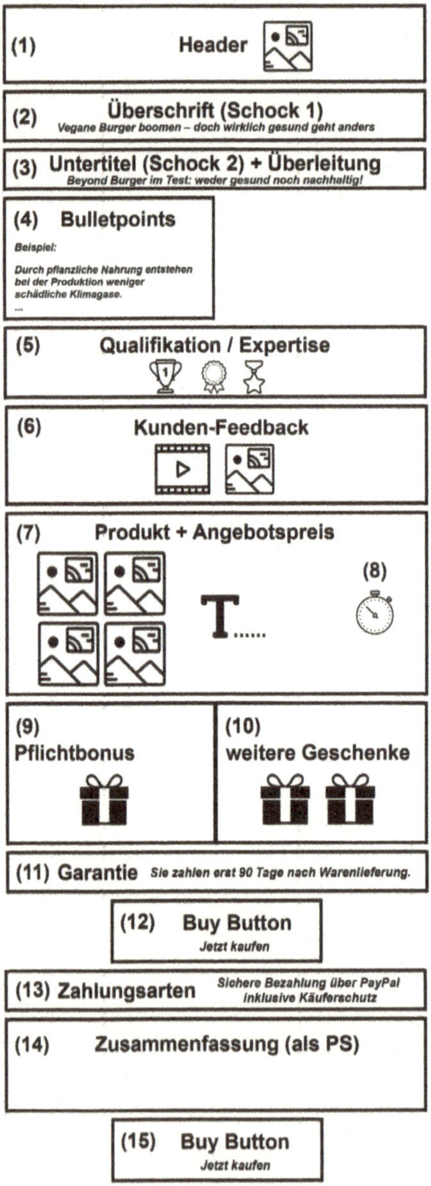

Ganz oben, im besagten Header (1), finden sich aussagekräftige Bilder, womöglich ein Gütesiegel, Zahlungsarten (Vertrauenselemente).

Direkt darunter platzieren wir eine aussagekräftige Überschrift (2). Diese leitet Ihr Angebot mit einem Widerspruch, mit einem »Schockelement« ein, um Aufmerksamkeit zu erregen. Diese Haupt-Überschrift (2) leitet den Blick auf die darunterliegende Unter-Überschrift/Untertitel (3). Letzteres ist der zweite »Schock«. Es geht darum, die Aufmerksamkeit des Interessenten abermals aufrechtzuerhalten. Der »Schock-Moment« ist wichtig, denn er vertieft nochmals ein (neues) Problem.

Beispiel: »Vegane Burger boomen – doch wirklich gesund geht anders« oder: »Beyond Burger im Test: weder gesund noch nachhaltig!«[17]

Sie dürfen es auch »seriös dramatisieren« nennen. Wichtig ist, wir müssen dem Kunden ganz glasklar machen, warum er JETZT kaufen muss. Und das geht durch die Problemlösung. Zuvor schaffen wir aber ein letztes Problem, das es zu lösen gilt. Damit der Kaufdrang für Ihren potenziellen Kunden deutlich spürbar wird, muss der Spannungsbogen aus Ihren vorherigen Mails gekonnt aufrechterhalten bzw. abermals gesteigert werden.

Viele Salespages, die ich kenne, sind langweilig. Produkt + Preis. Solch minimalistische Darstellung genügt für Ihr Zusatzangebot: Pommes JA oder NEIN. Aber nicht für den ultimativen, neuen (veganen) Burger ... Ihr Hauptprodukt!

Dieser »Schock des Unerwarteten« mündet wie gesagt abermals in ein Problem => im Beispiel **»gesund geht anders«** (2). (Sie knüpfen gewissermaßen an die Mailserien mit Problem und Lösung ein letztes Mal an.) Wichtig ist jetzt, worauf Sie die Aufmerksamkeit erneut lenken, nämlich auf dieses neue, unerwartete Problem.

Beispiel Discounter A, B und C: Sie alle betreiben einen immensen Aufwand, damit Fleischersatz aussieht und schmeckt wie das Original. Das geht jedoch in der Regel nur mit Zusatzstoffen und Geschmacksverstärkern.

Und dann kommt Sie endlich: Ihre Lösung. Das ist wichtig, es ist nicht wie zuvor in den Mails eine »Teil-Lösung«. Wir sind insofern am Ziel angelangt. Genug der Häppchen, jetzt liefern Sie DIE Lösung! Sie werden ein oder zwei Sätze zur Überleitung von den Schock-Nachrichten zu Ihrer Lösung brauchen. Ein Beispiel: »Glauben Sie solche Schlagzeilen? Die Wahrheit sieht ganz anders aus.«

Die Lösung kommt in Form des Kundennutzens daher. Drei bis sechs Aufzählungspunkte, sogenannte Bulletpoints, erläutern den ersichtlichen Nutzen.

Ein Beispiel findet sich auf ndr.de (siehe Nummer 4 auf der Grafik):

- »Bei der Herstellung pflanzlicher Produkte werden weniger Land und Wasser verbraucht als bei der Produktion von tierischen Produkten.
- Durch pflanzliche Nahrung entstehen bei der Produktion weniger schädliche Klimagase.
- Der Umstieg von Fleisch auf pflanzliche Lebensmittel kann dazu beitragen, Tierleid und lange Transportwege zu reduzieren und lange Transportwege zu vermeiden.«[18]

Damit man Ihnen Ihr Produkt auch gleich abkauft, ist es jetzt an der Zeit, über Sie bzw. Ihr Unternehmen zu sprechen. Es geht um Qualifikation. Die Expertise wurde in den letzten Mails bereits deutlich, immerhin lösen Sie Probleme am laufenden Band. Sie schleifen das Ganze jetzt nur rund. Sind Sie Teil eines Verbands? Sehr gut, dann platzieren Sie ein Siegel der Mitgliedschaft auf Ihre Salespage (in der Grafik Nr. 5). Wenn Sie keine Qualifikation in Form von Siegeln oder Abschlüssen haben, dann gibt es dennoch eine Lösung: Ergebnisse! Lassen Sie Taten sprechen, getreu dem Motto: »Tue Gutes und sprich darüber.«

Was könnte noch besser als Selbstlob sein? Richtig, jetzt als Nächstes sprechen Ihre Kunden. Binden Sie echte Kunden-Feedbacks (6) ein. Das kann in Form von Bewertungstools wie Trusted Shop, ProvenExpert oder in Form von Referenz-Videos sein. Auch schriftliche Stellungnahmen Ihrer Kunden sind gut, bevorzugt als Bildschirm/Smartphone-Foto oder Screenshot, damit es nicht nach selbstgeschrieben aussieht. Ihre Kunden trauen sich nicht vor die Kamera? Bitten Sie um eine Sprachnachricht per Messenger. Es muss nicht kompliziert sein, nur authentisch. Sollten Sie noch ganz am Anfang stehen und keine Kundenreferenzen haben, dann fügen Sie diesen Baustein in Ihrer nächsten Salespage ein. Denken Sie daran, nach dem Launch ist vor dem Launch.

Jetzt (siehe Punkt 7) kommt Ihr eigentliches Produkt samt Preis. Sie zeigen hochwertige, hochauflösende Fotos und den Angebotspreis. Wenn Sie möchten, präsentieren Sie das Angebot in Videoform. Das wird meiner Erfahrung nach den Absatz spürbar steigern. Wenn Sie nicht selbst vor die Kamera möchten, filmen Sie Ihren Bildschirm. Kostenfreie Software gibt es im Internet. Oder engagieren Sie ein Model, das den Text vor der Kamera spricht. Viele machen den Job aus Freude an der Mitwirkung oder zu Lernzwecken oder fürs Portfolio, sprich kostenfrei! Stichwort ist hier: TFP Shooting. Sie finden hier eine Auswahl unter model-kartei.de.

Wenn Sie auf die verbleibenden (z. B.) 10 Tage anspielen, denken Sie daran, in den letzten 72 Stunden vor dem Ende Ihres Open Cart einen Countdown-Zähler (8) zu platzieren. Das erhöht den Druck!

Platzieren Sie direkt darunter Ihren »Pflicht-Bonus« (9). Ohne mindestens einen Bonus ist die Salespage bei Weitem nicht so effektiv! Noch besser sind mehrere Bonus-Geschenke (*optional*, siehe Nr. 10). Betonen Sie auch, dass es nach dem Angebotszeitraum diesen Bonus oder diese Boni nicht mehr geben wird.

Geben Sie eine Garantie (11). Denkbar wäre eine Geld-zurück-Garantie oder eine kulante, weit über das gesetzliche Widerrufsrecht hinausgehende Widerrufsofferte. Beispiel: »Bei Nichtgefallen können Sie unser Produkt in den kommenden 100 Tagen kostenfrei zurücksenden.« Auch ein Kauf auf Rechnung wäre möglich: »Sie zahlen erst 90 Tage nach Warenlieferung.« Sie möchten weniger kulant sein, aber dennoch eine Garantie aussprechen? Bieten Sie eine Nachnahme-Lieferung an. Ihr Kunde zahlt dann direkt in Cash beim Postboten an der Tür. Ware gegen Geld. »Absolute Sicherheit für Sie, keine Vorkasse nötig. Sie zahlen bequem bei Warenlieferung.«

Nachdem Sie nun ein unwiderstehliches Angebot haben, platzieren Sie gut sichtbar den Buy Button: »Jetzt kaufen« (12). Bei Ihrem Hauptprodukt gibt es nur einen Kaufbutton.

Unter/neben dem Kaufbutton können Sie auch Ihre akzeptierten Zahlungsarten anzeigen, um abermals Vertrauen auszustrahlen. »Sichere Bezahlung über PayPal inklusive Käuferschutz möglich« (13) ...

Am Ende der Seite können Sie ein bewährtes »PS« (14) einfügen, dort bietet sich eine Zusammenfassung an. Bringen Sie nochmals die Vorzüge, den Nutzen auf den Punkt. Fassen Sie auch die Boni in klare Worte.

Unmittelbar danach binden Sie erneut Ihren Kauf-Button (15) ein. Das ist wichtig, denn viele Webseiten-Besucher springen direkt zum Ende. Sie können sich mit Google Analytics und weiteren Software-Tools sogar exakt anzeigen lassen, wie viele Besucher bis zu welcher Seitentiefe scrollen.

Mit jeder Salespage, mit jedem Launch und auch in Summe mit jedem Funnel als Ganzes werden Sie besser. Sie optimieren Ihren Ablauf von Mal zu Mal. Es ist wie bei einem Puzzle. Mit jedem Steinchen komplettiert sich das Gesamtbild.

Herzlichen Glückwunsch! Sie haben jetzt eine bewährte Vorlage für Ihre Salespage. Sie können diese ab sofort beispielsweise mit den bereits vorgestellten Online-Baukästen (Unbounce, OptimizePress oder mit der Komplettlösung Droptienda®) nachbauen. Je nach Designvorlage und Produkt kann sich die Anordnung leicht verschieben. Das Wichtigste ist, dass Sie alle Elemente »verbauen«. Letztlich ist diese Vorlage Ihre Ausgangsbasis. In der Praxis optimieren Sie die Aufteilung mit jedem Launch nach dem tatsächlichen Bedarf, Stichwort Conversion Rate. Denken Sie stets daran: Der Köder muss dem Fisch und nicht dem Angler schmecken! Darum messen und analysieren Sie frühzeitig. Nutzen Sie Ihr »Hausrecht« und ziehen Sie kluge Rückschlüsse aus den Kauf-Analysen, aber auch aus dem Surfverhalten Ihrer Interessenten und Käufer.

Die ultimativen E-Mail-Begleitinhalte für Ihren Launch

Aus Workshops weiß ich, dass es nicht leicht ist, E-Mail-Serien mit Inhalt zu füllen. Wichtig ist mir, dass Sie mit jedem Launch den Prozess optimieren und auch den folgenden Ablauf nicht als unveränderlich verstehen. Es ist eine bewährte Abfolge, aber jede Branche ist anders. Jedes Produkt ist anders. Ich möchte Ihnen dennoch einige konkrete Beispiele nicht vorenthalten. Bleiben wir hierzu bei unserem Vegan-Burger, den Sie bereits aus der Salespage kennen.

Dies ist eine fiktive Kampagne, die ich so nie live umgesetzt habe. Aber alles, was Sie im Folgenden lesen, könnte man genauso anwenden. Die Salespage-Struktur für unseren Burger kennen Sie bereits, nun geht es darum, die 10 Angebotstage optimal zu nutzen. Denn Ihre Salespage ist nur 10 Tage erreichbar und die Mail-Sequenz, die wir im Folgenden genauer besprechen werden, somit auch. Sie werden, wie Sie bereits wissen, parallel zu diesen 10 Tagen gesendet.

Es ist daher empfehlenswert, dass Sie in der Vorbereitung erst mit der Salespage beginnen und dann im zweiten Schritt Ihre Verkaufsargumente (in den Mail-Häppchen) ideal aufeinander abstimmen. Sie können auch erst texten und dann die Salespage bauen. Es bleibt Ihnen überlassen.

Ich für meinen Teil plane zuerst den ganzen Launch-Prozess. Nachdem ich diesen visualisiert habe, erstelle ich meine Landingpage samt Lead Magnet. Dann erstelle ich die Salespage für das Hauptprodukt (Burger). Und dann verbinde ich diese Seiten (Landingpage mit Salespage) durch die Mail-Texte. Genau diese Abfolge hatte ich Ihnen auch bislang vorgestellt, dabei bleiben wir auch.

Mail 1/10

In dieser ersten Mail am Morgen informiere ich meine Interessenten, dass ab heute dieser unsagbar leckere Vegan-Burger zum Verkauf steht. »Wenn Sie sich jetzt beeilen und sofort bestellen, gibt es einen exklusiven Bonus.« In meinem Falle ist das ein kostenfreies Jahresabo des *vegan magazin*. PS: Sowohl das *vegan magazin* im Abo als auch vegane Burger gibt es. Beides kann auch online erworben werden. Es handelt sich also um eine authentische Kampagnen-Idee.[19]

Das Thema E-Commerce und Lebensmittel ist keineswegs zu unterschätzen. Und nicht erst seit der Corona-Pandemie haben die Menschen erkannt, dass es richtig bequem ist, wenn man sich Lebensmittel liefern lässt. So titelte Wortfilter.de: »1000 % Wachstum (...) in der Kategorie Feinschmecker.« Zum Zeitpunkt des Berichts im April 2020 waren über 1 Million Produkte inklusive Varianten auf eBay gelistet. Weiter heißt es: »Ostern werden die Deutschen zu Hause im kleinen Kreis verbringen. Wir merken aktuell, dass die Nachfrage nach Lebensmitteln auf unserer Seite steigt. Über unseren Marktplatz wird derzeit zum Beispiel alle 42 Sekunden Schokolade gekauft«, so Andreas Haentsch, Director Home & Garden bei eBay in Deutschland.[20]

Mail 2/10

Am Eröffnungstag gegen Mittag/Abend folgt die zweite Mail. In dieser beschreiben wir, wie hervorragend die Nachfrage ist. Das ist großartig und die Kunden sollen sich nicht wundern, wenn der Server etwas länger zum Antworten braucht: »Machen Sie sich keine Sorgen, wenn die Seite etwas langsam lädt. Aufgrund der hohen Nachfrage arbeiten wir mit Hochdruck daran, Ihnen auch in den folgenden Stunden eine uneingeschränkte Erreichbarkeit zu gewährleiten.« PS: Auch wenn wir wissen, dass der Launch noch über 9 Tage andauert, schreiben wir Stunden. 9 Tage sind auch »nur« 216 Stunden ...

Mail 3/10

Meistens sende ich am zweiten Tag keine Mail. Da ich am ersten Tag zwei gesendet habe. Ich lasse also »etwas Ruhe« einkehren. Warum? Möglicherweise habe ich einen Fehler in der Kampagne gemacht und muss diesen reparieren. Dieser »freie Tag« bedeutet nicht, dass keine Bestellungen willkommen sind. Es bedeutet nur, dass ich nicht noch »Öl ins Feuer« kippe. Ich möchte etwaige Fehler beheben können. Um die restlichen Tage richtig Vollgas geben zu können.

Hinweis: Wenn Sie ein 7-Tage-Angebot haben, und keine 10, dann müssen Sie unter Umständen heute dennoch eine Mail senden oder eine andere dafür weglassen. Es ist daher grundsätzlich immer ein 10-Tage-Launch vorzuziehen – insbesondere bis Sie eigene Praxiserfahrung haben!

Die in der zweiten/gestrigen Mail angesprochene Problematik – Webserver und langsame Ladezeit – ist tatsächlich recht präsent. Wenn Sie Ihre Verkaufsseiten mit Droptienda® betreiben, dürfte es zunächst keine Probleme geben, da Sie selbst volle Serverkontrolle haben. Sie sind also nicht in einer Performance-Falle gefangen. Server-Anbieter wie die Tralios IT GmbH sind routiniert in der Bereitstellung von Droptienda®-Komplettlösungen. Installation und Wartung aus einer Hand. Selbstredend, dass es Hunderte Anbieter gibt, ich spreche hier nur aus Erfahrung meine Empfehlung aus. Mein Tipp: Ziehen Sie Expertenhilfe hinzu. Es muss nicht gleich eine Agentur sein. Ein Freelancer, der sich mit Website-Hosting auskennt, genügt unter Umständen auch. Freelancer finden Sie beispielsweise auf fiverr.com, freelancer.de oder auch auf twago.de.

Die Mail 3/10 sende ich wie gesagt am dritten Tag. In dieser Mail fokussiere ich nochmals den Bonus. In unserem Beispiel war dies das kostenfreie Jahresabo. Es ist immer gut, wenn es nicht nur einen Bonus gibt, sondern (mindestens) einen weiteren. Warum? Weil Sie dann in dieser dritten Mail diesen weiteren Bonus zum Thema machen können.

In meinem Falle ist es so, wenn Sie jetzt bestellen, gibt es einen zweiten Burger kostenfrei dazu. Erinnern Sie sich an die guten alten Rabatt-Coupons?

Wenn ich meine Bonus-Kampagne texte, nehme ich mir solche Angebote zum Vorbild. Das Prinzip lässt sich problemlos auf unseren Vegan-Burger übertragen.

Mail 4/10

Am vierten Tag senden wir unsere vierte Mail, im Mittelpunkt stehen »Beweise«. Dies könnte ein Video oder ein Dankesschreiben von zufriedenen Kunden sein. Machen Sie es wie die »Großen«. Einige Wochen vor Ihrem geplanten Launch suchen Sie sich mehrere Testpersonen (in meinem Falle Test-Esser) und bitten sie um ein Review, eine Stellungnahme. Mögliche Dienstleister sind testerjob.net, lutendo.com/tester oder auch clubderprodukttester.de. (Insbesondere Letzterer stellt eine Alternative zum Amazon-Vine-Programm dar.) Im Folgenden sehen Sie Bewertungen, wie wir sie im Tagesgeschäft (auf Salespages und auch in E-Mails) als Verlinkung kommunizieren. Wir nutzen ProvenExpert als Tool für die authentische Bewertungsdarstellung. Sie können dort auch Bewertungen aus Drittplattformen wie Amazon oder eBay bündeln. Den aufgebauten Trust, den Sie auf einer solchen Plattform aufbauen, können Sie dann auf Ihren Launch bzw. Shop übertragen.

Mail 5/10

Der fünfte Tag ist besonders. Heute ist Halbzeit (wenn Sie ein 10-Tage-Angebot haben). Im Falle eines 7-Tage-Launchs sollten Sie diese Mail überspringen.

Erfahrungsgemäß werden Sie in der Mitte weniger Verkäufe einfahren, das ist normal. Denn zum Kampagnen-Start und insbesondere am Ende passiert am meisten. Das liegt daran, dass die Überzeugten – die, die es kaum erwarten können – sofort kaufen. Sie müssen sich das so vorstellen wie bei Apple. Immer wenn ein neues iPhone auf den Markt kommt, kampieren die Hardcore-Fans bereits in der Nacht vor den Ladentüren. Sie kaufen »ungesehen«. Das passiert online ebenso. Aber allen, die am heutigen fünften Tag noch nicht gekauft haben, werden wir mehr bieten müssen. Darum folgt eine weitere Nutzer-Erfahrung, eine Case-Study. Im Falle des Burgers also weitere Test-Esser oder eine positive Kritik.

Womöglich ist es Ihnen beim Lesen schon aufgefallen. Langsam haben wir uns zu etwas »Exotischem« entwickelt. Genauso läuft es bei Ihrem Launch! Sie holen Ihren Interessenten mit etwas Vertrautem ab (er hat ein Problem: Hunger) und führen diesen dann in eine (geschmacklich) neue Welt. Sie führen Ihren Interessenten zum Produkt. Ohne eine

Überleitung würden Sie einem »Fleischesser« kaum eine solche Alternative verkaufen. Über diese E-Mail-Sequenz und den langsam einsetzenden Herdentrieb (»Wenn die alle in den Reviews schreiben, dass es lecker ist und kaum ein Unterschied zu schmecken ist, dann probiere ich es auch!«) wird es uns aber in vielen Fällen nun doch gelingen. Hand aufs Herz, hätten Sie nicht auch Lust, eine dieser besonderen Burger-Kreationen zu testen?

Ziel der Mails vier und fünf ist also, Folgendes auszulösen: »Wenn das anderen gut schmeckt, dann schmeckt mir das wahrscheinlich auch. Ich werde es mal kaufen und testen.« Ein wichtiger Aspekt, der darüber entscheidet, ob wir das Verhalten einer anderen Person beachten, ist die Ähnlichkeit zu uns selbst. Wir sollten daher in den Testberichten auch »Fleischesser« zu Wort kommen lassen. Ein bereits im Vorfeld überzeugter Vegetarier wäre für eine »Umstellung« weniger zielführend. Da wir aber auch Vegetarier für uns gewinnen möchten, brauchen wir auch einen Vegetarier als Testimonial. Darum senden Sie an zwei Tagen hintereinander verschiedene Berichte. Wir versuchen, eine möglichst hohe Identifikation zu erreichen.

Mail 6/10

Ich liebe den sechsten Tag, denn heute können Sie wirklich kreativ werden. Wir Menschen lieben Geschichten. Storytelling ist daher jedem Werbetexter ein Begriff. Und auch Ihnen wird recht schnell klar werden, dass Sie mehr verkaufen, wenn Sie Ihr Produktangebot in eine Geschichte einbetten. Das Spannende für mich ist die Erkenntnis, dass die Geschichte frei erfunden werden kann. Es erinnert mich ein wenig an »Fake it till you make it«. Natürlich könnten Sie die reinen Fakten Ihres Produkts aufzählen und so eine Geschichte erzählen. Das ist gewiss besser als gar keine Geschichte, aber es darf durchaus auch kreativer ans Werk gegangen werden, wie Sie gleich lesen werden.

Die Stanford-Professorin Jennifer Aaker und der Storytelling-Experte Robert McKee sind überzeugt, dass Fakten in Kombination mit einer Geschichte die Erfolgszutaten für gutes Marketing und somit mehr Verkauf sind. Dem ist nichts hinzuzufügen, dennoch finde ich auch die Überlegungen der Autoren Joshua Glenn und Rob Walker spannend. Im Jahr 2009 wurde ich erstmalig auf ihr Experiment aufmerksam, das war rund drei Jahre nach meinem eigenen Business-Start. Seither haben mich die folgenden Erkenntnisse so sehr fasziniert, dass ich sie bis heute nutze. Die beiden Autoren starteten ein Experiment mit dem Namen »Significant Objects«[21], was so viel wie »bedeutungsvolle Objekte« heißt.

Das Reizvolle war, dass die beiden ihre »Geschichten« komplett erfunden hatten, sozusagen das Extrem der »klassischen Marketinglehre«, wo es darum geht, einen subjektiven Wert zu schaffen. Die Einnahmen wurden im Schnitt um den Faktor 28 gesteigert. Die Erhöhung des »Handelswerts« war also tatsächlich durch eine frei erfundene Geschichte geglückt. Sie hatten Secondhand-Waren auf einem Flohmarkt im Wert von 128,74 US-Dollar gekauft und für insgesamt 3612,51 US-Dollar verkauft, also für mehr als das 28-Fache.

»Stories are such a powerful driver of emotional value that their effect on any given object's subjective value can actually be measured objectively«, sagen Joshua Glenn und Rob Walker, und meinen damit, dass »Geschichten« eine derart starke treibende Kraft für den emotionalen Wert darstellen, dass die Wirkung auf den subjektiven Wert eines bestimmten Objekts tatsächlich objektiv gemessen werden kann.

Unter significantobjects.com finden Sie weitere Beispiele der Autoren, die ebenfalls eine extreme Wertsteigerung dokumentieren. Lesen Sie sich die »Geschichten« durch, um ein besseres Verständnis zu erhalten.

Besonders beeindruckend ist für mich ein kleiner Deko-Hase, eigentlich nichts Besonderes. Sie finden die Geschichte samt Fotos unter folgendem QR-Code:

Die Auktion für diesen Hasen startete bei einem ursprünglichen Preis von 1,00 Dollar. Dank der eindrucksvollen (Verkaufs-)Geschichte endete die Auktion bei einem Endpreis in Höhe von 162,50 Dollar. Eine Wertsteigerung um den Faktor 162! Es gibt viele weitere solche Beispiele, schauen Sie sich diese an und testen Sie dann eine »klassische Fakten-Story« im Vergleich zu einer kreativeren Alternative. Wenn Sie unbefangen an den Test herangehen, können Sie ganz das Ergebnis für sich sprechen lassen. Es geht nicht darum zu lügen, sondern es geht darum, dass Sie Ihrem Produkt, Ihrem Launch einen emotionalen Wert zukommen lassen.

Mail 7/10

Sehr beliebt sind die sogenannten Frequently Asked Questions, kurz FAQ oder FAQs, englisch für häufig gestellte Fragen oder auch meistgestellte Fragen. In Ihrer 7. Mail greifen wir einige solche Fragen auf und beantworten sie. Dieses Element haben Sie sowohl auf Ihrer Salespage als auch in der heutigen E-Mail. Im Folgenden einige Beispiele aus meiner fiktiven Burger-Kampagne:

Frage: »Werden die vegetarischen Produkte auch vom SGS INSTITUT FRESENIUS kontrolliert?«
Antwort: »Ja, auch unsere vegetarischen Produkte lassen wir für ein höheres Maß an Sicherheit zusätzlich vom unabhängigen SGS INSTITUT FRESENIUS kontrollieren.«
Frage: »Warum müssen Veggie-Produkte überhaupt genauso aussehen, schmecken und heißen wie die Originale aus Fleisch?«
Antwort: »Immer mehr Menschen in Deutschland möchten ihren Fleisch- und Wurstkonsum reduzieren, aber nicht auf den typischen Geschmack, das Aussehen und die Textur von Fleisch und Wurst verzichten. Diesen Kundenwunsch erfüllen unsere vegetarischen Produkte.«

Diese und weitere Fragen und Antworten finden Sie unter ruegenwalder.de/haeufig-gestellte-fragen.
Es ist ein authentisches Beispiel, wie FAQs in der Praxis genutzt werden. Sie können in Ihrer E-Mail bzw. auf Ihrer Salespage auch Fragen selbst

beantworten. Das ist gerade am Anfang sinnvoll, mit der Zeit erweitern Sie Ihre FAQs mit (echten) Kundenfragen. So ist es durchaus denkbar, dass Sie Ihre Salespage-FAQs mit vermuteten Fragen beantworten und am 7. Tag Ihres Launchs dann echte Fragen in der Mail beantworten. Denn zu diesem Zeitpunkt sollten Sie nicht nur Verkäufe eingefahren haben, sondern auch echte Fragen erhalten haben. Sie helfen dabei, Ihr Angebot noch klarer zu formulieren. Im Übrigen ermöglichen Ihnen eingehende Fragen, dass Sie bei Ihrem nächsten Launch diese Fragen direkt in Ihrem Verkaufsdialog beantworten können. Mit jedem Launch und jedem Funnel komplettieren Sie Ihre Darstellung.

Mail 8/10

Am 8. Tag sind wir 72 Stunden vor dem Launch-Ende – ein guter Zeitpunkt, den Countdown auf der Salespage zu starten. Und nachdem Sie diesen gestartet haben, senden Sie die nächste E-Mail. Wir müssen jetzt etwas Druck aufbauen. Und dieser Druck geht mit »Angst« einher. Der Angst, dass Ihr potenzieller Kunde etwas Tolles verpassen wird. Wie Sie bereits wissen, neigen Kunden zum Herdentrieb. Was der Nachbar hat, möchten Sie natürlich auch haben. Im Englischen gibt es ein Akronym für diese Angst: FOMO – Fear of Missing out (die Angst, etwas zu verpassen).

Menschen wollen bei einer Party dabei sein, zur Gruppe gehören, auch so einen schicken Neuwagen haben wie der Arbeitskollege. Und natürlich möchten sie mitreden können, ob diese neuen Burger, die kein Fleisch enthalten, wirklich so gut schmecken. Also zeigen wir Ihrem potenziellen Kunden, was passiert, wenn er das Angebot nicht wahrnimmt. Um FOMO zu schüren, können wir nun Käufer vorstellen, die bereits gekauft haben und »dabei sind«. Es erinnert ein wenig an die Case-Studies, die wir bereits hatten. Aber hier geht es weniger um eine weitere Geschichte. Es geht um die Masse. »Bereits 879 Bestellungen allein in den letzten 24 Stunden.« Zeigen Sie die Statistik, es geht jetzt nicht mehr um die Geschichte des Einzelnen, jetzt geht es um den Herdentrieb. Erinnern Sie daran, dass das Angebot nach 72 Stunden endet. Optisch unterstrichen wird dies durch den Countdown, der nun auf der Salespage ins Auge springt.

Wenn Sie zum Versenden Ihrer E-Mails Dropfunnels® verwenden, dann können Sie dem Ganzen noch eins draufsetzen. Mit Dropfunnels® haben Sie die Möglichkeit, einen realen und korrekt ablaufenden Countdown in Ihre E-Mails einzufügen.

Das ist ziemlich unglaublich. Sie können also in Ihrer heutigen 8 Mail einen echten Countdown direkt in die E-Mail einarbeiten, ergänzend zur Salespage. Damit bauen Sie den Druck bereits im E-Mail-Postfach auf!

Der Countdown läuft bis zum Launch-Ende, in diesem Beispiel also noch 2 Tage, 23 Stunden und 59 Minuten. Nach Ablauf erscheint an der Stelle des Countdowns ein Button mit einer Beschriftung Ihrer Wahl. Beispielsweise »Angebot leider verpasst«. Alternativ könnte man auch eine Button-Weiterleitung einrichten, etwa um auf Ihren nächsten Launch hinzuweisen.

Mail 9/10

Am heutigen 9. Tag sende ich keine neue E-Mail. Wenn Sie in Summe nur einen 7-Tage-Deal anbieten, wäre das ohnehin nicht mehr möglich (da Ihnen schlicht keine Tage mehr zur Verfügung stehen). Wenn Sie auf volle 10 Tage gehen, wie ich in unserem Beispiel, dann können Sie den heutigen Tag dazu nutzen, um zu prüfen, welche Empfänger die Mail 8 (die mit dem Countdown, gestern) nicht geöffnet haben.

Allen aus Ihrer Liste, die diese gestrige Mail zwar erhalten, aber 24 Stunden danach noch nicht geöffnet haben, senden wir die gleiche E-Mail erneut! Jedoch nur dieser speziellen Teil-Zielgruppe.

Zugegeben, diese Vorgehensweise ist etwas für Fortgeschrittene und kann auch nur mit einer entsprechenden E-Mail-Marketing-Lösung (die eine solche Funktion anbietet) umgesetzt werden. Diese einzigartige Möglichkeit für bessere Öffnungsraten und mehr Klicks ist aber in jedem Fall eine spannende Stellschraube.

Wenn Sie sich für einen »Öffnungsraten-Test« entscheiden, dann ist wichtig, dass Sie den Betreff Ihrer Nachricht ändern. Der Inhalt (mit Countdown) bleibt der gleiche. Der Countdown ist auch heute, 24 Stunden später, noch immer korrekt eingestellt, da der Endzeitpunkt ja unverändert bleibt. Lediglich der Zeitpunkt der E-Mail-Öffnung hat sich verschoben, in diesem Fall um mindestens 24 Stunden. Sie senden also heute inhaltlich keine neue E-Mail, sondern tauschen lediglich den Betreff aus. Mit dieser smarten Vorgehensweise können Sie das Maximum aus Ihrer Kampagne herausholen.

Grundsätzlich könnte man jede Mail in Ihrem Launch derart optimieren. Ich gestehe: Das ist mir dann doch zu viel des Guten. Technisch wäre dies aber problemlos möglich!

Mail 10/10 (ggf. zwei zusätzliche Sondermails)

Heute rechnen wir nochmals mit vielen Burger-Bestellungen. Wir Menschen neigen oftmals zu Prokrastination, zum Aufschieben. Viele werden also bis kurz vor Schluss warten, um dann »5 vor 12« doch noch zu kaufen. Das ist durchaus wörtlich gemeint, weil die meisten Sonderangebote um Mitternacht enden. Wie im Launch-Kapitel bereits erläutert, können Sie heute diese 10. E-Mail senden. Erledigen Sie dies am besten früh am Morgen, ähnlich wie bei Ihrer ersten Mail, der Mail zur Freischaltung der Salespage. Im Idealfall gibt es heute noch eine 11. und eine 12. Mail, denn wie gesagt, wir Menschen neigen zum Aufschieben. Haben Sie bitte keine Angst, noch eine zusätzliche Mail am Nachmittag und eine weitere am Abend nachzuschieben.

Heute ist alles erlaubt. Ich selbst sende diese »letzten Mails« immer manuell. Ich schaue mir aus den vergangenen Tagen die Öffnungsraten an. Wenn ich erkenne, dass ein Thema wie beispielsweise FAQs am besten lief, dann nutze ich das heute erneut. Ich verwende also in der letzten Mail das »bewährteste Element« der vergangenen Tage. Sollten Sie in den letzten Tagen nach Ihrer FAQs-Mail von Tag 7 neue Fragen erhalten haben, beantworten Sie diese heute. Auch sollte der Countdown in einer der letzten Mails des heutigen Tages erneut verbaut sein.

MERKE: In Summe versenden wir mindestens 14 E-Mails, besser 16! 4 Mails vor dem eigentlichen Verkauf und 10–12 während der eigentlichen Verkaufsphase!

Tja, wir sind durch mit den Mails. Es gibt nun allen Grund zur Freude, ein wichtiger Meilenstein ist vollbracht.

Zur Erinnerung: Wenn Sie Ihre Salespage unendlich geöffnet lassen, dann würde der Launch mit der Knappheit und dem aufgebauten Druck an Wirkung verlieren. Wenn nicht in diesem Launch, dann im nächsten, weil die Interessenten merken, dass sie letztlich unendlich Zeit haben. Es geht darum, dass klar wird, dass es kein Lockangebot ist. Sie müssen daher zu Ihrer Ankündigung stehen. Die angebotenen Launch-Produkte muss es wirklich geben. Am Schließungstag verschwindet dieses Angebot dann aber für immer in der Versenkung. Das ist sehr wichtig, denn darauf fußt Ihre spätere Reputation. Ähnliche Launch-Kampagnen lassen sich in der Zukunft nur dann erfolgreich umsetzen, wenn Ihre Interessenten und Kunden wissen, dass Sie Wort halten. Derjenige, der Ihrem Angebot den Rücken zugewendet und nicht zugegriffen hat, muss sich spürbar ärgern. Er muss verstehen, dass er eine einmalige(!) Chance vergeben hat. Bliebe die Salespage mit den Kurzzeitangeboten unverändert online, würde es keinen Grund geben, in der definierten Launch-Zeitspanne einen Einkauf zu tätigen. Getreu dem Motto: Warum heute kaufen, wenn auch morgen genügt?!

Abschließende Praxishinweise für noch mehr Erfolg

Beim Texten Ihrer Mails sollten Sie auf übermäßig große Buchstaben (nach dem Motto: SUPER ANGEBOT! JETZT ZUGREIFEN!) verzichten, dies gilt auch für den Betreff, also den Titel Ihrer Nachricht. Spam-Filter reagieren sensibel auf große, »schreiende« Buchstabenfolgen. Sie können dieses Problem umgehen, indem Sie eine Grafik in die Mail einfügen. Auf dieser ist dann Ihre »schreiende Überschrift« enthalten. Große, schreiende Buchstaben sind auf Landingpages, Salespages etc. kein Problem, für E-Mail-Spamfilter hingegen schon.

Spammer verwenden in ihren E-Mails häufig Formulierungen wie »So werden Sie ohne große Mühe reich«, »Schnell Geld verdienen«, »kostenlos«. Tun Sie das nicht, weder in den Mails noch auf Landing- oder Salespages. Sie kennen nun ausreichend bessere Alternativen, um mit Ihrem Angebot zu punkten.

Es wird vorkommen, dass Sie nicht jeden überzeugen werden. Einige werden sich aus Ihrem Verteiler austragen. Das ist okay. Betrachten Sie es als Bereinigung. Es gibt daher keinen Grund, unnötige Leerzeilen am Ende Ihrer E-Mail einzuarbeiten, um den Austragungslink zu verstecken. Auch die Spam-Filter könnten solche Verberge-Taktiken kritisch sehen. Zudem gibt es Anwälte, die sich ausschließlich darauf spezialisiert haben, E-Mails zu finden, bei denen der Austragungslink durch mehrere Leerzeilen am Ende der E-Mail versteckt wird.

Egal ob Sie Ihre E-Mail manuell aussenden oder mit einer professionellen Software: Der Absendername ist meist das Erste (und nicht selten Fettgedruckte), was Ihr Empfänger in seinem Posteingang wahrnimmt. Aus diesem Grund hilft es, persönlich zu wirken. Die meisten Menschen öffnen eher eine E-Mail von einer konkreten Person (die sie vielleicht sogar kennen) als von einem nachweislichen Massenversender-Namen.

Oft vergessen und unterschätzt ist der sogenannte Pre-Header. Insofern ein echter Geheimtipp, um Ihre Öffnungsrate zu steigern. Er besteht darin, die erste Zeile unter der Betreffzeile bewusst zu texten. Oftmals finden Sie dort nur nichtssagende Standardnachrichten Ihres E-Mail-Programms. Senden Sie sich doch einmal selbst eine E-Mail und schauen Sie, was Ihnen so ins Auge fällt. Aber: Nicht jedes der gängigen E-Mail-Programme hat diese Pre-Header-Möglichkeit.

Versenden Sie Ihre E-Mails immer mit einer echten, persönlichen Versand-E-Mail-Adresse. Ich werde immer ungehalten, wenn ich eine »noreply@«-Adresse im Posteingang sehe. Diese verwehrt mir als Empfänger die Beantwortung. Ich empfinde das als respektlos und trage mich sofort von dem Dienst wieder aus. Gerade wenn Sie dem hier vorgestellten Ablauf folgen, ist das ein No-Go. Denn nur, wenn man Ihnen antworten kann, können Sie mit Ihrem Empfänger in Kontakt treten und auch »Futter« für Ihre FAQs finden. Stellen Sie sich also nicht über Ihre Kunden.

Kommunizieren Sie auf Augenhöhe. Sätze wie »Antworten Sie bitte nicht auf diese E-Mail« sollten Sie nie auch nur in Betracht ziehen.

Sie sehen also, einen Launch von Anfang bis Ende zu bewältigen, das ist sehr viel Schreibkram. Ja, Dropshipping ist schreiben, unterstützt durch Bildmaterial. Da Ihre Kunden die Produkte nicht anfassen können, müssen Sie mit Bild, Video und Text jonglieren, um ein möglichst umfassendes und emotional greifbares Bild zu liefern.

Fakt ist, Experten und Dropshipper, die dieses »Launch-Rezept« nutzen (angefangen bei der Landingpage samt Lead Magnet, die Verbindung mit der ersten 4-Nachrichten-Sequenz und letztlich dem Open Cart mit seinen 10 Mails parallel zur Salespage), verdienen damit wirklich hervorragend. Und geht es nicht genau darum? Ihre finanzielle Freiheit?

Natürlich gelingt ein nachhaltiger Dropshipping-Erfolg nur, wenn Sie eine ganzheitliche Betrachtung aufrechterhalten. Sonst hätte man dieses Buch auf dieses Kapitel reduzieren können. Aber bitte verinnerlichen Sie: Es ist nicht damit getan, einfach einige Produkte auf Plattformen oder im Shop anzubieten (das machen nämlich alle so …). Betonen Sie auch hier wieder die Chance, die sich Ihren Kunden mit Ihrem Produktportfolio bietet, und betreiben Sie Storytelling.

Wichtig: Testen Sie im Vorfeld alle Funktionen in sämtlichen Kombinationsmöglichkeiten und auf allen möglichen Endgeräten. Achten Sie auf eine mobile Anwenderfreundlichkeit. Es ist immer ärgerlich und wirtschaftlich auch nicht ohne Folgen, wenn ein Kunde nicht kaufen kann, weil ein Link in einer Mail nicht anklickbar ist oder weil Sie unzureichende Zahlungsmöglichkeiten anbieten. (Verwenden Sie daher die empfohlenen Dienstleister!)

Pro-Tipp: Wenn es der wirtschaftliche Aspekt zulässt, können Sie die verschiedenen Formen von Verknappungs-Möglichkeiten (wie in den Beispiel-Mails aufgezeigt) beliebig kombinieren. Sind mehrere Benefits für den Kunden möglich, wirkt die Verknappung natürlich noch stärker und motiviert den Kunden um ein Vielfaches.

Noch ein Hinweis zu der zuvor skizzierten 7- bis 10-tägigen Angebotsphase. Normalerweise erzielen Sie vermutlich etwa 25 Prozent der Abverkäufe am ersten Tag (getragen von der Vorfreude, Ihrem Spannungsbogen) und 50 Prozent am letzten Tag des Sonderangebots (Trigger hier ist die Verknappung bzw. das Ende des Angebots).

Im Idealfall legen Sie all diese zeitlichen Abläufe für die erste und auch Ihre zweite E-Mail-Sequenz im Vorfeld in einer E-Mail-Marketing-Software fest. Nein, Sie werden das nicht von Hand versenden. Denn wenn Ihnen dann ein Missgeschick passiert, Ihr Kind ist unerwartet krank, Sie müssen Urlaubsvertretung machen oder Ihr WLAN fällt kurzfristig aus, in Spanien passiert das öfter, dann ist die Kampagne vorzeitig gescheitert!

Daher schlagen Sie sich eine manuelle Bewältigung des Projekts auf jeden Fall aus dem Kopf. Sie können sich zum Warmwerden wie beschrieben in der Vorbereitung manuell vortasten, aber in dieser echten Verkaufsphase kommen Sie meiner Erfahrung nach um eine automatisierte Bewältigung nicht herum. Sie sparen faktisch an der falschen Stelle, wenn Sie das nicht so umsetzen. Wie bereits an früherer Stelle erwähnt, kostet Sie eine professionelle Lösung täglich nicht mehr als ein hochwertiger Kaffee vom Coffeeshop!

Wichtig: Werden Sie nicht am letzten Tag nachlässig und denken Sie bloß nicht, wenn der Kunde bis jetzt nichts gekauft hat, dann wird er es auch weiterhin nicht tun. Diese Denkweise ist schlichtweg falsch, da die meisten Leute zum Prokrastinieren neigen und Handlungen – insbesondere Investitionen – oft bis zur letzten Minute herauszögern. Sobald Sie einen ersten Launch miterlebt haben, werden Sie aus eigener Erfahrung erkennen, dass viele Interessierte hartnäckige Zauderer sind und sehr oft erinnert werden müssen. Ganz egal, zu welcher Uhrzeit Ihr Launch-Angebot endet, Sie werden feststellen, dass die Aufträge noch bis zur letzten Minute eingehen. Befolgen Sie daher unbedingt die empfohlene Sequenz!

Launch-Ende: Zeit, Bilanz zu ziehen

Sie haben es geschafft. Ihre erste Eröffnung ist geglückt. Vermutlich haben 10 Prozent aus Ihrer Interessenten-Liste bei Ihnen eingekauft. Einen eigenen Online-Shop haben Sie jetzt noch nicht, aber immerhin erste echte Praxiserfahrung im Bereich Dropshipping und E-Commerce. Großartig!

Praxishinweis: Mich erreichten viele Zuschriften im Zuge der ersten Auflage dieses Buches. Immer wieder wurde ich gefragt, wie die Zeit zwischen dem Einsammeln der ersten Leads und dem Launch überbrückt werden kann. Denn wenn Sie die Vorbereitung auf 90 Tage strecken, entsteht zwangsläufig Funkstille. Wie Sie sich erinnern, tragen die Interessenten sich auf Ihrer Landingpage ein und erhalten dann (im Idealfall automatisch und somit sofort) die erste Nachricht. Der Prozess des Problemlösens beginnt. Ihre 5. Nachricht (die 1. Mail der 10er-E-Mail-Sequenz) enthält bekanntermaßen den Link zur Salespage. Aber genau dies kann ein Problem sein, wenn Sie zwischen Tag 1 der Anmeldung bzw. der ersten Mail und dem Open-Cart der 5. Mail sprichwörtlich Monate vergehen lassen, zumindest im Worst Case. Für die Ungeduldigen gibt es in der Praxis verschiedene Lösungen, von denen ich Ihnen zwei kurz vorstelle.

1) Sie können den Launch auch früher starten. Sie haben dann wohl weniger Leads, dafür sind diese aber »frischer«. Für eine erste Praxiserfahrung mit dem Prozess ist dies kein Problem. Selbst wenn Sie einen Verteiler mit nur 10 Leads haben, sollten Sie rechnerisch einen Kunden erhalten. Je nach Produkt kann sich selbst dies lohnen. Ich habe im Zuge der Zuschriften genau diesen Rat gegeben und ein »vorgezogener Launch« mit tatsächlich nur 10 Interessenten führte zu fantastischen 2 Verkäufen (von einem Käufer, Stichwort Up-Selling). Gesamtumsatz runde 8500 Euro in knapp einer Woche. Spätestens hier sollte man aufhorchen.

2) Alternativ können Sie Ihren Launch individuell abstimmen und automatisieren. Am Aufbau der Landing- und Salespage ebenso wie an der Zeitabfolge der E-Mail-Sequenzen ändert sich nichts. Ändern tut sich lediglich, dass Sie den Launch nicht an einem starren Start- und Enddatum aufhängen. Wenn Sie wie in einem meiner Beispiele eine Live-Telefonkonferenz anbieten, dann funktioniert der nun vorgestellte Plan nicht. Wenn Sie aber einen reinen Produktverkauf betreiben, wird es funktionieren. Befolgen Sie also die beschriebene Strategie MIT Lieferant. Ich spreche hier vom sogenannten Loop-Launch. Loop im Sinne einer Dauerschleife. Aus Wahrnehmungssicht des Leads (des potenziellen Kunden), der den kompletten Prozess durchläuft, ändert sich nichts. Er bekommt alle Informationen auf ihn zugeschnitten. Dies umfasst ins-

besondere die zeitliche Abfolge. Da Sie den kompletten Launch mittels E-Mail-Marketing-Lösungen wie Dropfunnels® und anderen Anbietern vollständig vorab planen können, ist das kein Problem.

Der Unterschied zum Normalablauf besteht darin, dass Sie die 7 bzw. 10 Angebotstage (Open-Cart-Phase) für jeden Interessenten Ihres Launch-Funnels individuell starten. Nach Ablauf dieser Tage ist das Angebot ebenfalls nicht mehr verfügbar, also genau wie beim Original-Live-Launch zu einem fest definierten Zeitpunkt. Nur dass dieser Zeitpunkt individuell (personalisiert) gesteuert wird. Alles automatisch, versteht sich. Jeder Kunde bekommt sozusagen seinen eigenen Launch.

Sollte sich aber ein Interessent auf der Landingpage erneut (mit einer anderen E-Mail-Adresse) eintragen, dann durchläuft er das vermeintlich einmalig exklusive Sonderangebot ebenfalls erneut. Die Begeisterung dürfte sich in Grenzen halten. Sie können sich das vorstellen wie bei einem Webinar. Es gibt Live-Webinare, die vergleichbar sind mit dem echten Live-Launch. Wenn Sie nicht dabei waren, haben Sie schlicht Pech. Und dann gibt es Evergreen-Webinare, die auf Autopilot starten. Eine deutsche Softwarelösung für Webinare dieser Art finden Sie bei Webinaris – »Die perfekte Lösung für automatisiertes Webinar-Marketing«, heißt es auf deren Website. Das Ganze lässt sich so weit optimieren, dass die Webinar-Startzeit nicht im Vorfeld fix definiert wird, sondern Datum und Uhrzeit »zufällig« genau im Hier und Jetzt starten. Als Website-Besucher könnten Sie versucht sein zu sagen: »Okay, klasse. Jetzt habe ich Zeit. Jetzt schaue ich mir das an.« Dennoch ist es (aus meiner Sicht) offensichtlich, dass es nicht live ist.

Bei einem Webinar ist das vertretbar. Ich selbst habe bereits automatische Webinare von Webinaris im Einsatz. Bei einem Launch ist aufgrund der »Gesamt-Inszenierung« dennoch Fingerspitzengefühl gefragt. Ein Loop-Launch eignet sich perfekt, wenn Sie ein Bestseller-Produkt immer wieder an eine geschlossene Zielgruppe (hier die Launch-Teilnehmer) vermarkten möchten. Mit diesem Ansatz kann also bereits Ihr allererster Lead nahtlos über die unverändert 5. Mail in die Open-Cart-Phase überführt werden.

Sie müssen obige Abkürzungen aber nicht gehen. Sie können sich auch »Zeit lassen« und entspannt Leads über die beschriebenen 90 Tage ansammeln, um dann das Feeling und Bauchkribbeln eines echten Live-Launchs zu erleben. Wohlwissend, dass die Startzeiten mit jedem Launch verkürzt werden, da Sie routinierter werden. Ihr Marketing und Ihr Traffic wird abgestimmter und bewährter, und Sie werden ohnehin nie wieder direkt mit einem leeren Verteiler starten müssen. Die Ausgangssituation verbessert sich also von Launch zu Launch. Oder aber Sie entscheiden sich für eine der hier vorgestellten Alternativen. Wie auch immer Ihre Wahl aussehen wird, eines ist sicher: Mit Ende des Launchs, spätestens nachdem die Open-Cart-Phase wieder geschlossen ist, müssen alle Bestellungen an Ihren Lieferanten übertragen werden. Dieser versendet dann die Produkte an Ihre Käufer. In einem späteren Kapitel erhalten Sie Software-Hilfe, um diesen Vorgang (künftig) zu automatisieren.

Womöglich ist es Ihnen noch gar nicht bewusst, aber es ist wirklich etwas Außergewöhnliches passiert. Nicht nur, dass einige (die vermuteten 10 Prozent) bei Ihnen etwas erstmals bestellt haben. Nein, Ihre E-Mail-Liste können Sie nun splitten. Sie haben nämlich neben den Käufern auch die 90 Prozent, die nicht gekauft haben. Das sind immer noch Interessenten! Ihre Käufer können Sie jetzt in eine getrennte »Käufer-Liste« überführen.

Ihre Nicht-Käufer können Sie zu einem weiteren Launch erneut einladen. Insbesondere dann, wenn dieser thematisch nah am ersten Thema liegt. Nicht jeder Kunde identifiziert sich mit dem Produkt, oder es ist zu teuer oder für die Ansprüche nicht ausreichend (zu minderwertig, zu billig ...).

Warum ein Kunde nicht kauft, kann viele Gründe haben. Dennoch sollten Sie sich auch regelmäßig bei Ihren Nicht-Käufern ins Gedächtnis rufen. Halten Sie Ihre gewonnenen Interessenten »warm«. Dazu empfehle ich, mindestens einmal im Monat, besser alle 14 Tage ein »Status-Update« zu senden. Lassen Sie Ihre Community Teil an Ihrem Entwicklungsprozess haben. Informieren Sie sie darüber, wenn Sie eine neue Social-Network-Seite (z. B. auf Pinterest) eröffnen.

Informieren Sie über eine neue Umfrage oder über Branchen-News. (Greifen Sie bestehende Nachrichten aus Ihrer Branche auf und kommentieren Sie diese). »Warmhalten« bedeutet nicht verkaufen! **Kein Sales-Letter, kein Angebot, keine Gutschein- oder Rabattcodes!**

Sie informieren nur unverbindlich, um nicht in Vergessenheit zu geraten und um Ihre Experten-Position im Gedächtnis Ihrer Interessenten zu verankern. Ich selbst nutze dazu YouTube. Ich veröffentliche wöchentlich Videos und jeden Samstag sende ich an die Community (ergo auch an unsere Nicht-Kunden) eine Zusammenfassung meiner neuesten Branchen-News/Videos. Abgerundet werden meine Aktivitäten durch einen Live-Stream, um Fragen der Community direkt zu beantworten.

Es ist normal, dass Sie mit jeder Aussendung 1 bis 2 Prozent Ihrer Interessenten verlieren. Das ist eine völlig normale »Ausdünnung«. Mit der Zeit erhalten Sie ein Gespür dafür, wie viele Menschen sich nach einer Aussendung abmelden. Wenn Sie beobachten, dass auf eine Nachricht überdurchschnittlich viele Abmeldungen erfolgen, dann studieren Sie genau den Inhalt dieser Nachricht. Irgendetwas muss anders gewesen sein als sonst. Identifizieren Sie den Grund und vermeiden Sie diesen Fehler in der Zukunft.

Was aber am Ende übrig bleibt, sind echte Interessenten, die Sie problemlos in einen weiteren Launch miteinbeziehen können.

Kurz zurück zur Separierung zwischen Käufern und Nicht-Käufern: Sofern Sie die empfohlenen Software-Tools wie Dropfunnels® zum Mailversand und Digistore24, AffiliCon oder Droptienda® für Ihre Kampagnenabwicklung verwenden, ist diese »Trennung« bereits automatisch vollzogen worden. Nach der Erfahrung von Jeff Walker ist eine solche Käufer-Liste im Schnitt das 15-Fache wert. Nach meiner eigenen Erfahrung ist der Faktor sogar x28. Aber losgelöst von der exakten Höhe, die je nach Branche variiert, ist der gemeinsame Erkenntnisnenner: Ihre Kunden werden viel leichter erneut bei Ihnen bestellen und somit am Ende immer wertvoller für Sie.

Nicht selten schließen Kunden irgendwann zudem ein Abo ab. In unserem Business erzielen wir nahezu 2/3 aller Einnahmen aus wiederkehrenden Abo-Zahlungen. Die Kunden kaufen immer und immer wieder, und die Einnahmen werden von Monat zu Monat bzw. von Quartal zu Quartal immer eindrucksvoller. Und das automatisch und automatisiert! (An die Wichtigkeit des Abo-Faktors werde ich Sie immer wieder erinnern!)

Wie profitabel kann ein solcher Launch in der Praxis sein?

Im Folgenden sehen Sie Beispiele echter Launch-Zahlen. Es geht weniger um die absoluten Zahlen, sondern um die Steigerung. Sehen Sie sich das genau an. Die Abrechnung auf diesen Salespages lief über Digistore24.

Ich möchte an dieser Stelle darauf hinweisen, dass Sie mit zunehmender Erfahrung und Routine natürlich auch mehrere Launchs (verschiedene Produkte, Nischen ...) parallel starten können. Sie haben also keine Zeit für »Däumchendrehen«. Im Folgenden zeige ich Ihnen den Verlauf eines Launchs, der nach dem gerade vorgestellten Rezept abgewickelt wurde und mit den daraus resultierenden Stammkunden immer wieder wiederholt wurde.

Im Quartal 3 des Jahres 2017 hatten wir ein Projekt neu aufgesetzt. Es stand eine Idee für ein Produkt im Raum, noch nicht ausgereift. Womöglich geht es Ihnen auch gerade so. Nachdem die erste Landingpage samt Lead Magnet erstellt war, begann der Launch. Wir hatten im darauffolgenden Quartal gestartet. Unser Eröffnungsangebot schlug ein: 11 119,34 Euro war die erste Quartalsbilanz. Die Abrechnung erfolgte über Digistore24. Nachdem die Eröffnung ein voller Erfolg war, ging es weiter mit dem nächsten Launch. Dies ist der sogenannte »interne Launch«.

Dieser unterscheidet sich vom Aufbau nicht wesentlich von dem bereits ausführlich vorgestellten. Die Hauptunterschiede sind zweierlei. Zum einen verfügen Sie nun in jedem Falle über ein Produkt und zusätzlich über echte Kunden. Zuvor hatten Sie nämlich nur 150 Interessenten (um in unserem Beispiel zu bleiben). Und noch wenige Wochen davor hatten Sie rein gar nichts. Diese Steigerung ist beachtlich.

Jetzt haben Sie beispielsweise 10 Prozent der ursprünglichen Interessenten konvertiert. So nennt man die Umwandlungsrate von Interessenten zu Käufern. Man spricht auch von einer Conversion Rate in diesem Zusammenhang. Sie haben also 15 echte Kunden und eine Conversion Rate von 10 Prozent. Das ist überdurchschnittlich, viele Händler fangen mit 3 Prozent und weniger an. Diese überdurchschnittliche Rate ist dennoch sehr realistisch, weil Sie auf eine gute Verkaufsvorbereitung blicken (sprich: Ihre Landingpage, der überzeugende Lead Magnet und die darauffolgenden Problemlöser-E-Mails). Selbst höhere Werte sind vor diesem Hintergrund keine Seltenheit. Wie auch immer Ihre persönliche Umwandlungsrate aussieht, diese Kunden bilden nun die Grundlage für Ihren zweiten Launch.

Sie haben jetzt ein neues Produkt (verwandt mit dem Artikel aus dem ersten Launch) und bieten dieses Ihren Bestandskunden an, also den Käufern aus dem Eröffnungslaunch. Die Wahrscheinlichkeit, dass diese erneut bei Ihnen kaufen, liegt nach Jeff Walkers Beobachtungen um den Faktor 15 höher, wie bereits ausgeführt. Ich bin da noch optimistischer. Lassen Sie mich meinen Optimismus in Zahlen ausdrücken. Im Quartal 1 des Jahres 2018 haben wir den »internen Launch« gestartet. Wir konnten den Umsatz nahezu verdoppeln, auf 20 926,58 Euro! Bedenken Sie, dass es ein »interner Launch« war. Die angesprochenen Kunden sind in ihrer Anzahl deutlich weniger als im Eröffnungslaunch, weil es wirkliche Kunden sind – keine Interessenten.

Wir haben dann einen dritten Launch im Quartal 2 des Jahres 2018 gestartet. Ebenfalls an Bestandskunden aus dem Original-Launch. Das Ergebnis war abermals überragend. 54 580,65 Euro waren es dieses Mal. Die 20 926,58 Euro aus dem vorherigen Quartal konnten mehr als verdoppelt, fast verdreifacht werden!

Im September 2018 kam dann ein erneuter Bestandskunden-Launch. Das Ergebnis: 107 708.47 Euro.

In Summe lag das Gesamtergebnis von Ende 2017 bis Ende Quartal 3 2018 bei diesem Launch bei sagenhaften 194 335,04 Euro.

Auch wenn es in der Zwischenzeit weitere Einnahmen gab, möchte ich mit Ihnen ins erste Quartal des Jahres 2019 springen. Da hatten wir nämlich den sogenannten JV-Launch gestartet. Das Ziel eines Joint Venture Launch (= Kooperation zwischen zwei oder mehr Parteien) besteht darin, mithilfe strategischer Partner noch mehr Reichweite zu generieren.

Erinnern Sie sich an das Thema Affiliate-Marketing? Auch Influencer könnten Sie als solche Multiplikatoren einspannen. Im Zusammenhang mit Instagram habe ich dazu bereits einige Gedanken zur Qualitätsanalyse angeführt. Mit vereinten Kräften senden Sie dann Traffic auf die Landingpage. Im Gegenzug für das Bewerben Ihrer Produkte bzw. Page erhalten diese Affiliate- bzw. Influencer-Partner eine Erfolgsbeteiligung. Üblich sind hier 25 bis 50 Prozent Umsatzbeteiligung, wenn es digitale Produkte sind, und 10 bis 15 Prozent bei physischen Produkten. Wenn Sie Ihre Launch-Pages sowie Ihren späteren Shop mit Droptienda® aufbauen, profitieren Sie von einem kostenfrei integrierten Affiliate-System (Partnerprogramm). Auch Digistore24 sowie AffiliCon bieten ein solches Partnerprogramm, jedoch ausschließlich für Ihren Launch (Salespage als Check-out). In einen (späteren) Online-Shop können Sie diese Partner mit diesen Online-Verkaufsplattformen, wie bereits erwähnt, nicht integrieren. Behalten Sie dies bitte im Hinterkopf.

Verwenden Sie bei Ihrem JV-Launch verstärkt die Suche nach Kooperationspartnern, mit denen Sie sich zusammenschließen können. Sie sollten sich gegenseitig einen Mehrwert verschaffen, indem Sie sich zum Beispiel gegenseitig Testberichte schreiben, möglichst ehrliche Rezensionen verfassen oder sich beratend unterstützen. Starke Partner sind essenziell, auch als Dropshipper.

Setzen Sie in Ihrer Launch-Strategie mehr auf Qualität als auf Quantität. Die verschiedenen Möglichkeiten eines Launchs lassen sich beliebig »verketten«. Aus jedem Launch können gegebenenfalls neue Ideen entstehen und daraus dann wieder ein neuer Launch. Für alle Launchs gilt: Kümmern Sie sich um Ihre Kunden, bleiben Sie in Kontakt und senden Sie regelmäßige News (Produktneuheiten, Informationen zu Lieferengpässen aufgrund einer unvorhergesehenen Ausnahmesituation wie Corona, neue Kundenerfahrungsberichte ...).

Für welche Strategie Sie sich auch entscheiden, nach dem Launch ist vor dem Launch. Der besagte JV-Launch aus dem Jahre 2019 wurde in Summe fünfmal wiederholt. Immer mit einem anderen strategischen Partner, aber immer mit dem gleichen Produkt. Jeder Launch fand in einem Quartal statt. Die Zeitabstände waren nötig, weil Werbemittel angepasst werden mussten, Kooperationspartner mussten gefunden und Verträge neu verhandelt werden. Über die gesamte Zeitspanne konnten 229 130,73 Euro Umsatz erzielt werden. Jeder JV-Launch brachte demnach im Schnitt 45 826,17 Euro. Nicht schlecht, oder? Wenn Sie sich für die genauen Zahlen sowie weitere Informationen interessieren, scannen Sie den folgenden QR-Code und rufen Sie meinen *Erfolgsguide* ab.

Wenn Sie bei JV-Kooperationen auf ein Partnerprogramm wie Digistore24, AffiliCon oder Droptienda® zurückgreifen, werden die Provisionen an Ihre Partner vollautomatisch und in Echtzeit verteilt. Das ist ein großer Vorteil und erspart neben händischer Arbeit auch eine Menge Streitigkeiten. Eine bessere Transparenz kann es nach meiner Auffassung nicht geben. Auch können Sie an dem hier vorgestellten technischen Grundgerüst mit Salespage (im Vordergrund) und Digistore24 oder AffiliCon (im Hintergrund) bzw. mit Droptienda® als Komplettlösung bis zum Schluss erfolgreich skalieren. Diese Strategie ist daher absolut nachhaltig. Der Launch-Prozess ging übrigens in eine weitere Runde, mit neuen Partnern, und endete bei gigantischen 423 464,77 Euro.

Mir ist klar, dass Ihnen dies unglaublich hoch erscheint. Gerade wenn Sie aktuell noch keinen oder womöglich nur einen Produkt-Lieferanten haben. Im Folgenden werde ich Ihnen aber darlegen, dass dies wirklich keine Ausnahme ist. EU-Dropshipping ist trotzdem kein »Reichtum-auf-die-Schnelle«-System. Sie können gerne etwas zurückblättern und nachzählen, es war eine Menge Arbeit notwendig. Es waren viele Launchs, die aufeinander aufbauten, und am Ende waren es auch Partner, die nochmals einen Schub ermöglichten. Aber genauso soll es laufen.

Erwähnenswert ist, dass all das komplett ohne eigenen Webshop möglich war. Dreh- und Angelpunkt waren Landing- und Salespages. Und nach jedem Angebotsende wurden die Seiten brav geschlossen.

Vergessen bzw. unterschätzen Sie diesen Faktor nicht. Der nötige Leidensdruck (ausgelöst durch Ihren Lead Magnet und gekonnt maximiert durch Ihre Follow-up-Mails) bringt den Kunden in Zugzwang, ergo zum Kaufen!

Machen Sie es jedoch bitte nicht wie die Matratzenhändler in Ihrer Stadt. Denn dort fragt sich selbst die Presse, warum Matratzen-Läden immer Räumungsverkauf haben. In einem Bericht in *Orange by Handelsblatt* ist zu lesen: »Die Verkäuferin sagt, es stehe ein Sortimentswechsel an und die Ausstellungsstücke müssten raus. So ein Wechsel scheint ziemlich lange zu dauern, denn seit ich regelmäßig an dem Laden vorbeikomme – und das ist bestimmt schon seit einem Jahr der Fall – funkeln mich die Schilder mit Sonderangeboten an. (…) Die Schilder sollen den Eindruck erwecken, dass Kunden jetzt dringend die letzte Chance ergreifen sollen, eine günstige Matratze zu ergattern.«[22]

Machen Sie es also besser, authentischer, wahrer! Ich habe Ihnen klare Verknappungs- und Angebotsstrategien geliefert. Nutzen Sie diese. Und beobachten Sie die Stimmungen am Markt, wenn Sie den Loop-Launch erwägen. Eine sehr professionelle Lösung hierfür stellt *Talkwalker* dar. Auf der Website heißt es dazu: »Talkwalker entgeht nichts. Dank KI-gestützter Analysen monitoren wir weltweit alle Social-Media-Kanäle und Online-Medien, in allen Märkten, in 187 Sprachen. Sie empfangen Sofort-Benachrichtigungen (Alerts) für alle Erwähnungen und überwachen potenzielle Risiken über präventive Alarmfunktionen.«

Wenn man Sie erst einmal geistig als »Matratzenhändler mit Dauerrabatt« wahrgenommen hat, ist es sehr schwer, dieses Image wieder abzustreifen. Das Mindeste, was Sie tun sollten, ist im Rahmen eines Loop-Launchs die beworbenen Produkte nicht in Ihrem sonstigen (öffentlichen) Sortiment (Online-Shop, Marktplätze wie eBay und Amazon) anzubieten. Auch nicht zu einem anderen (höheren) Preis. Wenn Sie also schon »auf Dauerschleife« launchen, dann aber bitte mit einem wirklich exklusiven, nur für die Launch-Teilnehmer erhältlichen Angebot.

Immerhin wollen wir ja (zunächst) potenzielle Kunden und vor allem (ab dem zweiten Launch) echte Käufer aus Ihrem Launch überzeugen und motivieren, zu bestehenden Kunden und zu Wiederholungskäufern zu werden.

Halten Sie stets Kontakt zu Ihren Kunden und potenziellen Kunden, die noch nichts gekauft haben, und informieren Sie diese weiterhin über neue Produkte und Neuigkeiten, und kontaktieren Sie sie regelmäßig. Regelmäßige Informationen sind keine austauschbaren Newsletter im herkömmlichen Sinne. Wie zu Beginn dieses Kapitels über die E-Mail-Marketing-Phase dargestellt, geht es um maximale Relevanz. In diesem Zusammenhang kombinieren Sie Ihr erworbenes Wissen.

Betrachten Sie das bisher Gelernte als Fundament. Sie können jederzeit den nächsten Schritt wagen. Konkret werden Sie nicht nur Launch-Elemente wie skizziert kombinieren, sondern Sie werden auch neue Elemente hinzufügen bzw. Dinge ersetzen. In einem der folgenden Kapitel werde ich Ihnen unter anderem einige der genannten Shop-Systeme im Detail vorstellen. Eine spannende Stellschraube kann sein, Ihr »unsichtbares« Zahlungsgateway, z. B. Digistore24, durch Ihren eigenen Online-Shop zu ersetzen, der einen eigenen Check-out hat.

Von der Salespage zum eigenen Shop

Im folgenden Screenshot zeige ich Ihnen auf einfache Weise, was die angekündigte kleine Optimierung des Check-outs ausmachen kann. Für Sie als (angehender) Dropshipping-Shop-Betreiber ist dies essenziell. Denn die Betonung liegt in naher Zukunft (Ihrer Zukunft!) auf Shop, nicht mehr nur auf Salespage.

Auf der Vorderseite unten sehen Sie einen Ausschnitt aus einer Salespage von uns. Sie sehen den »Jetzt-kaufen«-Button. Der Kunde würde mit Klick auf diesen Button Ihre Salespage verlassen und kann dann seine Zahlung vornehmen.

Am Prinzip ändert sich auch nichts, außer die Tatsache, dass sich nun der Check-out Ihres Shops öffnet – und nicht mehr eine Weiterleitung zu Digistore24 oder zu anderen Online-Verkaufsplattformen oder Zahlungsabwicklungsanbietern erfolgt. Mit anderen Worten: Sie tauschen also diesen einen Baustein aus und schon »routen« Sie – ebenfalls im Hintergrund – die Kunden zu Ihrem Shop!

Bildlich sieht der Shop-Check-out (hier von Shopify) wie folgt aus:

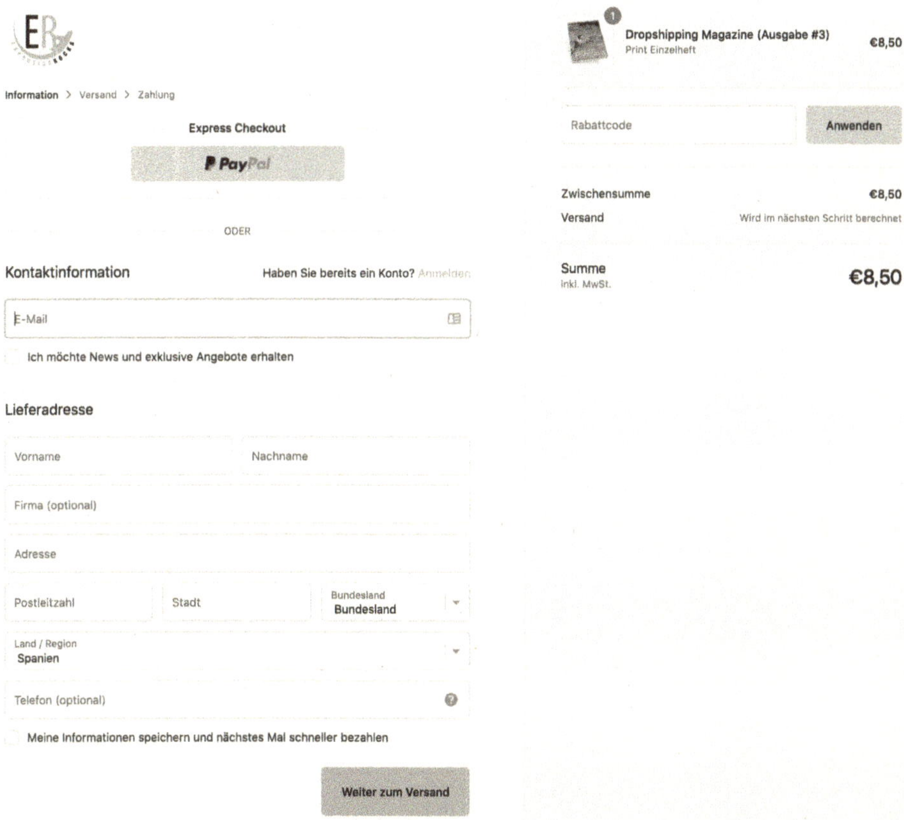

Zuvor wäre der Kunde hier herausgekommen. Der Screenshot zeigt den vorherigen Check-out, hier via Digistore24:

(anderes Produkt, gleiches Prinzip)

Wenn Sie also in der Zwischenzeit ein echtes Sortiment aufgebaut haben, dann ist es sinnvoll, früher oder später Ihren eigenen Shop bewusst miteinzubeziehen.

Wichtig ist: In beiden Check-out-Varianten gelangt der Kunde von Ihrer Salespage immer auf schnellstem Wege zur Kasse. Wenn Sie jetzt Ihren Shop »zwischenschalten«, bekommt Ihr Kunde dies nicht bewusst mit. Auch dieser Prozess läuft im Hintergrund. Der Vorteil, warum Sie diesen Switch überhaupt erwägen sollten, ist, dass Sie nach einem Kauf alle Kundendaten an einer zentralen Stelle haben. Nämlich in Ihrem Shop. Langfristig ist das sehr wichtig. Warum? Weil Sie bei weiterführenden Marketingkampagnen oder Auswertungen Ihren Shop in den Mittelpunkt stellen können. Alles an einem Platz. Zudem sparen Sie Transaktionsgebühren.

Da Sie zu Beginn aber über kein oder nur ein kleines Sortiment verfügen, arbeiten Sie sich nach dem beschriebenen Konzept langsam vor. Der Shop fügt sich nach und nach ein. Und nun wird Ihnen auch verständlicher sein, warum Sie bedenkenlos Ihre Salespages nach den 7 oder 10 Tagen schließen können. Da Sie jetzt über Bestandskunden verfügen, dürfen diese bei Ihnen im Shop (direkt und nicht als Quereinsteiger über den »Hintereingang« Ihrer Salespage) gerne 24/7 einkaufen!

Der Launch ist also DAS Ereignis für Neu- und Bestandskunden. Sie bauen Vorfreude und den nötigen Spannungsbogen auf. Das beeinträchtigt aber nicht Ihr Tagesgeschäft. Der Punkt ist, dass Sie zu Beginn schlicht über keines verfügen. Die Launch-Sequenzen sind der Weg, ein solches Tagesgeschäft nachhaltig zu erschaffen. Das ist der Punkt!

Das Schmucklabel Purelei ist ein gelungenes Beispiel. Sie können sich mit dessen Launch-Konzepten gerne vertraut machen. Dort beherrscht man die Klaviatur zwischen Vorankündigungen, Exklusivität und den Einsatz von Influencern auf Instagram wie aus dem Bilderbuch. Neue Produkte werden auf Instagram angeteasert. Das Interesse wird also Wunschkunden-gerecht geweckt. Das Unternehmen nutzt zum Beispiel »Pre-Sales«, um den Hype anzukurbeln. Auf der OMR-Plattform für Marketing-Macher heißt es dazu: »Wer schnell genug ist, kann also schon vor dem offiziellen Verkauf bestimmte Stücke kaufen. Und neue Produkte gibt es von Purelei in ordentlicher Regelmäßigkeit.«

Da ist sie wieder, die liebe Frequenz. Weitere Infos zum Launch-Konzept von Purelei finden Sie in diesem Bericht:

Nachdem der Schritt in Richtung eigene Webshop-Verknüpfung gelungen ist, können Sie das bestehende Konzept auch auf Plattformen wie Amazon ausweiten. Am Ende ist die Spielregel immer gleich. Auf Ihrer Salespage ändern Sie einfach nur den »Weiterleiten-Button«. Sie können also problemlos auch auf Ihr Amazon-Angebot verlinken oder auf einen sonstigen Marktplatz.

Dass Marktplätze ebenfalls ideal für einen Launch sind, zeigt das folgende Zitat eines unserer Kunden:

> »Mittlerweile sind viele Anfragen und schon 4 Bestellungen in meinem Chrono24-Dashboard eingegangen, darunter eine aus Polen für 24 000 EUR – nicht zu fassen!!! Da ich bisher i. S. Bestellabwicklung nur als ›Trockenschwimmer‹ unterwegs war, darf ich dir, um Missverständnisse zu vermeiden, nochmal ein paar Anfänger-Fragen stellen? ;-)«

Unser »Trockenschwimmer« hat am ersten(!) Tag (Sie wissen ja, ein Open Cart hat gewöhnlich 7 bis 10 Tage) einen Gesamtumsatz von satten 31 961 Euro eingefahren. Darunter allein rund 24 000 Euro von einem(!) Besteller. Zudem wurden in den ersten drei Tagen 36 885 Angebotsaufrufe erzielt. Für all diese Aufrufe wurde kein Cent in Werbung investiert. Womöglich können Sie jetzt erahnen, welche immense Power dieser Ansatz mit sich bringt! Sie haben hier abermals einen Beleg dafür, dass Sie selbst als Neustarter den Weg aus Ihrem Hamsterrad schaffen können.

Der Vorteil auf Online-Marktplätzen ist: Vertrauen! Viele Kunden haben keine Angst, auch mehrere Zehntausend Euro zu überweisen.

Warum Marktplätze wie Amazon nicht für sich allein funktionieren

Wenn Sie das obige Beispiel lesen oder auch um die Tatsache wissen, dass man auf Online-Marktplätzen mit etwas Einsatz und Know-how schnell Gewinne einfahren kann, dann stellt sich Ihnen vielleicht die Frage: Warum dann der geschilderte »langwierige« und scheinbar komplexe Weg über Landing- und Salespages, E-Mail-Sequenzen, Lead-Generierung und so weiter? Warum nicht direkt auf einer Plattform starten und dort den Rest des Arbeitslebens verbringen? Einfach das Sortiment nach und nach auf Amazon, eBay und Co einstellen? Auch naheliegend könnte die Überlegung sein, einfach einen Webshop zu eröffnen, eine Werbekampagne mittels Google Ads oder Facebook Ads zu starten und potenzielle Kunden auf das Angebot zu leiten. Und natürlich könnten Sie auch eine Adressliste mieten oder kaufen (z. B. bei der Schober Information Group Deutschland GmbH) und diese nutzen, um auf Ihr Angebot aufmerksam zu machen. Sie haben recht, es gibt in der Tat viele Möglichkeiten, wie Sie ohne lange Vorbereitung schnell Verkäufe einfahren können. Und scheinbar zielt auch die ganze »Schnell-reich-werden«-Bewegung genau darauf ab. Man brüstet sich mit hohen Umsatzzahlen.

Das Problem ist nur: Wie viele von diesen (angehenden) Unternehmern gibt es noch in 3 Monaten, in 3 Jahren oder gar in 10 Jahren? Das erinnert mich an einen Bericht aus dem *ManagerMagazin* mit dem Titel: »Das Blendwerk der Möchtegern-Stars«. Neun von zehn Start-ups scheitern, heißt es da. »Nur eines von zehn Start-ups wird richtig erfolgreich, neun gehen bereits innerhalb der ersten drei Jahre nach ihrer Gründung pleite.«[23]

Ja, es gibt sie, die schnellen Gewinne. Auch und gerade im Dropshipping. Aber, und das ist der entscheidende Unterschied zu meiner Methode: Wenn Sie Ihr Geschäft auf direkten Marktplatz-Umsatz ausrichten, als

Fundament, werden Sie für immer in einer gefährlichen Abhängigkeit bleiben und höchstwahrscheinlich auch scheitern. Sie bleiben eine Marionette. Sie müssen sich dem Hausrecht der Plattformen unterwerfen, und die Transaktionsdaten gehören Ihnen noch nicht einmal. Bei Amazon und eBay beispielsweise werden die E-Mail-Kontaktdaten gänzlich verschlüsselt. Sie dürfen (und können) diese also nicht außerhalb der Plattform für eigene Zwecke nutzen. Wenn Sie Werbung innerhalb des Facebook-Kosmos (zu dem auch Instagram gehört) schalten, dann verbleiben die echten Adressdaten auch beim blauen Riesen. Wohin Sie auch blicken, nachhaltig ist das alles nicht. Sie sind nur geduldet.

Schlimmer noch als die Abhängigkeit: Sie bauen Ihr Unternehmen auf Sand. Ohne Bestandskunden, an die man Werbung und Angebote mailen kann, fehlt Ihnen der entscheidende Faktor für langfristiges Wachstum. Ich stelle daher den Bestandskunden, den Sie immer und immer wieder monetarisieren können, nicht zuletzt mittels Abo, in den zentralen Fokus meiner Methode. Ja, es ist Mehrarbeit. Ja, die Texte für Landingpages und E-Mails schreiben sich nicht von allein. Ja, es ist etwas komplexer. Aber: Die anfängliche Mehrarbeit wird sich mittel- und langfristig für Sie auszahlen. Aus den geschilderten Gründen.

Ich schreibe dies in fester Überzeugung und mit Rückblick auf 15 Jahre E-Commerce-Praxis. EU-Dropshipping hat die Finanzkrisen 2001 sowie 2008/2009 überlebt und geht auch gestärkt aus der gegenwärtigen Corona-Pandemie hervor. (Im Gegensatz zum China-Dropshipping, das mit den Lockdowns und den damit einhergehenden Lieferstopps dramatisch zu kämpfen hatte). Wie erwähnt, 9 von 10 Start-ups sind in den ersten drei Jahren erledigt. Das liegt nicht selten daran, dass die Nachhaltigkeit fehlt. Wenn Sie erst einmal die Wichtigkeit der eigenen(!) Kundendaten, Ihrer Stammdaten, verstanden haben, dann können Sie daraus auch ein Stammkundengeschäft machen. Bestandskunden sind das Ziel und die einzige mir bekannte Möglichkeit, wie Sie unantastbar und wirklich erfolgreich werden.

Corona hat das Kundenverhalten on- wie offline weiter verändert. Ich beobachte, dass die lokale Kaufkraft und -lust schwindet. Für viele Unternehmer rücken (online) Bestandskunden daher verstärkt ins Bewusstsein. Trigger-basiertes Marketing ist gefragter denn je. Gemeint ist letztlich, dass Kunden durch ihr Verhalten den Zeitpunkt von Marketingkampagnen selbst bestimmen. Dies geht über reine E-Mail-Kommunikation zum richtigen Zeitpunkt hinaus. Vielmehr sollte eine ganzheitliche Kommunikation konsequent vom Kunden her gedacht werden. Eine IT-Landschaft samt CRM und Automations-Lösungen, die Bestandskunden zum optimalen Zeitpunkt über den passenden Kanal mit richtigem Inhalt oder Service bespielen, ist kein Trend, sondern seit 2021 ein Muss. Aus diesem Grund habe ich derartigen Helfer-Tools ein eigenes Kapitel gewidmet.

Für den Augenblick sei Ihnen gesagt: Was immer Ihnen als Händler auf den bekannten Plattformen zustoßen wird (und glauben Sie mir, da gibt es einige Möglichkeiten), es wird Sie bzw. Ihr Unternehmen nicht umbringen – sofern Sie eines haben: ihre Kunden-Stammdaten und damit die Möglichkeit, Stammkunden zum perfekten Zeitpunkt zu erreichen. Daten sind das neue Öl. Darum horten die Internetgiganten Unmengen dieser Datenschätze, daran verändert auch eine DSGVO nur wenig. Fangen Sie an, es Ihnen gleichzutun.

Im bereits erwähnten und mit QR-Code verlinkten *Erfolgsguide* zum Buch werden Sie auch einen weiteren Amazon-Launch finden, der die gigantische Summe von nahezu 100 000 Euro Umsatz an nur einem einzigen Tag ermöglichte. Ja, Sie haben richtig gelesen, 99 474,43 Euro an einem April-Tag 2020.

KAPITEL 5

»Reichtum ⟶ Marketing ⟶ Funnels«

Russell Brunson[24]

DIE KUNST DES FUNNELBAUS

Zeit für eine Zwischenbilanz. Sie haben Ihren Launch hinter sich gebracht, verfügen über eine Kundenliste und eine Interessenten-Liste. Zudem haben Sie mindestens eine Landingpage mit überzeugendem Lead Magnet und eine Salespage erstellt. Sie wissen außerdem, dass Sie einen Launch beliebig oft wiederholen können. Streng genommen ist diese Abfolge auch ein Funnel. Man könnte Ihn als Launch-Funnel bezeichnen. Denn das englische Wort Funnel steht für einen simplen Trichter. Und genau einen solchen haben Sie, wissentlich oder nicht, erschaffen. All die Interessenten, die Sie aus den verschiedensten Quellen auf Ihre Landingpage geleitet haben, sind am oberen Trichterteil. Stellen Sie sich einen Trichter vor, er ist oben sehr breit und geht dann immer enger zulaufend nach unten. Entlang dieses Weges ist Ihre Salespage mit Ihrem Angebot. Auf all den Zwischenstationen haben Sie einige nicht überzeugen können, Sie verbleiben dennoch auf der Interessenten-Liste. Möglicherweise haben sich einige auch komplett von Ihrem Angebot abgewandt. Sich also aus Ihrer Liste ausgetragen. Dieses Recht müssen Sie von Gesetz wegen immer anbieten. Jede Nachricht muss daher die Möglichkeit einer Abmeldung aus Ihrem Verteiler (als Hinweis) beinhalten.

Es ist ein natürlicher Ausdünnungsprozess, bei dem am Ende, sprich am Ende des Trichters, nur noch echte Kunden stehen: Käufer! Bislang habe ich bewusst das Wort Launch priorisiert, einfach weil es den Fokus auf diesen wichtigen Grundstein lenken sollte. Nun wird es Zeit, dass wir verstehen, was mit Funnelbau gemeint ist. Ich erkläre Ihnen dies jetzt, wohl wissend, dass Sie bisher vermutlich »nur« das gerade beschriebene Konstrukt aus Landingpage und Salespage haben. Denn solche Funnels kann man auch an einen Webshop anbinden. Da beides möglich ist, gehen wir zunächst vom beschriebenen Sachverhalt aus, also von Ihrer Salespage.

Starten wir zunächst auf der folgenden Seite mit einer Grafik. Sie zeigt den bereits beschriebenen Launch-Ablauf. Gehen wir der Nachvollziehbarkeit zuliebe (und wegen der Vertrautheit aus dem Salespage-Beispiel) davon aus, dass Ihr Eröffnungsangebot noch immer ein Burger ist.

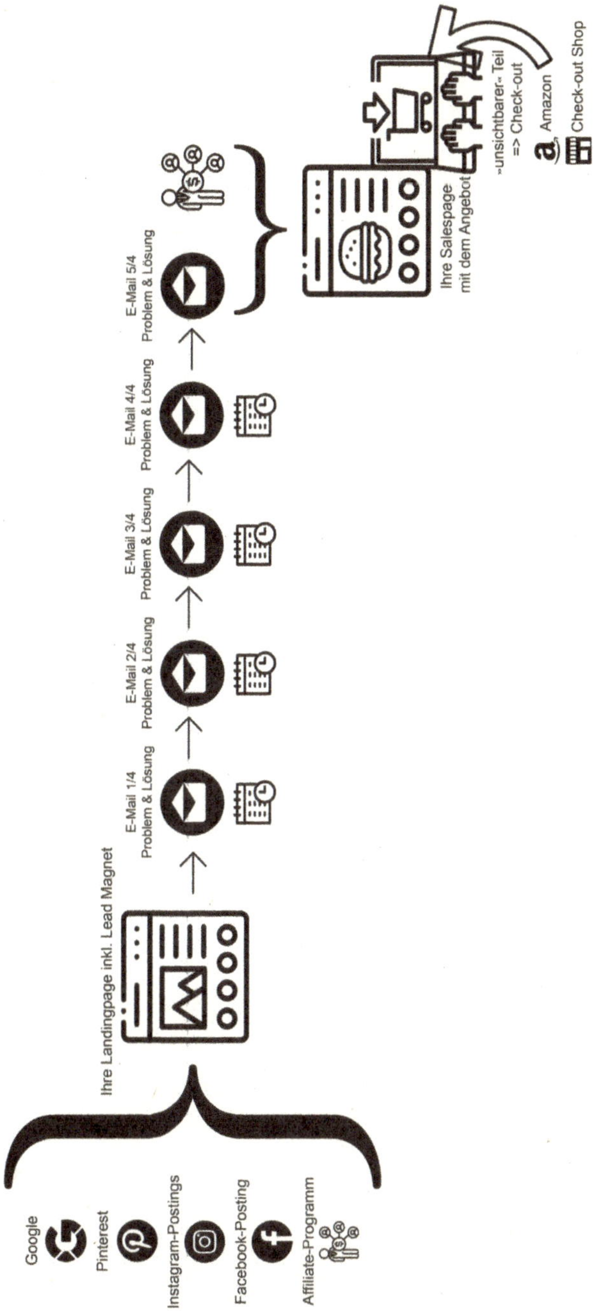
Google
Pinterest
Instagram-Postings
Facebook-Posting
Affiliate-Programm
Ihre Landingpage inkl. Lead Magnet
E-Mail 1/4
Problem & Lösung
E-Mail 2/4
Problem & Lösung
E-Mail 3/4
Problem & Lösung
E-Mail 4/4
Problem & Lösung
E-Mail 5/4
Problem & Lösung
Ihre Salespage
mit dem Angebot
»unsichtbarer« Teil
=> Check-out
Amazon
Check-out Shop

In der Grafik sehen Sie den im letzten Kapitel beschriebenen Prozess. Je nach Launch-Art (einschließlich des vorgestellten Loop-Launchs) haben Sie allein oder zusammen mit Ihrem Partner (Influencer etc.) den Joint Venture Launch absolviert. Ihr Angebot war und ist unverändert diese einzigartige Burger-Kreation.

Bislang endete genau hier der Verkaufsprozess. Sie haben verkauft, möglicherweise nicht sofort, sondern im Laufe Ihrer 10-tägigen E-Mail-Sequenz. Aber Sie haben verkauft. Auch haben Sie gelernt, dass der eigentliche Verkauf bzw. Bezahlprozess sowohl von Digistore24 oder AffiliCon abgewickelt werden kann, aber ebenso gut eine Plattform wie Amazon, Chrono24 oder Ihr eigener Shop (falls Sie schon einen haben) eine Möglichkeit für den Check-out wäre. Wo Sie am Ende den Verkauf enden lassen, ist egal, gemein haben alle Endpunkte: Der Kunde zahlt, und Ihr Dropshipping-Lieferant liefert die Ware. Fertig. Verkauf beendet. Launch insofern erfolgreich.

Nun geht es um einen weiteren Schritt, nämlich Ihr Zusatzgeschäft. Um dieses zu ermöglichen, brauchen wir glücklicherweise keine weiteren E-Mails mehr, sondern nur noch die wesentlichen Produktmerkmale und schlichte JA/NEIN-Buttons. Exakt diesen Prozess stelle ich Ihnen im Folgenden im Detail vor. Man bezeichnet den gesamten Ablauf als »Dropfunnel-Strategie«. Diese umschließt alles vom Launch bis zum finalen Verkauf einschließlich des nun folgenden Zusatzgeschäfts. Die Dropfunnel-Strategie geht daher weiter als die zuvor vorgestellte Launch-Idee nach Jeff Walker. Diese Weiterentwicklung bzw. Feinabstimmung auf den Streckenhandel macht die Vorgehensweise deutlich effektiver, was die generierten Umsätze betrifft.

Der strategische Name ist angelehnt an die E-Mail-Komplettlösung Dropfunnels®, ebenfalls eine von mir konzipierte Software. Umsetzen können Sie diese Strategie aber auch mit jeder anderen Software. Darum ist es eine Strategie. Im Sinne einer Komplettlösung, die den Planungsprozess bzw. die Visualisierung, das eigentliche Versenden der E-Mails und auch dieses Zusatzverkaufsgeschäft an einem Ort hat, ist das von mir bevorzugte Dropfunnels® die erste Wahl (mehr darüber auf dropfunnels.de). Im Folgenden werde ich aber von der Strategie als solcher sprechen. Und diese funktioniert »systemneutral«. Sie kopieren dieses strategische Vorgehen lediglich.

Befüllen wir also Ihren Dropshipping-Trichter mit Leben. Bedenken Sie stets, das Hauptprodukt unserer Salespage ist der Ihnen vertraute Burger. Das Endziel ist aber der Verkauf des gesamten Menüs, also inklusive Pommes, Coke und im Idealfall Nuggets. Wobei wir für unsere Betrachtung den Aspekt »vegetarisch« oder »vegan« einmal kurz außen vor lassen. Wenn Sie komplett in einer Linie mit dem Vegan-Burger bleiben wollen, dann müssen Sie natürlich anpassen. Alle Zusatzprodukte gibt es auch in »gesund« oder »vegan«. Wir bleiben der Einfachheit halber aber bei den Bezeichnungen »Pommes«, »Coke« und »Nuggets«. Unsere Burger-Strategie können Sie sich bildlich wie auf der rechten Seite oben vorstellen.

Ausgangsbasis ist der bereits verkaufte Burger aus dem Launch-Angebot (oben auf dem Trichter). Das beabsichtigte Endziel ist das gesamte Menü (unter dem Trichter).

Steigen wir tiefer ein ins Burger-Geschäft. Ich bin nicht sicher, wann Sie zuletzt bei einem McDonald's waren, aber sein Erfolgsgeheimnis hat sich seither nicht geändert. Und nein, es sind nicht die Burger, die den Erfolg ausmachen. Manche von uns können diese zu Hause besser zubereiten. Dennoch ist McDonald's extrem erfolgreich mit den Teilen, die dort als Burger über die Theke gehen. Mehr noch, das, was Sie dort in Perfektion erleben, ist ein exzellentes Beispiel für einen Zusatzverkauf: »Wollen Sie dazu Pommes Frites?«

Gutes Cross-Selling oder Up-Selling ist eine Kunst für sich. Es geht um Timing und Relevanz. Es geht in keiner Weise darum, Kunden zu manipulieren. Der effektivste Weg, mehr an jemanden zu verkaufen, ist, wenn er sowieso ein echtes Interesse daran hat. (Denken Sie daran, Ihr Kunde hat bereits den Burger aus unserem Launch-Angebot gekauft! Das Interesse ist also nicht theoretisch, es ist faktisch vorhanden!) Das

Lehrbuchbeispiel ist McDonald's mit seinem magischen Satz: »Wollen Sie dazu Pommes Frites?« Diese kleine Frage ermöglicht es McDonald's, jeden Tag weltweit über 4 Millionen Kilogramm Pommes zu verkaufen.[25]

Ein guter Verkaufstrichter oder eben der Funnel ist ein Wegweiser. So, wie wenn Sie einen Burger bestellt haben und am Ende doch noch Pommes und Coke kaufen. »Oh je, jetzt haben wir schon zwei Dinge on top gekauft.« Geplant war das alles nicht. Vor allem nicht mit Blick auf die Badezimmerwaage. Nun ja, gekauft haben Sie dennoch – »Wenn Sie schon mal hier sind«.

Und jetzt, wo Sie langsam auf den sprichwörtlichen Geschmack kommen, kommt der Teil mit dem Funnel, wie ich ihn definiere. Sie wissen bereits, dass ich alle Funnels und Kampagnenplanungen (sowie die E-Mail-Versendungen selbst) mit dem kostenlosen Komplett-Tool Dropfunnels® meistere. Wenn Sie eine Alternative bevorzugen, gibt es beispielsweise auch funnelytics.io, wobei sich diese Software primär auf die Planung beschränkt.

Wenn wir von »Funnelbau« sprechen, dann ist gemeint, dass wir aneinander gereihte Verkaufsseiten (beginnend mit der Landingpage und Ihrem Lead Magnet) erstellen, gefolgt von Ihrer ersten Salespage. All das haben wir im vorherigen Kapitel bereits besprochen. Doch im Folgenden gehen wir **einen Schritt weiter.**

Die Extrameile für mehr Umsatz

Jetzt bauen Sie einfach bis zu drei weitere Salespages »hinten dran«. Der wesentliche Unterschied zum bisherigen Launch ist die Verbindung. Ihre Landing- und Salespage wurde durch die E-Mail-Sequenz verbunden. Sie erinnern sich! Es gab keine direkte Verbindung, vielmehr musste man über eine »Brücke« von vier E-Mails gehen, bis dann mit der fünften Mail die Salespage mit Angebot und Preis ins Blickfeld kam und von den folgenden Mails weiter bis zum Launch-Ende fokussiert wurde. Ihre Interessenten wurden regelmäßig an Ihr Angebot erinnert.

Ihre Salespage (die mit dem Burger) und die nun folgenden (dort bieten wir Pommes, Cola und Nuggets an) – sie sind direkt miteinander verbunden. Ohne E-Mails, wie versprochen. Sobald der Burger bezahlt wurde, empfehlen wir Weiteres. Das ist sehr, sehr wichtig.

Schlechte Funnels zielen auf Zusatzverkäufe vor der eigentlichen Transaktion ab. Ich möchte aber, dass der Burger verkauft wird. Bildlich gesprochen, hat Ihr Kunde schon die Kreditkarte durchgezogen. Erst im Anschluss bieten wir ihm Weiteres an. Praktischerweise haben wir jetzt bereits seine Lieferadresse und auch seine Zahlungsdaten gespeichert. Diese müssen also nicht erneut eingetragen werden. Wenige Klicks genügen und die bereits aufgegebene Bestellung wird erweitert durch eine Portion Pommes Frites.

An dieser Stelle unterscheiden wir uns klar von McDonald's. Denn dort erfolgt der Zusatzverkauf noch vor dem Kassiervorgang, bei uns nicht. Der Grund ist, wenn Sie mit Ihrem Auto raus ins Gewerbegebiet fahren, um einen McDonald's zu besuchen, dann werden Sie diesen nicht gleich wieder verlassen, selbst dann nicht, wenn Sie von der »Möchten Sie noch Pommes?«-Fragerei genervt sind. Sie haben eine größere Anstrengung auf sich genommen, um dort hinzukommen. Dann stellen Sie sich gegebenenfalls noch an, bis die Bestellung überhaupt aufgenommen werden kann. Im Internet ist das anders. Ein Klick genügt, und Ihr potenzieller Kunde ist weg. Darum gehen wir auf Nummer sicher. Wir tüten also erst den Erstverkauf ein (aus Ihrem Launch-Angebot). Ist dieser Verkauf abgeschlossen, dann empfehlen wir Passendes dazu!

Solche zusätzlichen Salespages sind, wenn Sie so möchten, Ihre Speisekarte. Nur dass wir Ihrem Kunden diese nicht sofort (vor dem Erstkauf) zeigen, sondern immer Angebot für Angebot präsentieren. Erst der Burger. Ist dieser verkauft, dann bieten wir noch die Pommes an. Und dann die Coke.

Das Entscheidende ist: Ihr Kunde ist schon hungrig! Darum bestellt er den Burger. Oder anders: Darum besucht jemand Ihre Salespage. Er hat Hunger und sucht im Internet nach einer Lösung. Die Lösung findet er in sozialen Netzwerken oder bei einer Suchmaschine. Wenn er Sie dann gefunden hat und schließlich den Burger gekauft hat – dann vertraut er Ihnen. Nutzen Sie dies und bieten Sie jetzt weitere Angebote. Das sieht dann wie folgt aus:

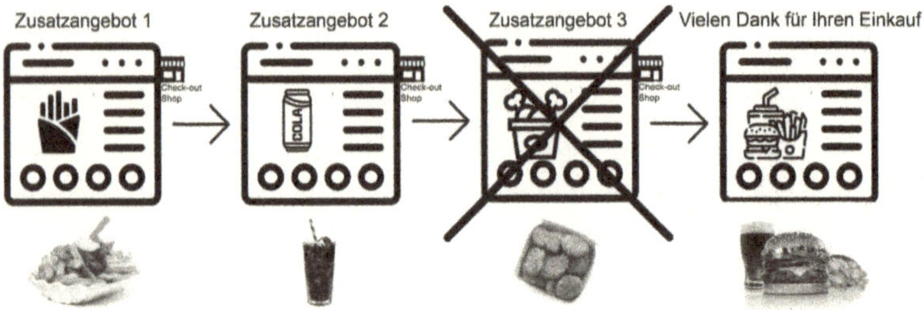

An jeder dieser drei zusätzlichen Verkaufsseiten könnte Ihr Kunde (nicht Interessent, denn der Burger wurde bereits sicher gekauft!) die Seite in seinem Internetbrowser schließen. Es ist schade, aber nicht schlimm. Denn der Verkauf fand bereits statt. Läuft alles nach Plan, schicken wir den Kunden von einer Verkaufsseite auf die nächste. Wie auf der Abbildung zu sehen. Bei jeder dieser Zusatzseiten gibt es neben der Produktbeschreibung und dem Preis im Wesentlichen nur zwei Buttons: JA oder NEIN. Möchten Sie zusätzlich Pommes? JA oder NEIN. Ganz egal, was der Kunde auswählt, wir gehen in jedem Fall eine Seite weiter. Auf dieser Grafik hat unser Kunde keine Lust auf Nuggets, er wählt also auf Seite drei NEIN. Am Ende kommt die Dankesseite, jetzt ist die Bestellung (in unserem Interesse und Sinne) vollständig. Ihr Lieferant liefert Burger, Pommes und Cola.

Wichtig zu wissen: Hätte unser Kunde bei der Frage »Möchten Sie Pommes?« mit JA gestimmt und im Anschluss seinen Internetbrowser geschlossen, dann wäre zum Burger die Bestellung der Portion Pommes noch ausgeführt worden. Nur die zwei weiteren Angebote (Cola und Nuggets) hätten wir nicht mehr liefern können. Die Abrechnung – auch der Zusatzangebote – erfolgt immer in Schritten. In diesem gezeigten Fall hätte es drei Transaktionen gegeben. Eine für das Erstangebot, den Burger. Eine zweite Transaktion für die Pommes und eine dritte für die Cola. Die Kreditkarte des Kunden wäre insofern auch dreimal belastet worden, nicht in einer Gesamtsumme. Dreimal.

Genauso funktioniert meine Strategie. Sie ermöglicht einen Zusatzverkauf in kleinen, in sich geschlossenen Einheiten.

Weil es so wichtig ist, noch einmal in aller Kürze

Für jedes Up-Selling-Produkt (Pommes, Cola, Nuggets) legen Sie eine eigene Salespage an. Auch diese Salespages sind nicht über Suchmaschinen aufrufbar. Diese Seiten werden auch nicht per E-Mail beworben. Der Kunde gelangt auf diese Angebotsseiten ausschließlich durch den Kauf des Hauptproduktes – in meinem Beispiel der Burger.
Hauptmerkmale einer jeden Up-Selling-Seite (also der Salespages 1, 2 und 3) sind die erwähnten Buttons zur Kaufentscheidung:

1. Der **»Ja, kaufen«-Button**
2. Der **»Nein danke«-Button**

Immer wenn ein Kunde auf einen dieser Buttons zur Kaufentscheidung klickt, kommt er zur nächsten Up-Selling-Seite, bis keine Up-Selling-Produkte mehr in Ihrem Up-Selling-Verlauf (Funnel) eingestellt sind. Im Falle eines Ja-Klicks erfolgt im Hintergrund durch Ihren Zahlungsanbieter die Abrechnung für diese weitere Zusatzbestellung. Ich empfehle Ihnen maximal drei Zusatzprodukte, mindestens jedoch eines.

Wenn Sie auch auf dieses eine Zusatzprodukt verzichten (und den Launch beim Burger enden lassen), verschenken Sie eine Menge Potenzial. Tun Sie das nicht!

Die vierte Seite in meiner Grafik auf Seite 212 ist die Bestellbestätigungsseite. Diese wird von Ihrer Online-Verkaufsplattform, wie beispielsweise Digistore24, bereitgestellt. Sie können diese Danke-Seite auch selbst gestalten. Wichtig ist nur, dass Sie dem Kunden klar kommunizieren: Du bist am Ziel! Vielen Dank für deinen Einkauf, das war eine großartige Kaufentscheidung.

Schlussendlich haben Sie einen vollständigen Ablauf inklusive dreier Zusatzangebote. Damit am Ende Pommes und Coke zusätzlich bestellt werden, muss das Hauptprodukt überzeugen. Wie Sie gesehen haben, können Sie mit der richtigen Inszenierung auch einem Ein-Dollar-Produkt eine 162-fache Wertsteigerung ermöglichen. Es ist also ein Mythos, dass Sie nur Geld verdienen können, wenn Sie DAS Produkt haben. Und wenn Sie noch gar keine Produkt-Idee haben, auch dann ist ein Launch problemlos möglich. Ich hatte dies bereits dargelegt. Im Sinne einer erfolgreichen Dropfunnel-Strategie haben Sie immer ein Hauptprodukt bzw. eine Idee davon sowie drei Up-Selling-Produkte in der Hinterhand. Wenn Sie kein Produkt haben, könnten Sie als Zusatzangebot einen weiteren Livestream anbieten. Dieser findet nur im kleinen Kreis statt. Teilnehmen dürfen nur diejenigen Kunden, die hier und jetzt zugreifen: »Möchten Sie am exklusiven Premium-Livestream teilnehmen?« JA oder NEIN?

Das war natürlich ein Scherz. So plump würden Sie es gewiss nicht formulieren. Was halten Sie hiervon? »ERREICHE dein Wunschgewicht: Deine 30-Tage-Ernährungs-Challenge ganz ohne schmerzliche Übungen!«

Die Formel für diese Überschrift lautet also:

Ergebnis + Timing – Schmerz.

Für Ihre Up-Selling-Pages sollten Sie mit kurzen Überschriften spielen. Hier einige weitere Formeln, die Sie nach Belieben anpassen können.

»Hol dir einen Traumbody, auf den du stolz sein kannst«

»Besitze ein Motorrad, auf das du stolz sein kannst«

»Kreiere dir das Leben, auf das du stolz sein kannst«

Die Formel für derartige Headlines ist also:

Hol dir ____, auf den/das du stolz sein kannst.

Viele Ihrer potenziellen Kunden sind insgeheim unzufrieden. Entweder mit dem, wer sie momentan sind, oder mit dem, was sie momentan besitzen. (Es ist nie genug, oder?) Und auch darüber, wie momentan Dinge getan werden. (Optimieren geht fast immer.)

Stellen wir uns jetzt nochmals eine Headline auf unserer Up-Selling-Page vor:

»Kreiere dir das Leben, auf das du stolz sein kannst«

JA, ich bin dabei, vs. NEIN, ich bin bereits absolut zufrieden.

Verstehen Sie? Wir müssen nicht mehr zu sehr ins Detail gehen. Denn beim Hauptpunkt und auch bei den Launch-Begleitmails haben wir alles im Detail besprochen. Jetzt hat Ihr Kunde (nicht mehr Interessent) bereits gekauft. Er ist also bereit für kurze Ja-oder-Nein-Antworten.

Und denken Sie daran, ein JA ist immer bares Geld. Denn mit jedem JA wird die hinterlegte Zahlungsart belastet.

Dieser ganze Prozess ist letztlich die Dropfunnel-Strategie. Sie kombinieren die mächtigen einzelnen Bausteine wie Landingpage, Lead Magnet, Salespage, Launch-Formel und E-Mail-Sequenzen gefolgt vom Zusatzgeschäft. Sie können diese Bausteine nach Belieben optimieren.

Lassen Sie uns zum Abschluss einige weitere Techniken ansehen, die meiner Erfahrung nach sehr gut beim Zusatzgeschäft funktionieren:

»Gib mir 5 Minuten, und du bekommst Insiderwissen, wie man Dropshipping erlernt!«

»Gib mir 7 Minuten, und du bekommst einen einzigartigen Blog.«

Die Formel für Ihre Up-Selling-Page lautet also: Gib mir (kleine Zeiteinheit), und du bekommst (dieses Endergebnis).

Sie wissen bereits um die Wirkung einer Geld-zurück-Garantie im Vertrauensaufbau. Machen wir also auch auf unserer Up-Selling-Page ein spezifisches und überzeugendes Statement. Sind Sie bereit, ein mächtiges Versprechen abzugeben?

Die Kunst liegt darin, dass dieses Versprechen so formuliert sein muss, dass die meisten Ihrer Kunden zustimmen würden. Eine Geld-zurück-Garantie ist eine echte Sicherheit! (Alternativ funktioniert auch eine kulante Rücknahmemöglichkeit: »... oder senden Sie es binnen 120 Tagen kostenfrei an uns zurück!«)

»Sichere dir jetzt die komfortabelsten Sneakers, die du jemals getragen hast, oder erhalte dein Geld zurück.«

»Die Diät ohne Jo-Jo-Effekt oder dein Geld zurück.«

»Der beste Dropshipping-Kurs in Europa oder dein Geld zurück.«

Die Formel lautet also:

Ihr (kraftvolles Versprechen) oder Geld zurück.

Ebenfalls sehr wirkungsvoll ist folgende Formel:

»Möchtest du (Ihr Ergebnis)?«

Das ist eine einfache Frage, die jedoch Ihren Käufer auf der Up-Selling-Page abermals mit Fokus auf dem Nutzen anspricht.

»Möchtest du finanziell unabhängig werden?«

»Möchtest du dein Hamsterrad endgültig verlassen?«

»Möchtest du mehr Verkäufe mit Dropshipping?«

Simple Fragen, die ganz einfach mit JA oder NEIN beantwortet werden können.

Liefern Sie Ihren Käufern einen Grund, direkt erneut JA zu sagen. Wie bereits angesprochen, können Sie Ihre Salespage jederzeit »upgraden«. Sie können jetzt Ihren Webshop-Check-out oder einen Marktplatz wie Amazon integrieren. Doch welche Shop-Lösung ist überhaupt sinnvoll? Schauen wir uns das im Folgenden genauer an.

KAPITEL 6

»Unbestritten ist, dass Händler durch die enorme Reichweite der Marktplätze dort mehr Verkäufe generieren können als beispielsweise in ihrem eigenen Shop.«

www.internetworld.de[26]

SHOP-SOFTWARE UND MARKTPLATZ-STORES IM ÜBERBLICK

Sie wissen nun, wie Sie einen Launch vorbereiten und auch, wie Sie diesen als Ganzes (im Sinne meiner ganzheitlichen Strategie) in der Praxis verwirklichen. Nun wird es Zeit, sich für die richtige Shop-Software zu entscheiden. Bislang haben Sie ein Gespür für Ihren Markt erhalten. Salespages sind eine großartige Möglichkeit, um ins richtige Fahrwasser zu gelangen.

Anfänglich können Sie Ihren Kunden-Check-out (das ist der »unsichtbare« Teil hinter Ihrer Salespage) mit AffiliCon oder Digistore24 bewerkstelligen. Wenn jemand Ihrem Launch-Angebot nicht widerstehen kann und den Burger (wie in meinem Beispiel) kauft, gelangt er zu Ihrer zweiten Salespage. Diese, so haben wir es erarbeitet, ist nur dann aufrufbar/auffindbar, wenn zuvor gekauft wurde. Dann nämlich empfehlen wir ein passendes Zusatzprodukt: Mögen Sie noch Pommes? Diese zweite Salespage ist bestückt mit den bewährten JA- oder Nein-danke-Buttons.

Es gab, in unseren Beispielen, noch zwei weitere solche Up-Selling-Seiten (Coke und Nuggets, »Up-Selling« deshalb, weil der Kunde vom Einzelprodukt auf etwas Höherwertiges entlang derselben Linie geleitet wird, nämlich hin zum »Menü«). Diesen gesamten Prozess nannten wir die Dropfunnel-Strategie.

Da Sie nun aber wissen, was Ihre Kunden mögen, immerhin haben sie ja gekauft (Burger, Pommes und auch Coke, nur die Nuggets wollte keiner ...) beschließen Sie, Ihr Long-Tail-Sortiment auszurollen. Sie fügen Ihrem Sortiment beispielsweise weitere Pommes hinzu. Ich liebe Waffel-Pommes, meine Frau mag lieber »original belgische Fritten« und »dünne Pommes, so wie die von McDonald's« (Sie erinnern sich ...). Es gibt auch Curly Fries, das sind geringelte Pommes. Neulich hatte ich Süßkartoffelpommes im spanischen Supermarkt entdeckt, dann gibt es noch geriffelte Pommes oder auch Kroketten. Ich könnte jetzt noch viel mehr Pommes-Arten aufzählen. Warum diese Sortiments-Erweiterung? Weil genau das der Long Tail ist!

Was hindert Sie als Dropshipper daran, noch mehr Pommes anzubieten, wenn Sie wissen, dass bei Ihrer Up-Selling-Page die Pommes gekauft wurden? Ist es nicht naheliegend, die aufgezählten und viele weitere Pommes-Arten auch anzubieten? Ja, ist es. Aber für diese Fülle benötigen Sie einen eigenen Online-Shop!

Wir sollten zunächst noch mal festhalten: Es gibt erstens reine Salespages. Diese haben Sie bisher eingesetzt. Dann gibt es eigenständige Shop-Systeme (Ihr Online-Shop!), wie sie in diesem Kapitel gleich vorgestellt werden. Und drittens können und sollen Sie auf Marktplätzen wie eBay oder Amazon Shops eröffnen. Was Sie möglicherweise auch schon getan haben.

Das eine schließt das andere nicht aus, in der Praxis werden Sie früher oder später wohl alle drei Arten betreiben – besser: betreiben MÜSSEN, wenn Sie ein flächendeckendes Angebot unters Volk bringen und ein nachhaltiges Geschäftsmodell entwickeln möchten.

Und das tun Sie auch dann, wenn Ihr Launch-Angebot (samt Salespage und aller Up-Selling-Salespages) sehr erfolgreich war. Neben dem erwähnten Pommes-Beispiel und der Möglichkeit, das Sortiment zu verbreitern (Stichwort Long Tail) ist zudem Fakt: Viele Anfragen starten heute direkt auf Marktplätzen wie Amazon. Darum können Sie sich bereits jetzt vormerken: Ein Auftritt auf Amazon ist als Start eine gute Möglichkeit und als Ergänzung zu einem späteren eigenen Shop ein Muss!

Warum man Amazon trotzdem nicht zum Dreh- und Angelpunkt seiner Dropshipping-Karriere machen darf, darauf kam ich bereits zu sprechen und darauf werde ich auch noch weiter eingehen. Die Schattenseiten von Amazon ändern aber nichts daran, dass man auf Amazon vertreten sein muss.

Zu diesem Thema gibt es einen lesenswerten Bericht mit dem Titel »Kampf der Giganten: Kunden vertrauen Amazon mehr als Google«, erschienen auf amazon-watchblog.de. Darin ist unter anderem Folgendes zu lesen:

> »So stimmten mehr Personen der Aussage zu, ihre Produktsuche eher bei Amazon als bei Google zu beginnen. 53 Prozent aller Befragten schauen zunächst bei Amazon – 21 Prozent bei Google. Bei den Amazon-Prime-Kunden fällt das Ergebnis erwartungsgemäß noch deutlicher aus (63 vs. 10 Prozent). Und sogar die sogenannten ›Google-Intensiv-Nutzer‹ starten ihre Produktsuche zum überwiegenden Teil bei Amazon (54 vs. 21 Prozent). Gleichzeitig verbringen die Verbraucher auch mehr Zeit für die Produktsuchen bei Amazon, auch wenn das Ergebnis hier nicht ganz so eindeutig ausfällt.«[27]

Sie sollten also mehr früher als später mit Ihrem Long-Tail-Warenangebot auch auf Amazon vertreten sein. (Sie können übrigens auch Lebensmittel, wie eben Pommes, bei Amazon verkaufen.)

Merke: Im Sinne Ihres Launch-Konzepts und den damit einhergehenden potenziellen Kunden sollten Sie auf möglichst vielen Kanälen präsent werden.

Sie erinnern sich: Ihre erste Landingpage (richtig, nicht Salespage!) sollte in den ersten 90 Tagen Ihrer Dropshipping-Anfänge sichtbar werden, ein paar Wochen mehr oder weniger sind nicht das Thema. Primär geht es darum, ein Praxisgespür zu bekommen. In dieser Zeitspanne bauen Sie Ihren späteren Kundenstamm auf. Wenn Sie es nicht abwarten können, dann starten Sie einfach Ihre Dauerschleife, den Loop-Launch.

Wir gehen also davon aus, dass Ihr potenzieller Kunde verschiedene Lösungen am Markt vergleicht und sich für die subjektiv beste entscheiden wird. Damit diese Entscheidung zu Ihren Gunsten ausfällt, muss Ihr Lead Magnet auf der Landingpage in jedem Fall überzeugen. Sie brauchen aber auch den Quantitätsaspekt: Damit Sie Teil der vom Kunden angestrebten Lösung werden, müssen Sie nicht nur über Landingpages mit Lead Magnet präsent sein, sondern zwingend auch auf möglichst vielen Plattformen und im eigenen Shop. Das zu verstehen ist wichtig!

Die Plattformen und auch ein eigener Online-Shop sind gewissermaßen Ihr Tagesgeschäft, sobald Sie ins Laufen kommen. Ihr erster Launch ist der Einstieg ins Dropshipping-Business (»Marktforschung am lebenden Objekt«) und die folgenden Launchs sind die (Umsatz-)Highlights. Da Sie aber keine Fahrt ins Blaue starten wollen, starten Sie Ihre Dropshipping-Karriere eben nicht gleich mit einem Online-Shop, sondern mit einem Produkt-Launch.

Ihre künftigen Kunden werden nach einer Lösung oder einem passenden Artikel auch außerhalb von Marktplätzen suchen. Auch unter diesem Gesichtspunkt kommt die Relevanz des eigenen Shops zum Tragen. Sogenannte Preisvergleichsportale stellen einen nicht unüblichen Ausgangspunkt für eine Produktsuche dar. Dort werden Artikel der gleichen Art aufgelistet, der Kunde kauft beim bevorzugten Anbieter. Dies muss keinesfalls immer der günstigste sein. Der Preis ist nicht alles!

Insbesondere auf Preisvergleichsportalen ist eine Sichtbarkeit daher empfehlenswert. Sie müssen wissen:

> »Die Deutschen sind Preisvergleich-Weltmeister. Auch wenn die Vergleichs-Webseiten mittlerweile starke Konkurrenz durch Amazon, eBay und Google Shopping haben, gibt es noch ein überzeugtes und oft treues Publikum, das seine Kaufentscheidung hier trifft. Was auch erklärt, dass Traffic von Preissuchmaschinen generell eine hohe Conversion Rate von oft 3–4 Prozent aufweist.«[28]

Es spricht also eine Menge dafür, einen eigenen Shop einzurichten. Ihr Glück, dass die meisten Dropshipper sehr kurzfristig fokussiert sind. Alles wird ausgerichtet auf den ersten Verkauf. Gesucht wird das »Winning Product«. Tun Sie das bitte nicht. Warum sollten wir uns nur auf den Gewinn an einem(!) Warenverkauf orientieren und uns anschließend schon wieder auf den nächsten Kunden konzentrieren? Der sogenannte Customer Lifetime Value (langfristiger Kundenwert) wird dabei völlig außer Acht gelassen.

Auch wenn der eigene (florierende) Shop die Krönung all Ihrer Bemühungen darstellt, steht er wie gesagt nicht am Anfang. Ich habe Ihnen beigebracht, nicht sofort mit einem Shop zu starten, sondern mit einer »banalen« Salespage. Warum? Weil Sie sich damit bereits ab dem ersten Tag eine echte Fanbase aufbauen (= Ihre Interessenten-Liste in den ersten 90 Tagen), die dann zu Kunden (während des 7- oder 10-Tage-Angebots) werden.

Sie fokussieren sich also ab Beginn auf ein nachhaltiges Geschäftsmodell. Denn es ist wesentlich effektiver, sich auf Bestandskunden zu konzentrieren. Darum bieten Sie einem Erstkäufer immer auch bis zu drei weitere Zusatzangebote: Pommes, Coke und Nuggets ...

Ein durchdachter Launch + Funnelkonzept = eine bewährte Dropfunnel-Strategie sorgt dafür, dass Ihre Bestandskunden immer mehr werden. Im besten Fall mündet deren Treue im Abschluss eines Abos.

Ein eigener Shop ist letztlich nicht nur erstrebenswert, sondern ein Muss, wenn Sie aus der Kreisliga aufsteigen wollen. Sicher wären Sie an diesem Punkt nicht der Erste, der den Alleskönner unter den Shop-Systemen sucht. Nun, diesen Allrounder wird man nicht finden. Das Gute ist, die Auswahl hält sich in Grenzen, und die Anforderungen an solche Systeme sind oft recht vergleichbar.

Abstriche in Kauf zu nehmen, gehört dennoch zum Alltag, denn oftmals kommen Sonderwünsche erst mit zunehmendem Tagesgeschäft. (Niemand kann Ihren tatsächlichen Bedarf vorhersehen.)

Im Folgenden verschaffe ich Ihnen einen grundlegenden Überblick zu den Möglichkeiten am Markt. Bereits vorweg kann man sagen, dass für den Anfang Shop-Systeme reichen, die Sie mit deutlich weniger als 100 Euro pro Monat belasten. Ausbauen können Sie immer und müssen Sie auf Dauer auch. Die (oft geringen) Softwarekosten sind jedenfalls nicht das Problem, eher schon die Zeit, die Sie in Sachen Bestückung, Konfiguration und Feinschliff investieren müssen. Es ist ein Mythos, dass Sie einen Shop in wenigen Tagen lauffähig bekommen. Auch keinen kleinen. Wenn Sie allein die gesetzlichen Mindestanforderungen wie

Rechtstexte, DSGVO & Co. berücksichtigen, merken Sie, dass es auf »hau ruck!« nicht funktionieren kann.

Es gibt am Markt bereits fertige, profitable Webshops zur Übernahme. Aber auch hier dürfen Sie keinesfalls vergessen, dass solch ein Shop mitunter über Monate oder gar Jahre aufgebaut wurde. Irgendwer musste also den Grundstein legen, von nichts kann nichts kommen. Einen solchen profitablen und fertig eingerichteten Shop werden Sie unter einem mittleren fünfstelligen Investitionsbetrag kaum erwerben können. Und wenn es dann ein »richtig eingefahrener« Store mit satten Monatsgewinnen sein soll, kann es auch schnell ins mittlere Sechsstellige gehen. Es ist wie so oft im Leben, nach oben gibt es keine Grenzen.

Natürlich muss es für den Start nicht immer ein fertiger Store sein. Wichtiger ist hier das Bewusstsein, dass es nicht von heute auf morgen »die« Lösung geben wird. Jede Software-Anwendung dieser Art muss im laufenden Betrieb »reifen«.

Laut einer Studie der »ECC-Köln – Information, Research & Consulting für Handel im digitalen Zeitalter« werden mehr als 90 Prozent der rund 150 000 Online-Shops in Deutschland scheitern. Grund, so heißt es, sei die schlecht funktionierende Software. Ernüchternd, aber auch kaum zu glauben. Faktisch gibt es eine Reihe von Software-Anbietern am Markt. Und darunter auch gute und bewährte.

Shop-Systeme für Ihren Einstieg

Beginnen wir mit Droptienda® als eine der Möglichkeiten für Ihren Online-Shop. Ich habe die von mir und meinem Team entwickelte Komplettlösung immer mal wieder erwähnt.

Mit Droptienda® ist meine ganz eigene Geschichte verbunden. Getreu dem Motto, viele Wege führen nach Rom, kann man zur Umsetzung meiner Strategie aus einer Vielzahl von Tools wählen. In den letzten 15 Jahren habe ich unzählige auf Herz und Nieren geprüft und eingesetzt. Ich habe teilweise über ein Jahrzehnt mit den gleichen Tools im Tagesgeschäft gearbeitet. Dennoch reifte ein zunehmendes Unwohlsein. Da war das Problem, dass Insellösungen nur schwer bis gar nicht (auch aus rechtlicher Sicht) miteinander vernetzt werden konnten. Hinzu kamen ein immer höherer Kostenblock und viele unterschiedliche Laufzeiten, eingeflochten in Verträgen mit wirren Kündigungsfristen. Die angestrebte und erhoffte Agilität wurde erdrückt in einem Vertragswulst nach dem anderen.

Am Boden dieser Tatsachen angekommen, musste ich handeln. Seit einigen Jahren entwickelte ein engagiertes Team zusammen mit mir ein zunehmend autarkes System. Zunächst nur für den eigenen internen Betrieb, dann für handverlesene Einzelkunden. Jetzt, Mitte 2021, ist es so weit, dass ich diese Komplettlösungen mit Fokus auf EU-Dropshipping auch Ihnen zugänglich machen kann. Wenn Sie also von Droptienda®, Dropfunnels® oder auch Dropmatix® lesen, dann sind dies die Früchte dieser Arbeit. Es sind technische Vehikel, die es Ihnen erlauben, die Strategien in diesem Buch in einer nie dagewesenen Effizienz und Einfachheit umzusetzen.

Keinesfalls müssen Sie mit genau diesen Tools arbeiten. Ich verweise im Folgenden auf weitere bewährte Anbieter. Und selbst diese Alternativen sind nur die Spitze des Eisbergs. Ich lade Sie ausdrücklich dazu ein, sich ein eigenes Bild der am Markt erhältlichen Lösungen zu machen und dann Ihre eigenen Schlussfolgerungen zu ziehen.

Letztlich geht es darum, Sie mit Dropshipping in die finanzielle Freiheit zu führen. Die in diesem Buch vermittelte Launch-Strategie soll Ihnen dabei den Weg weisen. Welche Routen (Tools) Sie verwenden, entscheiden Sie. Sie können sich für die Schnellstraße entscheiden oder für die Fahrt über Wald und Wiese. Am Ende wird niemand – auch ich nicht – danach fragen, wie Sie es genau angestellt haben (und welche Straße Sie gefahren sind). Wichtig ist allein, dass Sie erfolgreich werden und an Ihrem Ziel ankommen.

Doch was genau hat es nun mit Droptienda® auf sich? Der Name ist eine Wortschöpfung, die an das Geschäftsmodell Dropshipping und das spanische Wort *tienda*, Kaufladen oder Geschäft, angelehnt ist. Von hier aus ist die geistige Brücke zum Tante-Emma-Laden nicht weit. Tante-Emma-Läden entstanden in den 1950er-Jahren und sind eine in Deutschland und der Schweiz gebräuchliche umgangssprachliche Bezeichnung für ein kleines Einzelhandelsgeschäft, das Lebensmittel und weitere Artikel des täglichen Bedarfs anbietet. Bezeichnend ist, und ich zitiere jetzt aus Wikipedia, dass solche Läden in den Entstehungsjahren oftmals derart klein waren, dass nur eine einzige Person, häufig die Ladenbesitzerin persönlich – eben die »Tante Emma« –, darin arbeitete. Was viele nicht wissen. Bei »Tante Emma« war es zudem üblich, größtmöglichen Wert auf persönliche Kundenbindung zu legen. Rabattmarken-Hefte, Gratiszugaben und Warenproben, Hauslieferungen, Reservierungen und Sonderbestellungen auf Kundenwunsch, Zusammenstellung von Geschenkkörben, Aufschnittplatten usw. waren selbstverständlich. Und natürlich, auch die kleinen Kunden wurden stets mit einer süßen Aufmerksamkeit bedacht.

Viele wurden von Discountern abgelöst, aber die Grundidee hat sich vor allem in ländlichen Regionen erhalten. Solche Läden stellen in etlichen Regionen immer noch die lokale Warenversorgung auf dem Land sicher und ergänzen das Angebot in den Großstädten. Man denke nur an die zahlreichen kleinen Lebensmittelgeschäfte von Immigranten in den Städten, die liebevoll, in Anlehnung an »Tante Emma«, Onkel-Mehmet-Läden genannt werden.

Das spanische Softwareunternehmen Droptienda S.L . ist maximal auf europäisches Dropshipping ausgerichtet. Nicht ohne Grund wurde die Software von mir stets als Komplettlösung erwähnt. Sie können damit einen gewöhnlichen Webshop aufbauen. Aber Sie können mit dem gleichen Set-up auch einen Blog für Content-Marketing betreiben oder Ihre Landing- und Salespages bauen. All dies können Sie aus einer Hand mit Droptienda®. Der Download der Basis-Version ist kostenfrei auf der Hersteller-Website droptienda.com möglich.

Interessant ist zudem die Tatsache, dass Sie viele weitere Funktionen standardmäßig an Bord haben – ohne zusätzliche Kosten. Dazu zählt beispielsweise eine Abo-Funktion. Bei Weitem nicht alle Shop-Systeme bieten dies standardmäßig und kostenfrei. Hinzu kommt eine Vollintegration in die E-Mail-Marketing-Lösung Dropfunnels®. Wie Sie bereits wissen, können Sie beim Einsatz von Droptienda® Ihren vollständigen Launch mittels Salespage abwickeln und später ohne Software-Tausch Ihren Webshop betreiben. Die Administrationsfläche ist und bleibt dieselbe. Sie bauen also innerhalb der gleichen Lösung auf. Dies spart eine Menge Zeit, Geld und Nerven. Besonders erwähnenswert ist zudem, dass Sie nach einem Verkauf über den Shop-Check-out direkt Ihren Funnel mit

Zusatzangeboten (Stichwort: Pommes, Cola, Nuggets) starten können. Auch dies ist von Haus aus vorkonfiguriert.

Alle Templates für Droptienda® können Sie live und 14 Tage unverbindlich testen. Das ist insofern ein großes Plus, weil Sie die Templates in Ihrem echten Shop-Umfeld live testen können und nicht auf einem Demo-Server, der weit weg von Ihrer täglichen Praxis liegt. Die Template-Gebühren sind kaum der Rede wert. Stand Juni 2021 kostet ein Template im Schnitt 3,99 Euro im Monat. Zudem gibt es auch vollständig kostenfreie Vorlagen. Wichtig hierbei ist, dass alle Vorlagen auch vollständig ohne Programmierkenntnisse editiert werden können. Es gibt einen Live-Editor, der mittels Drag & Drop bedienbar ist. Elemente wie Bilder, Texte oder Videos können einfach verschoben werden.

Layout und Design sind einfacher denn je. Sie können auch als Neueinsteiger in der E-Commerce-Welt eine professionelle Darstellung erreichen.

Wenn ich Ihnen sage, dass Droptienda® ebenso wie Dropfunnels® maßgeschneidert sind für die vorliegende Launch-Strategie, dann meine ich das auch so. Denn ich persönlich bin federführend in diesen Anwendungen und Unternehmen tätig. Dies bedeutet, auch in meiner eigenen täglichen Arbeit verwende ich diese Lösungen selbst. Natürlich gibt es bekanntere Anwendungen und auch solche, die bereits viele Jahrzehnte am Markt existieren. Doch werden diese Ihnen ein besseres Preis-Leistungs-Verhältnis bieten? Lassen Sie es auf einen Selbstversuch ankommen.

Meine Strategie können Sie auch mit anderen E-Mail-Marketing-Lösungen umsetzen, auch mit anderen Shop-Systemen und Page-Baukästen. Das ist unbestreitbar so. Klar ist aber auch, ich musste irgendwann meine über viele Jahre gesammelte Expertise in das einbringen, was den Alltag des Dropshippers maßgeblich bestimmt: eine Rundum-Software, die keine Wünsche offenlässt.

Natürlich lagen meine Wurzeln nie bei einer eigenen Software. Auch ich startete mein Business mit einer Vielzahl an Insellösungen. Die alle für sich genommen gut waren, aber in Summe nicht gut miteinander kommunizierten. Ich fing an, eigene Schnittstellen zu verbinden, um einen Prozess zu schaffen, der skalierbar und automatisierbar war. Als ich nach einigen Jahren an Grenzen gestoßen bin, habe ich den Entschluss gefasst, meine eigene Idealvorstellung Schritt für Schritt umzusetzen. Auch hier ist der Weg das Ziel, es ist ein fortlaufender Prozess.

Nur nebenbei, in diesem Zusammenhang: Mein Anspruch bei der Realisierung von allem, was ich tue, und das schließt Droptienda® mit ein, ist stetige Verbesserung. Nicht Perfektion, sondern stetige Verbesserung. Sie erinnern sich an meine früheren Ausführungen zu diesem Thema. Ich überlege täglich von Neuem, was es bedeutet, jeden Tag besser zu werden als am Vortag. Mein Ziel ist es, dass ich am Abend mehr erreicht habe als Vortag. Ich bin überzeugt, dass wir als Unternehmen auf diese Weise eine gewaltige Schubkraft entfalten.

Schauen wir uns jetzt den Wettbewerb genauer an. Denn klar ist, es gibt am Markt nicht nur Droptienda®.

Mein erstes Online-Geschäft (das mit den Kindermöbeln) habe ich mit *Gambio* gestartet. Ich betrachte es daher als Qualitätsmerkmal, dass diese Shop-Software auch über ein Jahrzehnt nach meinem Start noch am Markt etabliert ist.

Bei Gambio handelt es sich um einen deutschen Anbieter. Das ist für viele Neueinsteiger interessant, da die sprachliche Hürde entfällt, was nicht zuletzt im Support sehr relevant werden kann. Wenn Sie mit Ihrem Shop ein tendenziell kleines oder mittleres Shop-Sortiment verwalten möchten, dann kann Gambio das richtige Tool für Sie sein. In den letzten Jahren haben wir viele Shops mit Gambio für Dropshipping aufgebaut.

Gambio ist ein bewusster Gegentrend zum Platzhirsch *Shopify*. Mit dieser Alternative werden wir uns im Folgenden ebenfalls noch beschäftigen.

Das Gambio-Shop-System ist für Sie als Dropshipping-Existenzgründer grundsätzlich gut geeignet. Empfehlenswert ist die Cloud-Lösung, dann sind neben dem Support auch die Sicherheitsupdates inkludiert.

Für große Unternehmen oder Konzerne ist Gambio nicht wirklich ausgelegt. Aber da wir hier primär den Newcomer-Dropshipper und dessen Anforderungen beleuchten, ist das auch kein Problem.

Auffallend ist, dass die Templates, also die Shop-Designs, bislang eher »altmodisch« daherkommen. Da gibt es Luft nach oben. Erste positive

Veränderungen sind nun im Zuge der Cloud zu erkennen, dort gibt es jetzt einen App-Store. Die Richtung ist begrüßenswert, wenn auch etwas spät.

Für Gambio spricht wiederum der Umstand, dass sehr viele Grundeinstellungen selbst vorgenommen werden können. Sie benötigen zunächst keine Programmierkenntnisse. Dennoch muss man anmerken, dass die Anpassungsmöglichkeiten verhältnismäßig schnell komplexer werden. Dies umfasst insbesondere Designänderungen. Zwar bietet Gambio einen überarbeiteten »Style-Editor«, aber auch dieser stößt irgendwann – je nach Anpassungswunsch – an seine Grenzen. Bei Droptienda® haben wir mit unserem Live-Editor einen Gegenentwurf gestartet. Aber natürlich stößt auch dieser früher oder später an ein Limit, dies liegt zwangsläufig in der Natur von Baukästen. In vielen Fällen kann ein externer Template-Entwickler helfen. Sollte es dann doch einmal einen kundigen Experten benötigen, befinden sich die Stundensätze im üblichen Rahmen, also bei ca. 50 bis 100 Euro netto.

Gambio punktet auch mit einer soliden Schnittstellen-Anbindung. Es ist davon auszugehen, dass diese nach und nach im besagten App-Store Einzug halten. Es gibt auch weitere Module, die gegen unterschiedliche Gebühren im Shop nachgerüstet werden können, im Zuge der Cloud ist dies aber mit Vorsicht zu genießen und oftmals auch dann nicht mehr möglich. Die Flexibilität steht hier dem Komfort zwangsweise im Weg, dies trifft aber auch auf die Konkurrenz zu.

Rechtstexte (AGB, Datenschutzerklärung, Impressum) können von verschiedenen Partnern, wie etwa der IT-Recht Kanzlei oder ProtectedShops, mit Haftungsübernahme implementiert werden.

Im Zuge des recht neuen Gambio-Cloudangebots sind diese Rechtstexte in allen Tarifen ohne Zusatzkosten enthalten. Dennoch kann individueller Rat hin und wieder erforderlich sein. Die Anbindung an Marktplätze ist von Haus aus integriert, und zusätzliche Schnittstellen zu Preisvergleichsportalen sind möglich.

Gambio verfügt über einen Zugang zu allen relevanten Payment- und Versandanbietern und über ein solides Entwicklungsteam sowie Cloud-Hosting in Deutschland – und ist somit auch DSGVO-konform.

Eine Internationalisierung über die englische Sprache hinaus ist komplex und nur mit erheblichem Mehraufwand möglich. Schade ist, dass der

Shop nicht ausschließlich Englisch betrieben werden kann. Jedes Produkt muss erst zwingend in Deutsch angelegt werden, und erst dann ist eine englische bzw. fremdsprachliche Ausfertigung möglich.

Schade ist auch, dass Sie Gambio nur mit Abstrichen in unsere »Funnel-Strategie« integrieren können. Denn Ihre Salespage müssten Sie dann auf die Produktdetailseite verlinken und nicht direkt auf den Check-out. Technisch ist es jedenfalls nicht vorgesehen, direkt auf den Check-out-Prozess (»zur Kasse«) zu verlinken. Das bringt den Nachteil mit sich, dass der Kunde von Ihrer überzeugenden Salespage mitten ins Warensortiment geleitet wird. Dort gibt es dann all Ihre anderen Produkte, viel Ablenkungen und am Ende womöglich keinen Verkauf. Und gerade bei Ihrem ersten Launch, wo Sie womöglich über gar kein größeres Sortiment verfügen, wäre der Kunde inmitten des »leeren Shops«. Gambio eignet sich daher weniger für den Launch und ist wirklich als »eigenständiger Shop« zu betrachten – einer der Gründe, warum wir hier Droptienda® als Komplettlösung entwickelt haben.

Fazit: Alles in allem eine solide Möglichkeit, um einen ersten Dropshipping-Online-Store auf die Beine zu stellen. Meinerseits ist Gambio eine klare Empfehlung.

Nun zum US-Platzhirsch. Kein anderes Shop-System macht so viel von sich reden wie Shopify, zumindest nicht, wenn es um Dropshipping geht. Aber das, was dazu im Netz zu finden ist, dreht sich nahezu ausnahmslos um China- und US-Dropshipping, nicht um europäisches Dropshipping.

Gerade der Baukasten Shopify, übrigens vorrangig cloudbasiert, bringt täglich neue Stores hervor. Viele sind aber bereits wenige Tage(!) nach der Eröffnung wieder weg. (Sie erkennen bereits den Fehler: Ohne Launch-Konzept kein Online-Shop. Sie sollten deshalb bloß nicht mit dem Shop starten, sondern mit der aufgezeigten Strategie!)

Man kann das bunte Treiben in etlichen Facebook-Gruppen nachverfolgen, dort bitten die neuen Shopbetreiber händeringend um fachkundiges und konstruktives Feedback. Bitte verstehen Sie mich nicht falsch, es spricht absolut nichts dagegen. Aber von keinem anderen Shop-System ist mir bekannt, dass derart viele »Laienfragen« gestellt werden. Die Zielgruppe von Shopify sind in meinen Augen die »Dropshipper in 24 Stunden«-Interessenten, wobei nach meiner Beobachtung in erster Linie Europäer den Lockungen des schnellen Geldes erliegen, während die meisten »echten« Shopbetreiber aus Kanada und den USA stammen.

»Schnell, schnell« funktioniert natürlich nicht, jedenfalls nicht langfristig. Ähnlich Droptienda® und Gambio bauen Sie auch einen Shopify-Store nicht in wenigen Tagen auf. Fakt ist, dass ein solider Store zwischen vier und acht Wochen Vorlauf benötigen wird. Bei einem mittelkomplexen Shop rechnen Sie besser mit drei bis fünf Monaten, und für alles, wo es richtig zur Sache geht, liegen Sie über alle Komplexitäten hinweg mit sechs bis acht Monaten auch nicht falsch.

Sie müssen bedenken, dass zumeist nicht die Shop-Software das eigentliche Problem ist. Vielmehr liegt die Kunst in der Verarbeitung der Rohdaten Ihrer Lieferanten. Sie sind bei Dropshipping abhängig von den Daten, die man Ihnen liefert. Aktuelle Lagerbestände, überzeugende Produktbeschreibungen und Titel sind keinesfalls selbstverständlich. All diese Daten auf einen gemeinsamen und für den Shop kompatiblen Nenner zu bringen, das ist die eigentliche Herausforderung – und das geht nur Schritt für Schritt. Perfektion gleich am Anfang wird es nicht geben und ist auch nicht nötig, wie Sie sich erinnern werden.

Um die Grundlagen zum Aufbau solcher Shoppingsysteme zu erlernen oder zu vertiefen, sollten Sie als Neugründer oder Dropshipping-Quereinsteiger einen Blick auf weitere Aus- und Weiterbildungsprogramme werfen, in meinen Gefilden zum Beispiel der »Dropmaster«. Dort erhalten Sie eine umfangreiche Einarbeitung in zahlreiche Shop-Systeme. Auch wenn Deutsch immer mehr in die Benutzeroberfläche von Shopify Einzug hält, sollten Sie dennoch halbwegs fit im Englischen sein, wenn Sie sich für Shopify entscheiden.

Shopify punktet mit einem gewaltigen App-Store, der seinem Namen gerecht wird. Jedoch müssen Sie insbesondere aus EU-Sicht darauf achten, was Sie so alles in Ihren Shop integrieren. Denn viele Tools sind in Europa nicht zulässig, hier gibt es fast täglich Abmahnungen. Schlicht aus Unkenntnis, insofern kann weniger mehr sein. Shopify selbst hat das Problem erkannt und bietet jetzt eine Übersicht der empfohlenen Apps für den deutschen Markt:

Keine Frage, die Designs bzw. Templates sind bei Shopify moderner und wirken zeitgemäßer. Auch ist die Community deutlich größer, wenn auch sehr Englisch-lastig. Wenn Sie China-Dropshipping betreiben wollen, dann ist Shopify bestimmt Ihre erste Anlaufstelle, nicht zuletzt wegen der leichten Importmöglichkeiten für Produkte asiatischer Produzenten. Für China-, aber auch US-Dropshipping ist der Standard faktisch Shopify. Auch wenn Sie Lieferanten aus China in Ihren Shop, beispielsweise über *Aliexpress*, integrieren möchten, ist Shopify die erste Wahl.

Als EU-Dropshipper bringt Ihnen dieser Shopify-Vorteil natürlich wenig. Global mehr als 1 Million aktive Shopify-Stores sprechen dennoch eine klare Sprache. Immerhin können Sie den Shop auch mit deutschen bzw. europäischen Produkten befüllen. Positiv hervorzuheben ist der sogenannte Buy Button. Das ist die Möglichkeit, dass Sie Ihre Salespage direkt mit dem Shopify-Check-out verbinden können. Ihr Kunde bezahlt dann nicht über Digistore24, AffiliCon & Co, sondern mit den von Ihnen bereitgestellten Zahlungsarten. Zudem landet Ihr Kunde nicht im Shop (wie bei Gambio), sondern direkt »an der Kasse« – ohne Ablenkungen (so wie auch bei Droptienda®) – ein großer Vorteil, mit dem sich Shopify im Sinne unserer Dropfunnel-Strategie empfiehlt, trotz der genannten Minuspunkte.

In der Gesamtschau: In meiner täglichen Beratungspraxis als Sachverständiger für Dropshipping empfehle ich dann in erster Linie Shopify für EU-Dropshipping, wenn es bereits einen Shop gibt, der weitergeführt werden soll. Ich sehe keinen Sinn darin, das Rad neu zu erfinden. Dennoch, die Verlockung, zu schnell ungeprüfte (oder für den europäischen

Markt verbotene) App-Erweiterungen zu installieren, ist hoch. Zudem ist eine professionelle Webseiten-Analyse im Basis-Tarif (und mit diesem wird in der Regel immer gestartet) nur bedingt möglich. Bei Shopify ist es im Basis-Tarif nicht möglich, mit einem zweiten Google Analytics Code zu arbeiten. Das liegt daran, dass die Check-out-Templates vom restlichen Shop abgekoppelt sind und erst ab dem Shopify-Plus-Tarif bearbeitet werden können. Die Möglichkeit, Ihren Shop vollumfänglich (im Sinne der DSGVO) auswerten zu können, darf nicht unterschätzt werden. Genau diese Vorteile sprechen ja für den eigenen Webshop. Als Faustregel gilt: Wenn schon ein eigener Shop, dann bitte auch mit den nötigen Einstellmöglichkeiten. Stichwort: Hausrecht!

Natürlich sollte man meine Überlegungen nicht per se auf das Shop-System Shopify und seine Möglichkeiten projizieren, die speziell bei China-Dropshipping und internationalem Dropshipping (Englisch!) überzeugend sind.

Schauen wir weiter, welche anderen Lösungen es noch gibt. Sofern Sie bereits vertraut sind mit *WordPress*, also mit der Erstellung von Websites, könnte die Shop-Version, die als Zusatzmodul darauf aufbaut, für Sie spannend sein. Ich spreche von *WooCommerce*. Das WooCommerce-Plug-in versteht sich als Shop-Gesamtlösung und ist die perfekte Blog-Erweiterung. Blog = Weblog, so der korrekte Name einer weithin als »Blog« bekannten Seite. In der Regel wird als Blog ein Online-Text verstanden, den jemand in chronologisch gestalteter Reihenfolge im Stil kurzer Tagebucheinträge verfasst. Inzwischen lassen sich mit »Blog-Software« aber auch komplette Websites sowie Webshops aufbauen. WordPress ist ein klassisches Blog-System, auch wenn Sie es mit kostenpflichtigen Erweiterungen wie *OptimizePress* als Landingpage-Baukasten erweitern oder eben mit WooCommerce zum Shop-System upgraden können. Hier wird der Unterschied zu Droptienda® sichtbar, das vom ersten Tag an auf eine Komplettlösung ohne kostenpflichtige Apps ausgerichtet ist. Dennoch überzeugt WordPress mit seinen bewährten Content-Management-Möglichkeiten, optisch sehr ansprechende Seiten zu gestalten. Auch gibt es eine große Auswahl an Erweiterungen, darunter die angesprochenen Plug-ins und unzählige Template-Design-Vorlagen.

Allerdings können Sie auch damit keinen Sprint hinlegen. Sie werden mindestens vier Wochen für einen einfachen WooCommerce-Shop benötigen und bis zu einem halben Jahr für komplexere Anforderungen.

Da Sie für das Hosting in der Regel selbst verantwortlich sind, bedeutet das, dass Sie sich Gedanken um Sicherheit und Back-ups machen müssen. WordPress und somit auch WooCommerce werden regelmäßig gehackt. Das kann Ihnen auch bei einer der Cloud-Lösungen passieren, aber es muss Ihnen einfach klar sein, dass durch die neu erworbene Flexibilität auch Eigenverantwortlichkeit auf Sie zukommt. Auf den Punkt bringt es ein Bericht von fastwp.de:

> »WordPress Security ist ein großes und wichtiges Thema geworden und das liegt vor allem daran, dass WordPress inzwischen fast 30 Prozent aller Websites und Blogs antreibt. Selbst große Portale nutzen WordPress häufig im Hintergrund und so ist es kein Wunder, dass das CMS über die Jahre zum Angriffsziel Nummer eins geworden ist. Die große Verbreitung bringt für Hacker klare Vorteile, denn zum einen lässt sich WordPress relativ einfach automatisiert angreifen, zum anderen sind gefundene Sicherheitslücken nicht einmalig, sodass noch Millionen von anderen Blogs angegriffen werden können, sobald eine Lücke gefunden wurde. Frei nach dem Motto: Bei irgendeinem kommen wir schon rein.«[29]

Und: WooCommerce ist nicht wirklich preiswerter als die vorgestellten Alternativen. Im Gegenteil! Da es modular aufgebaut ist, entwickelt es sich auch immer mehr zu einer »Kosten-Blackbox«. Funktionen, die früher kostenfrei waren, werden zunehmend limitiert oder kostenpflichtig. Sie benötigen eine API-Schnittstelle, um mit einem anderen System (etwa mit Ihrem Lieferanten für aktuelle Produktdaten) zu kommunizieren.

Da Sie Ihr Dropshipping-Business aus Europa heraus starten, müssen Sie WooCommerce anpassen, um den gesetzlichen Erfordernissen zu entsprechen. »Germanized« ist eine Plug-in-Lösung, um WooCommerce rechtssicher auf dem deutschen Markt betreiben zu können. Dazu heißt es auf der Hersteller-Website: »Nutze das kostenlose Must-have-Plugin, um WooCommerce rechtssicher in Deutschland zu betreiben. Profitiere von umfangreichen Funktionen speziell für den deutschen Markt und konzentriere dich sorgenfrei auf dein Kerngeschäft.«[30]

Sie möchten Produkte bequem importieren und exportieren, um einen regelmäßigen Datenaustausch etwa mit Ihrem Lieferanten für aktuelle Bestände oder Preisinformationen zu gewährleisten? Auch dies ist möglich, aber nicht mit den Bordmitteln des kostenfreien Systems. Weitere Erweiterungen werden nötig. Und auch wenn diese nicht immer Geld kosten, muss man die nötigen Bausteine erst einmal finden. Und hat man Sie gefunden, müssen Sie am Ende auch noch fehlerfrei funktionieren. Die Notwendigkeit individueller (technischer) Anpassungen ist nicht unüblich und geht ohne technisches Verständnis zwangsläufig ins Geld.

Trotz der geschilderten Mangel- bzw. Komplexität-Aspekte bietet sich WooCommerce immer dann an, wenn Sie bereits gut mit WordPress (dem Grundsystem) vertraut sind. Falls Sie Ihre Landing- und Salespages bereits mit WordPress bzw. einer Erweiterung wie OptimizePress erstellt haben, sollten Sie auch als Shop-System dabeibleiben. Das ist nämlich der entscheidende Vorteil: Sie können alles aus einer Hand, also in einem System realisieren. Denken Sie bitte daran, wie schon erwähnt: WordPress muss stets aktuell gehalten werden (Sicherheits-Updates, Datensicherungen). Ohne Vorkenntnisse ist dieses Konstrukt daher nicht uneingeschränkt zu empfehlen. Die große Anpassungsfähigkeit sucht aber ihresgleichen. Ich würde sogar so weit gehen und sagen, dass WooCommerce, basierend auf WordPress, um Welten flexibler ist als Shopify.

Ein Hinweis zu Angeboten wie dem von Anbieter 1&1, da ich öfters nach meiner Meinung gefragt wurde. Der 1&1-E-Shop basiert auf der Shop-Software *ePages* und ist in den höheren Tarifen vergleichbar mit einer abgespeckten Version der zuvor vorgestellten Systeme. Derartige Lösungen haben auch ihre Daseinsberechtigung, sind aber nach meiner Auffassung für Sie als Dropshipper nicht zu empfehlen.

Warum? Es fängt an bei den fehlenden Schnittstellen und dem damit einhergehenden Mangel an Flexibilität. Für einfache Projekte und eine sprichwörtliche Handvoll Artikel mag es genügen. Wir hatten in meiner Wahlheimat Palma de Mallorca einen Kunden, dessen Shop auf ePages aufgebaut war. Der Shop erwirtschaftete fünfstellige Umsätze – täglich.

Der Shop überlebte jedoch nur, weil er mit einer SAP-Anbindung (mehr zu solchen Schnittstellen im folgenden Abschnitt) betrieben wurde.

Die Betriebskosten betrugen aber am Ende über 10 000 Euro monatlich. Nach einem Umzug zu Gambio konnten die Kosten um über 88 Prozent reduziert werden. Unglaublich, nicht wahr?

Gesamtfazit: Aus meiner Sicht machen Sie je nach Ihren persönlichen Umständen nichts falsch, wenn Sie sich vor dem Hintergrund der obigen Informationen für das eine oder auch das andere der vorgestellten Systeme entscheiden, also entweder Droptienda®, Gambio, Shopify oder auch WooCommerce, falls Sie schon im WordPress-Universum stabil arbeiten. In diesem Sinne erwägen Sie doch einfach einen Praxistest. Alle Systeme können Sie – mehr oder weniger vollumfänglich – kostenfrei und unverbindlich testen!

Amazon – Wunschpartner oder Hassliebe?

Neben solchen »reinen Shop-Systemen« sind Online-Marktplätze, wie schon konstatiert, ein wichtiger Umsatzbringer in einem funktionierenden Dropshipping-Geschäftsmodell. Ich habe bereits darauf hingewiesen, dass ein nicht geringer Anteil aller Suchanfragen direkt auf Amazon erfolgt, wobei natürlich auch andere große Marktplätze Zielscheibe von Suchanfragen sind. Neben Suchmaschinen und Preisvergleichsportalen ist eine Sichtbarkeit auf Marktplätzen wie Amazon daher unerlässlich. Im Folgenden beleuchten wir Amazon, eBay sowie Facebook/Instagram als Shop-Möglichkeiten genauer.

Fangen wir an mit Amazon, das von sich selbst schreibt: »Jeden Tag lockt Amazon Millionen Online-Kunden in Europa an. Das alles könnten Ihre Kunden sein!«[31]

Das ist nicht von der Hand zu weisen, die Reichweite von Amazon ist gigantisch. Auch Händler bestätigen das immer wieder, wie etwa Ryan Spahr von SupplyTiger: »Ich fing 2011 an, auf Amazon zu verkaufen. Mein Geschäft ist seitdem um das Zehnfache gewachsen.«

Amazon ist für Produkte gewiss die größte Suchmaschine der Welt und bietet gerade Ihnen als Karriere-Neustarter eine einfache Möglichkeit, Ihr Long-Tail-Warenangebot zu präsentieren. Wie bereits an früherer

Stelle dargestellt, sind bei Amazon bei Weitem nicht alle Artikel gelistet. Es gibt also durchaus noch Möglichkeiten, Ihr Long-Tail-Sortiment unterzubringen. Damit können Sie dem Wettbewerb in vielen Fällen ein Schnippchen schlagen. Denken Sie am besten immer an die Worte des Amazon-Experten Christian Otto Kelm:

> »Wer Werbung schalten muss, um auf Amazon Umsatz zu machen, muss sich erst mal fragen, was er falsch macht.«[32]

Für Amazon sprechen die geringen Einstiegskosten. Sie können europaweit für gegenwärtig 39 Euro Grundgebühr verkaufen und dabei so viele Produkte listen, wie Sie möchten. Nur im Verkaufsfalle bekommt Amazon nochmals eine (üppige) Provision. Eine Kostenübersicht finden Sie hier:

Die Planbarkeit durch transparente Verkaufsgebühren wie oben aufgeführt, ist für sich genommen ein großer Vorteil, auch wenn die Gebühren nicht gerade gering ausfallen. Sie müssen aber dennoch die jeweiligen Gebühren für Ihren konkreten Fall korrekt berechnen, insbesondere steuerlich sollten Sie sich Rat einholen. Da Amazon Europa in Luxemburg seinen Sitz hat, müssen Sie dies in Ihrer Kalkulation bedenken. Ich habe an früherer Stelle bereits darauf hingewiesen und wiederhole es hier aus gutem Grunde noch mal.

Die enorme, weltweite Reichweite ist ein weiterer Pluspunkt. Sie können Millionen potenzieller Kunden erreichen und Ihr Geschäft jederzeit in neue Länder erweitern.

Ein zusätzlicher Vorteil ist, dass Amazon sich um die Bezahlungsabwicklung gegenüber Ihren Kunden kümmert. Ähnlich wie Sie es von Digistore24 oder AffiliCon aus Ihren Salespages bereits kennen. Die Kunden zahlen also an Amazon, und Amazon überweist Ihnen gebündelt Ihre Monatseinnahmen.

Insbesondere am Anfang müssen Sie diesen Vorteil aber ganzheitlich betrachten. Sie haben zwar keinen Ärger mit den Zahlungen, müssen aber unter Umständen Ihre Waren zwischenfinanzieren, sollten Sie nicht ein Zahlungsziel bei Ihrem Lieferanten vereinbart haben. Denn als Dropshipper werden Sie bei Ihrem Lieferanten anfänglich vermutlich auf Vorkasse bezahlen müssen. Da Amazon das Geld aber entsprechend verzögert an Sie auszahlt, müssen Sie dies zwischenfinanzieren. Den Amazon-Kunden können Sie nicht Wochen auf sein Paket warten lassen, nur weil Amazon Ihnen noch kein Geld ausgezahlt hat.

Dieses System ist also Segen und Fluch zugleich. Im eigenen Shop-System haben Sie da deutlich mehr Spielraum. Bei allen vorgestellten Shop-Systemen können Sie aus einer breiten Palette an Zahlungsabwicklungsanbietern wählen. Sie sind also in der Lage, sofort über Liquidität zu verfügen, zum Beispiel, weil Sie Vorauskasse im Shop verlangen. Ihr Kunde überweist dann das Geld direkt auf Ihr Bankkonto (und nicht auf das Konto von Amazon).

Amazon wirbt gerne mit Lagerung und Artikelversand. Dieser Service wird als FBA, Versand durch Amazon, bezeichnet. Sie finden weitere Informationen sowie die Konditionen hier:

Da Sie Dropshipping betreiben, kommt dieser Service für Sie nicht infrage. Denn dies würde bedeuten, dass Sie Ware vorab einkaufen und an Amazon zur Einlagerung senden, damit Amazon nach Ihrem Verkauf von dort die Logistik übernimmt. Der FBA-Handel ist ein eigenständiges Geschäftsmodell und hat mit Dropshipping nichts zu tun. Ich erwähne es aber an dieser Stelle, da Sie auf Amazon zwangsläufig damit in Berührung kommen werden.

Neben Vorteilen gibt es auf Amazon auch einige gravierende Nachteile, über die man sich im Klaren sein muss. Der vielleicht größte Nachteil ist der bereits früher erwähnte Umstand, dass Amazon die E-Mail-Kontaktdaten Ihrer Kunden verschlüsselt, und zwar nach dem folgenden Muster: xxxxxxx0fnv7rws09@marketplace.amazon.de

Sie haben also keine Möglichkeit, mit Amazon allein ein nachhaltiges Eigengeschäft aufzubauen, weil sie über keine direkte Kontaktmöglichkeit zu Ihren Kunden verfügen. Sie können gerne 5000 Bestellungen von 5000 Kunden haben, daraus ergibt sich aber kein einziger Kunde oder Stammkunde, den Sie bewerben können oder dem Sie etwas verkaufen können. Außer zufällig. Alles, was Sie dürfen, ist, über das Amazon-eigene Kommunikationssystem das Wesentliche eines Verkaufsvorgangs abwickeln. Also Rechnungen senden, auf Anfragen und Reklamationen antworten, solche Dinge.

Aber dem Kunden einen weiteren Artikel empfehlen, das dürfen Sie nicht. Faktisch können Sie es aufgrund der Anonymisierung auch nicht. Denn eine E-Mail an diese verschlüsselte Empfänger-Käufer-Adresse dürfen Sie nur von autorisierten, also von Amazon freigegebenen Absenderadressen aus schicken. Aber selbst wenn Sie »freigegeben« sind, bringt Sie dies in der Praxis nur marginal weiter. Zum besseren Verständnis im Folgenden ein Auszug aus einer Amazon-E-Mail. Hier wird einmal mehr deutlich, wer das Hausrecht in Sachen Kommunikation zum Kunden hat, Sie jedenfalls nicht: »Guten Tag, Ihre Nachricht bezüglich (*Thema*) konnte nicht zugestellt werden, weil der Käufer sich dafür entschieden hat, den Erhalt unaufgeforderter E-Mails von Verkäufern abzulehnen.«

Das muss man sich einmal auf der Zunge zergehen lassen. Sie haben noch nicht einmal die Chance, ein Angebot zu unterbreiten, weil Ihre Mail erst gar nicht zugestellt wird!

Sie sehen also, es ist faktisch unmöglich, ein unabhängiges und somit finanziell befreiendes Business in einer Plattform wie Amazon aufzubauen. Denn dafür braucht es einen Kundenstamm, auf den Sie auch zugreifen können. Eine Ausnahme zu diesem Problem ist der Amazon Brand Store, auf den ich noch eingehen werde.

Ein weiterer gravierender Nachteil geht Hand in Hand mit Obigem: Als Händler werden Sie umfänglich reglementiert und begeben sich in eine Abhängigkeit, die gefährlich enden kann. Besonders dann, wenn Amazon Ihr einziger Absatzkanal ist. Nicht ohne Grund titelte die *WirtschaftsWoche* »Wenn der Vertrieb über den Onlineriesen im Fiasko endet«[33] oder auch das Fachmagazin *t3n* mit »Amazon sperrt zahlreiche Händler vom Verkauf«.[34]

Im zitierten Artikel der *WirtschaftsWoche* heißt es: »Einen eigenen Shop bei Amazon anzumelden ist fast so einfach, wie ein Benutzerkonto zu eröffnen. Danach aber wird es schnell komplex. Amazon gibt alles bis ins Detail vor. Der Hintergrund eines Bildes muss etwa weiß sein, das Produkt muss 80 Prozent des Bildes ausmachen. Die Titelzeile darf nur den Produktnamen beinhalten, aber keine beschreibenden Elemente enthalten.«

Anders gesagt: Es ist kaum möglich, nicht irgendwann gegen eine der vielen Regeln zu verstoßen. »Viele Händler aber haben sich mit diesen nicht befasst und legen einfach los«, sagt Rechtsanwältin Bachmann im Bericht der *WirtschaftsWoche*.

Es geht ganz schnell, dass Sie als Händler von Amazon suspendiert werden, und es kann ganz langsam gehen, bis Ihr Amazon-Shop wieder offen ist. Ich spreche aus eigener Erfahrung. Am Anfang meiner beruflichen Karriere wurde auch mein eigener Seller-Account gesperrt. Meine Einnahmen sind weggebrochen – auf unbestimmte Zeit. Meine Fixkosten liefen natürlich weiter, auch meine Verbindlichkeiten den Lieferanten gegenüber. Denn trotz einer solchen Suspendierung erwarten Plattformen wie Amazon, dass Sie die offenen Bestellungen weiterhin ausliefern. Tun Sie das nicht, wird Ihr Verkäuferkonto sowieso nicht mehr freigeschaltet. Amazon schließt Verkäuferkonten mitunter sehr streng und ohne Vorankündigung. Und selbst dann, wenn Sie alles brav versenden und dokumentieren (zum Beispiel mit den Sendeverfolgungsnummern Ihres Dropshipping-Lieferanten) ist keinesfalls sichergestellt, dass Sie wieder verkaufen dürfen. Das ist abhängig vom Vorwurf. Mir wurde jedenfalls schmerzlich bewusst, was Abhängigkeit bedeutet.

Betrachten Sie Amazon einfach als einen (wichtigen) Absatzkanal, aber eben nicht als Ihr gesamtes Geschäft. Viele, die dies nicht beherzigt haben, sind heute bankrott. Amazon & Co haben das Hausrecht. Sie dulden Sie als Verkäufer nur. Ob und wie lange Sie verkaufen dürfen, ist russisches Roulette, Ihr Amazon-Verkaufssitz kann faktisch jederzeit geschlossen werden (auch ohne einleuchtenden Grund, Hausrecht eben).

Dennoch spricht nichts dagegen, dass Sie Ihren Produkt-Launch auf einer Amazon-Salespage austragen. Amazon genießt einen überzeugenden Ruf bei seinen Kunden, von diesem Vertrauen können Sie profitieren. Auch ist die Zahlungsabwicklung (AmazonPay, das Sie beispielsweise in Ihren Droptienda®-Prozess integrieren können) sehr bewährt und aus Kundensicht so einfach wie zuverlässig. Wichtig ist nur, dass Sie vorher den Traffic (= Ihre potenziellen Kunden) über die eigene Landingpage schleusen. Nur auf dieser haben Sie das Sagen. Ihre Seite, Ihre Spielregeln. Nur dann erhalten Sie a) die echten, unverschlüsselten Kontaktdaten und b) die Einwilligung (mittels Double-Opt-in), sich auch später werblich in Erinnerung zu rufen.

Fazit Amazon: Im Verbund mit Ihrem Store ein Muss, allein für sich ein zu großes Risiko, wenn Sie ein selbstständiges Geschäftsmodell anstreben. Den schnellen Profit über Amazon, der durchaus möglich ist, bezahlen Sie mit lebenslanger Abhängigkeit und Unsicherheit, wenn Sie Amazon als irgendetwas anderes betrachten als einen Baustein von vielen. Im Zentrum Ihrer beruflichen Zukunft muss nach Landingpages und Salespages der eigene Shop stehen. Amazon ist wie andere große Marktplätze ein Satellit, der Ihren Shop umkreist und Umsätze abwirft. Nicht weniger, aber auch nicht mehr.

Der Amazon Brand Store – Ihr Ticket zu größeren Freiheiten

Sie können nicht nur auf dem Amazon-Marktplatz verkaufen, sondern noch einen Schritt weitergehen. Sie können ganz im Sinne des »Mein-eigener-Shop«-Gedanken einen sogenannten Amazon Brand Store eröffnen. Wie ein solcher aussehen kann? Werfen Sie am besten selbst einen Blick drauf. (Verdecken Sie beim Scannen einen der QR-Codes.)

Shop-Beispiel FALKE:

Shop-Beispiel YAMAHA:

Dass diese Möglichkeit keine einfache ist, versteht sich von selbst. Die Voraussetzung ist eine eingetragene Marke. Ist die Amazon-Markenregistrierung durchgeführt, eröffnen sich aber völlig neue Möglichkeiten. Wenn Sie also eine eigene Marke haben, dann sollten Sie in jedem Fall einen Brand Store eröffnen und von den weitreichenden Optimierungsmöglichkeiten profitieren. Die Stores lassen sich strukturell und inhaltlich sehr flexibel anpassen, Programmierkenntnisse sind nicht notwendig.

Die wesentlichen Vorzüge lassen sich wie folgt zusammenfassen: Sie können von der Amazon-Branding-Strategie und der Amazon-Markenaffinität profitieren. Etwaige Alleinstellungsmerkmale Ihrer Produkte können Sie mit umfangreichen Inhalten hervorheben und somit die Sichtbarkeit auf Amazon erhöhen. Sie können zudem Traffic direkt auf den Amazon Store leiten. Sie verfügen dann nämlich über eine offizielle Amazon-Domain. Diese strahlt Vertrauen aus und kann beispielweise im Zuge eines Produkt-Launchs genutzt werden. Ihr Amazon Brand Store kann also als Zielseite im Sinne der Salespage für Sponsored-Brands-Anzeigen verwendet werden: »Sponsored Brands sind Werbeanzeigen, die Ihr Markenlogo, eine individuelle Überschrift und bis zu drei Ihrer Produkte enthalten. Diese Anzeigen erscheinen in den Suchergebnissen und tragen dazu bei, die Wiedererkennung Ihrer Marke und Ihres Produktportfolios zu erhöhen.«[35]

Amazon Brand Stores fördern außerdem Ihre organische, aber auch Ihre externe Traffic-Verteilung. Suchanfragen, die von Suchmaschinen wie Google ausgehen, können direkt in Ihrem Amazon Store landen. (Es ist kein Geheimnis, dass Amazon in Suchmaschinen sehr gut sichtbar ist. Es kann Jahre dauern, bis Sie in Eigenregie eine vergleichbare Sichtbarkeit auf den Top-Plätzen belegen.) Zusätzlich können Sie Salespage-URLs auch als Zielseiten für externe Kampagnen (z. B. E-Mail-Kampagnen, Launch-Angebote) verwenden.

Der Vorteil ist, wenn Sie Traffic von Ihrer E-Mail-Kampagne z. B. im Zuge eines Launchs an Ihren Amazon Brand Store senden, dass Sie faktisch über die E-Mail-Adresse (Stammdaten) verfügen. Wäre dem nicht so, könnten Sie die E-Mail ja nicht aussenden. Kauft nun ein Kunde bei Amazon, so ist nach dem Kauf die E-Mail-Adresse zwar verschlüsselt, aber das macht nichts, da Sie ja die Klar-Form bereits besitzen. Sie nutzen daher Amazon als Vertrauens-Medium für Ihren Launch, zudem die erweiterten Optimierungsmöglichkeiten des Brand Store, umgehen aber das Anonymisierungs-Problem, da Sie bereits vor dem Launch über die Stammdaten potenzieller Kunden verfügen.

Zusätzlich, gewissermaßen als i-Tüpfelchen, profitieren Sie von der überdurchschnittlichen Suchmaschinen-Auffindbarkeit Amazons und von zufälligen Spontan-Käufern auf Amazon selbst. In Summe verfügen Sie also über eine valide Umsatzmaschine, ohne vollständige Abhängigkeit.

Grundsätzlich können Sie auch einen Launch auf Amazon ohne Brand Store in Erwägung ziehen. Dann aber müssen Sie sich darüber im Klaren sein, dass Sie mitunter nicht der einzige Anbieter des entsprechenden Produkts sind. Bei Amazon dreht sich alles um die sogenannte Buy Box, das Einkaufswagenfeld (mehr dazu im Kapitel 8). Etwas unglücklich wäre es, wenn Ihre gesamte Launch-Vorbereitung ins Leere läuft, weil zum Launch-Zeitpunkt Ihr Wettbewerber die begehrte Einkaufswagen-Box für sich innehat. Direkten Einfluss haben Sie nicht. Die Krux mit dem Hausrecht, Abhängigkeit und so. Wenn Sie also einen Amazon-Launch erwägen, dann am besten mit einem Brand Store oder wenn Sie nahezu sicher sind, dass Sie eine Produktnische besetzen, die bislang noch kein anderer anbietet. Aber auch dann bleibt ein Restrisiko, sekündlich könnte ein Wettbewerber in direkte Konkurrenz treten. Bei einem markenrechtlich geschützten Brand-Store-Angebot ist das ausgeschlossen.

eBay und Co – mehr als nur Begleitmusik

Das als Auktionshaus bekannt gewordene eBay bietet eine weitere Möglichkeit, einen eigenen Marktplatz-Shop zu betreiben. eBay beschreibt seine Shops wie folgt:

> »Ein eBay Shop hat nicht nur den Vorteil, dass Sie weniger Gebühren zahlen und mehr Angebote pro Monat kostenlos einstellen können, sondern Sie erhalten damit auch Zugriff auf zusätzliche Verkäufertools, mit denen Sie Ihr Geschäft verwalten und bewerben können. eBay Shops können nur von gewerblichen Verkäufern betrieben werden.«

Ein Unterschied zu Amazon: Bei Amazon können Sie unbegrenzt viele Angebote einstellen, bei eBay grundsätzlich nicht. Je nach Tarif gibt es

Inklusiv-Mengen, aber auch jede Menge kostenpflichtige Zusatzmöglichkeiten. Bevor Sie mit dem Handel auf eBay starten, sollten Sie also in jedem Fall die Gebühren studieren. Auch wenn ich selbst bei eBay meine Karriere als damals jüngster eBay-PowerSeller startete, waren mir die verflochtenen Gebühren schon immer ein Dorn im Auge. eBay gilt im Gegensatz zu Amazon aber als händlerfreundlich, obwohl man auch hier nichts geschenkt bekommt.

Laut Händlerbund-Studie ist eBay der meistgenutzte Marktplatz unter Online-Händlern (84 Prozent) und mit einer Gesamtnote von 2,6 auch der beliebteste.[36] Was nicht heißt, dass Sie dort nicht genauso gesperrt werden können wie bei Amazon. In Bezug auf Hausrecht gibt es da keine Unterschiede. So oder so spricht einiges dafür, mit Ihrem Dropshipping-Sortiment auf eBay präsent zu sein.

In der ersten Buchauflage noch prognostiziert, ist die neue Zahlungsabwicklung von eBay nun Realität. Bei der Zahlungsabwicklung verwaltet eBay den Zahlungsvorgang von Anfang bis Ende. Ihre Käufer können jetzt bequemere Zahlungsmethoden nutzen, und Sie erhalten Ihr Geld von eBay überwiesen. Klingt gut, ist auch nicht wirklich von Nachteil, aber Sie geben damit ein Stück weit Kontrolle ab. Das Ganze erinnert stark an Amazon-Payment. Im Klartext bedeutet dies, es gibt wie im klassischen Online-Shop einen Warenkorb, den der Kunde direkt an eBay bezahlt; eBay zahlt den Betrag dann mit zeitlicher Verzögerung an Sie als Händler aus.

Social Commerce auf Facebook und Instagram

Facebook und Instagram wurden bereits kurz angerissen, insbesondere als Traffic-Quellen für Ihre Landingpage. Wie versprochen, möchte ich dieses Thema nun unter Shop-Gesichtspunkten vertiefen.

Einem Podcast habe ich entnommen, dass deutsche Internetnutzer im Schnitt stolze fünfeinhalb Stunden täglich online sind, davon rund eineinhalb Stunden auf Social-Media-Plattformen. Das sind beste Voraussetzungen, diese Tatsache für Ihr eigenes Dropshipping-Business zu nutzen. Der News-Stream auf Facebook kann inzwischen direkt mit Verkaufsangeboten bestückt werden. Und mittlerweile genügt auch ein Klick auf das hippe Accessoire am sexy Körper einer Instagramerin, und schwups ist es schon im Warenkorb gelandet.

Im Grunde spielt es keine Rolle, ob wir hier von Facebook mit seinen Töchtern Instagram und WhatsApp oder von sonstigen relevanten Social-Media-Plattformen reden. Derzeit rollen sie alle im Eilverfahren Shopping-Funktionalitäten aus. Das Ganze hat auch einen Namen: »Social Commerce«. Und dieser bietet das Potenzial, E-Commerce nachhaltig zu verändern. Dennoch wird – da bin ich mir sicher – der eigene Kundendatensatz und der eigene Webshop unverändert unerlässlich bleiben! Unabhängigkeit im Sinne einer Datenhoheit haben Sie auch mit Social Commerce nicht, das sollte klar sein.

Dennoch ist es einfach nicht möglich, die aktuelle Entwicklung zu ignorieren. Rund 83 Millionen Menschen leben in Deutschland, davon sind knapp 79 Millionen Internet-User. Von diesen nutzen 66 Millionen zumindest gelegentlich Social Media. Laut einer Studie von Hootsuite und We Are Social vom Februar 2021 haben Social-Media-Nutzer in Deutschland nicht nur einen oder zwei Accounts, sondern im Durchschnitt sechs. Das ist eine bemerkenswerte Entwicklung, die uns auch als Dropshipper neue Möglichkeiten eröffnet.

Gerade deswegen könnten Sie jetzt versucht sein, direkt ins Messenger-Marketing einzusteigen, doch dann würden Sie Ihren »Vermögenswert Kundendaten« komplett an Dritte (wie Facebook) abgeben. Bitte, bitte, tun Sie dies nicht!

Ich möchte Ihnen an dieser Stelle anhand von Twitter, ebenfalls ein Social-Media-Imperium, ein warnendes Beispiel zum Thema Messenger-Marketing geben. »Twitter CEO Jack Dorsey äußerte bereits im Juli 2020 gegenüber CNN, dass es Tests in Richtung eines Abo-Modells gäbe. Nun, diese Tests scheinen abgeschlossen zu sein und Jack Dorsey hat angekündigt, dass man noch in diesem Jahr ein Twitter-Abo einführen werde. Gerüchten zufolge soll das kostenpflichtige Twitter ohne Werbung auskommen und über weitere Funktionen wie zum Beispiel eine straffere Timeline verfügen.«[37]

Dass Nutzer für Werbefreiheit zahlen, ist längst Alltag. YouTube hat ein solches Programm gestartet, die Musik- und Podcast-App Spotify ebenso. Was wäre, wenn diesem Beispiel auch Facebook folgen würde?

Wenn Sie von einer durch Werbung erzielten Reichweite abhängig sind, bedeutet dies, dass Sie Ihre Zielgruppe nicht mehr erreichen. Auch Ihre Wunschkunden erreichen Sie dann nicht mehr. Sobald jene bereit sind, lieber ein paar Euro im Monat springen zu lassen, um ihre Dienste werbebefreit zu nutzen, schauen Sie in die Röhre.

Damit liegt auch auf der Hand, warum der typische China-Dropshipper sich auch in diesem Sektor schwertun wird. Denn dort ist es alltäglich, dass man Facebook Ads schaltet, experimentiert und skaliert, um die Winning Products zu verkaufen. Wenn Sie Ads schalten können, aber Ihre Zielgruppe oder Ihre Wunschkunden nicht mehr wie gewohnt erreichen, dann ist das über kurz oder lang ein Problem. Ich bringe nach 15 Jahren diese Weitsicht mit und weise Sie immer wieder darauf hin. Ich liebe Social Commerce, bin mir aber bewusst, dass die Kundendaten das Wichtigste sind, das ich besitze. Darum folgen Sie einem ganzheitlichen Ansatz. Integrieren Sie neue Entwicklungen, aber machen Sie sich nicht abhängig davon.

Klar sein dürfte: Wenn Sie erfolgreich über Plattformen wie Facebook und Instagram verkaufen wollen, müssen Sie sich intensiv mit der jeweiligen Plattform auseinandersetzen, zudem müssen Sie sich auch der Plattform anpassen! Solche neuen Commerce-Kanäle erfordern neues Denken, auf die Wichtigkeit von Nano- und Micro-Influencern habe ich bereits hingewiesen. Eine erfolgreiche E-Commerce-Strategie ohne Social Media als Verkaufskanal wird in Zukunft wohl kaum noch funktionieren. Sie werden um jetzigen Stand der Dinge um eine Art Hassliebe nicht herumkommen, wenn Sie Ihr Geschäftsmodell weiterhin skalieren möchten.

Facebook verzeichnet weltweit rund 1,8 Milliarden aktive Nutzer täglich, davon über 300 Millionen in Europa. Instagram leitete bereits im Jahr 2018 den Boom ein. Das Startsignal zu dieser Entwicklung war die Einführung von »Instagram Shopping«. Seitdem steht Unternehmen eine Art digitales Schaufenster zur Verfügung, in dem sie ihre Produkte präsentieren können. Es dauerte nicht lange, bis Produkte auch in der eigenen Story (ein Instagram-Feature) beworben werden konnten. 2020 erhielt Social Commerce einen weiteren Schub.

Rückblick 2020: Im Mai wurde »Facebook Shops« eingeführt, ebenfalls ein digitales Schaufenster, angelehnt an das im Juli folgende »Instagram-Shop«-Pendant. Doch damit nicht genug, im Oktober wurde Shopping auf IGTV eingeführt, im November wanderte der Shop in die Hauptnavigationsleiste bei Instagram, und seit Dezember ist dort auch Shopping in Reels möglich.

Allein dieser kleine Exkurs verdeutlicht, mit welcher Dynamik Social Commerce etabliert wird. Wohlgemerkt umfasst dies nur die Welt der beiden Plattformen Facebook und Instagram. Nach meiner Beobachtung funktionieren Bilderwelten, die nicht die übliche Optik von Anzeigen haben, recht gut. Wie bereits an früherer Stelle erwähnt, geht es darum, das Scroll-Verhalten der User zu unterbrechen. Wenn ich mich für ein Produkt interessiere und mit der Maus auf eine Halskette oder die Geldbörse gehe, wird direkt zum Kauf weitergeleitet. Die User Experience ändert sich dadurch gravierend. In der »Vor-Social-Commerce-Zeit« gab es Medienbrüche und mitunter 25 Klicks über unterschiedliche Kanäle, keinen Warenkorb, kein zusätzliches Kundenkonto und somit auch weniger Potenzial.

Die bisherige Customer Journey ändert sich damit elementar. Beim gegenwärtigen Social Commerce wird diese Reise extrem verkürzt. Eine Anzeige auf Instagram ansehen, diese anklicken und dann ein Kaufinteresse äußern (auf den Bestell-Button drücken) passiert alles auf demselben Kanal. Nur für den eigentlichen Check-out-Prozess wird der User aktuell noch (in Deutschland und Europa) über den In-App-Browser geleitet. In Amerika ist dies gesetzlich bereits »all in one« verfügbar. Im Grunde ist dies aber gar nicht schlecht, denn die Interessenten werden dadurch (für den Bestellabschluss) in Ihren Webshop geleitet.

Vereinfacht könnte man sagen, es ist wie bei einer Preisvergleichsseite, die ebenfalls Produkte bewirbt und Kaufinteressenten zum Shop leitet. Instagram und Co. bedienen sich hier im Übrigen der gleichen Strategie wie wir bei der Dropfunnels®-Strategie. Der Kaufinteressent wird direkt »in den Check-out« geführt.

Die Entwicklung geht in großen Schritten weiter. Facebook versucht, sich unter dem Begriff »Discovery Commerce« ein neues Marktumfeld zu erschließen. Damit bezeichnet man die Tatsache, dass User auf den Social Networks nicht unbedingt mit einer festen Kaufabsicht unterwegs sind. Sicherlich kennen Sie dies von sich selbst. Sie haben Ihr Smartphone in der Hand und »bummeln virtuell«. Doch dann plötzlich, wie aus dem Nichts, sieht man ein Produkt. Dieses möchte man hier und jetzt kaufen. Geplant war dies nicht, aber wenn man es schon einmal sieht, kann man es auch mal eben bestellen. Facebook hat sich also zum Ziel gesetzt, dass Produkte zu Menschen finden, noch bevor diese aktiv danach gesucht haben. Das ergibt Sinn, denn wenn man dann seine »Entdeckung« gemacht hat, sollte man die Ware auch möglichst reibungslos kaufen können. Und somit schließt sich der Kreis.

Und noch einmal: So schön das alles in der Tat ist – es ist nicht nur ein Kreis, der sich schließt, sondern auch ein Vakuum. Denn die Datenhoheit und die Insights verbleiben auf Facebook, Instagram und Co. Was man aber mitnehmen kann, ist die Tatsache, dass Inspiration durchaus ein wichtiger Punkt ist. Bei der Entwicklung von Droptienda® haben wir auch eine spezielle Enterprise-Version gelauncht, die speziell das individuelle Ausliefern von Produktempfehlungen in den Mittelpunkt stellt. In Kombination mit der E-Mail-Marketing-Lösung Dropfunnels® werden somit in der Tat inspirierende und personalisierte Empfehlungen möglich. Der Vorteil ist dann aber, dass die Daten bei Ihnen liegen und nicht bei einem der Social-Media-Giganten. Das Wichtigste ist daher, dass Sie diese Datenströme an **einer** Stelle bündeln und für sich nutzbar machen. Wie das gehen kann, werde ich Ihnen ebenfalls noch mitteilen.

Jenseits von Amazon, eBay, Facebook und Instagram: Expansion auf weitere Marktplätze

Zuletzt haben Sie die Rahmenmöglichkeiten kennengelernt, die Ihnen Amazon, eBay und auch ein Facebook/Instagram-Store bieten.

Es geht aber noch weiter. Spricht man von Online-Marktplätzen, denkt man zunächst unweigerlich an Amazon und eBay, darum hatten wir damit begonnen. Doch in den letzten Jahren sind viele weitere Versandhändler auf den Plan getreten, die sich für Drittanbieter geöffnet haben: von Otto und Real/Kaufland bis zu Breuninger. Doch selbst neben diesen Vollsortimentern besteht eine ungeahnte Bandbreite an Nischenanbietern, die auf den ersten Blick oft unbemerkt bleiben. Viele dieser Nischenanbieter bespielen sogar derart voluminöse Sortimentsbereiche, das nicht wirklich von Nischen gesprochen werden kann. Branchen wie Fashion, Kosmetik, Einrichtung und DIY zählen zu den umsatzstärksten Handelssegmenten und verfügen über gigantisches Potenzial.

Hier einige Beispiele von Online-Marktplätzen aus verschiedenen europäischen Ländern. Die Reihenfolge ist nicht wertend und keinesfalls vollständig, stellt Ihnen aber einen Recherche-Ausgangspunkt bereit (ich bin mir ziemlich sicher, dass Sie von vielen dieser Absatzkanäle noch nie gehört haben).

Deutschland

kaufland.de

Dass Kaufland, vormals Real, inzwischen ein sehr relevanter deutscher Marktplatz ist, verdeutlicht diese Veröffentlichung auf LinkedIn: »Unsere Seller API verarbeitet täglich über 23,4 Mio. Requests von mehr als 70 angebundenen Softwarepartnern und unzähligen Direktanbindungen von Händlern. Unsere leistungsstarken Systeme gewährleisten eine reibungslose Angebotserstellung und Auftragsabwicklung, damit sich unsere Händler auf ihr Kerngeschäft konzentrieren und die besten Angebote für unsere gemeinsamen Kunden bereitstellen können.«[38]

check24.de

Das Portal bietet mehr als nur Versicherungs- und Stromvergleiche. Sie können dort auch Produkte zum Verkauf anbieten. Aus eigenen Projekten kann ich bestätigen, dass sich eine Zusammenarbeit lohnen kann.

Breuninger.com

Breuninger ist einer der wenigen Offliner, der online eine relevante Größe hat und so als regionaler Player online Chancen nutzen kann, die ihm der stationäre Markt nicht bietet. Dass er nun offen für exklusive Drittanbieter ist, macht den Marktplatz sehr gefragt. »Ziel ist es, über unsere erfolgreiche digitale E-Commerce-Plattform unseren Kunden weitere exklusive Marken, Lifestyle-Produkte und Dienstleistungen anzubieten und unseren Partnern direkten Zugang zu attraktiven Kundengruppen im Premium- und Luxus-Segment zu schaffen.«[39]

joom.de
Sie finden dort ein breites Warenangebot, das für viele Nischen von Interesse ist.

otto.de
Der allseits bekannte Versandhändler bietet ein sehr attraktives Marktplatzkonzept. Einige mir bekannte Dropshipper verkaufen dort bereits sehr erfolgreich. Otto kooperiert mit anderen Verkäufern, die ihre Artikel im eigenen Namen und auf eigene Rechnung bei Otto anbieten möchten.

stylight.de
Die Online-Shopping-Plattform wartet mit über 1000 Shops auf.

chrono24.de
Der Handelsplatz für Luxusuhren ermöglicht Uhrenliebhabern einen einfachen, sicheren und zuverlässigen Handelszugang.

yatego.com
Yatego zählt zu den größten deutschen Online-Shoppingmalls mit rund 10 000 Shops.

hood.de
Wenig bekannt, aber wahr: Mit über 10 Millionen Angeboten täglich ist hood.de einer der größten Online-Marktplätze Deutschlands.

livingo.de
Hier finden Sie über 600 000 Produkte rund um Einrichtung, Wohnen und Dekoration.

westwing.de
Auf der Unternehmens-Website heißt es: »Westwing bietet Ihnen einen innovativen Vertriebskanal für Ihre Produkte und eine passende Plattform für Ihre Marke. Profitieren Sie von unserer globalen Präsenz, einer klar definierten Zielgruppe sowie unserer gehobenen Markenauswahl. Gemeinsam mit Ihnen sorgen wir für eine aufwändige und professionelle Präsentation Ihrer Produkte – stets mit Liebe zum Detail!«[40]

fashiola.de
Man versteht sich als Fashion-Finder. Wenn Sie Mode verkaufen, ein Muss!

spartoo.de
Auch hier liegt der Schwerpunkt auf Mode.

Douglas.de
Die Unternehmens-Website teilt mit: »Douglas lanciert einen Marktplatz mit erstem exklusivem Partner-Programm für Beauty in Europa. Douglas, einer der führenden Premium-Beauty-Händler Europas, startet ein exklusives Partner-Programm und wird zum ersten Marktplatz für Beauty-Produkte in Europa. Mit diesem Schritt erweitert das Unternehmen sein Sortiment von rund 50 000 hochwertigen Produkten im Douglas Online-Shop um zahlreiche Marken exklusiv ausgewählter Partner.«* Inzwischen ist Douglas auch für weitere Partnerschaften offen und fungiert somit als Marktplatz.[41]

wein.cc
Diese Weinsuchmaschine ermöglicht das Auffinden von Weinnamen, Weinproduzenten, Weinregionen, Rebsorten oder Jahrgang und zeigt passende Bezugsquellen.

myToys.de
Spielzeug, Kindermode, Babyausstattung, Kindermöbel, Bücher und vieles mehr für jedes Kindesalter kann hier verkauft werden. Viele Dropshipper haben diesen Kanal nicht auf dem Schirm. Dabei hat das Unternehmen bereits 2017 von sich reden gemacht: »Das Partnerprogramm von myToys (…) wird signifikant erweitert. Das Ziel: Weiterer Ausbau der führenden One-Stop-Positionierung für Familien (…) Händler, Lieferanten und Hersteller profitieren vom direkten Zugang in die Zielgruppe Familien.«* Spätestens heute, im Jahr 2021, sollte es sich also herumgesprochen haben, dass dieser Anbieter einen sehr relevanten Marktplatz darstellt.[42]

sportscheck.com sowie decathlon.de
Wenn Sie Sportartikel verkaufen, genießen diese Marktplätze hohe Priorität. Ein genauer Blick in die Sortimente lohnt.

cannaable.de
Entdecken Sie eine Vielfalt an CBD-Produkten. Als Dropshipper können Sie Ihr CBD-Sortiment dort sehr einfach listen und vom Marktplatzmodell profitieren.

zalando.de
Vielen ist der Modehändler Zalando noch am ehesten bekannt: »Wir treiben mit unserer Plattformstrategie die Digitalisierung der Modebranche weiter voran«, heißt es auf der Website von Zalando.

Frankreich

fnac.fr
Fnac ist eine große französische Einzelhandelskette für kulturelle und elektronische Produkte.

rueducommerce.fr
Der vielbeachtete Marktplatz wird jeden Monat von Millionen besucht.

intermarche.fr
Intermarché ist einer der französischen Marktführer im Lebensmittelvertrieb und bietet Ihnen Zugang zu seinem Online-Marktplatz (denken Sie an Pommes, Nuggets ...).

darty.com
Als Frankreichs Top-Vertreiber von Heimelektronik ist der Online-Marktplatz seit 2014 am Start.

auchan.fr
Auchan ist eines der führenden Unternehmen im globalen Lebensmittelvertriebssektor und kooperiert mit professionellen Händlern, die ihre eigenen Produkte direkt über die Website verkaufen.

manomano.fr
Getreu dem Motto »Selbst ist der Mann und auch die Frau« finden sowohl Hobbyheimwerker als auch Profis auf ManoMano ein breites Sortiment an Werkzeugen.

carrefour.fr
Die Carrefour S.A. gehört zur Schwarz-Gruppe und ist das zweitgrößte Einzelhandelsunternehmen Europas. Sie können ein breites Vollsortiment online anbieten.

cdiscount.com
Die Plattform war ursprünglich auf CDs und DVDs spezialisiert und ist inzwischen zum Vollsortiment aufgestiegen. Elektronik verkauft sich nach wie vor überdurchschnittlich gut.

Spanien

parabebes.com
Diese Website erinnert mich immer an meine Anfänge: Hier stehen Baby- und Kleinkinderbedarf im Mittelpunkt.

queneumatico.es
Wenn Sie Reifen online kaufen möchten, dann kennt zumindest der Spanier diese Adresse.

promofarma.com
Bei dieser Adresse handelt es sich um eine der führenden Online-Apotheken. Die Besonderheit ist, dass Sie hier auch Ihr eigenes Sortiment listen können.

Niederlande

beslist.nl
Hier finden Sie einen breiten Marktplatz mit über 10 000 Shops.

kieskeurig.nl
Auch das ist ein breiter Marktplatz, insbesondere Technik und Smartphones werden hier stark nachgefragt.

prijsvergelijk.nl
Der Name sagt schon alles: »prijsvergelijk« ist ein typisches Preisvergleichsportal, das ein möglichst vollständiges Bild der verschiedenen Anbieter auf dem niederländischen Markt abbilden möchte. Dabei sein lohnt sich in der Regel.

lionshome.nl
Im Fokus stehen neue Wohnideen, exklusive Tipps von Einrichtungsexperten und günstige Möbel sowie Wohnaccessoires für Ihr Zuhause.

bol.com
Bol.com startete 1999 und ist heute nach eigenen Angaben der größte Online-Buchhändler in den Niederlanden. Zudem der Platzhirsch im Marktplatz-Business für Waren aller Art.

Österreich

Es gibt nur kleine Marktplätze, die teilweise sehr »nischig« und regional sind. Sie sind für Dropshipper dennoch geeignet, wenn man interessante Nischenprodukte vertreiben will. Hier einige Beispiele:

all-i-want.at
Geprüfte österreichische Händler können hier ohne Risiko und ohne monatliche Kosten ihre Produkte in ganz Österreich und seinen Nachbarländern verkaufen.

beeanco.com
Ein Online-Marktplatz für den bewussten Lebensstil.

getsimply.net
Netzwerk-Plattform für Unternehmen aus Österreich. Womöglich spannend für Lieferantensuche!

goodity.at
Der Marktplatz für regionale Unternehmen aus Österreich kann sich im Nischenbereich lohnen.

kaufein.at
Kleinanzeigen von Privatleuten, Angebote von Händlern und Dienstleistern, ein buntes Sammelsurium.

kaufdaheim.at
Auch hier: Produkte und Dienstleistungen aus Österreich.

markta.at
Wenn Sie im Sektor regionale Lebensmittel dropshippen wollen, dann sind Sie hier richtig.

niceshops.com
Getreu dem Motto: »Zu Hause rundum gut versorgt.«

regionalis.shop
Handgemachtes und Kreatives aus der Region.

regionale-shops.at
Der Online-Marktplatz für regionale Betriebe.

gartenernte.at
Erster Online-Marktplatz Österreichs zum nachhaltigen Verkaufen und Kaufen von einheimischem bzw. regionalem Obst, Gemüse, Holz, Pilzen und dergleichen direkt vom Nachbarn. Sie können sich dort als Anbieter listen, wenn Sie im Rahmen von Dropshipping über regionale Lieferanten verfügen.

Natürlich sind viele der hier aufgezeigten Absatzwege auch in anderen Ländern aktiv. Ich habe Sie dem jeweiligen Land zugeordnet, das meiner Erfahrung nach den Primärmarkt darstellt.

Und die Schweiz? Die Schweiz blende ich aufgrund der Zoll-Problematik aus. Da bin ich beinhart. Dasselbe gilt für UK nach dem Brexit.

Sie sehen, Dropshipping bietet Ihnen auch in Zukunft sehr viel Gestaltungs- und Expansionsspielraum. Ich bin mir ziemlich sicher, dass Sie nun noch mehr verstehen, warum Sie zuallererst mit einem Launch starten sollten. Zu schnell könnten Sie sich verlaufen. Sie gingen dann in die Breite, aber ohne wirklich Substanz würden Sie nur Geld verbrennen und zu dem Entschluss kommen, dass Dropshipping »nicht funktioniert«.

Den US-Markt erobern: Think Big! Oder doch nicht?

Haben Sie sich gefragt, warum auf dem Buchcover Dollarscheine abgebildet sind, wo sich doch das gesamte Buch um Europa dreht, um EU-Dropshipping? Der Grund ist simpel, Dropshipping wird eher nicht mit Europa assoziiert. Es ist eine internationale Angelegenheit, mit dem Dollar als Hauptwährung. Da kommt der Euro leider nicht dagegen an.

Außerdem kommen viele Trends im Online-Marketing aus den USA, nicht zu vergessen die wichtigen Absatzkanäle wie Google, Facebook, Walmart oder Amazon. Amerika zu erobern, kann also ein lohnendes Ziel darstellen. Der Umsatz im E-Commerce-Sektor in den USA explodiert: »USA steht vor erstem Billionen-Umsatz-Jahr« titelte winfuture.de. Weiter heißt es: »Corona ist für E-Commerce ein Boost. Jetzt gibt Adobe mit dem ›Index der digitalen Wirtschaft‹ ein gutes Trendbarometer, welche Höhen der Online-Handel erreicht. Demnach hat COVID-19 alleine in den USA für 183 Milliarden Extra-Umsätze gesorgt. 2022 wird das erste Billionen-Jahr.«[43]

So verlockend Amerika ist, so wichtig ist es zu wissen, dass sich der Handel dort grundlegend anders gestaltet. Meiner Meinung nach sind die wenigsten Starter mit den Grundlagen in ihrem Heimatland vertraut – und ganz sicher noch weniger mit den Grundlagen für die Operation in einem Drittland. Wir reden hier von wettbewerbs- und datenschutzrechtlichen Vorgaben zwischen Ihnen und Ihren Lieferanten, wir reden von Verpackungsverordnung und Verbraucherschutzrecht.

Manche Online-Shops schwenken auf Amerikafokus und preisen ihre Produkte in Dollar aus und in englischer Sprache an, weil davon ausgegangen wird, dass der Markt in den USA viel größer sei. Das mag stimmen. Und auch die Zahlen, die Sie gerade zur Umsatzprognose im E-Commerce vernommen haben, sind verlockend. Die meisten angehenden Dropshipper starten ihr US-Business aber aus einem anderen Grund, nämlich wegen der Shop-Baukastenlösungen und der dort angeschlossenen Marktplätze, wie Aliexpress. Denn von dort kann man die Produkte automatisch importieren.

In Europa ist das keineswegs rechtskonform, denn faktisch stehlen Sie Bilder und Beschreibungen, ohne auch nur nachzufragen. Sie besitzen für die Verwendung keinerlei Genehmigung. Sie haben mit Ihrem »Lieferanten« noch nicht *ein* Wort ausgetauscht, aber dessen Produkte in Ihrem Sortiment. Sie bedienen sich dabei der Plattform Aliexpress und einer Schnittstelle, die sich *Oberlo* nennt. Sie verbindet Ihren Shopify-Webshop mit der virtuellen Ware. Diese Erweiterung wird sinngemäß übersetzt wie folgt beschrieben: »Entdecken Sie Millionen von Produkten und fügen Sie diese mit Oberlos Chrome-Erweiterung zu Ihrem Shopify-Shop hinzu. Oberlo ist eine Dropshipping-App, mit der Sie trendige Produkte für den Online-Verkauf finden, sie Ihrem Shopify-Shop hinzufügen und noch heute mit dem Verkauf beginnen können.«[44]

Behalten Sie stets vor Augen: In der Praxis können Sie noch nicht einmal wissen, ob Ihr Lieferant (den Sie auf Aliexpress gefunden haben) selbst die Rechte an den Bildern und Texten besitzt oder ob er diese ebenfalls nur kopiert hat. So oder so stehen Ihnen in erster Linie nur amerikanische Produktbeschreibungen zur Verfügung. Die meisten haben schlicht keine Lust, die Beschreibungen zum Beispiel ins Deutsche zu übersetzen. Aus Komfortlaune und nicht aus strategischem Interesse heraus wird der leichteste Weg gewählt.

Mangelnde rechtliche und steuerliche Beratung sind ein Grundproblem, aber nicht nur in Europa, sondern eben auch bei einem Markteintritt in Amerika. Die IT-Recht Kanzlei aus München berichtete auf ihrer Website wie folgt: »Die USA sind der größte Onlinemarkt der Welt. Für den deutschen Onlinehändler ist daher dieser Markt eine enorme Chance. Die Risiken des Onlinehandels mit den USA werden allerdings unwägbar, wenn der deutsche Onlinehändler dem US-Recht und den US-Gerichten unterworfen ist.«[45]

Weiter heißt es in dem Bericht: »Anders als in der EU, wo das Fernabsatzrecht mittlerweile EU-weit in vielen Bereichen geregelt ist, haben die USA die rechtliche Regelung des Online-Handels weitgehend den einzelnen US-Bundesstaaten und der Rechtsprechung überlassen.« Wenn Sie also vorhaben, in Amerika zu verkaufen, dann sollten Sie sich unbedingt mit den Spielregeln auseinandersetzen.

Auch sehr oft beobachtet wird, dass Waren kostenfrei angeboten werden und nur der Versand gezahlt werden muss, oder dass die Lieferung weltweit gratis erfolgt. Aber bedenken Sie bitte, dass Sie sich unter Umständen in jedem Land, in das Sie liefern, steuerpflichtig machen. Ihr Steuerberater wird Sie ausführlich beraten, behalten Sie diese Möglichkeit aber im Hinterkopf und versenden Sie nicht pauschal in die gesamte Welt (oder eben nach Amerika).

Im Übrigen sollten Sie in Erwägung ziehen, das Herkunftslandprinzip (country of origin) zu nutzen, wenn es Sie virtuell oder mit Auswanderung in die USA verschlägt, Sie als Verkäufer können demnach in Ihren AGB die Anwendbarkeit des deutschen Rechts bestimmen. Wir bedienen uns auch in Spanien einer solchen Möglichkeit. Neben der rechtlichen Überschaubarkeit haben Sie auch den Vorteil, dass Sie vor Ihrer Haustür einen fachkundigen Juristen finden können.

Sollten Sie sich für US-Dropshipping interessieren, empfehle ich Ihnen, im Internet nach speziellen US-Dropshipping-Lieferanten zu recherchieren. Sie sollten in jedem Fall vermeiden, dass Sie Produkte einfach nur mit Copy & Paste in Ihren Webshop übertragen. Die IT-Recht Kanzlei kommt in ihrem Bericht zu folgendem Fazit:

> »Die USA sind für den deutschen Onlinehändler eine andere Welt mit enormen Chancen. Streitigkeiten vor einem US-Gericht können allerdings gerade für einen kleinen deutschen Onlinehändler ein existenzielles Risiko bedeuten. Will der deutsche Onlinehändler rechtlich kein Risiko eingehen, der US-Gerichtsbarkeit ausge-

> setzt zu sein, wird er darauf verzichten müssen, den US-Markt zielgerichtet zu bedienen. Will er den US-Markt ernsthaft bearbeiten, wird er um eine Niederlassung in den USA nicht herumkommen. Dann ist er allerdings auch der US-Justiz ausgesetzt.«[46]

Mit anderen Worten: Betreiben Sie Ihr Geschäft ganz oder gar nicht. Testen ist gewiss empfehlenswert, aber testen Sie besser vor Ihrer eigenen Haustür. Sie werden feststellen: Das ist komplex genug. Erst wenn Sie die Spielregeln in Europa kennen und für die USA irgendwann zu kennen glauben, sollten Sie es wagen und Think Big betreiben. Vorher eher nicht.

In Summe: Blicken wir bei dieser Vielfalt von Absatzmöglichkeiten nun erneut auf Ihre Dropfunnel-Strategie samt allen (Social-)Shop-Anbindungen, werden Sie erkennen, dass eine übergeordnete Steuerungszentrale von Vorteil wäre. Ein Ort, an dem Sie alle Kundenbestellungen aus all den Launch-Angeboten, Marktplatz-Shops, Social-Commerce-Aktivitäten und dem eigenen Shop sowie Ihre virtuellen Lagerbestände und Verträge mit Ihren Lieferanten einsehen können. Von den E-Mail-Anfragen Ihrer Kunden ganz zu schweigen. In der Tat gibt es solche Multitalente.

In Großunternehmen denkt man da an Softwarelösungen wie SAP. Dabei handelt es sich um ein sogenanntes ERP-System, ein Enterprise-Resource-Planning-System. Ein solches verbindet sämtliche Prozesse (Marktplätze, Warenbestände, Kundenanfragen, Marketing, Personal, Buchführung und viele andere Komponenten des täglichen Geschäftslebens) und ermöglicht Ihnen eine optimale Struktur und Automatisierung. SAP ist für uns Dropshipper eine Nummer zu komplex und zudem (unnötig) teuer. Es gibt aber Alternativen. Und genau diese stelle ich Ihnen im Folgenden vor. Nachdem wir diesen letzten Baustein noch Ihrer Gesamtstrategie hinzugefügt haben, verfügen Sie über ein nachhaltiges und skalierbares Dropshipping-Business!

Gibt es eine übergeordnete Steuerungssoftware speziell für Dropshipper?

It's all about the IT management! Wie im letzten Absatz angedeutet, ist Ihr Shop zwar ein wichtiger Baustein im Dropshipping-Alltag, aber er strukturiert und automatisiert nur einen Teil Ihrer Arbeit. Sobald Sie expandieren, kommen Sie um ein ERP-System oder dergleichen nicht herum.

Der Online-Handel, und insbesondere der Streckenhandel, ist geprägt von der Notwendigkeit laufender Flexibilität und fordert von Ihnen eine schnelle Reaktion auf Kundenanforderungen sowie optimierte IT-Lösungen. Solche müssen sowohl Schnelligkeit als auch Kompatibilität mit sich bringen. Eine(!) Software, die zur Steuerung sämtlicher (oder fast aller) Geschäftsprozesse eingesetzt wird – das wäre der Heilige Gral des Dropshipping.

In der Praxis werden viele verschiedene Management-Systeme genutzt. Zum einen ERP-Systeme wie eben SAP. Dann gibt es Customer-Relationship-Management-Systeme (kurz CRM) und eine Menge mehr. Zusammen sind sie ein Anker der IT-Architektur. Das Customer-Relationship-Management leistet die Vorarbeit, und das ERP kommt nach Zahlung Ihres Kunden zum Einsatz und beinhaltet die anschließende Logistik und Distribution. Mit anderen Worten: Diese Systeme automatisieren bestimmte Abfolgen, beispielsweise dass eine Kundenbestellung aus Ihrem Webshop oder bei Amazon automatisch bei Ihrem Lieferanten in Auftrag gegeben wird.

Nicht selten sind bei einem »klassischen Versandhändler« noch einige andere Systeme dazwischengeschaltet – Systeme zur Angebotserstellung zum Beispiel, EDV-Systeme zur Zahlungsverarbeitung und vieles mehr. Die meisten Dropshipper nutzen zum Start die Bordmittel der Shop-Systeme. Das Problem ist nur, dass sie Insellösungen schaffen. Keine Frage, auch Amazon bietet Ihnen hervorragende Software – sogar kostenfrei in Ihrer Mitgliedschaft als Händler. Dennoch bleiben es Insellösungen für spezifische Absatzkanäle. Wenn Sie auf mehreren Hochzeiten tanzen, betreiben sie de facto Multi-Channel. Sie benötigen daher eine übergeordnete Software, die genau diese losen Fäden zusammenbringt. Das Zusammenspiel von CRM und ERP ist durchaus recht komplex, gerade weil alle Vertriebskanäle auf einen einheitlichen Stand gebracht werden müssen.

Fakt ist: Start-ups können sich keine teure Gesamtlösung leisten. Sie verwenden daher (zwangsläufig) eine Reihe von Tools, zumeist Freeware, also gratis. Meist braucht man für jede Funktion, die automatisiert werden soll, ein eigenes Tool. Die Insellösung wird also immer größer und der Überblick immer kleiner und komplexer. Richtig zusammenpassen will da nicht viel, aber es müssen eben Kosten gespart werden.

Während umfängliche Softwarelösungen wie ERP- und CRM-Systeme in den vergangenen Jahrzehnten noch getrennt voneinander betrachtet wurden, gehen sie heute Hand in Hand und sind eng miteinander verzahnt. Nachteil: Eine bessere Vernetzung bringt immense Schnittstellen mit sich, alle müssen gewartet werden.

Nach meiner Erfahrung läuft das Ganze so ab: Zunächst wird eine Software gekauft oder gemietet, die dann einen bestimmten Zweck erfüllt. Im Anschluss werden im Zuge des Unternehmensaufbaus neue Systeme hinzugekauft, und schließlich verwendet der Dropshipper viele verschiedene Systeme für den jeweiligen Zweck (da sind sie wieder, die Inseln). Es entstehen Datensilos. In sich geschlossen, kaum vernetzt und das Gegenteil der hochgelobten Agilität und Freiheit des Dropshipping-Daseins. Die Tätigkeiten gestalten sich in der Praxis zunehmend unübersichtlicher, und das Arbeiten mit den verschiedenen Programmen frisst letztlich Zeit und Geld.

Um das Problem zu lösen, musste eine Lösung her. Als Sachverständiger für Dropshipping sah ich mich berufen, eine solche Lösung herbeizuführen. Es war an der Zeit, aus CRM und ERP (und Hunderten Freeware-Programmen) ein für Dropshipper nutzbares und kompaktes System zu erschaffen. Genau: eines!

Warum die marktüblichen Management-Systeme und deren Funktionen nicht vereinfachen und sie dann neu verknüpfen? Die Lösung ist Dropmatix®. Es ist komplett auf den Bedarf eines Dropshippers zugeschnitten. Alles, was die üblichen Lösungen »aufbläht«, haben mein Team und ich schlichtweg weggelassen. Alles, was für Sie, den EU-Dropshipper, relevant ist, wurde dafür eingearbeitet. Mit Dropmatix® können Sie alle eingehenden Bestellungen (aus allen vorgestellten Shop-Systemen und Marktplätzen samt deren Salespages) erfassen und Ihre Lieferanten und Produkte zentral managen. Mit oder ohne Droptienda®. Das System ist effizient, plattformübergreifend und länderspezifisch. Dropmatix® agiert automatisiert, berücksichtigt unterschiedliche Währungen, Steuern und Dropshipping-Regularien und passt zudem Ihre Verkaufspreise dynamisch an.

Mir ist bekannt, dass sich viele Unternehmen als kundenorientiert beschreiben, aber nur wenige sind es tatsächlich. Die meisten sind wettbewerbsorientiert. Dies ist keineswegs nur auf die Softwarebranche bezogen. Auch fast alle Dropshipper orientieren sich am Wettbewerb. Im Grunde läuft es darauf hinaus, dass man schaut, was die anderen haben bzw. verkaufen. Dann zieht man schnellstmöglich nach. Es gibt ein neues »Winning Product«, jeder will es verkaufen. Das ist wettbewerbsorientiert!

Im Gegensatz dazu basieren 80 bis 85 Prozent dessen, was wir bei Dropmatix® entwickeln, auf dem Feedback unserer Kunden, die uns ihre Wünsche mitteilen. Auch dieses Buch wurde so geschrieben – unabhängig davon, was andere Dropshipping-Bücher beinhalten. Dieser Weg basiert auf eigener Erfahrung und auf dem Feedback meiner Leser, meiner Kunden und meiner Community. So wurden auch Besonderheiten wie die korrekten Versteuerungen als Dropshipper inkludiert oder die automatische (Vor-)Übersetzung Ihrer Produktbeschreibungen. Auch können Sie Ihre vollständige Dropfunnel-Strategie samt Mail-Sequenzen von Dropfunnels® darin verwalten.

Jetzt, wo Sie alle Bausteine und Abläufe im Einzelnen kennen und wissen, wofür diese stehen, möchte ich die losen Software-Enden kurz zusammenführen. In der Dropmatix®-Cloud sind auch Dropfunnels® und Droptienda® zu Hause. Alle drei zusammen sind eine einzigartige Kombination aus smarten Werkzeugen, die nahtlos ineinandergreifen. Alle Dienste können eigenständig oder aber ganzheitlich als Komplettlösung verwendet werden.

Starten Sie die Cloud-Komplettlösung direkt heute. Sie benötigen keine Kreditkartendaten. Sie starten vollständig kostenfrei und unverbindlich. Besuchen Sie dropmatix.com, verschaffen Sie sich einen Überblick und entscheiden Sie selbst.

KAPITEL 7

»Ich kann es mir nicht leisten, Zeit mit Geldverdienen zu verschwenden.«

Jean Louis Agassiz

SO FINDEN SIE DEN IDEALEN VERKAUFSPREIS

Nachdem Sie nun einen ganzheitlichen Überblick haben, gehen wir jetzt einen Schritt in die Tiefe. Es geht um Verkaufspreise. Bei der Verkaufspreis-Kalkulation müssen wir zunächst differenzieren. Bislang waren wir mit einem Launch-Produkt konfrontiert, das Sie auf Ihrer Salespage platziert hatten, und drei Up-Selling-Salespages. Möglicherweise haben Sie von Ihrem Lieferanten aber bereits eine umfangreiche Preisliste (mit dem Gesamtsortiment) erhalten. Aber auch dann lief es im Grunde stets auf wenige Artikel hinaus (die Ihrer Salespages nämlich). Wenn Sie aber früher oder später Ihren Webshop in den Check-out integrieren, dann deutet dies darauf hin, dass Sie mehr Artikel ins Sortiment holen. Am Ende benötigt jedes Produkt einen attraktiven Verkaufspreis. Bei einem Long-Tail-Sortiment kommt da schon eine ordentliche Artikelmenge zusammen. Dennoch ist die Ermittlung Ihres finalen Verkaufspreises verhältnismäßig einfach. Warum? Nun, Sie haben als Wiederverkäufer einen bekannten Nettoeinkaufspreis und bekannte Versandkosten und damit schon zwei wesentliche Zutaten einer erfolgversprechenden Preiskalkulation. Ein wenig mehr in die Tiefe geht es dennoch, wenn das Sortiment breiter wird. Und es gibt auch noch Steuern, Rabatte und Skonti, die zu beachten sind, man darf die Thematik also doch nicht zu sehr vereinfachen.

Wie auch immer: Hier geht es nicht um Preiskalkulation als solche. Zu diesem Thema finden Sie im Netz oder in kleinen Lehrfibeln auf dem (Online-)Buchmarkt sehr kompakte und verständliche Anleitungen. Hier geht es um etwas, das jede moderne Preispolitik prägt: »dynamische Preise«.

Ihr Ziel sollte sein, Ihr gesamtes Long-Tail-Sortiment in ein sogenanntes »Dynamic Pricing« zu integrieren – eine Preisgestaltung also, die sich mit Software-Hilfe den jeweiligen Umständen oder Notwendigkeiten anpasst oder gesetzte Limits und Wenn-dann-Abfolgen automatisch umsetzt und damit den einmal »festgesetzten« Preis aus seinen Fesseln befreit.

Wir halten fest: Bei einem befristeten Launch-Angebot haben Sie einen festen Preis, einen Preis für die gesamte Angebotsdauer. In Ihrem (späteren) Online-Shop und sonstigen Absatzkanälen wie Amazon hingegen können die Preise dauerhaft eingestellter Verkaufsprodukte sehr wohl in ständiger Bewegung sein. Sie können nicht nur, sie müssen!

Eine solche Preisstrategie ist für Ihr Tagesgeschäft (und damit ist eben nicht Ihr Launch gemeint!) nicht nur zeitgemäß, sondern (leider) auch notwendig, möchten Sie wirklich zum idealen Verkaufspreis verkaufen. Wobei ideal hier nicht Ihren Traumpreis meint, sondern einen Preis, den Sie aktuell nicht besser erzielen können.

Gewiss ist auch Ihnen aufgefallen, dass Preise schwanken. Im Internetversandhaus Ihres Vertrauens möglicherweise noch nicht immer. Aber analog, beispielsweise bei den Tankstellen in Ihrer Straße. Dort haben Sie sich wahrscheinlich längst daran gewöhnt, dass am Morgen, wenn die Straßen voller Pendler am Überlaufen sind, der Treibstoff einige Cent mehr kostet. Zur späteren Stunde, wenn sich die Rushhour aufgelöst hat, wird es preiswerter.

Tatsächlich ist das Ganze komplexer. Eine klare Regelmäßigkeit lässt sich nur scheinbar oder auch gar nicht erkennen. Auch bei Flugtickets gibt es sehr dynamische Preise. Dies fällt mir als Inselbewohner immer dann auf, wenn es geschäftlich aufs Festland gehen soll oder Besuch ins Haus steht. Der günstige Flug, den ich mir beispielsweise am Dienstagmorgen noch in meinen Favoriten gespeichert habe, kostet am Donnerstagabend schon um einiges mehr.

Auch dass Preise und Wetter viel miteinander zu tun haben, lernte ich bereits vor vielen Jahren in einem Kundenprojekt. Für einen Händler wurde eine Preisstrategie erarbeitet, wonach die Preise für Regenschirme stiegen, wenn es regnete, und bei Sonnenschirmen und Sonnenschutzmitteln das Gleiche – bei Sonne, versteht sich. Das ist an sich nichts Neues, bereits am 28. Oktober 1999 titelte die dpa in einer Meldung über New York wie folgt: »Coca-Cola-Getränkeautomat erhöht Preise bei wärmerem Wetter selbst.« Einfach einen Pauschalwert aufschlagen? Kann man machen, macht aber wenig Sinn. Sie verschenken Marge. Egal in welche Branche Sie blicken, ob online oder offline, dynamische Preise sind mittlerweile gängige Praxis.

Die gute Nachricht ist, dass Sie Ihren Webshop oder Ihr Plattformgeschäft bereits für wirklich kleines Geld in diese Richtung automatisieren können. Mögliche Anbieter wären clousale.com, sellerlogic.com oder auch xsellco.de/repricer.

Ihr Ziel sollte sein, dass Sie immer einen sogenannten Minimalpreis und einen Maximalpreis haben. Der Mindestpreis versteht sich als unterste Preisgrenze. Diesen können Sie nicht ohne Verlust unterschreiten. Ihr Ziel ist natürlich nicht, dass Sie zu diesem Preis verkaufen. Es ist lediglich Ihre Schmerzgrenze, um im Falle eines aktiven Wettbewerbs konkurrenzfähig zu bleiben. Ihr Maximalpreis wiederum sichert Sie gegen »Mondpreise« ab.

Wenn Sie keinen Wettbewerb, etwa auf Plattformen wie Amazon, für den exakt gleichen Artikel haben, dann zieht das System auf diesen Preis hoch. Sie können einstellen, dass Sie diesen Höchstpreis wieder »verlassen«, wenn sich herausstellen sollte, dass binnen der kommenden Stunden/Tage kein Verkauf stattfindet. Dann wird das System in von Ihnen festgelegten Preisschritten abwärtsgehen. Immer um zu prüfen, ob es einen kaufbereiten Kunden gibt.

Wenn Sie sich bislang noch nie mit dynamischen Preisen (bewusst) auseinandergesetzt haben, könnte das kostenlose Tool *Keepa* ein guter Anfang sein. Mit dem Webbrowser-Tool können nach Aussagen von Keepa über 1 Milliarde Amazon-Produkte überwacht werden: »Keepa kann jedes Amazon-Produkt für dich überwachen und dich benachrichtigen, sobald dein Wunschpreis erreicht wurde. Wir können dich per E-Mail, Facebook, Telegram oder RSS benachrichtigen.«[47]

Mit diesem Anbieter können Sie zwar kein dynamisches Pricing aus Verkäufersicht einrichten, aber Sie bekommen einen überzeugenden Eindruck davon, ob ein Sonderangebot auch wirklich eines ist. Wir haben zum Beispiel viele Preise anlässlich des jährlichen Black Friday überprüft. Der Black Friday, eine Art Super-Verkaufstag mit oft stark rabattierten Angeboten, stammt ursprünglich aus den Vereinigten Staaten und ist stets der Freitag nach Thanksgiving, also Ende November. Das Event versteht sich als Start in das traditionelle Weihnachtsgeschäft. Versandhändler wie Amazon – und nicht nur sie – haben daraus mittlerweile eine ganze Verkaufswoche gemacht, Rabatte über Rabatte. Mit Tools wie Keepa können Sie ganz leicht feststellen, ob die ausgewiesenen Preise tatsächlich eine echte Ersparnis darstellen. Sie sehen außerdem die Preise eines Produkts auf Amazon im direkten Ländervergleich. Auch dies kann sehr spannend und aufschlussreich sein. So gibt es Produkte, bei denen die Gewinnspanne sehr gering ist und andere Länder mehr Marge hergeben. Da ich in Spanien wohne, kann ich dies selbst täglich bei meinen eigenen Einkaufsgewohnheiten beobachten. Viele Produkte gibt es in Spanien erst gar nicht zu kaufen oder aber zu einem viel höheren Preis.

Preisentwicklungen zu beobachten macht Spaß. In einem Bericht des Radiosenders BigFM war 2018 zu hören:

> »Obwohl am Black Friday teilweise verführerische Angebote mit bis zu 90-prozentigen Nachlässen winken, sind nicht alle Artikel auch wirklich vergünstigt zu haben – und das oft trotz rotem Preisschild. ›Idealo‹ analysierte 500 verschiedene Produkte, die am Black Friday 2017 zu den beliebtesten Käufen zählten. Darunter befanden sich neben Spielekonsolen und Laptops auch Smartphones und Lautsprecher. Riesige Schnäppchen galten in diesen Kategorien allerdings eher als Ausnahme – die durchschnittliche Ersparnis lag bei etwa 20 Prozent.«[48]

Wenn Sie sich fragen, ob dies aktuell, 2021, immer noch so ist, kann ich dies aus eigenen Beobachtungen grundsätzlich bejahen. Natürlich gibt es auch »echte Angebote«, aber viele sind nicht wirklich authentisch. Die *Morgenpost* kam 2019 zu einem ähnlichen Schluss wie BigFM zuvor:

> »Nicht alle Sonderangebote, die am Black Friday beworben werden, bringen den Kunden auch wirklich eine Ersparnis. Seit Jahren warnen Verbraucherschützer vor Irreführung beim Anpreisen der Rabatt-Aktionen. Denn viele Preise werden durch den Vergleich mit den unverbindlichen Preisempfehlungen der Hersteller (UVP) hochgelobt.
>
> Auch ohne Rabatt-Aktion verlangt kaum ein Händler diese UVP. Die Verbraucherzentrale NRW hat in den vergangenen Jahren durch Stichproben bemerkt: Im Schnitt gab es an Aktionstagen wie dem Black Friday statt versprochener 50 Prozent oder mehr eigentlich nur 20 Prozent oder weniger Rabatt im Vergleich zum Normalpreis.«[49]

Ob es am Ende echte 20 Prozent sind oder nicht, ist hier nicht das eigentliche Thema. Das Thema ist: Die Tatsache, dass Preise nicht konstant, sondern in Bewegung sind, muss Sie als Dropshipper zum richtigen Handeln veranlassen. Letztlich führt kein Weg an dynamischen Preisen vorbei. Auch wenn in Ihrem eigenen Webshop ein Preisvergleich etwas umständlicher ist als auf Verkaufsplattformen, so kommen eben doch viele potenzielle Kunden über Preisvergleichsportale wie das oben zitierte Idealo.

Achtung bei der Kalkulation mit Amazon

Es gibt aber eine weitere Besonderheit. Wenn Sie diese außer Acht lassen, dann werden Sie möglicherweise keinen Gewinn einfahren. Selbst dann nicht, wenn Ihre Preise in Bewegung bleiben. Das Problem rührt aus einem Rechenfehler, der sehr oft schlicht aus Unwissenheit begangen wird. Wie wichtig dynamische Preise auf Amazon sind, habe ich bereits dargelegt. Gehen wir nun auf die Verkaufsgebühren ein, die im Schnitt 15 Prozent betragen.

Angenommen, Sie möchten einen Artikel zu 11,90 Euro verkaufen. Wichtig zu wissen ist, dass in diesem Beispiel die besagten 15 Prozent Amazon-Verkaufsprovision vom Bruttopreis abgezogen werden. Im Falle unserer 11,90 Euro sind dies 1,785 Euro. Tatsächlich sind es somit 17,85 Prozent Verkaufsprovision, die Ihnen Amazon berechnen wird. Denn der Kaufmann rechnet immer und ausnahmslos vom Nettopreis. Und auf dieser Grundlage sind es nun mal 17,85 Prozent!

Sie müssen sich also merken: Das, was ohne Umsatzsteuer übrig bleibt, macht den Unterschied! Die Verkaufsprovision ist netto, da Amazon in Luxemburg seinen Sitz hat. Auf diese Tatsache wurde bereits hingewiesen. Ihr Steuerberater wird Sie gerne umfassend beraten. Wichtig ist: Vergessen Sie bei Ihrer Kalkulation diese wichtige Tatsache nicht. Amazons 15 Prozent und Ihre 15 Prozent, das sind zwei verschiedene Welten. Und der Unterschied kann Sie viel Geld kosten, wenn Sie das nicht einkalkulieren. Insbesondere wenn Sie mit Rabatt-Aktionen werben, kann aus einem vermeintlichen Gewinn andernfalls recht schnell ein Verlust werden!

Was wären Verkaufspreise ohne sogenannte Ankerpreise? Was es damit auf sich hat, erfahren Sie im nächsten Abschnitt!

Ankereffekt: Ein Denkfehler mit Nutzwert

Sie wissen jetzt, was dynamische Preise sind – nämlich Ihr tägliches Brot im Dropshipping-Gewerbe. Jetzt kommt ein weiterer wichtiger Aspekt der Preisgestaltung: der Ankereffekt. Was genau ist das?

Aus Marketingsicht sind Ihre potenziellen Kunden immer dann näher am Kauf, wenn sie über ein Produkt der Begierde möglichst wenig wissen. Wer nämlich kaum Ahnung von den gängigen Qualitäten und Preisen einer Ware hat, der sucht nach einem Orientierungspunkt: dem »Ankerpreis«.

Angenommen, Sie möchten eine Barista-Kaffeemaschine kaufen. Sie haben keine Ahnung, was das gute Stück kosten wird. Von Freunden wissen Sie aber, dass diese ein »Spitzenmodell« für runde 3500 Euro erworben haben. So viel soll es zunächst nicht sein, also fragen Sie den Händler, was ein »gutes Gerät« ungefähr kostet.

Seine Auskunft: »Für 5000 Euro bekommen Sie eine wirklich ausgezeichnete Barista-Mühle von bester Qualität, made in Italia und mit langer Zusatzgarantie, weit über die gesetzliche Gewährleistung hinaus. Vor-Ort-Service und ein Barista-Workshop sind ebenfalls inkludiert.« Im Anschluss wendet sich der Verkäufer Modellen zu, die eher Ihrer »Gute-Qualität-Preisklasse« entsprechen, jedoch immer mit Augenmerk auf Artikel, die etwas teurer sind. Der Händler in diesem Beispiel setzt mit 5000 Euro einen bewussten Anker und versucht, die Zahlungsbereitschaft von Ihnen (dem Kunden) somit etwas nach oben zu korrigieren.

Es ist davon auszugehen, dass mit großer Wahrscheinlichkeit tatsächlich ein Gerät gekauft wird, das 250 bis 500 Euro über dem angedachten Budget liegt. Die unverbindlichen Preisempfehlungen der Hersteller, auch als UVP bekannt, sind bei vielen Shops auch nichts anderes als derartige Anker.

Preisanker bieten also die Möglichkeit, Ihrem Kunden etwas mehr als geplant zu entlocken. Merken Sie sich bitte: Der jeweilige Preisanker ist stets beeinflussbar. Permanente Preisänderungen, etwa mit dynamischem Pricing wie bereits vorgestellt, aber auch über andere Produkte, Verkaufsgespräche, Veränderungen der Qualität und Auszeichnung etc., all das sind mögliche Stellschrauben.

Machen Sie es Ihren Kunden dabei so einfach wie nur möglich – von der Produktauswahl bis hin zur Zahlungsmethode. Denn andernfalls wird auch der beste Verkaufspreis nicht unbedingt zum Verkauf führen. Verkaufen Sie aktuell vorwiegend auf Plattformen wie Amazon, dann ist es sinnvoll, auch AmazonPay als Zahlungsart im eigenen Shop anzubieten. Denn wenn ein Amazon-Kunde auf Ihren Shop aufmerksam wird, wirkt es vertrauensfördernd, wenn dieser dann mit AmazonPay bei Ihnen einkaufen kann. Der Vorteil ist nämlich, dass die bei Amazon hinterlegten Zahlungsarten direkt verwendet werden können.

Sie können mit Ankerpreisen auch dem Mythos der ständigen Preisabwärtsspirale proaktiv entgegenwirken. Dieser besagt, dass Produkte ausschließlich über den Preis verkauft werden können, nach dem Motto: Nur der günstigste Preis zählt. Diese Denke geht davon aus, dass Sie Ihren Wettbewerber immer nur preislich zu unterbieten brauchen, und schon kaufen die Kunden bei Ihnen. Das ist glücklicherweise nur die halbe Wahrheit. Am Ende kommen viele Faktoren zusammen, ob man bei

Ihnen kauft oder nicht. Wie Sie Ihr Angebot möglichst hochwertig präsentieren, hatten wir im Launch-Kapitel erläutert. Man könnte es auch wie im folgenden Ausschnitt eines Artikels formulieren: »Warum bestellt ein Orchester aus Bolivien nicht in Bolivien? Dazu gibt es eine einfache Antwort: ›Das hat wohl mit Vertrauen zu tun. Wenn der Kunde für ein hochwertiges Instrument 8000 Euro im Voraus ans andere Ende der Welt überweist, muss die Glaubwürdigkeit groß sein. Die haben wir uns über Jahrzehnte erarbeitet‹, sagt Hans Thomann gegenüber der Frankfurter Rundschau.«[50]

Es geht also nicht darum, dass man die Musikinstrumente nicht hätte preiswerter kaufen können. Gewiss wäre dies möglich gewesen, im aufgeführten Beispiel direkt vor Ort in Bolivien. Aber ein günstiger Preis ist eben dann doch kein Verkaufsgarant. Ihr anzustrebendes Ziel ist kein Preiskampf, sondern eine Gewinnmaximierung. Und eine solche ist in jedem Falle möglich, trotz oder gerade wegen des Wettbewerbs. Heben Sie sich und Ihr Angebot von anderen ab!

Im folgenden Abschnitt möchte ich noch einen weiteren Baustein der Verkaufspsychologie mit Ihnen ansehen. Denn wenn Sie die Reaktionen und das Verhalten Ihrer potenziellen Kunden auf bestimmte Werbekampagnen (oder anfänglich Launch-Feedbacks) kennen, ist noch einiges mehr möglich.

So akzeptieren Ihre Kunden faire Preise

Die richtige Verkaufspsychologie ist ausschlaggebend für den Erfolg Ihres Unternehmens. Das Gute aus Verkäufersicht ist, dass wir Menschen im Kaufverhalten leicht beeinflussbar sind. Nutzen Sie daher die Werbepsychologie für einen höheren Absatz und mehr Umsatz! Doch was versteht man unter Werbepsychologie? Letzteres beschreibt die Wissenschaft von Reaktionen im Erleben und Verhalten von Menschen auf bestimmte Werbung. Sie ist ein bedeutsamer Teil des Marketing-Mix.

Die Werbepsychologie beschäftigt sich im Schwerpunkt mit unbewussten Prozessen, also mit kognitiven Reaktionen der Kunden auf Werbung. Ein wachsender Wettbewerb erfordert eine maßgeschneiderte Kundenansprache und Kommunikation, denn die immense Informationsüberlastung mit durchschnittlich über 3000 Werbeinformationen täglich führt bei erwachsenen Menschen schnell zu einem Overkill. Vor diesem Hintergrund ist es notwendig, die eigenen Botschaften so zu gestalten, dass sie die Zielgruppe bestmöglich erreichen und dort auch die gewünschte Wirkung entfalten.

Mittels echter Verknappung können Sie, wie schon dargelegt, eine solche Wirkung erzielen. Ein Hinweis nach dem Motto »Nur noch zwei Artikel verfügbar« wäre ein Beispiel. Der »Social Proof« ist eine weitere Möglichkeit. Was viele Menschen bereits gekauft haben, muss schließlich gut sein. Aber auch Hinweise wie »Diesen Artikel haben bereits 103 Personen gekauft« oder »15 Personen sehen sich gerade dieses Angebot an« – bekannt aus Hotel-Vergleichsseiten – ermöglichen eine entsprechende Handlungsempfehlung. »Tu mit dem Kauf etwas Gutes« – »Beim Kauf dieses Produkts gehen 15 Prozent des Gewinns an Organisation XY«. Derartige emotionale Kaufanreize können mit entsprechenden Bildern verfeinert werden.

Menschen wollen sich durch einen Einkauf bei Ihnen gut fühlen und handeln dabei egoistisch. Wenn ein Apfel schön aussieht, wenn er besser schmeckt oder wenn das Einkaufserlebnis (im Webshop ist damit die »User Experience« gemeint) besonders gut ist, dann sind sie auch bereit, einen höheren Preis dafür zu bezahlen.

Kurz: Sie wollen einen Mehrwert haben, wenn sie einen höheren Preis in Kauf nehmen. Auch Charity-Produkte befriedigen dieses egoistische Bedürfnis, wenn auch nicht auf den ersten Blick ersichtlich.

Ein weiteres Beispiel: Wenn Kundinnen die Wahl zwischen zwei Lippenstiften haben und einer dieser beiden eine Stiftung gegen Brustkrebs fördert, werden sie mit hoher Wahrscheinlichkeit auch eben diesen kaufen. Mit dem Kauf tun sie etwas Gutes, und das lässt sie sich gut fühlen: ein Mehrwert. Trotzdem kaufen die gleichen Kunden günstige Kleidung bei einem Billig-Textiler ein, weil die Preise einfach unschlagbar sind – und nehmen dabei Kinderarbeit irgendwo in Südostasien in Kauf. Hier steht der egoistische Wunsch nach günstiger Kleidung im Vordergrund.

Für den Kunden gilt: Er verhält sich dann ethischer, moralischer und sozialer, wenn er selbst einen direkt spürbaren Nutzen davon hat oder sein Gewissen beruhigen kann. Dieses Bedürfnis bestand schon immer – neu ist jetzt jedoch das steigende Interesse an Nachhaltigkeit. Sie als Unternehmer können diesen Trend nutzen und beispielsweise nachhaltige Verpackungen und Materialien nutzen oder auch einen Teil Ihres Gewinns an nachhaltige Organisationen spenden. Hier ein Beispiel: »Im Zuge des Klimawandels gewinnen Aufforstungsprojekte in Deutschland mehr und mehr an Bedeutung. Gemeinsam mit PLANT-MY-TREE können Sie helfen, Bäume zu pflanzen, Wälder aufzuforsten und unsere Luft- und unser Klima nachhaltig zu wahren und zu schützen. (...) Unterstützen Sie mit Ihrem Unternehmen unsere Aufforstungsprojekte in Deutschland. Werden Sie aktiver Partner für unsere Umwelt- und Klimaschutzprojekte und stellen Sie Ihre Produkte oder Dienstleistungen klimaneutral.«[51]

Derartige Alleinstellungen sollten Sie entsprechend plakativ an Ihre Kunden kommunizieren, etwa im Zuge Ihres Launchs.

Fazit: Lassen Sie Ihren Kunden sich gut fühlen, wenn er bei Ihnen einkauft – ein Erfolgsgarant!

Zum Pricing gehören Versandkosten, aber Ihre Kunden meiden Sie deswegen

Sie wissen nun, dass Sie mit Bäumchen, die Sie pflanzen lassen, nicht nur einen wichtigen Umweltbeitrag leisten, sondern auch kräftig am Positiv-Image arbeiten können. Und Sie wissen auch, dass dynamische Preise zum guten Ton des Erfolgs gehören.

Kommen wir nun zu den Versandkosten, die allzu oft bei der Kalkulation, dem Pricing, stiefmütterlich behandelt werden. In den vergangenen Jahren haben sich zahlreiche Unternehmen, Marketinginstitute, Forschungseinrichtungen – und auch ich – die immer gleiche Frage gestellt: Was gefällt potenziellen Kunden beim Online-Shopping besonders? Und völlig unabhängig davon, wer die Studie letztlich in Auftrag gegeben hat – sei es der Branchenverband Bitkom, Zahlungsabwicklungsanbieter PayPal oder die Wirtschaftsprüfer von PwC –, alle kamen zum gleichen Resultat: **Das wichtigste Entscheidungskriterium der Kunden beim Einkaufen im Netz ist die kostenlose Lieferung. Punkt.**

Auch wenn Ihrem Kunden bewusst ist, dass eine Sendung, die aufgegeben, bearbeitet, durch viele Hände geleitet und elektronisch verfolgt wird, nicht umsonst befördert werden kann, will er dafür dennoch kein

Geld ausgeben. Ihrem Kunden ist aber zumindest halbwegs klar, dass die Kosten des Versands oder des Transports aus einer anderen Quelle beglichen werden und dass diese Quelle zwangsläufig der Verkäufer ist. Dieser kalkuliert den Versandpreis schlicht in den Verkaufspreis des Produkts ein, und auch das ist dem Kunden grundsätzlich bewusst. Entscheidend, so scheint es, ist nur, dass die Lieferung kostenfrei ist. Wer am Ende die Zeche zahlt, ist erst einmal Nebensache.

Mit dem Wissen, dass bereits sehr viele große Händler und Konzerne eine Null-Versandkosten-Politik fahren, ist heute kaum ein Kunde mehr bereit, Versandkosten separat zu bezahlen. Hier hallt bei vielen auch noch die »Ich bin doch nicht blöd«-Werbekampagne nach: »Versandkosten? Zahl ich nicht! Ich bin doch nicht blöd!« Das ist aber nur einer der Aspekte, die den Kunden zum Händler mit kostenlosem Versand treiben.

Denn zusätzlich nimmt der Verkäufer dem Kunden auch eine wichtige Entscheidung ab: Wie soll versendet werden? Als Päckchen, als Paket, versichert oder unversichert, wattiert oder anderweitig gesichert? All diese Entscheidungen erspart der Händler dem Kunden, indem er ihn erst gar nicht mit diesen Optionen konfrontiert.

Der Kunde wiederum ist sich dieser Möglichkeiten aufgrund von eigenen, privaten Versanderfahrungen bewusst und unterbewusst dankbar für die versteckte Message des Verkäufers: »Schau, ich nehme dir alle Unwägbarkeiten ab. Du musst dich um nichts kümmern.« Der Verzicht auf Versandkosten wird so unbewusst als Akt der Großzügigkeit gesehen. Sie als Händler erlösen Ihren Kunden von Komplexität und Verantwortung. Sie schultern sozusagen die Last, die den Akt des Versendens ausmacht, und schenken Ihrem Kunden Sorglosigkeit und Zeit. Denn er hat nun Zeit, sich auf das Wichtige im Kaufprozess zu konzentrieren: die Produktauswahl. So ist die unterbewusste Entscheidung des Kunden für einen kostenlosen Versand zu erklären, auch wenn er faktisch natürlich gar nicht gratis sein kann.

Insbesondere im Dropshipping-Business sind »kostenlose« Versandkosten sinnvoll, denn so lässt sich der Versandanteil vereinfacht für den Kunden abbilden. Im Fall von separat aufgeschlagenen Versandkosten würden diese je nach Produkt sonst unterschiedlich ausfallen, da die Waren von verschiedenen Herstellern verschickt werden. Unterschiedliche Versandkosten für unterschiedliche Produkte hinterlassen beim Kunden keinen vertrauenswürdigen Eindruck und erscheinen zudem viel zu komplex. Der Kunde muss sich zunächst wie oben beschrieben mit den diversen Versandkosten auseinandersetzen und ist unter Umständen überfordert. Außerdem geht er davon aus, dass Sie als Verkäufer diesen Preisanteil je nach Produkt unterschiedlich definieren und exakt an ihn weitergeben. Das erscheint in der heutigen Zeit, in der die meisten Online-Händler gratis an den Kunden versenden, kleinlich und unsympathisch. Entscheiden Sie sich deshalb, wo immer es möglich ist, für einen kostenlosen Standardversand. Bei allen Umfragen lag dieser »Kundenvernichter« mit deutlich über 50 Prozent auf Platz 1.

Auch interessant in den Umfragen: Rund 60 Prozent der Befragten nannten als Hauptgrund, warum sie einen Bestellvorgang schon mal abgebrochen haben, dass sie von hohen Versandkosten überrascht worden seien. Andere, sicherlich ebenso wichtige Aspekte, wie Lieferdauer, verschiedene Versandoptionen oder ein Abholservice für Altgeräte, landen weit abgeschlagen auf den hinteren Plätzen. Keiner dieser Punkte kommt auch nur ansatzweise an die 30-Prozent-Marke.

Ich möchte Ihnen in diesem Zusammenhang noch einige Praxistipps mit auf den Weg geben. Ich habe festgestellt, dass Preisnachlässe ebenso wie Preisaufschläge, die erst während des Check-out-Prozesses sichtbar werden, ein absolutes No-Go sind. Man könnte auch sagen: Sonderaktionen werden nahezu vollständig ihrer Wirkung beraubt, sofern sich diese nicht direkt im Warenkorb zeigen. Achten Sie also bei der Gestaltung Ihrer Seiten auf diese wichtige Tatsache und punkten Sie durch Transparenz. Mehrkosten für Transport wirken an der virtuellen Kasse fast wie Betrug: Der vermeidlich günstige Einkauf ist gar nicht so günstig.

Dies ist auch ein Grund, warum die von China-Dropshippern gern benutzte Strategie »Free plus Shipping« kritisch hinterfragt werden muss. Natürlich ist es verlockend, wenn der Produktpreis sehr gering oder sogar kostenfrei ist. Doch was bleibt davon, wenn man an der Kasse dann Wucher-Versandkosten zahlen muss? Kunden assoziieren, meiner Beobachtung nach, kostenfreien Versand einerseits mit einer direkten und einfach zu kalkulierenden Preisersparnis, andererseits mit eindeutiger Transparenz. Dort, wo der im Warenkorb angezeigte Preis genau dem entspricht, was sie schlussendlich zahlen müssen, fühlen sie sich am besten aufgehoben.

Nutzen Sie bei Bedarf eine Preisgrenze, die den Kunden zum Kauf eines weiteren Artikels motiviert. Insbesondere Letzteres kann wirtschaftlich sinnvoll sein. Sie können Ihren Kunden bewusst in eine bestimmte Richtung lotsen und ihn zum Mehrkauf führen.

Nehmen wir als Beispiel Amazon, auch hier arbeitet man mit einer Versandkostenfreigrenze von 29 Euro, früher 20 Euro. Nur als sogenannter Prime-Kunde zahlen Sie auf Ihre Lieferung keine Versandkosten, dafür aber einen jährlichen Mitgliedsbeitrag. (Der jedoch in der Praxis die Versandkosten nicht einmal ansatzweise subventioniert.) Die kalkulatorisch sicherste und von Kunden zudem favorisierte Lösung ist: Sie kalkulieren die Zustellkosten direkt in den Verkaufspreis ein. Dies verdeutlich aber auch, dass Dropshipping für ein Kleinpreissortiment (wirtschaftlich) kaum Sinn ergibt. Meiner persönlichen Meinung nach sollten Sie Produkte unter 20 Euro Verkaufspreis kritisch hinterfragen.

Im Zuge einer Sortimentskomplettierung kann es allerdings sinnvoll sein, auch Zubehör anzubieten. Und wie könnte eine Lösung dafür aussehen? Strategisch korrekt wäre es, Kleinzubehör auf Ihrer Up-Selling-Page zu platzieren. Ihr Hauptprodukt wäre dann versandkostenfrei kalkuliert. Wenn nun jemand nach dem Kauf von diesem ein preiswertes Zubehör erwirbt, müssen Sie hier die Versandkosten nicht(!) erneut berechnen, da diese im Hauptprodukt bereits eingepreist wurden. Damit diese Strategie funktioniert, ist es aber sehr wichtig, dass alle Artikel vom gleichen Lieferanten stammen. Dieser kann dann alles in einem Paket versenden.

Eine Alternative wäre, dass Sie etwaiges Zubehör, wie beispielsweise Batterien für einen Radiowecker, erst gar nicht einzeln zum Kauf anbieten, sondern nur ermöglichen, dass solches Zubehör im Rahmen des Erwerbs des Hauptprodukts zusätzlich gekauft werden kann. Der Effekt ist der gleiche. Wenn Sie einen Webshop betreiben, ist das mehr als nur sinnvoll, weil Sie dann eine solche Möglichkeit zu jedem Hauptprodukt direkt auf der passenden Produktdetailseite anbieten können. Leider umfassen nicht alle Shop-Systeme solche Funktionen. Und selbst wenn, ist dies nicht zwangsläufig kostenfrei.

Erlauben Sie mir daher, dies anhand von Droptienda® zu zeigen. Dort können Sie sowohl das Up-Selling nach dem Kauf integrieren (wo üblicherweise nur die Danke-für-Ihre-Bestellung-Seite erscheint) oder auch auf Produktebene. Droptienda® bietet Ihnen als optimierte Komplettlösung für EU-Dropshipping sogar noch eine dritte und vierte Möglichkeit der Zusatzmonetarisierung ohne Zuschaltung von Versandkosten. Sie können zudem Produktempfehlungen auch direkt im Warenkorb platzieren und somit den Kauferlös steigern, und zusätzlich können Sie ein weiteres Zusatzprodukt noch im Check-out (vor dem Bestellvorgang) platzieren.

Auch wenn Letzteres eine großartige Möglichkeit darstellt, sollten Sie diese nicht bei einem Launch anwenden. Diese Strategie wurde wirklich für Ihren »normalen Shopbetrieb« optimiert. Sie kommt daher auch erst jetzt explizit zur Sprache.

Schauen wir uns diese vier Möglichkeiten kurz in der Praxis an. Starten wir in genau dieser Reihenfolge. Sie erinnern sich, die ersten zwei Methoden zielen darauf ab, auch kleinpreisiges Zubehör anbieten zu können, ohne von Ihrer Versandkostenfrei-Politik abzuweichen. Damit dies gelingen kann, müssen wir das Zubehör an eine Bedingung knüpfen.

1/4 Sie empfehlen passende Zusatzprodukte nach dem eigentlichen Kauf. Droptienda® bietet Ihnen die Möglichkeit, eine Produktempfehlungsseite aus einer herkömmlichen Danke-Seite nach Bestellung zu integrieren. Technisch funktioniert diese exakt wie im Buch und auf den entsprechenden Grafiken skizziert. Praktisch ersetzt diese Funktion das Bauen einzelner Salespages. Sie können auch Ihren Launch in diese Check-out-Version münden lassen. Eine echte Salespage hätten Sie im Launch-Fall nur für das Hauptprodukt (Burger). Ihre zusätzlichen Angebote (Pommes, Coke und Nuggets) könnten Sie direkt in Droptienda® anlegen – ohne hierfür drei einzelne Salespages bauen zu müssen. Sollten Sie es gestalterisch freier wünschen, können Sie auch Salespages einrichten. Die Betonung liegt auf: Sie müssen es aber nicht! Dies ist eine große Zeitersparnis und bringt Ihnen gerade als Neueinsteiger schnell greifbare Erfolge!

Sollten Sie diese Funktion außerhalb Ihres Launchs anwenden, also in Ihrem klassischen Shop-Alltag, dann funktioniert dies technisch gleich. Ihr Kunde kauft ein oder mehrere Produkte in Ihrem Webshop und kommt dann automatisch in den gleichen Up-Selling-Funnel (im Idealfall mit anderen Produktempfehlungen, da Ihr Launch-Angebot immer exklusiv und einmalig sein sollte). Wenn wir nun bei unserem Beispiel bleiben, dass Zubehörprodukte (z. B. alles unter 20 Euro) erst nach dem eigentlichen Kauf offeriert werden sollen, sind diese Seiten wie geschaffen dafür. In diesem Buch und mit Blick auf den Launch spreche ich stets von drei zusätzlichen Angeboten (Pommes, Coke und Nuggets). In der Praxis können Sie (nicht auf Launch-Ebene, aber auf Webshop-Ebene) mit Droptienda® sogar sechs Angebote offerieren. Ihr Kunde kauft also ein Hauptprodukt versandkostenfrei, weil Sie diesen Anteil im Verkaufspreis bereits eingerechnet haben und wissen, dass Kunden dies lieben. Nach dem Kauf wird der Kunde sprichwörtlich bis zu sechsmal mehr zur Kasse gebeten. Wenn Ihre Dropfunnels®-Strategie also funktioniert, erzielen Sie am Ende satte sieben Verkäufe. Herzlichen Glückwunsch. Bildlich können Sie sich dies wie folgt vorstellen. Das folgende Foto zeigt einen Droptienda®-Up-Selling-Check-out.

Sie sehen ganz oben einen Fortschrittsanzeiger, demzufolge schon die Hälfte geschafft ist und lediglich ein Klick zum (Zusatz)kauf fehlt. Zudem ist das Angebot zeitlich auf echte(!) fünf Minuten beschränkt. Kauft der Kunde in dieser Zeitspanne (noch 4:19 Minuten verbleibend) nicht und klickt auch nicht auf: »Nein, dieses Angebot möchte ich nicht wahrnehmen« (Button, nicht auf dem Foto ersichtlich), würde er automatisch zum nächsten Angebot weitergeleitet werden. Dort würde sich das Ganze wiederholen. Kauft der Kunde hingegen, springt das Droptienda®-Up-Selling-System ebenfalls – dann jedoch direkt - zum nächsten Angebot.

2/4 Sie können einen Zubehörartikel auch direkt auf der Produktdetailseite offerieren. Die Besonderheit liegt in der Verknüpfung zum Hauptprodukt. Das Zubehör kann nicht einzeln gekauft werden, wohl aber zu einem attraktiven Preis, da Sie für diese Ware keine Versandkosten einpreisen müssen. Im Übrigen können Sie auch Services wie Geschenkverpackungen oder verlängerte Garantien auf diese Weise anbieten. Bildlich könnte dies wie folgt aussehen. Ich bediene mich auch in diesem Beispiel eines Droptienda®-Shops mit Geschenkservice. Zu kaufen ist dieses Produkt jedoch nicht separat, sondern nur zusätzlich zum Hauptprodukt.

3/4 Eine weitere Möglichkeit, den Umsatz je Kunde versandkostenfrei zu erhöhen, besteht darin, ein Produkt direkt im Warenkorb anzubieten. Dieses Produkt drängt sich sozusagen subtil zum praktischen Mitbestellen auf. Bei Droptienda® ist das an dieser Stelle beworbene Produkt aber nicht dem Zufall überlassen, sondern es wird automatisch ausgespielt und verfolgt nur ein konkretes Ziel – dem Kunden im Fall einer Frei-Haus-Grenze zu helfen, diese zu erreichen.

Sicherlich erinnern Sie sich noch an mein Amazon-Beispiel weiter oben. Ab 29 Euro können Sie als Nicht-Prime-Kunde in den Genuss einer versandkostenfreien Lieferung kommen. Diesen Gedanken haben wir auf Droptienda® übertragen. Sie als Shopbetreiber stellen einen beliebigen Wert zur freien Lieferung ein. Natürlich könnte dieser auch bei 0 Euro liegen, da Sie die Versandkosten – clever wie Sie sind – direkt in den Produktverkaufspreis einkalkuliert haben. Darüber hatten wir zuletzt gesprochen.

Sollten Sie sich aber an das Amazon-Vorbild mit einem Schwellwert halten, können Sie einen solchen beliebig konfigurieren. Legt nun ein Kunde ein Produkt unterhalb dieses Grenzwerts in seinen Warenkorb, zeigt unser smarter Warenkorb ihm eine Produktempfehlung, die nur minimal über dem Frei-Haus-Betrag liegt. Dies bedeutet, Droptienda® berücksichtigt den aktuellen Wert im Warenkorb und sucht im Sortiment nach einem lieferbaren(!) passenden Artikel, der nicht unnötig teuer ist, sondern lediglich so viel kostet, dass der Kunde gerade so in den Genuss einer versandkostenfreien Gesamt-Zustellung kommt. Dies ist ein mächtiges Instrument, um einerseits Zusatzverkäufe zu erzielen und den Warenkorbwert zu erhöhen und andererseits Ihrem Kunden ein »ideales Einkaufserlebnis« zu bieten: eine versandkostenfreie Lieferung.

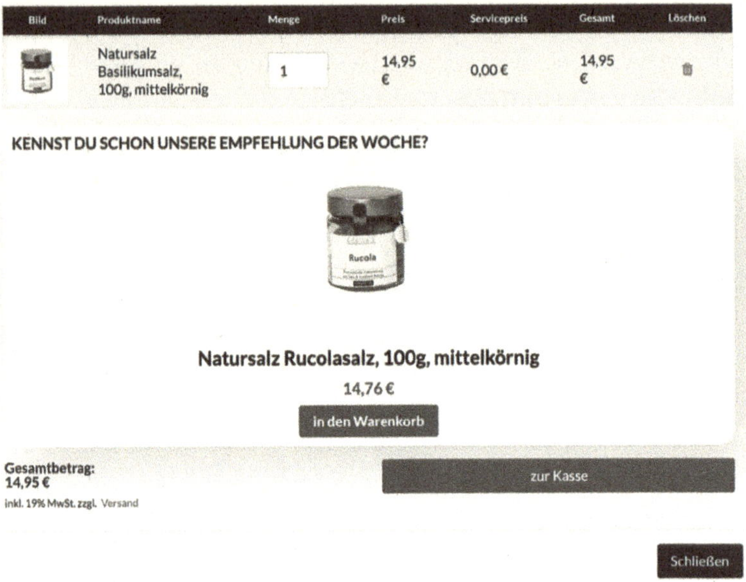

4/4 **Nach der gleichen Logik wie zuletzt funktioniert auch die Droptienda®-Check-out-Produktempfehlung.** Noch bevor der Kunde mit (zu vermeidenden) Versandkosten bestellen müsste, empfehlen wir ihm ein passendes Produkt, das seinen Einkauf – in letzter Sekunde – versandkostenfrei macht. Auch hierzu ein Beispielfoto aus einem unserer Shops.

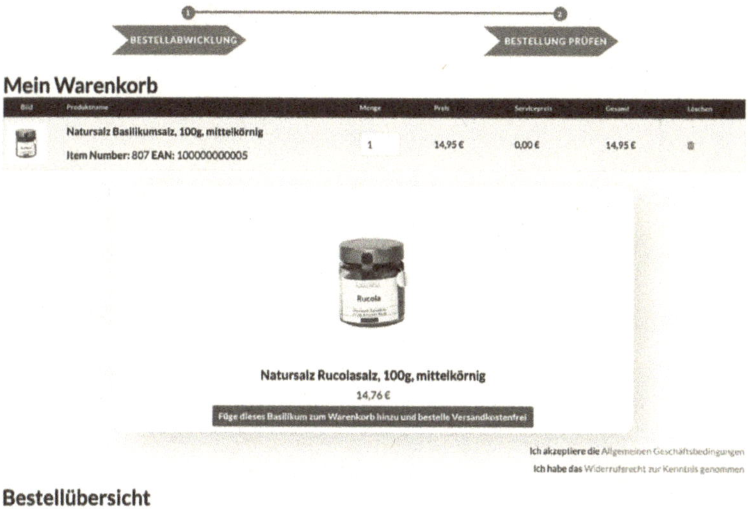

Natürlich können Sie auf all diese smarten Möglichkeiten verzichten. Und sicherlich finden Sie auch andere Shop-Systeme mit ähnlichen Lösungen, aber um ehrlich zu sein, habe ich schon vor langer Zeit mit dem Suchen und Vergleichen aufgehört. Einfach deshalb, weil es ja erfreulicherweise eine Gesamtlösung gibt, wie Sie nun wissen. In diesem Sinne wünsche ich Ihnen beste Geschäfte mit dem Vehikel einer versandkostenfreien Lieferung.

Noch ein letzter Praxistipp, wenn Sie Versandkosten auf den Preis der Artikel umlegen: Arbeiten Sie mit Kennzahlen! Wichtig ist, dass Sie genau wissen, wie stark Sie an der Preisschraube drehen müssen. Um dies herauszufinden, sind verschiedene Kennzahlen sehr hilfreich oder gar unumgänglich, insbesondere die durchschnittliche Anzahl von Artikeln pro Bestellung und die durchschnittlichen Versandkosten pro Bestellung. Letztere ergeben sich aus den Tarifen Ihrer Lieferanten.

In Sachen Versandkosten gibt es noch eine weitere Möglichkeit, die ich Ihnen nicht vorenthalten will: die Versandpauschale. In diesem Fall zahlt Ihr Kunde, unabhängig davon, wie viel oder wie wenig er bei Ihnen kauft, einen fixen Betrag. Für die exakte Bestimmung dieses Werts sind erneut die Kennzahlen heranzuziehen. Ich empfehle auch in diesem Fall, möglichst einfach vorzugehen. Verwenden Sie die Durchschnittskosten für den Versand einer einzelnen Bestellung und runden Sie diesen Betrag auf einen attraktiven Wert ab.

Die ungeschönte Wahrheit über Retouren und Stornierungen

In Ihrer Preispolitik müssen Sie auch Retouren berücksichtigen. Immerhin genießt Ihr Kunde (als Verbraucher) ein grundsätzliches 14-tägiges Widerrufsrecht. Dies führt nicht selten zu vielen Rücksendungen. Wobei Retouren auch mit Stornierungen VOR Warenversand einhergehen, und in beiden Fällen haben Sie weder Geld verdient noch die Kundenerwartung erfüllt.

Ich nenne Ihnen im Folgenden echte Zahlen von echten Projekten. Diese fasse ich in einer Gesamtstornorate zusammen, die sowohl Rücksendungen und daraus resultierende Erstattungen als auch Stornierungen aus Händlersicht aufgrund von Bestandsfehlern umfasst. Wie bereits früher geschildert, können Sie nur aufgrund von Bestandsfehlern etwa 5 Prozent einkalkulieren. Wenn Sie nun noch eine Retourenquote von 20 Prozent ansetzen, fallen rund 25 Prozent aller Bestellungen weg. Die letztere Zahl stammt aus der EHI-Studie »Versand- und Retourenmanagement im E-Commerce in 2019«.[52]

In dieser Studie heißt es unter anderem: »Im Durchschnitt liegt die Retourenquote bei rund 20 Prozent. Große Unterschiede gibt es zwischen den Sortimenten. Im Bereich Nahrungs- und Genussmittel liegt die Retourenquote im Durchschnitt unter 10 Prozent, in den Bereichen Bücher und Medien, Consumer Electronics sowie DIY und Garten bei rund 10 Prozent. In den Bereichen Drogerie und Parfümerie, Spielwaren und Babyartikel sowie Wohnen und Einrichten liegt sie hingegen bei fast 20 Prozent, im Bereich Sport und Freizeit bei rund 30 und im Bereich Fashion und Accessoires bei fast 40 Prozent. Im Fashion-Bereich ist es Teil des Geschäftsmodells, den Onlinekunden Auswahlkäufe zu ermöglichen.«

Retouren sind für Sie als Dropshipper faktisch teuer. Im Durchschnitt fallen für jeden zurückgesandten Artikel Bearbeitungskosten von rund 10 Euro an.

Ich möchte diese Zahlen nun mit echten Kundenprojekten vergleichen. Dabei sei angemerkt, dass bei meinen Daten eine Kumulierung vorliegt, die sich vor Erfüllung aus Retoure und Storno, etwa aufgrund eines Bestandsfehlers beim Lieferanten, ergibt. Dennoch sind die Zahlen gut vergleichbar, da nach meiner Erfahrung die 5 Prozent Storno »vor Erfüllung« im Dropshipping in jedem Fall repräsentativ sind.

Ein Dropmatix®-Nutzer verkauft Haushaltsartikel, dies umfasst vom Dönergrill bis hin zur Mikrowelle so einiges. Ich habe mir dazu 1197 Bestellungen angesehen. 272 Bestellungen wurden storniert, entweder aufgrund von Kundenrücksendungen oder aufgrund von Bestandsfehlern. In Summe macht dies 22,72 Prozent. Nimmt man nun die Zahlen der EHI-Studie, wären wohl »15 Prozent in Summe« üblich. Mit anderen Worten, irgendetwas läuft hier nicht ideal, da die Gesamtstornierung mit fast 8 Prozent über dem Branchendurchschnitt liegt. Als ich dies im Rahmen einer kürzlichen Recherche feststellte, bat ich unseren Key Account Manager, Kontakt zu dem betreffenden Nutzer aufzunehmen, um ihm Unterstützung anzubieten. Im Fall einer dritten Buchauflage werde ich gerne berichten.

Schauen wir uns noch einen weiteren Sachverhalt aus einer anderen Branche an. Ein anderer Nutzer verkauft Hängematten und anderes Relax-Mobiliar. Ich habe mir dazu 702 Bestellungen angesehen. Hiervon wurden 93, aus welchen Gründen auch immer, storniert. Das sind 13,25 Prozent. Wir liegen damit im normalen Bereich, denn EHI kommt hier, siehe oben, auf rund 10 Prozent Rücksendungen. Zusammen mit den 5 Prozent der »nicht unüblichen Bestandsfehler beim Dropshipping« wären wir durchschnittlich bei bis zu 15 Prozent Gesamtstorno. Hier gibt es gewiss Luft nach oben, aber es besteht, im Vergleich zum Haushaltsshop zuvor, kein Grund zur Sorge.

Werfen wir noch einen Blick auf einen weiteren Dropmatix®-Nutzer, der Accessoires und Uhren verkauft. Im Schwerpunkt sind es Damen- und Herrenuhren, aber auch Halsketten-Accessoires. Ich habe mir hier 199 Bestellungen angesehen, wovon in Summe 47 storniert wurden, dies entspricht 23,62 Prozent. Womöglich sieht dies nach viel aus, und es erinnert Sie an den Haushaltsshop, aber gemäß EHI wären bis zu 40 Prozent bei Fashion und Accessoires nicht unüblich. Der Nutzer liegt hier also tendenziell sogar weit über dem Durchschnitt. Nicht zu vergessen, dass bei den 40 Prozent von EHI im Fall von Dropshipping noch weitere 5 Prozent hinzugerechnet werden müssten. Wenn wir also 23,62 Prozent von 45 Prozent betrachten, ist das sogar sehr gut!

Auch wenn Stornierungen und Retouren ärgerlich sind, sehen Sie bereits jetzt, dass sich als Dropshipper ein sprichwörtlich überdurchschnittlich gutes Geschäft aufbauen lässt. Noch weiter verdeutlichen dies zwei andere Projekte, die ebenfalls Dropmatix® verwenden, und die ich zudem proaktiv(!) als Mentor begleite. Klar wird dabei: Wenn Sie wirklich professionelles Dropshipping betreiben, ist noch deutlich mehr möglich.

Das folgende Beispiel umfasst ein Sauna- und Wellness-Sortiment. Von der Saunakabine bis hin zu Ölen und Saunahandtüchern wird alles geboten. Ich habe mir 562 Bestellungen angesehen. Davon wurden lediglich 34 storniert, was 6,05 Prozent entspricht. Ziehen Sie hier die 5 Prozent »der Stornos vor Erfüllung« ab, verbleiben durchschnittlich 1,05 Prozent Rücksendequote. Auch wenn diese Darstellung sehr vereinfacht ist, zeigt sie sehr anschaulich: Wir sind (in Summe) weit unter der 10-Prozent-Marke. In der EHI-Studie war dies die »kleinste Einheit«. Ich denke, es wird schnell deutlich, dass bei einem Zusammenspiel aus hochwertigen europäischen Lieferanten und Herstellern sowie einem professionellen Set-up einiges möglich ist.

Bei Hunderten von aktiven Dropmatix®-Nutzern, die ich mir angesehen habe, gibt es sogar einen klaren Überflieger: 3361 Bestellungen und nur 31 Stornierungen ergeben in Summe 0,92 Prozent. Die Zahl ist für sich genommen schon beeindruckend, aber so richtig »unfassbar« erscheint sie, wenn man bedenkt, dass es sich hier um einen Dropshipping-Store für Kosmetik und Parfum handelt. Denn laut EHI sind in den Bereichen Drogerie und Parfümerie um die 20 Prozent Retouren üblich. Wie Sie hier sehen, können auch wir Dropshipper den Durchschnitt um Längen schlagen.

Womöglich nehmen Sie auch noch folgenden Rat mit: Ja, Retouren und Stornierungen sind ärgerlich und ein Kostenblock. Aber lassen Sie sich nicht von Studien oder Erfahrungsberichten entmutigen. Wagen Sie den Eigenversuch. Treten Sie an und schaffen Sie Ihre eigene Benchmark.

Um dem Retourenproblem generell entgegenzuwirken, gibt es mehrere Lösungsansätze: An erster Stelle liegt sehr viel Potenzial in Ihren Artikelbeschreibungen. Denn falsche Vorstellungen aufseiten Ihres Kunden führen unweigerlich zur Rücksendung. Insbesondere der Automatisierungsgedanke lässt hier auf Pauschallösungen hoffen, die es in der Praxis aber so schlüsselfertig nicht gibt. Zu viele Händler spielen die Datenfeeds Ihrer Lieferanten 1:1 (und somit ungeprüft und nicht optimiert) ein.

Eine manuelle Nachbearbeitung gilt als überflüssig und zeitraubend. Aber dieses Nacharbeiten, die Datenfeed-Pflege, sollte keinesfalls ausgelassen werden. Identifizieren Sie überdurchschnittliche Rücksendequoten und überprüfen Sie die jeweiligen Produkttexte. Gerade wenn Sie auf Marktplätzen wie Amazon anbieten und sich an bereits bestehende Produkt-Listings (automatisch) anhängen, kann es zu falschen Verknüpfungen kommen.

Mangelnde Produktqualität kann ein weiterer wichtiger Grund für Retouren sein. Akquirieren Sie deshalb vernünftige Lieferanten. Sie tun sich keinen Gefallen, wenn Sie Schrottwaren verkaufen, von etwaigen Haftungsansprüchen ganz zu schweigen. Es gibt schlicht keinen Grund, ein Rest- und Sonderpostensortiment zu eröffnen, ebenso wenig müssen es Gadget-Stores oder Kosmetikartikel aus China mit Hautausschlagpotenzial sein. Insbesondere vor Kosmetikfälschungen müssen Sie sich in Acht nehmen.

Ich habe kürzlich auf Netflix die neue Enthüllungsdokureihe »Der Verbrauchermarkt: Ein kaputtes System« angeschaut. Dort wird unter anderem von »ätzender Kosmetik« berichtet, genauer gesagt: von über das Internet verkauften Make-up-Produkten. Auch geht es um Influencer, welche die Originalprodukte bewerben. Da aber viele Produktserien schnell ausverkauft sind, suchen Verbraucher ihre Lieblings-Indie-Labels auf Auktionsplattformen aller Art. Dort werden aber nicht nur originale Waren angeboten, sondern zum Verwechseln ähnliche Artikel. Doch diese Fälschungen können, so auch die Dokureihe, voller Bakterien und hochgiftiger Stoffe sein.

Als richtig krass empfand ich, dass manche Influencer angeblich eine mit Asbest versehene Creme bewerben. Es handelte sich dabei um einen Test im Rahmen der Dokureihe. Ich kann nur empfehlen, sich diese anzusehen und im Anschluss bewusst und sensibilisiert an das Thema Produkt-Sourcing und Bezugsquellenwahl heranzugehen.

Verkaufen Sie stattdessen lieber hochwertige Waren. Glauben Sie mir: Auch Luxusuhrenlieferanten beliefern Sie, sofern Sie Uhren verkaufen wollen. Am Ende des Launch-Kapitels habe ich Ihnen einen Plattformlaunch auf Chrono24 vorgestellt. Dort sehen Sie, dass es funktioniert! Es spricht auch nichts gegen einen Markteintritt in die Branche Glamping, also luxuriöses Camping. Nach meiner Erfahrung bestehen Sortimentsbegrenzungen in erster Linie im eigenen Kopf. Sie werden erstaunt sein, was alles möglich ist, wenn Sie das Gespräch mit den Lieferanten suchen.

Sie selbst erschaffen Märkte! Bedienen Sie sich daher bitte nicht der Liste der »Top-10-Lieferanten« auf der ersten Seite der Suchmaschinenergebnisse oder bei Lieferanten aus China. Gestalten Sie Ihr Sortiment proaktiv, der Aufwand wird sich lohnen. Versuchen Sie, es richtig zu machen, und zwar so, dass Sie auf Ihr Angebot mit Blick auf Qualität stolz sind. Wenn Sie selbst mit der Qualität Ihrer Produkte nicht zufrieden sind und Sie diese auch bei Bedarf nicht selbst kaufen würden, dann fehlt es von vornherein an der erforderlichen Integrität, um effektiv einen Kundenstamm zu entwickeln. Diese Integrität ist insbesondere beim Launch notwendig. Vergessen Sie nicht, Sie ernten, was Sie säen.

Ein weiterer Retourenfaktor, meiner festen Überzeugung nach: Je länger ein Kunde auf seine bestellte Lieferung warten muss, desto höher ist die Rücksendewahrscheinlichkeit bzw. ein Storno der Bestellung.

Gleiches gilt auch dann, wenn das Paket unansehnlich verpackt ist oder wenn die Verpackung beschädigt ist. Aus diesem Grund ist es wichtig, dass Sie einen guten Draht zu Ihren Lieferanten aufrechterhalten.

Darüber hinaus kann man Retouren auch aus rechtlicher Sicht kanalisieren und begrenzen. Wie einem Bericht der IT-Recht Kanzlei München zu entnehmen ist, gibt es Ausnahmefälle, bei denen der Verkäufer am längeren Hebel sitzt: »Die gesetzlich bestimmten Ausnahmefälle in § 312g Abs. 2 BGB schützen den Unternehmer vor einer unzumutbaren Rückabwicklung des Vertrags, z. B. weil die zurückzunehmende Sache für den Shop-Betreiber nur noch schwer verkäuflich oder gar wertlos ist.«[53]

Sie sollten daher je nach Sortiment prüfen, ob Sie Teile Ihres Sortiments aus dem geschilderten Sachverhalt heraus gar nicht zurücknehmen müssen. Mancher wird jetzt sich fragen: Wäre es nicht eine Möglichkeit, Gebrauchtwaren wie etwa Uhren oder Schmuck anzubieten und diese dann nicht zurückzunehmen? Mit solchen Vorstellungen wurden wir bereits in Workshops konfrontiert. Diese Überlegung rührt wahrscheinlich aus dem Privatverkauf, als gewerblicher Verkäufer bietet sich diese Lösung leider nicht. Gebrauchte Waren sind vom Widerrufsrecht ganz klar nicht ausgenommen.

Vielversprechend unter rechtlichen Gesichtspunkten erscheint mir aber der folgende Paragraf: § 312g Abs. 2 Satz 1 Nr. 1 BGB sieht vor, dass das Widerrufsrecht nicht bei Fernabsatzverträgen zur Lieferung von Waren besteht, die »nicht vorgefertigt sind und für deren Herstellung eine individuelle Auswahl oder Bestimmung durch den Verbraucher maßgeblich ist oder die eindeutig auf die persönlichen Bedürfnisse des Verbrauchers zugeschnitten sind«.[54] Genau hier sollten Sie ansetzen, wenn Sie Ihre Retourenquote senken wollen.

Ein Sortiment zu errichten, das individuelle Anfertigungen umfasst, ist gar nicht so unpraktikabel für Dropshipper. Viele Produkte werden bereits in Handarbeit hergestellt, siehe *Amazon handmade* als Beispiel. Mit solchen, meist kleineren Herstellern zu kooperieren ist wenig verbreitet, aber eine großartige Möglichkeit. Zudem hatte ich Ihnen bereits eine Lieferantenquelle aus Österreich genannt. In diesem Webshop-Verzeichnis, retail.at/oesterreichische-webshops, finden Sie viele kleine Manufakturen, die Dinge in Kleinstserien und Handarbeit herstellen.

Gehen Sie nun einen – den entscheidenden – Schritt weiter und lassen Sie solche Produkte personalisieren und somit zum Unikat werden. Dann greift möglicherweise der beschriebene § 312g Abs. 2 Satz 1 Nr. 1 BGB.

Sie sehen: Alles, was mit Preisgestaltung im weiteren Sinne zu tun hat, einschließlich der oben dargestellten Einflussfaktoren, will berücksichtigt sein. Strategisches Vorgehen ist hier gefragt. Nun ist es an der Zeit, dass wir Ihren Shop auf das nächste Level heben.

KAPITEL 8

»Im Durchschnitt lesen fünf Mal mehr Menschen die Überschrift als den eigentlichen Inhalt. Wenn Sie Ihre Überschrift verfasst haben, haben Sie achtzig Cent von Ihrem Dollar ausgegeben.«

David Ogilvy

HACKS FÜR MEHR SICHTBARKEIT UND MEHR UMSATZ

Jetzt geht es um die Optimierung Ihrer Verkaufsseiten, um Tipps und Tricks, wie Sie im Laufe der Zeit immer besser und immer erfolgreicher werden.

Als Erstes ist es wichtig, im laufenden Prozess all Ihre Produktbeschreibungen zu optimieren. Dabei ist es egal, ob es um eine Angebotsbeschreibung auf einer Salespage, auf einem Marktplatz wie Amazon oder in Ihrem eigenen Webshop geht. Wie Sie bereits wissen: Viele Online-Händler übernehmen nur die Produkttexte der Hersteller, eins zu eins. Sofern Sie über die rechtliche Erlaubnis verfügen, ist insofern auch nichts dagegen einzuwenden. Das Problem ist das »Doppel« in der Beschreibung. »Duplicate Content«, also die Duplikate von Produkten eines Lieferanten, empfinden Suchmaschinen wie Google als suboptimal.

> »Duplicate Content verursacht Suchmaschinen wie Google Probleme. Deshalb werden dort die Inhalte der betroffenen Seite

> schlechter gefunden oder gar herausgefiltert. Damit eine Webseite keine Ranking-Probleme wegen Duplicate Content hat, muss jede indexierte Seite genügend ›Unique Content‹ haben. ›Unique Content‹ sind Inhalte, die nur für eine Seite erstellt wurden und nur auf dieser vorkommen.«[55]

Man darf sich also die Frage stellen, ab wann wird ein Duplikat zum Problem für Suchmaschinen? Ein echtes Problem erhalten Sie meiner Erfahrung nach immer dann, wenn Google & Co sich nicht entscheiden können, welcher Webshop relevanter ist. Als Faustregel gilt daher: Ein echtes Problem entsteht, sobald Sie mehr doppelte als einzigartige Inhalte bereitstellen. In der Praxis trifft dies auf nahezu jeden Long-Tail-Dropshipper zu. In der Tat ist es sehr herausfordernd, Hunderte oder Tausende von Produkttexten unique, also einzigartig zu machen. Das geht ins Geld und kostet Zeit. Wenn Sie Ihren Datenfeed oder Ihre Website/Shop auf Duplikate prüfen möchten, dann können Sie so wie ich *PlagScan* nutzen. Dabei handelt es sich um eine Online-Plagiatssoftware zur Überprüfung von Texten auf mögliche Plagiate. Das nächste Problem lässt aber nicht lange auf sich warten, denn nur weil ein Text nicht doppelt oder dreifach vorhanden ist, macht es diesen Text noch nicht zum Verkaufsschlager. Stichwort »Sales Copy«.

Wenn Sie also Angebote online stellen, gilt als Faustregel: Optimieren Sie Ihre Texte, wo immer möglich. Dies muss nicht am ersten Tag erfolgen, sollte aber ein ständiger Prozess sein.

Pro-Tipp: Wenn Sie herstellerseitig nicht über fertige Produktbeschreibungen verfügen, können Sie auch darüber nachdenken, diese automatisch erstellen zu lassen. Insbesondere bei dem angestrebten Long-Tail-Sortiment kann dies ein dankbarer Weg sein. Automatische Textgenerierung für E-Commerce bietet beispielsweise das Unternehmen AX Semantics, das eine sogenannte NLG-Software betreibt – Natural Language Generation – und damit eine skalierbare Texterstellung ermöglicht. Es entlastet aufgrund der Automatisierung dort, wo das menschliche Schreiben von Hand zu zeitaufwendig wäre. Insbesondere dann, wenn Sie datenbasierte Inhalte als Ausgangsmaterial vorliegen haben. Technische Datenblätter mit reinen Fakten-Listen sind ein solches Beispiel. Es ist eine sehr undankbare Aufgabe, wenn Sie aus diesen Textwüsten einen ansehnlichen Produkttext formen möchten, es ist einfach zu zeit- und kostenintensiv und letztlich nicht skalierbar. Prüfen Sie daher auch solche neuartigen Ansätze. Es geht hier nicht vorrangig um Perfektion, sehr wohl aber um ein gesundes Zeit-Kosten-Verhältnis in der Aufbauphase. Mit anderen Worten: Mit dem Einsatz solcher Softwarelösungen bedienen wir uns des Pareto-Prinzips, benannt nach Vilfredo Pareto. Es besagt, dass 80 Prozent der Ergebnisse mit 20 Prozent des Gesamtaufwands erreicht werden.

90 Prozent Ihres Erfolgs auf Amazon: Die Buy Box (inkl. Werbemöglichkeiten)

Lassen Sie uns über Sichtbarkeit und Auffindbarkeit im Netz reden, über »Wie kommt der Kunde zu Ihnen?« Wir befinden uns mit diesem Thema im Bereich der Suchmaschinenoptimierung (SEO). Hierzu gibt es jede Menge einschlägige Literatur. Blicken wir kurz auf Amazon und das Optimierungspotenzial. Es ist zielführend, sich zumindest im Ansatz mit diesen Dingen zu beschäftigen, denn selbst der verkaufsförderndste Text bringt Ihnen wenig, wenn Sie nicht gefunden werden. Und dies gilt gleichermaßen für Salespage, Webshop oder Marktplatz-Shop. Schauen wir also zuerst auf die Auffindbarkeit Ihres Angebots.

Die Amazon Buy Box (auch als Einkaufswagenfeld bekannt) befindet sich rechts auf jeder Amazon-Produktseite und enthält den »In den Einkaufswagen«-Button sowie oftmals den »Jetzt kaufen«-Button, daher der Name. Auf dem umseitigen Screenshot finden Sie die Buy Box im länglichen eingerahmten Kasten auf der rechten Seite. Auch der nach rechts weisende rote Pfeil verdeutlicht diese »Box«. Die kleine Unterstreichung und der nach links zeigende rote Pfeil zeigen die weiteren Verkäufer, die ebenfalls mein Buch in der Erstauflage anbieten, jedoch nicht die Buy Box erhalten haben. Konkret sind es weitere 23 Verkäufer, die mein Buch ebenfalls als Neuware anbieten, sowie zusätzlich vier Gebrauchtangebote.

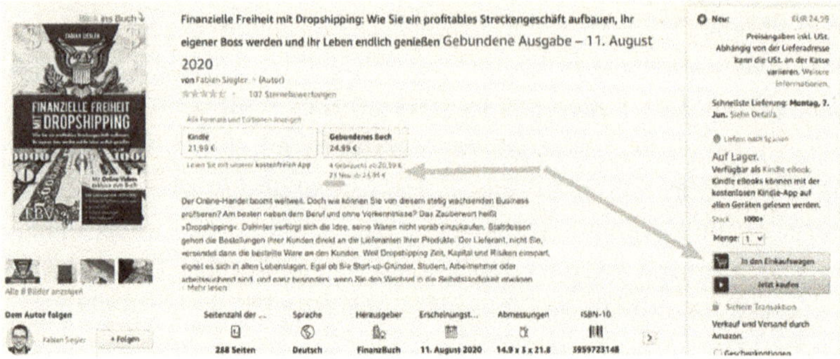

Die Wahrscheinlichkeit, dass bei einem dieser weiteren Anbieter gekauft wird, ist nachweislich sehr gering. Überprüfen Sie Ihr eigenes Einkaufsverhalten. Haben Sie jemals bewusst auf diese »alternativen Angebote« geachtet? War Ihnen zudem bewusst, dass Sie nicht direkt von Amazon (als Verkäufer, nicht Plattform) einkaufen?

Das Ziel jedes Amazon-Verkäufers sollte darin bestehen, in eben dieser Box als Verkäufer sowie Versender der bestellten Ware präsent zu sein. Sie müssen sich das so vorstellen: Sie offerieren, wie auf dem Screenshot, ein Buch, von dem Sie überzeugt sind, und das zu einem marktüblichen Preis. Das sind beste Voraussetzungen. Bei Amazon klicken auch gleich am ersten Tag Ihrer Präsenz 100 Kunden auf dieses Angebot. Nur leider nicht auf Sie. Amazon schaut sich alle Mitbewerber an und entscheidet aus Gründen, die Sie nur erahnen können, dass die 100 Kunden bevorzugt von einem Mitbewerber beliefert werden. Das ist die Buy Box. Wer drinnen ist, ist drinnen, und wer nicht, der hat das Nachsehen.

Es gab einmal die Faustregel, dass Sie in den ersten 90 Tagen diesen Platz nie einnehmen werden, unabhängig davon, wie gut oder schlecht die Beschreibungen optimiert sind. In der Praxis führte dies zum »Schlendrian« und war Anlass für viele, Ihre Angebote nicht zu optimieren. Ein Fehler, denn der Weg in die Buy Box führt über Optimierung in allen wichtigen Verkaufsaspekten. Noch einmal, weil es so entscheidend ist: Der Weg in die Buy Box führt über Optimierung in allen wichtigen Verkaufsaspekten!

Nach meiner Erfahrung erzielt der Buy-Box-Gewinner rund 90 Prozent aller Verkäufe des betreffenden Produkt-Listings. Alle weiteren Verkäufer werden nur in einer separaten Liste darunter aufgeführt. Der

Verkäufer, der das Einkaufswagenfeld für sich entschieden hat, wird sein Absatzvolumen dramatisch verbessern. Welche Faktoren genau notwendig sind, um diesen begehrten Platz zu erhalten, ist ungewiss. Einen lesenswerten Bericht zum Thema – mit dem Titel »Repricer bei Amazon: Laut Studie sind das die erfolgreichsten Methoden für den Buy-Box-Gewinn« – können Sie hier abscannen:

Demnach sind dynamische Preise (Sie erinnern sich!) eine wichtige Stellschraube.

Eine Variable dürften aber unter anderem die bisherigen Verkäuferbewertungen sein. Diese geben Aufschluss auf die Zuverlässigkeit des Händlers. Ebenso die Lieferzeit (je kürzer, desto besser), der Preis und auch der Zustand der Ware. Bei der Lieferzeit kommt hinzu, dass die ausgewiesene Lieferzeit auch weitgehend eingehalten werden muss. Wenn Sie mit »Auf Lager und versandfertig binnen 2 Tagen« werben (und deswegen die Buy Box erhalten haben), dann müssen Sie dieses Versprechen auch einhalten. Antworten nach der Transaktion viele Kunden bei der Frage »Wurde das Paket rechtzeitig zugestellt?« mit Nein, wirft das kein gutes Licht auf Sie als Verkäufer. Die Wahrscheinlichkeit, dass Sie künftig erneut in die Buy Box gelangen, wird sich dann reduzieren. Die Reduzierung erfolgt in jedem Fall auf Produktebene, aber mitunter auch auf Account-Ebene. Bei Letzterem wären dann alle Angebote betroffen. Verspielen Sie Ihr aufgebautes Vertrauen also nicht leichtfertig. Das Gleiche gilt selbstredend auch für den Zustand der Ware. Neuware meint originalverpackt und nicht neu eingepackte Retouren. Dies wäre dann ein »Warehouse Deal« bzw. aus Dropshipper-Sicht beispielweise B-Ware: »gebraucht, wie neu«.

Wie Sie bereits wissen, sperrt Amazon rigoros Verkäuferkonten, wenn etwas schiefläuft.

Im Folgenden möchte ich das Thema Amazon-Optimierung vertiefen. Einfach deshalb, weil es zum Thema Suchmaschinenoptimierung wesentlich mehr Literatur gibt und viele, die mit Dropshipping neu starten, meiner Erfahrung nach mit einem Marktplatz-Store (nach dem Launch) ins Tagesgeschäft übergehen.

Widmen wir uns also kurz dem optimierten Amazon-Listing. Wenn Sie Ihre Produkte kennen, beginnt alles mit einer ausführlichen Keyword-Recherche, wobei Keywords zu Deutsch Schlüsselwörter oder Schlüsselbegriffe sind. Dabei sollten Sie darauf achten, dass diese Schlüsselwörter eher wenig umkämpft sind, sprich: gegen geringere Konkurrenz antreten müssen. Um auf einem Amazon-Marktplatz erfolgreich zu verkaufen, benötigen Sie möglichst viele »organische« Besucher.

Lassen Sie uns ein Beispiel ansehen. Angenommen Sie möchten für einen Oberbegriff wie »Kochbuch« gefunden werden. In diesem Fall stellen Sie bald ein hohes Suchvolumen fest. Dies hat zur Folge, dass Sie auf große Konkurrenz stoßen werden. Da dieses Keyword so naheliegend ist, will jeder Verkäufer hier präsent sein. Jeder? Nein, Sie wissen es besser. Bei Kochbuch höre ich Sie sagen: »Das ist doch kein Long-Tail-Keyword.« Wie recht Sie doch haben. Wenn wir stattdessen »Burger-Kochbuch« eingeben, wird schon eher ein Schuh daraus. So richtig Long-Tail würde es bei »Kochbuch Burger Männer« werden. Beides sind echte Suchanfragen, die ich live bei Amazon eingegeben und vorgeschlagen bekommen habe, siehe folgende Abbildung:

Sie können eine solche Suche gern selbst durchführen. Öffnen Sie aber unbedingt ein Inkognitofenster bzw. den Privatmodus in Ihrem Browser und besuchen Sie erst dann Amazon.de. Das Inkognitofenster ist wichtig, weil sonst über Ihr persönliches Browserfenster, vor allem in Verbindung mit Ihrem Amazon-Konto, Infos zum persönlichen Suchverhalten hinterlegt werden, welche die Suchergebnisse beeinflussen. Sie möchten aber »echte«, neutrale Ergebnisse sehen und nicht solche, die auf Sie zugeschnitten sind.

Wenn Sie schon immer wissen wollten, ob Ihre Produkte bei Amazon für ein Keyword ranken (und somit überhaupt ausgespielt werden könnten, egal ob mit Werbung oder organisch), gibt es dazu einen einfachen und kostenfreien Test – völlig ohne externe Tools. Geben Sie dazu die ASIN und das gewünschte Keyword in das Suchfeld bei Amazon ein.

Ich wollte überprüfen, ob mein Buch für das Keyword »Dropshipping« rankt. Daher habe ich die ASIN 3959723148, gefolgt vom Keyword »Dropshipping« eingegeben. Sie sehen dies auch auf der umseitigen Abbildung.

Ich sehe dort, dass ich indexiert wurde, und somit prinzipiell für das Keyword »verfügbar« bin. Dies ist eine wichtige Erkenntnis, da Amazon mein Produkt somit in meinem Sinne einstuft. Wenn Sie also bemerken, dass Ihr Produkt bei einer solch simplen Abfrage nicht angezeigt wird, müssen Sie in jedem Fall in eine professionelle Optimierung investieren. Dann wäre es auch völlig sinnfrei, mit Werbung eine Sichtbarkeit erzwingen zu wollen, da Ihr Produkt aus Sicht des Amazon-Algorithmus für Nutzer, die nach diesem Begriff suchen, überhaupt nicht relevant ist.

Machen wir nun die Gegenprobe: Ich suche erneut nach meiner Buch-ASIN, aber nun in Kombination mit dem Keyword »Bürostuhl«. Natürlich ergibt dies keinen Treffer (zum Glück). Amazon gibt hier diese Fehlerbenachrichtigung aus: »Verwenden Sie eine geringere Anzahl von Suchbegriffen oder verwenden Sie die folgenden ... Keine Ergebnisse für 3959723148 Bürostuhl ...«

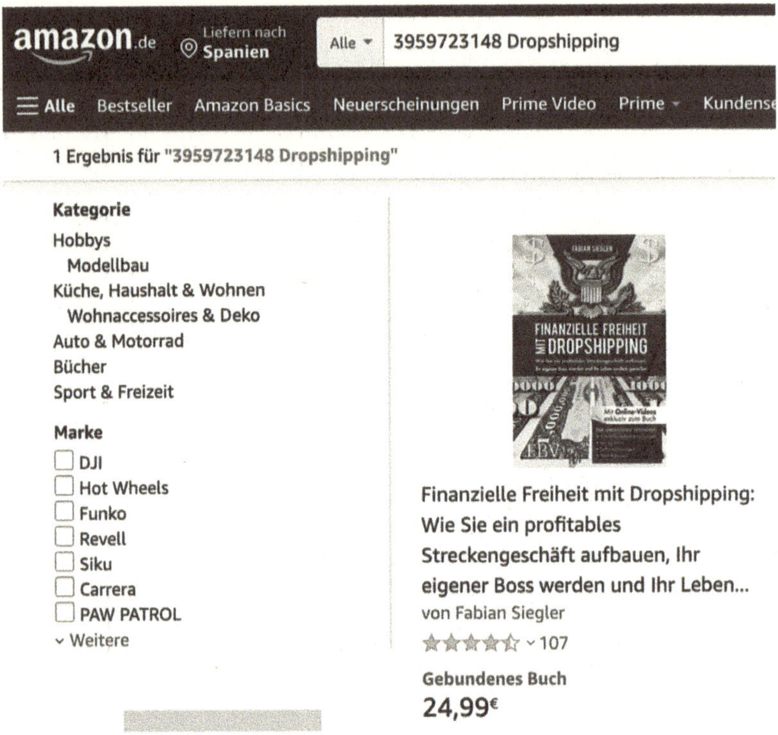

Fazit: Natürlich verzeichnen Nischensuchbegriffe viel weniger Kundenanfragen als der Oberbegriff Kochbuch im Allgemeinen. Aber die Nutzer, die Ihr Produkt suchen, werden es auch als sehr relevant einschätzen. Sie können (und sollen) ein Angebot auch für mehrere solcher Long-Tail-Keywords auffindbar gestalten. Viele einzelne Begriffe, die jeweils aus einem kleineren, aber dafür sehr relevanten Suchvolumen bestehen, sind einem allgemeinen Begriff stets vorzuziehen. Dies ist eine Tatsache, die Sie auch auf andere Plattformen wie Pinterest, Google etc. übertragen können!

Organische Besucher – das haben alle Plattformen gemein – sind Interessenten, die »eh da sind«. Mit einem aussagekräftigen Titel sowie einem ansprechenden Produktbild (wie im speziellen Fall bei Amazon) haben Sie schon einen wesentlichen Teil dazu beigetragen, auf der Zielgeraden zu sein. Denn sind diese beiden Elemente aussagekräftig, erfolgt in der Regel der Klick auf die Angebotsseite, die Amazon-Salespage. Ich schaue mir als Vorbild immer gerne Amazons eigene Produkte an, denn davon lässt sich eine Menge für das eigene Angebot ableiten. Betrachten Sie einige Produkte, wird Ihnen ein Muster im Titel auffallen, etwa dass viele mit einer Aussage enden, die Emotionen weckt oder den Nutzen klar beschreibt. Bei »Amazon Echo« ist dies »in Verbindung bleiben« oder »mit herausragendem Klang«. Amazon verwendet den hinteren Titelteil, um an dieser Stelle die Käufer direkt anzusprechen. Der vorderste Produktteil zielt mehr auf allgemeine Optimierungen zur Sichtbarkeitssteigerung ab. Sie können sich ebenfalls dieses »Titelaufbaus« bedienen, müssen aber auch hier im Rahmen dessen bleiben, was die Amazon-Richtlinien erlauben. Sie dürfen Ihr Angebot zum Beispiel nicht als »bestes« darstellen, da dies höchstwahrscheinlich nicht objektiv nachweisbar und somit irreführend ist.

Es geht in erster Linie darum, Sichtbarkeit aufzubauen, ohne dafür bezahlen zu müssen. Zur Erinnerung: Wenn Sie das Gefühl haben, zwingend Werbung für Ihre Angebote (auf Amazon) schalten müssen, um gefunden zu werden, machen Sie etwas verkehrt. Da bezahlte Werbung jedoch nicht per se Teufelszeug ist, werde ich hier auch kurz auf bezahlte Amazon-Werbung eingehen.

Grundsätzliches vorab: Ein schlechtes Ranking, also geringe Sichtbarkeit auf Amazon, führt nur zu wenigen potenziellen Kunden. Wie bereits vorgetragen, sind fast die Hälfte aller Angebote faktisch »unsichtbar«. Es gibt also gute Gründe, vorrangig an der eigenen Auffindbarkeit zu schrauben.

Tools wie *Helium 10* helfen Ihnen, die richtigen Schlüsselwörter für Amazon zu finden, *Sistrix* oder auch *Ahref* eignen sich für Ihren Online-Shop. (Anmerkung: Sistrix verfügt neuerdings auch über eine Amazon-Optimierung, bekannt wurde Sistrix über die Google-Rankings.)

Im Prinzip zeigen Ihnen alle Tools (mehr oder weniger detailreich), wie Sie Ihre Listings bearbeiten müssen, um ein bestmögliches Ranking auf Amazon bzw. Google zu erreichen. Helium 10 bietet ein Modul namens Scribbles. Dieses basiert auf einem exklusiven Algorithmus. Darüber hinaus analysiert Scribbles die Listings Ihrer Konkurrenz und leitet daraus Empfehlungen ab. Mit Scribbles können Sie primär Ihre Listings optimieren, sodass diese die angestrebten Top-Rankings (samt Einkaufswagenfeld) erzielen.

Kommen wir nun zur bezahlten Amazon-Werbung. Auch hier spielt die früher beschriebene Buy Box eine wichtige Rolle. Denn wenn Sie keine haben, können Sie im Grunde auch keine Werbung (als Seller) schalten. Ein weiterer Punkt ist: Viel hilft nicht viel. Das Amazon-Werbesystem sucht sich die aus seiner Sicht relevantesten Werbeanzeigen heraus. Wichtig ist zu bedenken, dass der Gewinner (also jene Anzeige, die auch ausgespielt wird) nicht zwingend der Werbetreibende mit dem höchsten Budget ist. Außerdem gut zu wissen ist: Sie zahlen erst, wenn ein Klick zustande kommt. Sie bezahlen also nicht die Impressionen oder Sichtkontakte, sondern nur die tatsächlichen Klicks. Insofern zeigen sich hier auch deutliche Parallelen zu Google Ads.

Aber Achtung: Dies ist kein Freifahrtschein. Denn auch, wenn die erfolglosen Impressionen kostenlos sind und Sie jetzt zunächst erleichtert aufatmen, ist dies natürlich nicht im Sinne des Erfinders. Denn wenn Ihre Anzeigen die Kunden so gar nicht ansprechen und infolgedessen auch nie oder nur äußerst selten angeklickt werden, wird sich dies in einer sehr bescheidenen »Klickrate« (englisch: Click-Through-Rate, CTR) ausdrücken.

Amazon wird infolgedessen Ihrer Anzeige immer weniger Impressionen zuweisen, sodass diese langsam, aber sicher gegen null tendiert. Erfolgreiche Anzeigen, die angeklickt werden und letztlich zu Verkäufen, also einer Conversion führen, erhalten im Gegenzug mehr Impressionen, mehr Sichtbarkeit.

Wie Sie – sofern Sie es nicht überlesen haben – aus den Buchseiten über »Launchen ohne Lieferanten« wissen, wird Amazon aber auch bei erfolgreicher Conversion Rate, z. B. bei E-Book-Downloads, die Sichtbarkeit herunterfahren, wenn derartige »Verkäufe« stets kostenfrei erfolgen. Amazon möchte (verständlicherweise) an Ihrem Erfolg teilhaben. Und bei 0 Euro Verkaufspreis beträgt auch der Amazon-Anteil 0 ☺.

Bevor Sie mit einer kostenpflichtigen Werbung starten, sollten Sie aber nicht nur über die Buy Box, sondern auch über mindestens 15 Produktrezensionen verfügen. Diese Bewertungen sollten zudem einen Durchschnitt von mindestens 3,5 Sternen erzielen, in wettbewerbsintensiven Kategorien brauchen Sie jedoch einen Durchschnitt von 4 Sternen oder mehr. Ich empfehle Ihnen außerdem, dass die Mehrheit aller Bewertungen von »verifizierten Amazon-Kunden« stammt. Sie sparen sich viel Lehrgeld, wenn Sie dies beachten, bevor Sie eine Werbekampagne starten. Denn damit zwingen Sie sich von Anfang an zu einer gewissen Mindestqualität.

Haben Sie dem Algorithmus nichts zu bieten, keine Verkäufe, keine Kundenrezensionen, längere Lieferzeiten etc., machen Sie es Ihren Wettbewerbern zu leicht. Sie werden entweder immer sehr hohe Gebotspreise bezahlen müssen, in Summe garantiert weniger Impressionen und somit Sichtbarkeit zugeteilt bekommen und sich auch organisch nicht gegen die Konkurrenz durchschlagen. Überlegen Sie einfach, würden Sie bei einem identischen Produkt dort kaufen, wo es viele gute Bewertungen gibt, oder dort, wo es keine gibt? Das Sinnbild dieser Frage ist die Bestellung einer Knoblauchpresse. Es gibt unzählige austauschbare Angebote. Wenn Sie nichts in die Waagschale zu werfen haben, werden Sie auch nichts verkaufen. Nicht einmal Werbung kann Sie aus dieser Lage befreien.

Ich habe Ihnen weiter oben erläutert, wie wichtig Long-Tail-Suchbegriffe sind, Stichwort »Burger-Kochbuch«. Aufgrund der Spezifizierung ist es unerlässlich, dass Sie mehrere Keywords bündeln. Damit erhöhen Sie die Chance, Impressionen bei einer relevanten Zielgruppe zu erhalten. Amazon empfiehlt Ihnen, in einer Kampagne mindestens 25 Keywords einzusetzen. Wie viele Long-Tail-Keywords Sie im speziellen Fall tatsächlich benötigen, hängt von vielen Faktoren ab und ist schwer zu verallgemeinern. Die obere Grenze setzt Ihnen das System bei 1000, das ist die maximale Anzahl an Keywords, die Sie in einer Anzeigengruppe verwenden können.

Ich möchte Sie noch auf einen wichtigen Umstand hinweisen. Amazon gibt Ihnen freundlicherweise den sogenannten ACOS-Wert an, die Advertising Cost of Sales. Hierbei handelt es sich um den Umsatzanteil, der für Werbung ausgegeben wird. Amazon übersetzt diese Kennziffer mit »Umsatzkosten des Werbetreibenden« oder auch »Gesamtumsatzkosten Werbung«. Leider sind diese Angaben nicht ungeprüft zu übernehmen. Ein Beispiel: Angenommen, Ihre Werbeanzeigen kosten 20 Euro und Sie verdienen damit 100 Euro, dann liegt Ihr ACOS bei

20 Prozent. Amazon rechnet: (Gesamtausgaben / Gesamtumsatz) × 100. Hierbei entsprechen die Gesamtausgaben wohl den Werbekosten, der Gesamtumsatz gleicht aber nicht(!) Ihren Einnahmen. Hintergrund dieser Tücke ist, dass die Berechnung seitens des Amazon-Umsatzes basierend auf Ihrem Verkaufspreis herangezogen wird und nicht Ihre Nettoeinnahmen. Diesen »wahren« ACOS müssen Sie selbst berechnen! Eine Möglichkeit wäre (Werbekosten / Einnahmen) × 100 = ACOS in Prozent.

Der Vollständigkeit halber möchte ich noch den ROAS (Return on Advertising Spend) erklären. Dieser ist als Gegenstück zu ACOS zu verstehen und bezeichnet Ihren Gewinn im Verhältnis zu den Werbekosten. Seit August 2020 ist auch dieser Wert in der Amazon-Werbekonsole implementiert. Gut zu wissen: An manchen Stellen übersetzt Amazon die Kennziffer als »Gewinn pro Werbeausgabe«, und dann auch wieder als »Gesamtrendite von Werbeausgaben«. Es handelt sich sozusagen um den umgekehrten ACOS. Gerechnet wird wie folgt: 100 / ACOS in Prozent.

Gehen wir weiter davon aus, dass Ihre Werbeanzeigen 20 Euro kosten und Sie damit 100 Euro verdienen. Der ACOS liegt bei 20 Prozent, Ihr ROAS beträgt 500 Prozent. Dies meint, dass Sie mit jedem Euro, den Sie in Werbung investieren, 5 Euro Umsatz machen. Doch Achtung, auch hier gilt wieder: Amazon zeigt Ihnen diesen Wert basierend auf dem Verkaufspreis an, nicht auf der Basis Ihrer Nettoeinnahmen.

Ein allerletztes Beispiel möchte ich Ihnen nicht vorenthalten. Wie Sie wissen, liebe ich wiederkehrende Einnahmen. Im Zuge der Dropfunnels®-Strategie habe ich Sie förmlich dazu eingeladen, neben einem Hauptprodukt noch mindestens drei Zusatzangebote aufzustellen. Und bekanntlich können Sie auch über Amazon launchen. Letztlich sollten Sie, unabhängig davon, wo Sie launchen, aber wissen, wie Sie den Kampagnenerfolg berechnen. Womöglich ist Ihnen bekannt, dass ich bereits einige Bücher veröffentlicht habe. Darum nehmen wir einfach an, 100 Leser kaufen im Rahmen eines Launchs das Hauptprodukt Buch A. Bei meinem Zusatzprodukt Buch B (Up-Selling) verzeichne ich 80 Verkäufe (80 Prozent im Vergleich zu Buch A). Bei Zusatzprodukt Buch C sind es 50 (50 Prozent gegenüber Buch A). Mit anderen Worten: 100 Verkäufe von Buch A generieren innerhalb des Launchs

130 (80 + 50) weitere Verkäufe. Das bedeutet, im Schnitt kauft ein Leser von Buch A weitere 1,3 Bücher. Eine Bestellung bringt uns letztlich im Schnitt also 2,3 verkaufte Bücher ein. Nehmen wir weiter an, jedes Buch kostet 10 Euro. Dann werden aus den zunächst 10 Euro Umsatz langfristig satte 23 Euro.

Dies ist eine bedeutsame Erkenntnis. Und ob es nun Bücher oder Burger, Pommes, Coke und Nuggets sind, spielt keine Rolle. Die Berechnung bleibt immer die gleiche, kalkulieren Sie unbedingt so! Denn wenn Sie überlegen, Werbung für Ihr Hauptprodukt (Buch A) bzw. für Ihren Launch (Burger) zu schalten, können Sie mit der Zeit Ihr Budget erhöhen. Anfänglich konzentrieren Sie Ihr Werbebudget auf das erste Hauptprodukt. Aber bei einer Bestellung (Buch A bzw. Burger) können Sie mit dem neuen Wissen bereits mit den »statistischen Folgekäufen« (Bücher B und C bzw. Pommes und Coke) rechnen. (Ja richtig, Nuggets wollte der Kunde dann doch nicht). Letztlich eröffnet Ihnen dies viel höhere Einnahmen. Dies gilt es sowohl im ROAS als auch im Werbebudget zu berücksichtigen. Es ist daher entscheidend, dass Sie Ihre Bestelldaten kennen und auswerten.

Ich habe zudem die Erfahrung gemacht, dass es sich stets zu prüfen lohnt, ob Sie bereits Ihre Amazon-Bestseller beworben haben. Meines Erachtens können Sie diese vergleichsweise einfach auf einen guten ACOS- bzw. ROAS-Wert trimmen. Denn: Ihre Bestseller haben Ihnen bereits bewiesen, dass Sie gut darin sind, Klicks in Bestellungen zu konvertieren. Diese Tatsache können Sie für weitere Anzeigen verwenden und darauf aufbauen.

Sie sind jetzt besser auffindbar – aber wie kaufen Kunden jetzt noch mehr?

Nachdem wir nun einen kleinen Exkurs im Bereich Sichtbarkeit und Amazon-Werbung hinter uns haben, kommen wir zum Thema »How to Write Killer Sales Copy?« Wie also verkaufen Sie nun durch bloßes Texten mehr?

Jetzt lohnt es sich, in die Details zu gehen. Ich habe die folgenden Gedanken bewusst an diese Stelle gesetzt, weil es um Optimierung geht. Es macht keinen Sinn, sich mit »Details« zu beschäftigen, wenn Sie noch nicht ins Tun gekommen sind. Sie erinnern sich, ich bin kein Freund von »gelben Bananen«, die vor lauter Detailverliebtheit dann faul sind. Daher ist dieser Abschnitt jetzt nach Ihrem Launch und auch nach der Eröffnung Ihres Web- oder Marktplatz-Shops sinnvoll. Laufende Optimierungen sind das tägliche Brot des Dropshippers, sich bereits im Vorfeld verrückt zu machen hingegen nicht.

Die folgenden Tipps eignen sich primär für Ihre Bestseller sowie Landing- und Salespages. Da Sie bei einem echten Long-Tail-Sortiment unmöglich jeden Artikel aufbereiten können, sollten Sie Schwerpunkte setzen. Beginnen Sie also mit den Klick- bzw. umsatzstärksten Artikeln und Ihren E-Mail-Sequenzen, die Ihre Landing- und Salespages verbinden. Meine Überzeugung ist: Sie können praktisch jedes Produkt zu gutem Geld machen! Es ist nicht nötig, ein »Winning Product« zu suchen. Wie bereits in diesem Buch vorgestellt, können selbst gebrauchte Artikel vom Trödel für immense Gewinne sorgen. (Sie erinnern sich an das Beispiel mit dem Deko-Hasen mit über 160-fachem Aufschlag.) Oder anders: Sie können das beste Produkt haben und auch die beste Sichtbarkeit, am Ende kann es so sein, dass niemand es kauft. Einfach weil beim Kunden der Funke nicht überspringt.

Ich möchte Sie ermutigen, das hier vorgestellte Vorgehen einmal selbst auszuprobieren. Sie können (und werden) in Zukunft einige Arbeiten delegieren. Machen Sie es aber zunächst selbst, um das Handwerk zu erlernen und auch ein Gespür dafür zu erhalten, wie aufwendig etwas wirklich ist. Suchen Sie sich daher nicht ab der ersten Stunde einen Texter oder eine SEO-Agentur, um Ihr Suchmaschinenranking zu verbessern. Probieren Sie es selbst. Bekommen Sie ein Gespür für »Aktion und Reaktion«. Es gibt großartige Menschen, die Ihnen helfen können, einen Funnel aufzubauen, einen Launch vorzubereiten, aber tun Sie es am Anfang selbst. Wenigstens einmal. Auch wenn so gar nichts funktionieren will, tun Sie es selbst. Warum? Weil Sie vorhaben, Ihren Lebensunterhalt oder zumindest einen Teil davon mit Dropshipping zu verdienen. Das ist doch der Grund, warum Sie dieses Buch gerade lesen und fast am Ende angekommen sind! Dann lassen Sie sich auch darauf ein. Nur so können Sie in der Praxis erkennen, ob Ihnen dieses Business auch Spaß macht. Als Mentor musste ich schon öfters miterleben, wie der Funke auf Dropshipping doch nicht übergesprungen ist. Das ist nicht schlimm, aber Sie sollten diese Erfahrung möglichst früh machen.

Zurück zum Texten: Der wohl wichtigste Aspekt beim Werbetexten ist Aufmerksamkeit! Schauen Sie sich Ihre Kreditkartenabrechnung an. Wofür geben Sie Ihr Geld aus? Welches Unternehmen hat Ihre Aufmerksamkeit erlangt? Ich hatte in den letzten 12 Monaten über 917 Bestellungen bei Amazon. Okay, das ist vielleicht extrem. Aber es zeigt recht gut, wo meine »Konsum-Aufmerksamkeit« hingeht. Wenn Sie eine Landing- oder Salespage erstellen, dann müssen Sie um Aufmerksamkeit buhlen. Denn die meisten Menschen haben fürchterlich viel zu tun. Smartphone hier, Spotify da, TV im Hintergrund, Radio, Kinder, Haustiere, ... es gibt viele Ablenkungen. Die Kunst besteht darin, dass Sie mit Ihrem Angebot überzeugender sind als all die Ablenkungen und Alternativen.

Im Online-Marketing und vor allem beim verkaufsfördernden Schreiben geht es um zwei Variablen: Zum einen müssen Sie mit Ihrem Lead Magnet bzw. Angebot die Interessenten in Ihren Bann ziehen. Dann aber darf nach dem Eintrag in Ihren Lead Magnet nicht gleich die »Auflösung« folgen. Sie geben dem Interessenten also nicht direkt die »abschließende Lösung« in die Hand. Vielmehr bauen Sie den Spannungsbogen in den folgenden E-Mail-Sequenzen oder Produktdetailseiten weiter auf. Sie liefern Lösung und Problem im Wechsel. Darum geht es, es ist eine Kombination von Aufmerksamkeit und fortwährender Spannung. Würden Sie direkt in Ihrer ersten Mail nach Eintrag in Ihren Lead Magnet alles, was Sie zu bieten haben, offenbaren, was gäbe es dann für einen Grund, Sie weiterhin zu abonnieren?

Ich habe zudem folgende Erfahrung gemacht: Menschen werden nahezu alles für denjenigen tun, der Träume fördert. Oder ihre Misserfolge rechtfertigt und einen Ausweg bietet. Auch sehr effektiv ist es, Ängste zu zerstreuen. Der vierte Punkt ist, etwaige Verdächtigungen zu bestätigen.

Und die Krönung: »Steine auf den gleichen Feind werfen.«

Diese fünf Trigger sollten sich in all Ihren E-Mails, Produkttexten, einfach überall wiederfinden. Es müssen gar nicht alle auf einmal sein. Aber mindestens einer davon! Ich hatte Ihnen in diesem Buch bereits einige Beispiele für Überschriften auf Up-Selling-Pages gegeben. Im Folgenden einige weitere Beispiele. Dieses Mal stellen wir sie in den direkten Kontext dieser fünf Aufmerksamkeits-Trigger.

Eine mögliche Überschrift oder auch Zwischenüberschrift vor Aufzählungspunkten in einer Produktbeschreibung wäre: Warum manche (Zielgruppe) fast immer (Endergebnis)

»Warum manche Dropshipper fast immer Geld verbrennen werden«

»Warum manche Hausfrauen fast immer mit Dropshipping Erfolg haben«

Ein anderes Beispiel wäre: »Was wirklich jeder über dieses (Business) wissen muss!«

»Was wirklich jeder über EU-Dropshipping wissen muss«

»Was wirklich jeder über vegane Burger wissen muss«

Ebenfalls sehr gerne arbeite ich nach diesem Schema: »Wenig bekannte Wege, um (Ihre Lösung)«

»Wenig bekannte Wege, um mit Dropshipping finanziell frei zu werden«

»Wenig bekannte Wege, um abzunehmen, ohne zu hungern«

Der Schlüssel für (Ziel/Lösung) – für (Ihre Kundengruppe)

»Der Schlüssel für einen vitalen Körper in jedem Alter – für Frauen und Männer«

»Der Schlüssel für einen schnelleren Computer – für alle Betriebssysteme«

Erkennen Sie mindestens einen der fünf Trigger wieder? Ich gebe Ihnen noch ein weiteres Beispiel. Im Anschluss schreiben Sie am besten jetzt sofort Ihre eigene Headline. Sie haben noch kein Produkt? Kein Problem, nehmen Sie zur Übung doch den veganen Burger.

»Sie können über (Problem) lachen, wenn Sie diesem Plan folgen«

»Sie können über Geldprobleme lachen, wenn Sie diesem Plan folgen«

»Sie können über Existenzängste lachen, wenn Sie diesem Plan folgen«

Nun sind Sie an der Reihe, schreiben Sie hier und jetzt Ihre eigenen Headlines. Wie bereits darauf hingewiesen, Sie sollten alles mindestens einmal selbst gemacht haben. Fangen Sie jetzt damit an.

Merken Sie sich: Wenn bereits Ihr Produkttitel Mist ist, dann liest niemand Ihre Produktbeschreibung, egal wie gut sie ist, weil er oder sie das Produkt noch nicht einmal anklickt. Ist der Betreff Ihrer E-Mail bescheiden, öffnet keiner die Mail. Denken Sie erst gar nicht an Werbung auf Amazon & Co. Lernen Sie zuerst Texten und bringen Sie ein Fundament Ihres Angebots auf den Weg. Das klingt hart, ist aber die Wahrheit. Ich habe Ihnen nicht erklärt, wie Sie eine Facebook-Kampagne starten. Werde ich auch nicht. Nicht hier, nicht heute. Fokussieren Sie sich auf Ihren Launch, Salespages, Produkte und deren Gesamtqualität. Dann nutzen Sie Marktplätze und deren Shop-Funktionalitäten und kommen ins Fahrwasser. Das ist zunächst alles.

Noch mal: Wenn Sie bezahlte Werbung schalten müssen(!) – nicht nur auf Amazon –, um gefunden zu werden, machen Sie etwas verkehrt. Ich habe in all meinen 15 Jahren im E-Commerce noch nie ein Werbebudget eingeplant oder eingesetzt. Kleinere, spontane Ad-Tests, ja. Aber es ist ein großer Unterschied, ob Sie spontan einmalig 50 Euro investieren, um etwas zu testen, oder monatlich Hunderte oder Tausende Euro ausgeben müssen, um Sichtbarkeit zu erhalten! Meine über 1,5 Million Video-Views bei YouTube sind nahezu vollständig organisch. Über 100 000 Verkäufe in meinem ersten Kindermöbel-Versandhandel waren ebenfalls fast ausnahmslos ohne Werbung. Werbung einkaufen kann jeder, aber wenn Sie Ihr Handwerk nicht verstehen, verbrennen Sie Geld!

Denken Sie daran: Nicht das Produkt ist das Problem, nicht einmal die Nische – es ist Ihr Verkaufstext, Ihre Sales-Copy. Aufmerksamkeit + Überzeugung! Erinnern Sie sich an den Deko-Hasen und die anderen »Trash-Artikel« und deren subjektiven Wert. Diese Artikel wurden unglaublich lukrativ verkauft – allein durch kluge Inszenierung. Sie müssen den Lesefluss lenken. Und das hat natürlich auch mit dem in diesem Buch vorgestellten Aufbau Ihrer Salespage zu tun. Ich habe Ihnen jeden Baustein erläutert. Wenden Sie es an!

Ich möchte noch mal auf einige der vorgestellten Trigger zu sprechen kommen. Ich hatte die »Rechtfertigung des Versagens« erwähnt. Sie sollten das verinnerlichen, denn es ist wirklich sehr wirksam. Menschen gestehen sich Fehler ungern ein. Für eigene Fehler die Verantwortung zu übernehmen, kommt für viele erst recht nicht infrage. Sie können ihnen diese Last von den Schultern nehmen, indem Sie eine Rechtfertigung für das Versagen bieten. Diese Rechtfertigung ist die Lösung, Ihr Produkt. Im Prinzip sagen Sie Ihren potenziellen Kunden: »Du bist für dein schweres Los im Leben nicht verantwortlich.« In Ihrem Verkaufstext müssen Sie also eine Zusicherung einarbeiten. Diese soll versichern, dass die potenziellen Kunden nicht verantwortlich sind. »Niemand kann sich sein Leben aussuchen, auch Sie nicht ... hier ist die Lösung ...«

Viele Menschen haben Angst vor etwas. Das können Existenzängste sein, Versagensangst oder auch weniger diffuse Ängste wie Höhenangst oder Angst vor Spinnen. Es gibt für all das Lösungen, Produkte, Mentoren ... Sie tun also gut daran, wenn Sie Lösungen für Ängste anbieten. Sie wissen bereits, dass Sie auf Ihrer Salespage zunächst »Ängste schüren« können. Sie sprechen diese einfach an. Dann kommen Sie als Retter in der Not, mit dem passenden Produkt. Wenn Sie Angst vor etwas haben, ist es schwer, sich auf etwas anderes zu konzentrieren. Darum funktionieren solche Salespages hervorragend, da die »Angst« die Aufmerksamkeit aufrechterhält und diese dann zu Ihrer Lösung (Ihrem Produkt) führt. Wenn Sie Ängste nicht ansprechen – und lösen –, vergeben Sie einen wichtigen Umsatzbooster.

Großartig ist auch folgendes Gefühl, auch hier dreht sich wieder alles um Emotion. Wir sagen gerne: »Ich wusste es!« Es ist ein gutes Gefühl, wenn ein anfänglicher Verdacht bestätigt wird. Bedenken Sie, wenn eine andere Person etwas bestätigt, was wir selbst bereits vermuten, fühlen wir uns überlegen. Es ist Balsam für die Seele. Es ist eine einfache Sache, den Verdacht derjenigen zu bestätigen, die daran glauben wollen, zu Recht oder zu Unrecht. »Sie waren noch nie ein Freund des Händeschüttelns? Dann dürfen Sie sich neuesten Studien zufolge auf die Schulter klopfen …« Einen Verdacht zu bestätigen ist fast immer verkaufsfördernd. »Sie hatten recht, China-Dropshipping hat keine Zukunft. Die Corona-Krise und die Ausfuhrstopps haben dies bestätigt.« (Haben Sie schon ein warmes Gefühl ums Herz?)

Und zum Schluss noch ein paar Worte zum »gemeinsamen Feindbild«. Sie können das gut finden oder nicht, aber meiner Meinung nach verbindet nichts so sehr wie ein gemeinsamer Feind. Wer das versteht und mental zulässt, kann diesen Umstand für sich (und viele Verkäufe) nutzen. Diejenigen, die es nicht verstehen, oder schlimmer noch, die es verstehen, aber sich weigern, sich damit auseinanderzusetzen, werfen eine der effektivsten Vertriebsmöglichkeiten, die ich kenne, ungenutzt über Bord! Was auch immer Sie davon halten mögen, seien Sie versichert, dass Menschen Feinde haben, wenn auch nur im übertragenen Sinne. Ein Feind kann eine Gruppe (Veganer vs. Fleischesser), eine Krankheit, eine Behörde, eine Philosophie oder mangelnde Freizeit sein. Bekämpfen Sie den Feind. Damit meine ich nicht Ihren Wettbewerber. Bilden Sie ein Zusammengehörigkeitsgefühl. Vereinen Sie Menschen mit ähnlichen Werten. Ein gemeinsames Feindbild ist perfekt. Das kann banal sein, wie »Bauchspeck«. Im Sommer, wenn die Strandfigur sitzen muss, dann ist das garantiert für Millionen von Menschen der »Feind Nummer 1«.

2018 starteten wir für einen spanischen Kunden einen eigenen Online-Shop. Dieser knüpfte im Einklang mit der Dropfunnel-Strategie an einen abgeschlossenen Launch an. Keine bezahlte Werbung. Der Shop wurde also durch die Bestandskunden (die aus dem Launch gewonnen wurden) bespielt. Das Projekt brach unerwartet sämtliche Erwartungen. Der Erfolg des Webshops überraschte alle Beteiligten, einschließlich mich selbst. Wir führten viele Diskussionen darüber, warum dieser Shop so effektiv war. War es das Produktsortiment? (Es ging um Nahrungsergänzungsmittel.) War es der Preis der Präparate? War es einfach das richtige Angebot zur richtigen Zeit? Ich bin sicher, jeder dieser Aspekte spielte eine Rolle, aber ganz sicher auch der folgende: Die Verkaufstexte sprachen einige sehr grundlegende menschliche Bedürfnisse an. In diesem Sortiment ging es um Gesundheit, Vitalität bis ins hohe Alter. Die Kunst besteht hier darin, zu überzeugen ohne Heilungsversprechen zu geben (denn das ist verboten!).

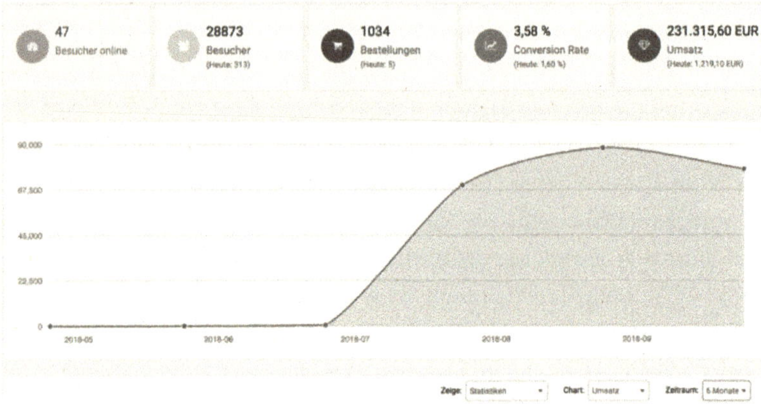

Sie sehen links die »Null-Euro-Linie«. Das ist wichtig, denn diese zeigt, dass der Shop keinerlei Umsätze hatte. Wir sind bei null gestartet. Innerhalb von drei Monaten (07–09) wurden über 231 000 Euro Umsatz eingefahren. Komplett ohne Werbung. Keine Facebook Ads, keine Google Ads. Nichts, außer die Macht der Bestandskunden und die hier vorgestellten Text-Kriterien. In diesem Quartal wurden über 1000 Bestellungen eingefahren. Fast 29 000 Website-Besucher – ohne Marketing! Nahezu der gesamte Traffic wurde über die vorgelagerten Launch-Kampagnen erzeugt. Denn der Shop wurde nur den Bestandskunden offeriert. (Keine Illusionen bitte, bei Google sind Sie so kurz nach dem Online-Start fast unsichtbar.) Aus diesem Grund ist die Dropfunnel-Strategie so wirksam. Sie bringt einen Menschenansturm auf den Store, ohne einen Cent in Werbung zu investieren. Die Conversion Rate betrug fast 3,6 Prozent.

Dass es sich auch bei Amazon auszahlen kann, etwas mehr Liebe zum Detail walten zu lassen, zeigt der nun folgende Amazon-Launch. In diesem Fall wurde die Salespage nicht mit dem Check-out von Digistore24 oder ähnlichen Anbietern verknüpft, sondern direkt mit Amazon.

WICHTIG: Wenn Sie das Gleiche ausprobieren möchten, stellen Sie sicher, dass Sie für das betreffende Launch-Angebot (= Listing auf Amazon) entweder der einzige Anbieter sind (bevorzugt) oder recht häufig die Buy Box (Einkaufswagenfeld) haben. Denn sonst strömen fast 90 Prozent aller eingehenden Amazon-Bestellungen, die dieses Produkt betreffen, zu Ihrem Wettbewerber.

Wenn Sie zwar der einzige Anbieter Ihres Produkts sind, aber die Buy Box nicht haben, dann launchen Sie nicht auf Amazon. Wie bereits dargestellt, landen Sie mit Ihrem »Nicht-Warenkorb« auf der rechten Randspalte ganz unten. Ja, das kann passieren, selbst wenn Sie ohne Wettbewerber sind. Da Sie Plattformen wie Amazon nicht wirklich beeinflussen können, bleibt immer ein Restrisiko. Aber wenn alles nach Plan läuft, dann bietet Amazon einen fast alternativlosen Vertrauensvorschuss. Die Reputation spricht einfach für sich, gerade weil überdurchschnittlich viele Europäer einen Amazon-Account haben. Mit ein, zwei Klicks ist die Bestellung ausgeführt. Perfekte Launch-Voraussetzungen. Ist die vorgeschaltete Salespage gut betextet und die Buy Box »sicher« – dann müssen nur noch Produkttitel, Bilder und Beschreibung überzeugen. Mit den bereits vorgestellten Tools sollte dies aber kein Problem darstellen. Ein erfolgreicher Amazon-Launch könnte dann wie folgt aussehen:

Auf diesem Screenshot erkennen Sie, dass der Launch in Amazon-Deutschland und Spanien parallel stattfand. Beide Märkte spielten fast gleich viel ein, in Summe 8638 Euro. Gar nicht schlecht für einen ersten Launch, oder?

Wissen Sie, was das Besondere ist? Es gab in Summe nur 2 Bestellungen, eine aus jedem Land. In Wahrheit war es in meinen 15 Jahren einer der ernüchterndsten Launchs anhand der Bestellmenge. Aber mit Blick auf Umsatz und Gewinn in der kurzen Launch-Phase war es ein voller Erfolg. Sie hätten auch einen 14,50-Euro-Artikel launchen können, dann hätten es runde 595 Bestellungen sein müssen, um auf den gleichen Umsatz zu kommen.

Wie auch immer, Sie sehen es hier. Sie können teure Artikel ebenso launchen wie Kleinpreisiges. Die 14,50 Euro habe ich nicht erfunden, sehen wir uns hierzu den nächsten Screenshot eines anderen Amazon-Launchs (ebenfalls aus 2018) an.

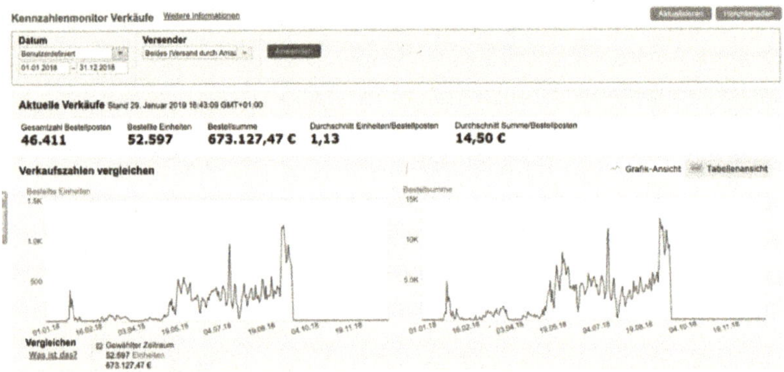

Wir haben 52 597 Artikel verkauft. Das ist beeindruckend, nicht wahr? Der Durchschnittspreis war in der Tat 14,50 Euro. Was fällt hier auf? Dieses Launch-Angebot wurde keine 7 und auch keine 10 Tage aufrechterhalten. In Wahrheit war es der längste Launch, den wir je durchgeführt bzw. begleitet haben. Knappe 8 Monate war dieser Launch aktiv. Warum? Es war ein Fehler. Wirklich, es wurde vergessen, die Kampagne zu stoppen. Warum das? Weil es in diesem Fall keine Automatisierung gab. Ich habe in diesem Buch betont, dass Sie einen Launch zwar manuell starten können, dass Sie dies aber besser mit einer professionellen E-Mail-Marketing-Software tun. Wenn Sie das nicht tun, kann etwas schiefgehen. So wie hier. Aber Schwamm drüber, bei über 673 000 Euro Gesamtumsatz ...

Einer geht noch: Hier noch ein Beispiel, ebenfalls ein Launch auf Amazon, siehe den nun folgenden Screenshot. Hier gab es bereits ein Verkäuferkonto. Ohne die bewährte Dropfunnel-Strategie plätscherten die Verkaufszahlen vor sich hin, wenn man von einer Spezialaktion im Oktober absieht. Der Launch kam dann mitten im Weihnachtsgeschäft, im Dezember. In Summe gab es über 33 500 Verkäufe und einen Gesamtumsatz von über einer halben Million Euro. Wie unschwer zu erkennen ist, wurde der Bärenanteil im letzten Monat eingespielt, im Dezember. Ja, Weihnachten spielte uns in die Karten. Aber was hindert Sie daran, es uns gleich zu tun?

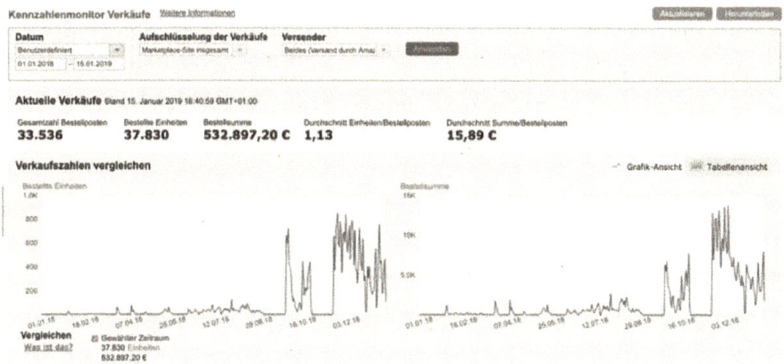

Wenn Sie mehr Informationen zu diesen Launchs haben möchten, dann laden Sie sich den kostenfreien und exklusiven *Erfolgsguide* herunter. Dort finden Sie alle Projekte mit mehr Informationen:

FLOWCODE
PRIVACY.FLOWCODE.COM

Noch ein paar Pro-Tipps für die Praxis

- Sie wissen bereits, dass Ihre Salespage (und auch Amazon-Produktseite) nach dem Launch-Zeitraum abgeschaltet werden muss. Sie sollten also das Angebot nicht unverändert online lassen. Bei Amazon wird die Produktseite bestehen bleiben, aber es gibt dann kein aktives Angebot (von

Ihnen). Und schon gar nicht mehr zu diesem Preis-Leistungs-Verhältnis. Auf Ihren eigenen Salespages sollten Sie daher nach dem Launch eine Weiterleitung einrichten. Technisch spricht man von einer sogenannten 301-Weiterleitung. Dies bedeutet, dass Ihr Interessent an eine andere Seite weitergeleitet wird. Sie wissen ja, nach dem Launch ist vor dem Launch. Daher lassen Sie Ihren Interessenten nicht ins Leere laufen, sondern leiten Sie ihn auf eine passende Seite weiter. Dies könnten ähnliche Produkte sein, Informationen zum nächsten Launch ... was auch immer, alles dürfte besser sein als eine abgeschaltete Seite. Die kommt im Internet als sogenannte 404-Error-Seite nämlich nicht wirklich zielführend daher. Und auch Suchmaschinen mögen keine 404-Rückmeldungen, ähnlich wie sie nicht allzu viele Plagiate mögen. Und so schließt sich am Ende der Kreis.

- Wenn Sie auf Ihren Landing- oder Salespages Videos einbinden, dann stellen Sie in jedem Fall eine Untertitelung bereit. Viele schauen Videos in öffentlichen Verkehrsmitteln oder am Arbeitsplatz. Nützliche Tools sind beispielsweise *sonix.ai* oder *rev.com*, mit denen Sie nicht nur Transkripte Ihrer Videos erstellen können, sondern auch Untertitel und Übersetzungen.
- Vermeiden Sie Autoplay-Videos. Viele Internetbrowser verbieten bzw. unterbinden dies ohnehin. Außerdem wollen nicht alle Nutzer ein Video ansehen.

Die Extrameile: Weitere Möglichkeiten, mehr aus Ihrer Dropfunnel-Strategie herauszuholen

Down-Selling

Über die wichtige Möglichkeit von Zusatzverkäufen (»Möchten Sie Pommes, Coke und Nuggets?«) sind Sie bereits unterrichtet. Nun kann es in der Tat vorkommen, dass Ihre Bemühungen verneint werden. Der Kunde kauft zwar den Burger, aber hat kein Interesse an den drei Zusatzangeboten. Bisher gingen Sie dann »leer« aus. Lassen Sie uns also eine neue Variable hinzufügen. Betrachten wir hierzu die folgende Grafik. Sie wurde um eine zweite, untere Reihe erweitert.

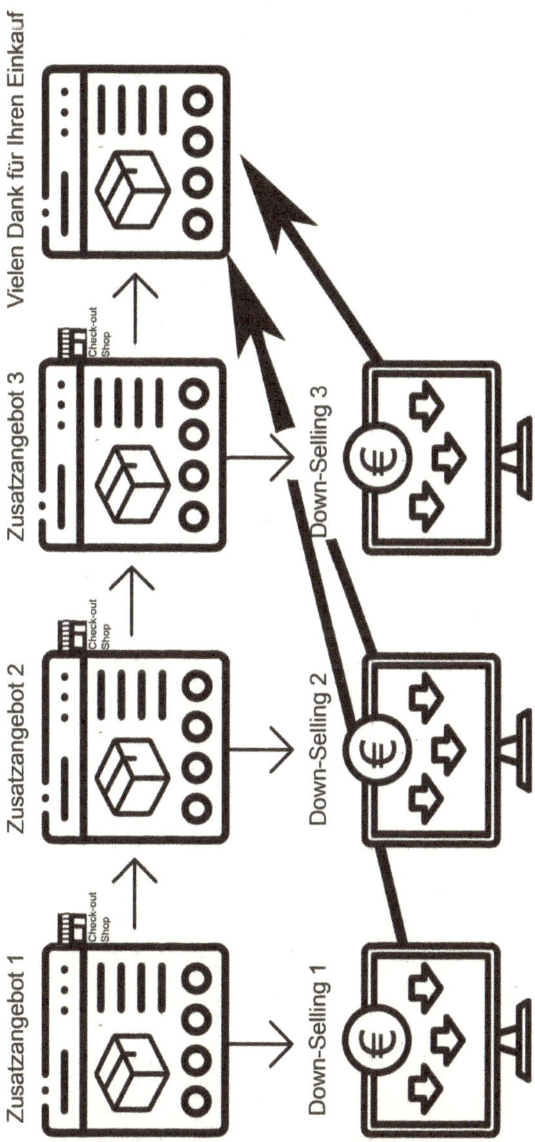

Immer wenn Ihr Käufer ein Zusatzangebot ablehnt und den Nein-danke-Button drückt, gelangt er jetzt eine Etage tiefer. Das ist bildlich gemeint, aber es bringt den Ausdruck »Down-Selling« perfekt auf den Punkt. Üblicherweise geht es jetzt darum, eine preiswertere Alternative anzubieten. Während Ihre drei Zusatzangebote alle in einer Preisliga sind und den Erstkauf optimal abrunden bzw. ergänzen, geht es jetzt um eine Alternative. Besser ein wenig zusätzlich verdienen als gar nichts, lautet die Devise. Bei unserem Burger-Beispiel wäre ein klassisches Down-Selling Ketchup oder Majo. Technisch unterscheiden sich diese Down-Selling-Seiten nicht. Der Unterschied ist nur, sobald einmal ein solches Angebot unterbreitet wurde, wird im Anschluss direkt die Danke-Seite angezeigt.

Sie Fragen also nicht »Möchten Sie auch noch mein zweites Down-Selling-Angebot?«. Aus diesem Grund könnte man sogar nur ein Down-Selling-Angebot (nur Ketchup oder nur Majo) anstelle der in der Grafik gezeigten drei anbieten. Probieren Sie es aus, was für Sie besser funktioniert. Wichtig ist aber, dass Sie das Down-Selling als solches auf dem Radar und auf dem Schirm haben, denn zumeist wird es schlicht vergessen.

Übrigens: Sowohl ihr Down-Selling-Angebot als auch Ihr drittes Up-Selling-Angebot könnte auch ein Abo-Produkt sein. Sicherlich erinnern Sie sich noch an die Wichtigkeit. Wiederkehrende Einnahmen sind die Oberklasse. Nicht immer eignet sich ein Abo dazu, es beim Produkt (im Shop) anzuzeigen. Bei Kaffeebohnen wäre dies kein Problem, aber wer braucht schon ein TV-Gerät im Abo? In diesem Falle könnte eine verlängerte Garantie als Abo herhalten. »Für nur 4,99 Euro im Jahr verlängern Sie Ihre Garantieleistung um weitere 12 Monate.«
Oder (leicht vereinfacht) an das Amazon-Prime-Modell angelehnt:
»Für nur 19 Euro im Jahr erhalten Sie jede Lieferung versandkostenfrei.«

Cross-Selling

Während sich die bislang vorgestellten Techniken auf den Check-out-Prozess beziehen, sollten wir auch das Cross-Selling nicht unbesprochen lassen. Es findet üblicherweise in Ihrem Online-Shop Verwendung.

Auch auf Marktplätzen wie Amazon wird reichlich Cross-Selling betrieben. Wenn ein Kunde beispielsweise eine Digitalkamera in den Warenkorb legt, könnten Sie zu Beginn des Check-out-Prozesses – genauer noch im Warenkorb oder sogar noch davor auf der Produktdetailseite – Zusatz-Akkubatterien anbieten, um nur eine Möglichkeit anzuführen. Oder: Ihr Kunde legt einen HD-Fernseher in seinen Einkaufswagen. Es erscheint nur passend, Ihm jetzt noch das benötige HDMI-Anschlusskabel anzubieten. Sie verkaufen Blumentöpfe? Prima, dann ist Ihr Kunde bestimmt auch an Blumenerde interessiert. Amazon gibt an, dass 35 Prozent[56] seines Umsatzes auf Cross-Selling zurückzuführen sind, der Branchendurchschnitt liegt bei etwa 10 Prozent. Sie sehen, Sie würden Geld zum Fenster rauswerfen, wenn Sie Ihren eigenen Webshop ohne Cross-Selling-Feature starten würden. Für Ihren Launch ist das nicht nötig, aber sehr wohl, wenn es dann in Richtung Long-Tail-Sortiment geht.

Exit Pop-up

Eine weitere Möglichkeit, wie Sie mehr Leads erhalten, ist das sogenannte Exit Pop-up (auch Exit Intent Layer genannt). Im Grunde handelt es sich um ein Dialogfenster, das Ihrem Besucher kurz vor dem Verlassen Ihrer Landingpage, Salespage oder Ihres Webshops angezeigt wird. Der Auslöser, der sogenannte Trigger, ist dabei die Maus. Nähert sich diese dem Browserrand, erscheint das Fenster. Dort können Sie dann nochmals um Aufmerksamkeit werben. Ein solches Dialogfenster kann von »recht klein« bis zum vollständigen Bildschirm reichen. Ich selbst nutze gerne die »plakative Vollversion«. Im Folgenden sehen Sie eine solche Exit-Strategie im Einsatz, technisch umgesetzt mit dem Tool Poptin, das Sie auf poptin.com finden.

Bevor er die Seite verlässt, empfehlen wir dem Besucher, sich noch schnell für eine Ausgabe des *Dropshipping Magazine* anzumelden. Er bekommt die aktuelle digitale Ausgabe dann sofort und kostenfrei per E-Mail zugesendet. Und schon haben wir wieder einen mehr in der Interessenten-Liste.

Beenden wir hier unseren Ausflug in die grundlegenden Möglichkeiten, Ihre Web-Auftritte nach und nach zu optimieren. Es ist unmöglich, hier alles darzustellen, was es an Tipps und Tricks gibt. Aber mit Obigem werden Sie sehr weit kommen. Der Rest bleibt Ihren eigenen Recherchen und Ihrem Lernwillen überlassen. Wenn Sie schon mal so weit gekommen sind, meistern Sie den Rest auch in Eigeninitiative. Da vertraue ich Ihnen.

Launch-Modifikation für Fortgeschrittene (unbegrenzt kostenfreien Pay-Traffic erhalten)

Sie werden früher oder später bei der Launch-Strategie kleine Änderungen oder Anpassungen vornehmen, unabhängig davon, welche Strategie Sie anfänglich verwenden. Das liegt in der Natur von Prozessen, die letztlich auch individuelle Faktoren berücksichtigen müssen. Unter diesem Gesichtspunkt sollten Sie auch die folgenden Ausführungen verstehen. Ich persönlich habe in den letzten acht Monaten sehr gute Resultate mit der folgenden Herangehensweise erzielt. An allem, was Sie bislang gelernt haben, ändert dies nur sehr wenig.

Der Aufbau des Launchs, beginnend mit der Landingpage, den dann folgenden E-Mail-Sequenzen, der Salespage und den drei Zusatzempfehlungen (Pommes, Coke und Nuggets), bleibt vollumfänglich erhalten. Modifiziert wird nur die Danke-Seite nach Ihrer Landingpage. Führen Sie Ihren ersten Launch bitte wie ausführlich beschrieben durch. Wenn Sie dann etwas routinierter sind, werden Sie feststellen, dass es großartig wäre, permanenten und kostenfreien Traffic zu erhalten. Denn mehr Traffic bedeutet mehr potenzielle Interessenten für Ihren Lead Magnet und somit mehr potenzielle Teilnehmer an Ihrem Launch. Und das kann wiederum bedeuten, dass Sie den Startpunkt des Launchs dramatisch vorverlegen können.

Diese Strategie funktioniert bei allen(!) Launch-Arten gleichermaßen, auch beim Loop-Launch in Dauerschleife. Kostenlosen Traffic erhalten Sie in dem Sinne: Selbst wenn Sie kostenpflichtige Werbung (wie bereits vorgestellt) schalten, werden Sie diesen Traffic nicht wirklich aus eigener Tasche bezahlen. Diese Modifikation, korrekt angewendet, versetzt Sie also in die Lage, Ihren Launch-Traffic und somit dessen Sichtbarkeit auf ein ungeahntes Level zu bringen. Daher ist diese Modifikation, die ich Ihnen gleich vorstelle, sozusagen der Brandbeschleuniger. Falsch angewendet verbrennen Sie sich jedoch die Finger!

Die entscheidende Modifikation findet nach der Eintragung auf Ihrer Landingpage statt. Sie haben Ihren Lead Magnet aufgestellt, woraufhin sich ein Interessent einträgt. Dieser Schritt bleibt unverändert. Aber mit dieser Eintragung blenden Sie nicht einfach nur eine Standardbestätigung wie »Vielen Dank für Ihre Eintragung. Bitte prüfen Sie jetzt Ihr Postfach und bestätigen Sie Ihre E-Mail-Adresse« ein. Solche Nachrichten sind bei allen gängigen E-Mail-Tools Standard und sind keiner weiteren Rede wert.

Vielmehr verlinken Sie nach Eintragung für Ihren Lead Magnet auf eine speziell eingerichtete Danke-Seite oder einen Danke-Pop-up (ähnlich dem im letzten Tipp gezeigten). Wenn Sie Dropfunnels® verwenden, können Sie problemlos eine alternative Weiterleitung auf eine Wunsch-Danke-Seite einrichten. Aber auch andere Anbieter stellen eine solche Lösung bereit. Sie erstellen diese spezielle Seite am besten mit dem gleichen Programm, mit dem Sie auch Ihre Landing- bzw. Salespage erstellen.

Diese Seite ist sehr schlicht. Auch hier bringen Sie den obligatorischen Hinweis »Vielen Dank für Ihre Eintragung. Bitte prüfen Sie jetzt Ihr Postfach und bestätigen Sie Ihre E-Mail-Adresse« unter. Denn nur wenn die E-Mail-Adresse bestätigt wird, haben Sie das dringend erforderliche Double-Opt-in und somit die rechtlich saubere Grundlage, um Ihre E-Mail-Sequenzen zu starten.

Unter oder über diesem Hinweis fügen Sie nun ein Angebot ein. Es sollte ein Produkt zwischen 5 und 7 Euro Verkaufspreis sein, nicht mehr und nicht weniger. Das Produkt sollte im Idealfall digital sein bzw. ein E-Book sein. Über die Vorzüge von E-Books habe ich bereits berichtet. Die Idee ist so simpel wie bestechend. Ihr Interessent trägt sich in Ihrem Lead Magnet ein, weil er sich Lösungen für sein Problem erhofft. Grundsätzlich erfüllen Sie diese Erwartung auch in der E-Mail-Sequenz. Doch davon unberührt bieten Sie einen »sofortigen (kostenpflichtigen) Vorgeschmack« auf das schlussendliche Produkt, das Sie verkaufen wollen, oder eine kostenpflichtige Erweiterung zu dem, was Sie im Lead Magnet versprochen haben. Mit diesem Problemlösungs-E-Book holen Sie Ihren Interessenten erfolgreich ab. Sie können die Zahlungsabwicklung über Digistore24 oder den Shop-Check-out abwickeln. Sie verfügen über alle Instrumente und Anbindungen auf Ihrer Salespage.

Die Idee dieses exklusiven Danke-für-Ihre-Eintragung-Angebots ist einfach. Der Verkaufspreis soll nur Ihre Werbekosten refinanzieren. Somit müssen Sie faktisch kein Geld aus eigener Tasche in Werbung investieren. Der Verkaufspreis von 5 bis 7 Euro ist ideal, da Ihr Interessent eine »Bauchentscheidung« treffen kann. Es ist kein großes Investment, und auch, wenn er Sie und Ihr Angebot noch nicht kennt, ist die Wahrscheinlichkeit hoch, dass er jetzt zugreift.

Ich empfehle an dieser Stelle klar ein digitales Produkt, da Sie mit einem physischen Artikel aufgrund der Versandnebenkosten zu hohe Unkosten produzieren und ein »echtes Produkt« Ihrem Launch vorbehalten bleiben sollte.

Lange Zeit haben wir unser *Dropshipping Magazine* als Digitalausgabe zu 3,99 Euro Verkaufspreis an solcher Stelle offeriert. Wir mussten aber feststellen, dass 4 Euro für unsere Zielgruppe nicht ganz ausreichte, um wirklich »kostenfreien Traffic« zu erzeugen. Daher bieten wir nun zwei Ausgaben (freie Heftwahl) zum Sonderpreis von 6,50 Euro an. Wir können somit zum einen a) einen Rabatt kommunizieren – der wirklich exklusiv ist, da nur an dieser Stelle erhältlich. Und zum anderen b) liegen wir damit in der bewährten Preisrange von 5 bis 7 Euro, um kostenfreien Traffic für unseren Launch zu erhalten.

Diese Strategie ist wie gesagt nicht für Ihren ersten Launch gedacht. Aber sobald Sie ein Gespür dafür haben, wie Ihre Zielgruppe tickt, welche Inhalte sie verlangt, finden Sie auch das »perfekte Digitalangebot«, das Sie hier exklusiv anbieten können. Probieren Sie es aus, es ist eine wirklich tolle Möglichkeit, mit »unbegrenztem Werbebudget« immer mehr Interessenten für Ihren Launch zu gewinnen.

Geheimwaffe LinkedIn für dauerhafte Kundenbindungen

Wie wichtig E-Mail-Kontakte bzw. Bestandskundendaten sind, wissen Sie bereits. Dass es für mich keinen besseren Weg als die Ansprache per E-Mail gibt, wissen Sie ebenfalls. Womöglich hat sich auch herumgesprochen, dass ich ein Fan von LinkedIn bin. Sie können sich dort nicht nur mit mir vernetzen und potenzielle Lieferanten suchen. Sie können sich dort zudem mit Ihren Kunden und Interessenten vernetzen. Dies ist eine Geheimwaffe, die eine Kommunikation auch dann ermöglicht, wenn sich jemand aus Ihrem E-Mail-Verteiler ausgetragen hat. Ja, Sie haben richtig gelesen. Sie können weiterhin mit einem (potenziellen) Kunden in Kontakt stehen, obwohl er aus Ihrer E-Mail-Sequenz gelöscht werden möchte!

Wie profitieren auch Sie von dieser Geheimwaffe? Die Grundvoraussetzung ist ein LinkedIn-Profil. Dieses bietet Ihnen auch ein Adressbuch, das Sie mit Ihren privaten oder geschäftlichen Kontakten füllen können. Auch wenn es Ihre Adressen enthält, werden die Personen nicht automatisch in Ihr Netzwerk oder generell zu LinkedIn eingeladen. Dies geschieht nur durch Ihre ausdrückliche Interaktion.

Ein Beispiel: Ich habe zwei Kontakte in meiner Launch-Liste, nennen wir sie Werner und Karina. Werner ist bereits bei LinkedIn, zu erkennen an dem blauen LinkedIn-Logo, Karina nicht (zu erkennen an dem fehlenden Logo). LinkedIn erlaubt mir nun, beide Kontakte mittels einer Checkbox einzuladen: »Ausgewählte Kontakte einladen.« Konkret würde ich Werner (nur) in mein Netzwerk bei LinkedIn einladen. Karina lade ich erst zu LinkedIn ein, und wenn sie diese Einladung annimmt, dann lade ich sie zusätzlich in mein Netzwerk ein. Beide Etappen sind technisch nur ein Vorgang.

Das LinkedIn-Adressbuch ist eine persönliche Informationsinsel, auf die kein anderer Nutzer Zugriff hat. Ein schöner Effekt ist, dass in meinen Update-Benachrichtigungen ein Hinweis erscheint (»Karina ist nun neu bei LinkedIn«), wenn sich jemand aus meinem Adressbuch bei LinkedIn anmeldet, unabhängig davon, ob ich ihn eingeladen habe oder nicht.

Wenn Sie es schaffen, Ihren Launch-E-Mail-Verteiler auf LinkedIn zu spiegeln, besteht die Möglichkeit, sich auch dort – unabhängig von Ihrer E-Mail-Liste – zu vernetzen. Eine Abmeldung in Ihrer E-Mail-Liste hat insofern keinen Einfluss auf die Erreichbarkeit dieses Kontaktes. Sie können diesem wohl keine E-Mail mehr senden, aber im Rahmen von Status-Updates subtil auf Ihre Leistungen oder den nächsten Launch hinweisen.

Oftmals tragen sich Interessenten auch aus Versehen aus einem Verteiler aus, dann haben Sie hier noch eine »Back-up-Verbindung«. Es geht ausdrücklich nicht darum, dass Sie Ihren Kontakt nun über LinkedIn zutexten (Stichwort SPAM und so weiter), sondern darum, in einem Austausch zu stehen. Ich empfehle Ihnen, eine kleine Textvorlage vorzubereiten und diese an alle Kontakte zu senden, die Ihre Vernetzung akzeptieren. Sie können schreiben, dass Sie sich über ein neues Gesicht in Ihren Kontakten freuen. Bekunden Sie auch Ihre Offenheit, auf Fragen gerne persönlich zu antworten. Bauen Sie eine echte Kundenbeziehung auf. Sie werden dann recht schnell den Vorteil in der Praxis erleben. Ich lade auch Sie – siehe Vorwort – ausdrücklich dazu ein, sich mit mir zu vernetzen. Ich freue mich auf Ihre Kontaktaufnahme und den Austausch. Wenn Sie ein System wie Dropfunnels® verwenden, können Sie eine maßgeschneiderte CSV-Datei herunterladen, die einfach bei LinkedIn hochzuladen ist. Somit findet dieser beschriebene Kontaktaustausch automatisch statt. Eine ausführliche Anleitung finden Sie auch im Handbuch von LinkedIn. Folgen Sie dem QR-Code, um es aufzurufen:

KAPITEL 9

»Kennst du einen guten DSGVO-Berater? Ja. Kannst du mir seine E-Mail-Adresse geben? Nein.«

Getwittert von @flofi_kb

FEINDBILD DSGVO: »DARF ICH DAS JETZT NOCH?«

Wegen der DSGVO geht das im Online-Marketing nicht mehr … darf ich das nicht … muss ich das ...« Das hört man häufig. Im Frühjahr 2016 haben der Europäische Rat und das Europäische Parlament die EU-Datenschutz-Grundverordnung, kurz DSGVO, verabschiedet. Zwei Jahre später, Ende Mai 2018, trat sie allerorts in Kraft. Der Datenschutz in der EU soll damit vereinheitlicht werden – und das mit deutlich strengeren Richtlinien als bisher.

Eine kurze Google-Suche mit dem Stichwort »DSGVO« gibt Ihnen ganz kostenlos die gesamte Verordnung als Download. Als Händler werden Sie sich mit der DSGVO befassen müssen. Was Sie aber nicht müssen, ist, dass sie darüber in Panik geraten. Seit Beginn der neuen Datenschutz-Grundverordnung wandern DSGVO-Mythen durchs Netz, die den einen oder anderen Dropshipper verunsichern. Ganz besonders den angehenden Dropshipper. Aus über einem Dutzend solcher Mythen werden wir im Folgenden die Luft rauslassen.

Mythos 1: »Jede Datenerfassung braucht eine Einwilligung.«

Wäre dem so, hätten wir sehr viel zu tun. Glücklicherweise trifft dies nicht zu. Es ist richtig, dass mit Inkrafttreten der DSGVO ein Phänomen um sich greift, das Experten »Einwilligeritis« nennen, aber es gibt keinen rationalen Grund für diese Übervorsicht. Eine Einwilligung brauchen Sie nur dann, wenn die Datenverarbeitung nicht ohnehin per Gesetz erlaubt ist. Wenn Sie sich jetzt fragen, ob dies in Ihrem Tagesgeschäft der Fall ist, dann schauen wir etwas genauer hin. Zunächst muss ein »berechtigtes Interesse« an der Verarbeitung personenbezogener Daten vorliegen. Viele Einwilligungen sind schlicht bereits deshalb Nonsens, denn ein berechtigtes Interesse kann vieles sein: der sichere Betrieb Ihres Online-Shops und mitunter auch – in Grenzen – das Direktmarketing. Eine Einwilligung brauchen Sie auch dann nicht, wenn Daten nötig sind, um einen Vertrag anzubahnen oder zu erfüllen (siehe auch »Mythos 15«).

Mythos 2: »Kunden und Geschäftspartner darf man öffentlich nicht mit Namen ansprechen.«

In einem unserer Round Tables kursierte das Gerücht, dass wir unsere Community-Teilnehmer sowie Stammgäste nicht mehr mit ihrem Namen begrüßen dürften. Nun, das ist schlicht unwahr, Sie müssen sich also nicht auf die Lippen beißen, denn das Gedächtnis ist schlicht und einfach kein Dateisystem im Sinne der DSGVO. Wen Sie die Namen Ihrer Kunden und Partner auswendig singen können, dann dürfen Sie auch weiterhin in der Öffentlichkeit die Namen aussprechen. Nur am Rande: Auch Ihr Arzt darf Sie als Patient weiterhin namentlich im Wartezimmer ansprechen oder Sie ausrufen lassen. Niemand will alternativ hören: »Der Patient mit den Prostatabeschwerden bitte auf Zimmer 2.«

Mythos 3: »Rechnungen müssen nach dem Quartalsende gelöscht werden.«

Einer unserer Kunden erzählte uns, dass seine Buchhalterin bei einer Einkaufsgenossenschaft nachträglich eine Rechnung angefordert hatte. Dort erhielt die Buchhalterin die Auskunft, aufgrund der DSGVO sei dies nicht mehr möglich: Alle Rechnungen müssten nach einem Quartal gelöscht werden, weil sie personenbezogene Daten enthalten. Das ist Unsinn! Das deutsche Steuerrecht sieht für steuerlich relevante Unterlagen – und dazu gehören selbstverständlich Rechnungen – eine Aufbewahrungsfrist von bis zu zehn Jahren vor. Wenn Sie Ihre Rechnungen nach einem Quartal vernichten, dann haben Sie ganz bestimmt Ihre »Freude« mit dem Prüfer vom Finanzamt. Sie können diesen zwar auf die grundsätzliche Löschpflicht gemäß DSGVO hinweisen. Das wird Sie aber nicht retten, denn die grundsätzliche Löschpflicht greift nicht, wenn personenbezogene Daten aus rechtlichen Gründen verarbeitet werden müssen. In unserem Beispiel müssen Sie für spätere Prüfungszwecke archiviert werden. Das Gleiche gilt übrigens, wenn Sie einen bestehenden Webshop übernehmen oder ankaufen. Auch dann dürfen Sie die Transaktionsdaten aus der Vergangenheit nicht löschen.

Mythos 4: »E-Mails dürfen im Unternehmen nicht weitergeleitet werden.«

Einer unserer Mentoring-Teilnehmer wunderte sich, dass eine Rechnung, die er gestellt hatte, nicht bezahlt wurde. Auf Nachfrage erfuhr der Dropshipper, dass die Mail mit der angehängten Rechnung aufgrund der DSGVO nicht an die Buchhaltung weitergeleitet wurde. Als Argument wurde angeführt, dass eine direkte Weiterleitung an die zuständige Buchhaltung nicht möglich sei, weil der Absender erkennbar wäre. Diese Argumentation ist schlicht absurd. Zur Vertragserfüllung erforderliche Daten weiterzugeben ist immer zulässig – und zwar nicht nur unternehmensintern, sondern auch an Dritte, wie an Ihre Bank oder Ihren Versender und Lieferanten.

Mythos 5: »Klingelschilder mit Namen am Unternehmensgebäude verstoßen gegen die DSGVO.«

In Spanien ist es nicht unüblich, dass Häuser oder Fincas keine Hausnummer haben. Wir müssen Taxis teilweise per GPS-Daten rufen, schlicht deshalb, weil es keine Straßen bzw. Straßennamen gibt. Teils geht dies so weit, dass die Gassen nicht einmal im Navi verzeichnet sind. Wenn Sie eine Lagerhalle oder ein Büro gemietet haben, darf Ihr Vermieter sehr wohl Ihren (Firmen-)Namen – wie auch den der anderen Mieter – ohne Ihre oder deren Einwilligung auf das jeweilige Klingelschild anbringen. Denn »das Ausstatten von Klingelschildern mit Namen ist für sich genommen weder eine automatisierte Verarbeitung noch eine tatsächliche oder beabsichtigte Speicherung in Dateisystemen«. Am Rande: Dies trifft auch auf Ihre privaten vier Wände zu und nicht nur auf den Klingelschild-Namen am Unternehmensgebäude.

Mythos 6: »Unternehmen dürfen nur noch per verschlüsselter E-Mail kommunizieren.«

Laut DSGVO gibt es keinen Zwang zur Verschlüsselung von Nachrichten. Sicher ist es in einigen Fällen sinnvoll, aber es ist eben keine Verpflichtung. Es gibt jedoch eine Ausnahme von dieser Regelung, nämlich immer dann, wenn es sich um Daten handelt, die gemäß Artikel 9 Absatz 1 der DSGVO einen sehr hohen Schutzbedarf genießen. Dies trifft beispielsweise auf Gesundheitsdaten, Daten zur sexuellen Orientierung oder biometrische Daten zu. In Ihrem klassischen Alltag als Dropshipper sollten Sie aber um eine Zwangsverschlüsselung herumkommen. Wenn Sie hin und wieder eine Nachricht versenden möchten, die im Anschluss nicht für alle abrufbar bleiben soll, eignet sich der kostenfreie Online-Dienst Privnote (privnote.com).

Mythos 7: »Alle alten Adresslisten müssen gelöscht werden.«

Viele glaubten das wirklich. Es gibt dafür aber keinen Grund. Dies wäre auch für jedes Unternehmen, Dropshipping hin oder her, schlicht ruinös. Es gab aber wirklich Befürchtungen, dass mit Inkrafttreten der DSGVO sämtliche Webshops offline geschaltet werden müssten. Ein Irrtum! Oder wurde Ihr Lieblingsstore aufgrund der DSGVO geschlossen? Fakt ist, wenn Sie bisher personenbezogene Daten korrekt erfasst haben und sich dabei an die jeweils gültige Rechtslage gehalten haben – und dies im Zweifel auch nachweisen können –, dann ist alles im Lot. Eine DSGVO-konforme Einwilligung zur Verarbeitung eingeholter Daten ist technisch wenig anspruchsvoll. Auch alle relevanten E-Mail-Anbieter bieten solche Nachweismöglichkeiten. Insofern: volle Kraft voraus!

Mythos 8: »Die DSGVO verbietet die Datenübermittlung in die USA.«

Das Land der unbeschränkten Möglichkeiten ist bei (erfahrenen) Dropshippern beliebt. Mehrere Monate sind vergangen seit dem Urteil des Europäischen Gerichtshofs (EuGH), dass das Ende des sogenannten Privacy Shield besiegelt hat. Richtig ist also, dass Sie in der Tat extrem eingeschränkt sind, was amerikanische Dienste bzw. Datenübertragungen betrifft. Der EU-US-Datenschutzschild (nichts anderes ist unter dem Begriff Privacy Shield zu verstehen), von dem noch in der Erstauflage dieses Buches die Rede war, ist Vergangenheit. Viele Dropshipper in Deutschland und Europa wissen das inzwischen, aber man scheint sich der Konsequenzen nicht richtig bewusst zu sein. Der Europäische Gerichtshof hatte mit dem Urteil in der Rechtssache C-311/18 »Schrems II« klargestellt, dass personenbezogene Daten von EU-Bürgern nur an Drittländer außerhalb des Europäischen Wirtschaftsraums übermittelt werden dürfen, wenn sie in diesem Drittland einen im Wesentlichen gleichwertigen Schutz genießen wie in der EU. Für die USA hat der EuGH ein solches Schutzniveau verneint.

In der Praxis ist das ein ernstes Problem. Wenn Sie also Daten in die USA transferieren müssen, empfehle ich Ihnen dringend einen professionellen Rechtsbeistand. Und: Ein Grund mehr, als Neustarter die Finger vom Amerika-Business zu lassen. Die Sache ist wirklich heiß.

Dennoch gibt es Lösungen, sonst wäre es ja kein Mythos in diesem Kapitel. Wie diese Lösung aber im Detail auszusehen hat, muss(!) individuell betrachtet werden. Es gibt unzählige Tools und Cloud-Dienste (wozu auch Shopify, Facebook, Google samt Apps gehören), deshalb kann eine pauschale Aussage einfach nicht getroffen werden. Im Grunde läuft es auf Folgendes hinaus. Datenübermittlungen in die USA, die bisher auf das EU-US Privacy Shield gestützt wurden, müssten nun durch eine Schutzmaßnahme nach Artikel 46 DSGVO abgesichert werden. Für Datenübermittlungen in die USA ist mit zusätzlichen Maßnahmen sicherzustellen, dass die personenbezogenen Daten auch im jeweiligen Drittland stets angemessen geschützt sind. Dies ist der Kernpunkt. Es gibt rechtskonforme Lösungen, und daher ist es de facto ein Mythos zu sagen, dass eine Datenübertragung in die USA grundsätzlich verboten sei.

Mythos 9: »Jede Firma muss einen Datenschutzbeauftragten haben.«

Immer wenn wir einen Webshop einrichten oder ein Mentoring-Gespräch starten, geht es zielsicher auch um diesen Punkt. Ich kann sie wirklich verstehen, all diese Unsicherheiten. Aber die beruhigende Nachricht für Sie als Dropshipper ist, dass Sie keinen Datenschutzbeauftragten bestellen müssen. Zumindest nicht in der Gründungsphase. Erst wenn Sie mindestens zehn Mitarbeiter am Start haben, sieht die Sache anders aus. Sie können also froh sein, wenn Sie eine Vorliebe für Automatisierungssoftware und Freelancer haben. Ein Gespräch mit einem Datenschutzanwalt kann in Einzelfällen dennoch sinnvoll sein. Zum Beispiel immer dann, wenn Sie eine neue E-Mail-Marketingstrategie einführen oder wenn Sie neue Software auf Ihrer Website bzw. in Ihrem Shop implementieren. Es braucht aber keine dauerhafte Stelle, sondern vielmehr eine Beratung nach Bedarf.

Ich empfehle Ihnen, dass Sie hin und wieder das Gespräch suchen, um sicherzustellen, dass Ihr Webshop den aktuellen gesetzlichen Anforderungen entspricht. Nicht zuletzt auch deshalb, weil Sie Ihre Datenschutzerklärung (googeln Sie das ruhig, die werden sie brauchen) aktuell halten müssen. Für Letzteres gibt es aber für wenige Euro im Monat Komplett-Services von einschlägig erfahrenen Kanzleien.

Mythos 10: »Gemäß DSGVO ist es verboten, personenbezogene Daten in einer Cloud zu speichern.«

Die DSGVO mag nervig sein, zumindest aus Sicht der Händler und Website-Betreiber, aber personenbezogene Daten dürfen weiterhin in einer Cloud gespeichert werden. Allerdings muss der Cloud-Betreiber Ihrer Wahl mit Ihnen einen Vertrag zur Auftragsverarbeitung schließen. Beispiele für Standard-Verträge finden Sie im Netz. Insbesondere mit Blick auf die genannte EuGH-Entscheidung sollte Ihr Cloud-Dienstleister aus Europa stammen. Viele Anbieter bieten Rechenzentren in Deutschland an. Es ist also kein Problem, Daten rechtskonform in eine Cloud zu speichern. Das besondere Augenmerk liegt einfach darauf, dass die Daten nicht nach Amerika transferiert werden. Der Europäische Datenschutzausschuss (EDSA) hat klargestellt, dass es keine Schonfrist gibt, innerhalb derer man weiterhin Daten in die USA übermitteln kann, ohne sicherzustellen, dass die Übermittlung rechtskonform ist.

Mythos 11: »Werbung ist ohne Einwilligung nicht mehr gestattet.«

Je nachdem. Und wenn ja, dann holen Sie sich eben die Einwilligung. Wenn Sie eine Direktmarketing-Aktion mittels Briefpost planen, brauchen Sie grundsätzlich keine weitere Zustimmung. Gleiches gilt auch für einen Flyer oder einen Katalog. Was retro anmutet, ist in Zeiten zunehmender Digitalisierung mitunter ein echter Aha-Effekt. Eben weil es zur (angeblich) aussterbenden Art gehört. Derartige postalische Marketing-Aktionen können Sie sowohl an Bestandskunden als auch an Neukunden durchführen. Daran hat auch die DSGVO nichts geändert.

Wenn Sie eine Kontaktaufnahme per E-Mail planen, dann ist dies wie in früheren Kapiteln dargelegt nicht nur möglich, sondern praktisch ein Muss. Grundsätzlich benötigen Sie die Einwilligung, bei E-Mail-Marketing spricht man hier vom Double-Opt-in-Verfahren. Ihr Interessent bestätigt also, dass er wirklich die angeforderten Unterlagen erhalten möchte. Wenn Sie auf Ihrer Landingpage einen Lead Magnet installieren, dann wäre genau an dieser Stelle das Double-Opt-in zum ersten Mal nötig.

Erfrischend angenehm ist zudem die folgende Ausnahme für Bestandskunden: Kunden, zu denen Sie bereits eine Geschäftsbeziehung unterhalten, dürfen Sie auch so anschreiben, um auf ähnliche Produkte hinzuweisen. Allerdings muss sich Ihr E-Mail-Inhalt in derselben »Produktkategorie« bewegen, in der eben jener Kunde ursprünglich bei Ihnen gekauft hat.

Die Herausforderung besteht letztlich darin, dass sich Ihre potenziellen Kunden auf Ihre Unterlagen und Angebote freuen. Die Möglichkeiten des E-Mail-Marketings waren immer wieder Bestandteil dieses Buchs, Sie werden mittlerweile um dessen Potenzial wissen. Die DSGVO wird Ihnen den Spaß an der Kunden-Bewerbung jedenfalls nicht verderben.

Mythos 12: »Wenn jemand einen Löschantrag stellt, muss das betroffene Unternehmen alle Daten der Person löschen.«

Wie bereits im Beispiel mit den Rechnungen dargelegt, ist dies oft gar nicht möglich. Vorliegend geht es um die »grundsätzliche Lösch-Aufforderung«. Richtig ist, dass gemäß Art. 17 DSGVO ein Antrag auf Löschung sämtlicher personenbezogener Daten gestellt werden kann. Aber: Es besteht Ihrerseits nur dann eine Löschverpflichtung, wenn keine andere Grundlage die weitere Verarbeitung der personenbezogenen Daten rechtfertigt. Verarbeitet der Verantwortliche die personenbezogenen Daten etwa gemäß einer gesetzlichen Verpflichtung, besteht ein Löschanspruch der betroffenen Person erst dann, wenn die gesetzliche Verpflichtung nicht mehr gegeben ist.

Mythos 13: »Ich kenne die Person nicht, deren Daten ich verwende, daher sind diese Daten anonym und fallen nicht unter die DSGVO.«

Nein, so stimmt das nicht. Anonym sind Daten im DSGVO-Sinn nämlich erst dann, wenn keinerlei Rückschlüsse mehr auf die jeweilige Person getroffen werden können. Wichtig an dieser Stelle ist der Hinweis, dass Rückschlüsse nicht nur von Ihnen nicht gezogen werden können, sondern wirklich von niemandem. Die Daten sind dann also nicht anonym, sondern »pseudonymisiert«, wie das im Jargon des Datenschutzes heißt. Und unter diesem Label fällt die Verarbeitung dieser personenbezogenen Daten dann doch unter den Anwendungsbereich der DSGVO.

Im Zweifel können Sie also davon ausgehen, dass Sie es mit pseudonymisierten Daten zu tun haben. In diesem Zusammenhang fällt auch sehr oft das Stichwort Google Analytics. Webseiten-Tracking ist für Ihren Shop-Erfolg unerlässlich. Und unabhängig davon, welche Analysesoftware Sie einsetzen, ist das Thema der Anonymisierung hier besonders wichtig, wie ein Bericht von datenschutzbeauftragter-info.de aufzeigt. Dort heißt es nämlich: »Im Rahmen einer Klage musste sich das LG Dresden in seinem Urteil vom 11.01.2019 – Az.: 1a O 1582/18 mit dem Einsatz von Google Analytics ohne aktivierte IP-Anonymisierung beschäftigen. Der zu entscheidende Fall fiel noch nicht unter den Anwendungsbereich der DSGVO. Dennoch greift das Urteil die unter Datenschützern als Voraussetzung angesehene Pflicht zur Aktivierung der IP-Anonymisierung auf und bestätigt die etablierte Best-Practice.«[57]

Weiter heißt es: »Das Ergebnis der Entscheidung ist nicht sonderlich überraschend. Die Aktivierung der IP-Anonymisierung ist in Abstimmung mit den Datenschutzbehörden seit einiger Zeit Grundvoraussetzung zum Einsatz von Google Analytics und allgemeiner Konsens unter Datenschützern. Schön ist, dass das Gericht diese Auffassung nun in seinem Urteil bestätigt.«

Die Lehre für den Dropshipper: Google Analytics nur mit aktivierter IP-Anonymisierung verwenden!

Mythos 14: »Dropshipping wird durch die DSGVO praktisch unmöglich gemacht.«

Wenn das so wäre, wäre jede Art von Handel, die mit elektronischen Kundendaten operiert, zum Erliegen gekommen. Das Gegenteil ist der Fall, der Online-Handel boomt. Sie müssen sich darüber im Klaren sein, dass die DSGVO nicht das Ziel hat, Dropshipping oder den Online-Handel zu erschweren, sondern das Sammeln, Speichern und Weitergeben von sensiblen Kundendaten zu regulieren.

Einiges über das, was möglich ist bzw. auch nicht, wurde auf den letzten Seiten bereits geschildert. Die Weitergabe von Daten ist gemäß der DSGVO dann rechtmäßig, wenn mindestens eine der nachstehenden Bedingungen erfüllt ist. Werfen wir auszugsweise einen Blick auf diese Bedingungen:

1. Die betroffene Person hat ihre Einwilligung gegeben.
2. Die Verarbeitung der Daten ist für die Erfüllung eines Vertrages erforderlich.
3. Die Verarbeitung ist zur Erfüllung einer rechtlichen Verpflichtung erforderlich.
4. Die Verarbeitung ist erforderlich, um lebenswichtige Interessen der betreffenden Person zu schützen.
5. Die Verarbeitung liegt im öffentlichen Interesse.

Beim Dropshipping kommen insbesondere die beiden ersten Punkte in Betracht. Ohne Einwilligung ist eine Datenweitergabe durch Sie immer dann zulässig, wenn sie für die Erfüllung eines Vertrages erforderlich ist. Selbstredend dürfte daher sein, dass Ihr Versender die Lieferadresse benötigt. Das Zustellen der Sendung wäre andernfalls gar nicht möglich. Auch für die Bestellabwicklung sind notwendige Daten unerlässlich. Bei der Auftragsverarbeitung erhebt, verarbeitet und/oder nutzt ein externer Dienstleister die personenbezogenen Daten für einen anderen Auftraggeber. In einem solchen Falle müssen Sie einen Vertrag abschließen, in dem Mindestfestlegungen zu treffen sind. Dazu zählen etwa der Gegenstand und die Dauer des Auftrags sowie Umfang, Art und Zweck der vorgesehenen Datenerhebung. In diesem Zusammenhang wird vom sogenannten »Vertrag über die Auftragsverarbeitung« gesprochen. EU-Dropshipping als solches fällt jedoch nicht unter diese Auftragsverarbeitungsklausel. Hierfür müssen Sie als Verkäufer also keinen gesonderten Vertrag abschließen. Randgebiete Ihrer Tätigkeit als Dropshipper können aber sehr wohl einen Vertrag erfordern, beispielsweise wenn Sie einen externen Dienstleister für Web-Hosting beschäftigen, der aufgrund seiner Tätigkeit Zugang zu Kundendaten erhält.

Beachten Sie bitte, dass weder an dieser noch an anderer Stelle dieses Buches Rechtsberatung erbracht wird. Alle gemachten Angaben basieren auf Praxiserfahrungen und stellen meine Interpretation und Erfahrung dar, vorliegend mit der DSGVO. Eine Garantie im Sinne einer rechtlich verbindlichen Auskunft stellen diese Angaben nicht dar. Fragen Sie im Zweifel unbedingt einen Datenschutzexperten bzw. einen Rechtsanwalt Ihres Vertrauens.

Ich hoffe, ich konnte Ihnen einen Überblick verschaffen und einige unbegründete Ängste nehmen. EU-Dropshipping geht sehr wohl auch mit der DSGVO!

EIN PAAR WORTE ZUM SCHLUSS

»Mitleid bekommt man geschenkt, Neid muss man sich verdienen.«
Robert Lembke

HÖREN SIE AUF, LEBENSZEIT GEGEN STUNDENLOHN ZU TAUSCHEN

In meiner Jugend wurde mir stets nahegelegt, einen kompetenten und allen Ansprüchen genügenden Arbeitgeber für meine Ausbildung zum Einzelhandelskaufmann zu suchen. Am besten einen, der auch öffentlich als solcher wahrgenommen wird. Man versicherte mir, dies sei eine Investition in meinen Lebenslauf und somit ein Türöffner für spätere Arbeitgeber und eine gute Grundlage für meine Gehaltsverhandlungen. Ich kann Ihnen nicht sagen, ob diese Weltsicht stimmt. Denn ich habe, wie Sie inzwischen wissen, recht früh diesen vorgezeichneten Pfad verlassen und wurde Unternehmer, anfänglich mit Kindermöbeln. Rückblickend kann ich sagen, ich ging durch die harte Praxis-Schule.

Wenn wir uns heute den Arbeitsmarkt ansehen – einen ersten Blick darauf hatten wir in Kapitel 1 –, dann bin ich überzeugt, dass Fachkompetenz noch immer relevant und gesucht ist. Selbst dann, wenn die »sichere Zukunft« wohl nicht bei irgendeinem Arbeitgeber zu finden ist, wie schon die düsteren Aussichten bei der Rente aufzeigen. Sie kennen meine Position: Sie sollten das Steuer selbst in die Hand nehmen!

Gewiss ist ein solider Schulabschluss oder Ausbildungsabschluss unverändert von Vorteil (auch für die heranwachsende Generation). Aber um seine eigene Kompetenz und den eigenen Marktwert zu erschaffen, hilft beides nicht wirklich. Das Problem ist, dass Sie am Arbeitsmarkt primär für Ihre investierte Zeit honoriert werden und zudem diese Zeit für die Ziele anderer (Ihres Arbeitgebers) investieren.

Stichwort Stundenlohn: Reflektiert man sein eigenes Leben mit Blick auf Arbeitsstunden, dann sollte jedem klar werden, warum es sinnvoll ist, einer Beschäftigung nachzugehen, die einen erfüllt und den Tausch von Zeit gegen Geld beendet. An dieser Betrachtung ändern auch ein leicht steigender Mindestlohn oder Gehaltserhöhungen wenig. Egal wie hoch das Gehalt oder der Lohn sein wird, es bleibt immer dieselbe Grundformel: eine Stunde Lebenszeit gegen einen fixen Geldbetrag für diese Stunde.

Unsere statistischen 30 000 Tage Lebenszeit sind das Wertvollste, das wir besitzen. Sollten Sie mit Ihrem aktuellen Leben – in welcher Form auch immer – unglücklich sein, dann sollten Sie jetzt einen neuen Kurs einschlagen. Nehmen Sie das Dropshipping-Steuer in die Hand! Die Tatsache, dass Sie ein erfolgreiches Streckenversand-Geschäft praktisch an jedem Ort Ihrer Wahl und zu jeder Uhrzeit ausführen können, bedeutet maximale Flexibilität. Sie bekommen das nur in Ausnahmefällen woanders.

Mindset

In einem Angestelltenverhältnis mag die persönliche Motivation nicht ausschlaggebend für die berufliche Existenz oder für die regelmäßige Gehaltsüberweisung sein, in einer selbstständigen Tätigkeit (wie Dropshipping) sind der persönliche Erfolg und das Einkommen jedoch maßgeblich abhängig von der eigenen positiven Einstellung und der eigenen Persönlichkeit. Sie als Unternehmer sind höchstselbst dafür zuständig, auch für spätere Zeiten und sämtliche Eventualitäten vorzusorgen.

Die Eigenregie und das erforderliche Zeitmanagement erfordern zu Beginn Selbstdisziplin und Motivation. Ist Ihr Dropshipping-Business erst einmal erfolgreich, gibt es aber auch dann Tage, an denen alles schwierig, kompliziert und nervtötend erscheint. Solche Energie-Löcher können mit einem geschulten Mindset und mit positivem Denken überwunden werden. Ein erfolgreiches Wirtschaften erfordert eine positive Grundeinstellung, Kraft und Energie von innen.

Der selbstständige Online-Handel ist manchmal besonders herausfordernd. Sein eigener Chef zu sein und die Verantwortung für seinen wirtschaftlichen Erfolg allein zu tragen, fällt vielen nicht leicht. Gründen bedeutet auch finanzielle Risiken eingehen. Vor allem ehemalige Angestellte, die bis dato jeden Monat ein festes Gehalt auf dem Konto hatten, müssen sich hier zunächst umstellen. Auch die fehlenden sozialen Absicherungen können zunächst eine psychische Belastung darstellen. Darüber hinaus ist plötzliche Einsamkeit, insbesondere nach einem Angestelltenverhältnis mit Kollegen, die man mochte, ein weiterer Faktor, der zunächst belastend sein kann. Das alles kann zu negativen Gedanken und Energie-Schwingungen führen, die Ihren Erfolg ausbremsen.

Gehen Sie deshalb bereits zum Start Ihres Business mit der richtigen Einstellung und positiver Energie ans Werk. Steuern Sie Ihre Gedanken und lassen Sie sich durch kleine Fehlschläge nicht verunsichern. Hinfallen? Kein Problem, solange Sie wieder aufstehen. Immer wieder, wenn es sein muss.

Glücklich ist der Mensch, der sich dieser Prozesse bewusst ist und darauf hinarbeitet, sein Bewusstsein permanent in einem »vollen Ladezustand« zu halten. Viele ganzheitlich denkende Wissenschaftler sind heute zu Recht der Auffassung, dass die meisten Krankheiten ihren Anfang nehmen, wenn sich der Mensch auf seelischer oder geistiger Ebene in einen matten oder kraftlosen Zustand manövriert. Ein vitaler, geistig fitter und positiv gestimmter Mensch wird sehr selten krank. Daraus folgt, dass die eigentliche Heilung von der Natur ausgeht und vom Glauben an sich selbst. Religion, Spiritualität, ärztliche Kunst und so weiter sind demnach eigentlich nichts anderes als eine vom Menschen erschaffene Unterstützung der Natur. Nicht umsonst besteht die Aussage: Der Glaube versetzt Berge. Vor allem der Glaube an sich selbst.

Nutzen Sie die Kraft, die Ihnen sowieso innewohnt! Über diese Kraft können Sie sich eine strotzende Gesundheit verschaffen, finanzielle Probleme lösen und alles schaffen, was Sie sich jemals erträumt haben. Je bewusster Sie sich des Umstands werden, dass alles, was Sie brauchen, tatsächlich schon in Ihnen ruht und nur entfesselt werden muss, desto erfolgreicher können Sie werden. Es gibt keine einzelne Komponente zum Erfolg, die wichtiger ist als der Glaube an sich selbst und die eigene Kraft, sich ein Ziel zu stecken und über alle Hindernisse hinweg zu erreichen.

Wenn Sie sich jetzt fragen, wovon ich eigentlich rede, dann wird es Zeit, dass Sie sich mit den vielen Schattierungen von »Selbstverbesserung« auseinandersetzen. Es geht um nichts weniger als Sie. Etliche Experimente und Studien an Universitäten beschäftigen sich mittlerweile mit diesem Thema und versuchen, die dem Menschen innewohnenden Kräfte zu greifen und zu begreifen. Methoden, diese Kräfte zu nutzen, gibt es viele. Manche funktionieren, andere nicht, vieles muss subjektiv bewertet werden. Vielleicht sind Sie ja Anhänger der einen oder anderen Strömung oder Weltanschauung, die Ihnen im Leben und im Beruf eine große Hilfe ist. Ich empfehle Ihnen hier nichts. Alles, was ich sage, ist: NICHTS geht über ein positives Mindset und das Bewusstsein um die eigene innere Power. Leben Sie danach, auch im Beruf!

Effizienz

Eine Variante zum ersten Abschnitt oben: Zeit sparen ist besser, als Geld sparen! Wussten Sie das? Als Unternehmer müssen Sie wirtschaftlich werden. Das Erste, was Sie dabei in den Griff bekommen sollten, ist Ihre eigene Arbeit, Ihre Produktivität und Effizienz. Gezielte, konzentrierte Arbeit ohne größere Störfaktoren ist ein wichtiger Baustein zum Erfolg. Das Problem dabei: Im modernen Büro- und Management-Alltag, auch wenn Sie jetzt noch allein arbeiten, sind E-Mails, Messenger-Nachrichten und dergleichen nicht nur Segen, sondern oft auch Fluch.

Bisher haben wir viel über Kommunikation von Dropshippern an andere geredet, jetzt reden wir einmal über die umgekehrte Richtung. Tagtäglich strömt eine Vielzahl an E-Mails auf Dropshipper und andere Geschäftstreibende ein. Vieles davon sind unnötige Werbe-Newsletter oder auf andere Weise ohne Nutzen für das, was man eigentlich tun muss. Sie stören unseren Arbeitsfluss, bringen uns aus dem Takt und kosten wertvolle Arbeits- und Lebenszeit. Nicht wenige Dropshipper machen dabei den

Fehler, dass sie die einzelnen E-Mails tatsächlich ansehen – auch wenn sie unerwünscht sind – und diese dann auch noch Mail für Mail manuell löschen. Auch so geht eine Menge Arbeitszeit verloren.

Deshalb: Gehen Sie das Problem gleich richtig an und nehmen Sie sich einmal eine Stunde Zeit, um sich bei allen unnötigen Newslettern und dergleichen abzumelden. Somit haben Sie auf einen Schlag alle Zeitfresser eliminiert und können in der Zukunft in Ruhe weiterarbeiten. Lassen Sie sich auch nicht durch aufdringliche Anfragen von unerwünschten »potenziellen Partnern« aus der Ruhe bringen. Sie müssen nicht auf jede E-Mail antworten. Bedenken Sie immer, dass Ihr Postfach nicht zwangsläufig leer sein muss. Ignoranz ist beim E-Mail-Management Trumpf.

Unwichtige E-Mails lassen sich optimal in ein entsprechendes Postfach verschieben und können zu späterer Gelegenheit gelesen oder gelöscht werden. Ein weiterer Tipp: Bestimmen Sie feste Zeiten zur Beantwortung Ihrer E-Mails und halten Sie sich an diesen Plan. Definieren Sie zum Beispiel einen Zeitrahmen vormittags zwischen 9 und 10 Uhr und nachmittags zwischen 17 und 18 Uhr. Dazwischen haben Sie Zeit, sich um Ihre laufende Geschäftstätigkeit zu kümmern und werden nicht ständig durch eingehende Nachrichten abgelenkt. Beobachten Sie, zu welcher Tageszeit die meisten E-Mails eintreffen, und passen Sie Ihre Zeit dahingehend an. Teilen Sie auch wichtigen Geschäftspartnern im Voraus mit, zu welchen Zeiten Sie am besten erreichbar sind und ab wann Sie nicht mehr zur Verfügung stehen. So stellen Sie sich aufeinander ein und kommen dann zunehmend auf den gleichen Nenner.

Einzelne dringliche E-Mails, von denen Sie Kenntnis haben bzw. auf die Sie bereits warten, können selbstverständlich auch zwischendurch beantwortet werden – darüber hinaus sollten Sie sich aber an Ihren Zeitplan halten.

Lassen Sie außerdem Ihr Smartphone einige Meter vom Arbeitsplatz entfernt liegen, wenn Sie mit wichtigen Aufgaben beschäftigt sind, und stellen Sie es auf »stumm«. Damit entgehen Sie der Versuchung, immer wieder aufs Handy zu blicken und meist unnötige Nachrichten zu lesen. Räumen Sie sich auch privat »Auszeiten« für Ihr Handy ein und setzen Sie sich nicht unter Stress, wenn spät abends noch Nachrichten aufblinken. Geschäftspartner, die Ihnen nach 19 Uhr eine E-Mail schreiben, erwarten mit hoher Wahrscheinlichkeit nicht, dass Sie am selben Abend noch antworten. Sie müssen lernen, Prioritäten zu setzen!

Ihr Merksatz muss sein, dass es besser ist, Zeit zu sparen anstatt Geld. Zeit sparen fängt mit Prioritäten und ablenkungsfreiem Arbeiten an, wie oben kurz beschrieben, mündet aber irgendwann dennoch in einer unvermeidbaren Überlastung, wenn man versucht, alles allein zu stemmen. Das funktioniert vielleicht am Anfang, aber sobald der Ball ins Rollen kommt – und das wollen Sie ja –, müssen Sie ans Delegieren von Arbeit und somit an Mitarbeiter denken.

Unternehmens- und Teamkultur

Erfolg und Expansion gehen Hand in Hand, und Expansion bedeutet immer: Teamarbeit. Um beispielsweise an einen Freelancer zu kommen, genügt ein Blick auf Vermittlungsportale wie Fiverr und Co. Im Grunde ist eine Freie-Mitarbeiter-Suche nichts anderes als jede Mitarbeitersuche, also beispielsweise die Suche nach Angestellten über das Arbeitsamt. Freelancer, also freie Mitarbeiter oder allgemein Selbstständige, sind in unserem Kontext in aller Regel »feste Freie«, die in einem Unternehmen eine ständige oder wiederkehrende Aufgabe übernehmen. Das kann eine Grafikerin sein, ein Programmierteam, ein Verkäufer, ein Website-Host oder die Buchhaltung.

Zunächst dreht sich alles um die zentrale Frage, was Sie gerade für Ihr Projekt oder als Daueraufgabe benötigen. Dann darum, was es kosten darf. Und natürlich werfen Sie auch einen Blick auf die richtigen Spezifikationen. Denn dieses Gesamtpaket gilt es am Markt zu einem guten Preis einzukaufen. Sie kontaktieren den betreffenden Dienstleister/Freelancer und kommen gleich zur Sache, nach dem Motto: Welche Fähigkeiten bringen Sie mit? Welchen Beitrag leisten Ihre Kompetenzen für meinen Erfolg? Wie lange und in welchem Umfang sind Sie bereit, für mein Dropshipping-Unternehmen zu arbeiten?

Es wird immer leichter, auf freie Mitarbeiter zuzugreifen, weil es weltweit immer mehr Freelancer gibt und digitale Plattformen wie Fiverr beide Seiten des Arbeitsverhältnisses zusammenbringen. Zudem vermitteln spezielle Full-Service-Dienstleister freie Mitarbeiter regional oder international, kurz- bzw. langfristig, für operative oder strategische Aufgaben. Solche Dienstleister ermöglichen Ihnen den Zugang zu Generalisten, spezialisierten Fachexperten, aber auch zu ganzen Teams, die gemeinsam Aufgaben übernehmen. Es lässt sich also bereits jetzt festhalten, dass Sie Ihr Dropshipping-Business professionell skalieren können. Mittels reiner Plattformen wie Fiverr können Sie allerdings nur begrenzt ein verlässliches Team aufbauen. Meinen Erfahrungsbericht finden Sie unzensiert auf YouTube unter:

Ehrlich reflektiert kommt man unweigerlich zu der Erkenntnis, dass es nicht leicht ist, die richtigen Teammitglieder zu finden. Ich gebe Ihnen daher ein paar Denkanstöße. Zunächst: Ein gut zusammenarbeitendes Team muss meiner Meinung nach sowohl aus operativ tätigen als auch kreativen Mitarbeitern bestehen. Sie benötigen beide Seiten der Medaille, um wirklich ein erfolgreiches Unternehmen aufzubauen. Ich empfehle Ihnen außerdem, den kreativen Teammitgliedern ein Gehalt am oberen Ende ihres Marktwerts zu zahlen. In der Praxis kann dies bedeuten, dass Sie anstelle von mehreren durchschnittlichen Kandidaten einen einzigen herausragenden Bewerber ins Team integrieren.

Ich bemühe mich stets, ausschließlich sehr leistungsstarke Teams aufzubauen. Das ist wichtig, denn wir arbeiten an ausgesprochen herausfordernden Problemlösungen. Außerdem: Wir zahlen keinen Leistungsbonus. Als ich noch in Deutschland lebte, dachte ich, Letzteres sei der richtige Weg. Heute würde ich sagen, dies war ein Trugschluss. Heute investieren wir lieber direkt in überdurchschnittliche Gehälter. Nehmen wir als Beispiel unser Entwicklerteam. Dieses erhält regelmäßig Lohnerhöhungen und zählt bereits heute zu den am besten verdienenden Experten ihres Landes.

Im Zuge der Entwicklung von Droptienda® und Dropmatix® waren wir auf ein innovativ ausgerichtetes Team angewiesen. Wir mussten und müssen daher jeden Tag von Neuem unserem Team vermitteln, eigenständig nach Wegen zu suchen, um unser Unternehmen voranzubringen.

Es geht nicht darum, dass die Belegschaft es einem Vorgesetzten recht macht. Eigenverantwortliches Arbeiten ist die Maxime, wir orientieren uns hier auch an dem Leitgedanken von Netflix. Dieser fordert »Führung durch Kontext«, und genau darum geht es. Wir lassen dem Team den nötigen Freiraum, eigenständig nach Lösungswegen zu suchen. Das ist eine harte Schule, wenn Sie perfektionistisch sind und den Drang haben, alles (und jeden) zu kontrollieren.

Sie können bei einem freien Mitarbeiter ebenso wie bei einem festen Angestellten (auch wenn er im Homeoffice sitzt) alle möglichen Überwachungstools implementieren. Das geht im gewissen Rahmen rechtlich völlig einwandfrei und ist in Arbeitsverträgen (die es auch für freie Mitarbeiter gibt!) transparent regelbar. Wir können viel Energie darauf verwenden und Stundenprotokolle genau kontrollieren. Wir können aber auch ergebnisorientiert arbeiten. Faktisch wissen wir in unserem Unternehmen nicht, wann und wie viele Stunden ein Entwickler arbeitet. Es werden keine Stundenprotokolle geschrieben. Natürlich gibt es einen Teamleader, der unser Büro vor Ort leitet. Aber auch dort herrscht keine Anwesenheitspflicht. Da ich selbst auf der Insel Mallorca wohne, bin ich es gewohnt, dass Videokonferenzen und Zeitunterschiede meinen Alltag prägen.

Faktisch ist es unmöglich zu kontrollieren, was jeder der gegenwärtig 45 Teammitglieder treibt. Aber wissen Sie was? Es interessiert mich auch nicht! Der Output ist für uns entscheidend. Wir alle verfolgen das gleiche Ziel, wir haben eine Mission. Unser Team weiß, dass es mehr als fair bezahlt wird und wir die Löhne von uns aus – ohne langwierige Verhandlungen – stets nach oben, dem Marktwert entsprechend, anpassen.

Es ist wichtig, dass Sie eine ausgeprägte Fehlerkultur zulassen. Da ist sie wieder, die grüne Banane. Wir streben nicht nach Perfektion, sondern nach ständiger Verbesserung. Natürlich wird manchmal ein Teammitglied scheitern, und Sie als Vorgesetzter könnten in dieser Situation versucht sein, ihm genau dies unter die Nase zu reiben: »Ich habe es Ihnen …« Doch damit untergraben Sie das, was Sie möchten: eigenständige Innovation!

Ein weiterer Punkt: Sicherlich kennen Sie (zumindest vom Hörensagen) die Walmart-Supermärkte. Dort wurden die Mitarbeiter jahrzehntelang dazu ermuntert, sich als Teil der »Walmart-Familie« zu sehen. Man vermittelte Ihnen, wie sie Kunden begrüßen sollten. Jede Person sollte so willkommen geheißen werden, als sei sie Gast in den eigenen vier Wänden. Daran ist nichts falsch, aber ist »Familie« wirklich der richtige Weg für ein effizientes Unternehmen?

In Familien sind wir nachsichtig miteinander und tolerieren Eigenarten, weil wir langfristig füreinander einstehen. Wenn ein Familienmitglied sich nicht erwartungsgemäß verhält, wird man versuchen, sich damit zu arrangieren. Wir müssen schließlich miteinander auskommen und unseren Zusammenhalt sicherstellen. Es bleibt scheinbar gar nichts anderes übrig, denn wir sind aufeinander angewiesen. Das macht doch eine Familie erst aus, oder?

Ich war lange Jahre ebenfalls dieser Ansicht, musste dann aber diesen »Familiensinn« überdenken. Heute bin ich der Meinung, dass dieser Ansatz nicht ideal ist. Wir möchten in unserem Team stets jene Menschen vereinen, die an die Mission des Unternehmens glauben und dafür auch die notwendige Kompetenz und Leistungsbereitschaft mitbringen und einbringen.

Nach der Denkweise der alten Schule ging es früher um Folgendes: Sie hatten einen »sicheren Job«, arbeiteten sich in puncto Stellung und Gehalt nach oben und blieben bis zur Rente im selben Unternehmen. Doch was ich vom Rentensystem halte, wissen Sie bereits aus Kapitel 1. Daher ist es nur konsequent, dass es diese »permanente Sicherheit« nicht geben kann.

Das Leben ist kein Ponyhof, und Ihr zukünftiges Unternehmen erst recht nicht, wenn Sie überleben wollen. Ein Teammitglied steht in der Verantwortung, seinen Job zu machen. Und zwar so gut, in der ihm zugewiesenen Funktion oder dem ihm zugewiesenen Projekt, dass es das Unternehmen stetig voranbringt. Sie benötigen Spitzenleistung, für das Geld, das Sie zahlen. Ein Mitarbeiter, der »sein Bestes« gibt und dessen Bestes leider nicht das ist, was Sie sich darunter vorgestellt haben oder was Sie dringend benötigen, ist fehl am Platz.

Das mag auf individueller Basis unbarmherzig klingen, »ungerecht«, »wie kann man nur«, aber schauen Sie sich die Alternative an: Wenn Sie unfähige oder unwillige Mitarbeiter nicht austauschen, ziehen Sie das ganze Unternehmen in den Abgrund. ALLE Mitarbeiter verlieren dann Ihren Job, nicht nur einer. Und Sie dürfen sich als vorerst gescheitert betrachten.

Diese Logik macht auch nicht vor Ihnen selbst halt: Wenn Sie erfolgreich sind, ein Unternehmen aufbauen, und eines Tages nicht mehr willens oder in der Lage sind, an vorderster Front zu stehen, dann müssen Sie den Stab an jemanden übergeben, der genau das ist: willens und in der Lage, das Unternehmen in die Zukunft zu führen. Sie ziehen weiter, ob an den Strand oder in den Aufsichtsrat bleibt Ihnen überlassen.

Wenn Sie mir zustimmen, verstehen Sie sicher auch, dass die »idyllische Familie« kein gutes Sinnbild für eine Unternehmens- und Teamkultur sein kann. Ich folge hier der Netflix-Kultur, diese betrachtet die Belegschaft vielmehr als Profi-Sportmannschaft. In einer guten Mannschaft funktionieren Zusammenarbeit und Vertrauen, weil die Spieler sowohl ihr außergewöhnliches individuelles Können einbringen als auch gut im Verbund zusammenarbeiten. Die überragende Qualifikation eines Einzelnen reicht nicht aus. Vielmehr muss dieser selbstlos sein und das Team über sein eigenes Ego stellen. Da Sie Teil dieses Teams sein wollen, gilt dies auch für Sie. Sie müssen wissen, wann es an der Zeit ist, den Ball abzuspielen, Sie müssen im richtigen Moment zusammenarbeiten. Genau diese Kultur strebt Netflix an, und auch wir folgen ihr bei uns. Wenn wir die Meisterschaft gewinnen wollen, brauchen wir auf jeder Position einen verlässlichen Spieler, sozusagen den Besten auf dieser Position!

Als ich noch in Deutschland war, vertraten wir die (vermeintlich offensichtliche) Logik, dass wir ein Teammitglied nur nach einem wirklich ernsten Fehltritt entlassen. Warum sonst sollte man einen (freien) Mitarbeiter vor die Tür setzen? Heute denke ich, diese weitverbreitete Herangehensweise ist tückisch. Wir möchten herausragende Leistungen, und im übertragenen Sinne trainieren wir jeden Tag für Olympia. Sie wissen bereits, dass mein Anspruch darin besteht, sich jeden Tag zu verbessern. So gesehen sind Sie als Firmenlenker der Trainer Ihrer Mannschaft, und Sie müssen sich nötigenfalls von Spielern trennen, die nur »Mitläufer« sind. Denn es geht darum, das Leistungsniveau des Teams in Summe zu verbessern, um aus einer guten eine herausragende Mannschaft zu machen. Jeder, der Teil unseres Teams ist, gibt täglich sein Bestes, weil er sich seinen Platz im Unternehmen erhalten möchte.

Menschen, denen ein sicherer Arbeitsplatz wichtiger ist, als Meisterschaften zu gewinnen, sind nicht die Richtigen für uns. Und womöglich werden Sie mit einem solchen Mindset auch nicht wirklich als selbstständiger Unternehmer erfolgreich sein. Sie tragen die Verantwortung. Darum haben Sie ein Recht auf das beste Resultat Ihres Teams. Wenn Ihnen die Verantwortung zu hoch erscheint, bleiben Sie besser in Ihrem »sicheren Job« und steuern Sie auf den maroden Hafen der Staatsrente zu.

Wir entwickeln enge Beziehungen und kümmern uns gegenseitig um den anderen. Als einer unserer Teamleiter in über 8649 Kilometern Entfernung krank wurde, haben wir keine Kosten und Mühen gescheut, um ihm die beste medizinische Lösung zu bieten. Wir haben nur in Europa erhältliche Medikamente bis ins Empfängerland transportieren lassen. Die Kosten oder Umstände standen nicht zur Debatte. Es ging allein darum, füreinander einzustehen.

Sie sollten sich daher die Frage stellen, was wäre, wenn eine Person aus Ihrem Team morgen kündigen möchte. Würden Sie diese umstimmen? Oder wäre es eine Erleichterung, ein Grund zum Aufatmen? Wenn Letzteres zutrifft, bieten Sie demjenigen eine Abfindung an und suchen Sie sich einen Ersatz, der besser in Ihre Mannschaft passt.

Lassen Sie uns noch einen kleinen Augenblick im Sportjargon bleiben. Diese Herangehensweise ist also mit dem Anspruch einer Profi-Sportmannschaft vergleichbar und weniger mit einer Familie. Auch wenn es dort auch hin und wieder kein Fehler wäre, »reinen Tisch« zu machen, können Sie dies verständlicherweise nicht uneingeschränkt tun. Darum gefällt mir heute, nach reichlichem Reflektieren, das Walmart-Beispiel der idyllischen Familie, in der sich »alle lieb haben«, nicht mehr. Es entspricht einfach nicht meiner erlebten Praxis. Womöglich sehen Sie es ja auch völlig anders. Ich will Ihnen meine Sichtweise nicht aufdrängen, aber ich stehe damit nicht allein, das kann ich Ihnen versichern.

Es gibt meines Erachtens aber doch einen wichtigen, wenn nicht sogar entscheidenden Unterschied zum Profisport. Unser »Sport« wird nicht nach festen Regeln gespielt, und die Zahl der Spieler ist zudem nicht begrenzt! Wir sind uns bewusst, bei uns muss niemand verlieren, auch nicht seinen Job, damit ein anderer gewinnen kann. Ganz im Gegenteil, je mehr erstklassige Teamspieler wir erhalten, umso mehr erreichen wir. Wenn sich jeder unserer Spitzenkräfte zudem täglich steigert, ist dies mehr als nur ein Wettbewerbsvorteil! Es ist wie eine never-ending Story, denn nach diesem Ansatz können wir konstant wachsen. Und wenn wir das schaffen, können wir noch mehr Spitzenpositionen ermöglichen und unser Team weiter vergrößern.

Wenn Ihr Team immer weiter wächst, müssen Sie meiner Erfahrung nach lernen zu vertrauen und loszulassen. Wir haben unsere Kontrollmechanismen wie gesagt auf ein absolutes Minimum beschränkt. Einige Beispiele hatte ich Ihnen bereits geliefert. Auch wissen Sie, dass mir der Gedanke »Führen durch Kontext« extrem gut gefällt.

Damit Sie sich ein Bild von dieser Aussage machen können, stelle ich Ihnen ein Beispiel vor. Im Rahmen der Corona-Restriktionen hatten auch bei uns in Spanien die Gastronomiebetriebe zeitweise geschlossen. So erging es auch unserem Stammrestaurant in unserer Straße. Da wir mit dem Eigentümer sehr gut bekannt sind, fragten wir ihn kurzerhand, ob er uns für eine Woche seinen Koch ausleihen würde. Wir hatten unseren Videografen aus Deutschland für sieben Tage zu Besuch, da wir gerade neue Videos für unser Aus- und Weiterbildungsportal DropCampus® produzierten.

Die Idee war nun, dass der Koch jeden Abend ein gelungenes Abendessen zaubern sollte. Im Vorfeld haben wir die verschiedenen Ernährungsbedürfnisse im Team besprochen. Wir erklärtem dem Koch unsere Anforderungen an ein kohlenhydratarmes Essen und informierten ihn zudem über Besonderheiten wie Laktose- und Glutenunverträglichkeiten. Wir sagten ihm auch, dass wir gerne eine Paella essen wollten, aber Fisch (der normalerweise dazugehört) nicht infrage käme. Darüber hinaus hatte er aber freie Hand. Er konnte die Rezepte bestimmen und ging auf den Wochenmarkt, um die benötigten Zutaten und Ersatzprodukte zu besorgen. Das war Führung durch Kontext in Reinform. Wir hatten ihm gewissermaßen die »Leitplanken« gesetzt, er konnte sich aber in diesem Rahmen völlig frei entfalten und alles ausprobieren. Das Resultat war absolut gelungen, dieses Foto von unserer »alternativen Paella« möchte ich Ihnen nicht vorenthalten ☺.

Auch wenn das Ergebnis für sich spricht, blieb zunächst ein Risiko. Denn natürlich hätte unser Koch an dieser Aufgabe scheitern können. Doch wir waren von seinem Können überzeugt und ließen ihn gewähren. Als Alternative hätten wir zwangsweise alle Zutaten selbst recherchiert und wären womöglich auch einkaufen gegangen oder hätten ihn zumindest begleitet.

Natürlich kann man alles vordefinieren, doch damit untergräbt man Innovation. Denn wenn Sie alles »wie schon immer« machen, kommen Sie, wie in unserem Beispiel, nicht in den Genuss eines innovativen Abendessens. Und selbst wenn nicht alles perfekt gelaufen wäre, hätte man daraus tolle Erfahrungen für die Zukunft ableiten können. Ich bin überzeugt, dass Ihr Team leistungsfähiger sein wird, wenn Sie ihm die Freiheit zugestehen, sich zu entfalten.

Es mag sein, dass Sie um jeden Preis Fehler vermeiden müssen, dann ist Kontrolle die bessere Lösung. Kontrollmechanismen sind unverzichtbar, wenn erhebliche Gefahren drohen. Aber wann bzw. besser wie oft kommt dies in einer Dropshipping-Welt wirklich vor? Ich denke, Sie als Dropshipper fahren mit Innovationen als vorrangigem Ziel besser. Und wenn Kreativität und Innovation die Anker Ihres Handelns sind, ist Führung durch Kontext der richtige Ansatz. Checklisten sind sicherlich wichtig, wenn es darum geht, wirklich nichts zu vergessen. Und natürlich können Sie Ihr Produkt auch planen bis zum Siedepunkt. Aber erinnern Sie sich daran: Bananen werden grün geerntet. Oder um es mit den Worten von Reid Hoffman zu sagen: »Wenn dir die erste Version deines Produktes nicht peinlich ist, hast du es zu spät auf den Markt gebracht!«

Setzen Sie den Rahmen, vertrauen Sie darauf, dass Ihr Team und das Kunden-Feedback dafür sorgen, dass Ihr Unternehmen und Ihr Produkt sich täglich verbessern! Denken Sie immer daran, wenn Innovation im Mittelpunkt stehen soll, muss Ihr Regelkatalog so dünn wie möglich sein. Urlaubsboni, Reisekosten- und Ausgabenrichtlinien bedingen eine Verflechtung von unüberschaubarer Komplexität. Genehmigungsverfahren und vorgelagerte Entscheidungsträger jeglicher Art lähmen Sie. Und auch rechtlich komplexe Einstellungs- und Entlassungsverfahren erschweren es, Mitarbeiter, die nicht mehr wirklich im Team sind, schnell auszutauschen.

Haben Sie schon mal von »Pay to quit« gehört? Persönlich finde ich diesen Ansatz durchaus funktionabel. Ersonnen haben ihn clevere Leute im Unternehmen Zappos (inzwischen zu Amazon gehörend). Über Zappos habe ich bereits berichtet, da mich dessen Startphase, die eng mit Dropshipping verbunden war, wirklich inspiriert hat. Den besagten Ansatz haben zwischenzeitlich auch die Amazon-Logistikzentren aufgegriffen. Das Prinzip dahinter ist einfach: Einmal im Jahr bieten die Unternehmen ihren Mitarbeitern Geld, damit diese kündigen! Ja, Sie haben richtig gelesen. Konkret läuft dies so: Im ersten Jahr liegt das Angebot bei 2000 Dollar. Danach wird es jährlich um 1000 Dollar erhöht, bis zur Obergrenze in Höhe von 5000 Dollar. Das Angebot steht unter der Überschrift: »Bitte nehmen Sie dieses Angebot nicht an.« Die Unternehmen hoffen, dass die Mitarbeiter bleiben. Der Sinn dieses Ansatzes ist, dass sich die Teammitglieder darüber im Klaren sein sollen, was sie wirklich möchten.

Wir haben dies auf unsere Entwicklungsabteilung übertragen, und ich hatte erst Angst vor diesem Schritt. Insbesondere weil ein großer Teil unseres Teams in Ländern fernab der europäischen Normen agiert. Wir haben das Konzept 1:1 auf Euro (anstatt Dollar) angewandt und entsprechend in die Landeswährung der Belegschaft transferiert. In Summe wurde diese »Frage« in den vergangenen zwei Jahren rund 30 Teammitgliedern gestellt. Wir hatten nur einen einzigen Aussteiger. Ich bin unheimlich gespannt, wie sich die kommenden drei Jahre entwickeln, erhöht sich die »Abfindung« ja bekanntlich um 1000 Euro für jedes weitere Jahr. Wir werden sehen. Doch mein Bauchgefühl sagt mir, 99 Prozent werden uns weiterhin treu bleiben!

Wir sind uns dessen bewusst, wir sind keine Familie, sondern ein Team, das jeden Tag für Olympia trainiert. Ich hoffe, so halten Sie es auch (bald). Darum zahlen Sie stets am oberen Ende der Gehaltsklasse und entlasten Sie Ihr Team von Ablenkungen. Bewahren Sie sich den Vorteil des Streckenhandels, sprich die Tatsache, dass Sie von Natur aus flexibel sind. Sie benötigen keine festen Firmengebäude oder festen Mitarbeiter, weil auch freie Kräfte genügen. Sie brauchen weder Lagerhallen noch eine Investition in den Produkteinkauf. Investieren Sie lieber in vertrauensvolle Lieferantenbeziehungen und verbessern Sie somit die Auswahl für Ihre Kunden. Behalten Sie im Hinterkopf, dass Sie im Zweifel lieber ein MVP (**Minimum Viable Product**) auf die Straße bringen, als sich im Sumpf der Detailverliebtheit zu verfangen. Sie müssen keine Millionen Medikamente oder Zehntausende identische Automobile fehlerfrei am Fließband erzeugen.

Aus diesem Grund können Sie es sich erlauben, alles ein wenig freigeistig anzugehen. Wir haben glücklicherweise das Industriezeitalter hinter uns gelassen und nutzen die Möglichkeiten der Skalierung unseres modernen Informationszeitalters. Wählen Sie Regeln und Prozesse, wenn Perfektion wirklich erforderlich ist. Dass Sie diese nicht erreichen werden und auch nicht erreichen müssen, habe ich ja bereits erläutert.

Werden Sie sich folgender Tatsache bewusst: Als Dropshipper arbeiten Sie in der Kreativwirtschaft. Um zu gewinnen, kommt es auf Geschwindigkeit und Flexibilität an. Auch wir richten unsere Entwicklung vollständig auf unsere Kunden aus. Diese entscheiden, welche Funktion oder welches Feature als Nächstes veröffentlicht wird. Diese radikale Flexibilität entlastet auch mich persönlich. Denn den Rahmen (den Kontext) geben unsere Kunden aufgrund ihres Feedbacks vor. Unsere Entwickler folgen diesem Ansatz, ohne dass ich alle Arbeiten genau aufschlüsseln und planen muss. In vielen Fällen arbeiten unsere Entwickler auch direkt mit dem Endnutzer zusammen. Warum sollten wir hier eine Kommunikationsblockade einführen? Wir arbeiten transparent und konsequent an der bestmöglichen Kundenerfahrung. Dies bietet Ihnen, davon bin ich überzeugt, kein anderes Shop- oder ERP-System. Dass Feedback wichtig ist, habe ich Ihnen bereits im Kapitel über Launch-Vorbereitung mitgeteilt. Nun wissen Sie zusätzlich, wie dieses Feedback direkt mit Ihrem Team verbunden werden kann, um eine smarte Wachstumskultur zu implementieren.

Wichtig ist zu erkennen: Sie müssen keine Angst vor Feedback haben. Auch dann nicht, wenn ein Kunde eines Ihrer Produkte öffentlich negativ bewertet. Nehmen Sie sich ein Vorbild an Amazon. Ein Investor sagte einmal zu Bezos, er vergäße wohl, dass Amazon nur Geld verdiene, indem es Produkte verkaufen würde. Und negative Bewertungen würden daher dem Geschäft schaden. Darauf erwiderte Jeff sinngemäß: »Nein, wir verdienen kein Geld, indem wir Produkte verkaufen, wir verdienen Geld, indem wir den Kunden bei ihren Entscheidungen helfen.«

Fürchten Sie sich darum nicht vor Feedback. Helfen Sie auch Ihren Kunden und Ihrem Team, auf der Grundlage ehrlicher Feedbacks die richtigen Entscheidungen zu treffen. Überlegen Sie sich, wie Sie Ihr Unternehmen orchestrieren. Machen Sie es wie Netflix und trennen Sie sich vom Dirigenten und von der Partitur. Erschaffen Sie stattdessen eine Jazzband. Denn beim Jazz steht die individuelle Spontaneität im Mittelpunkt. Die Musiker kennen die übergeordnete Stimmkultur des Songs, den Kontext, haben aber dennoch die Freiheit zu improvisieren, Riffs zu spielen und somit unglaublich einzigartige Musik zu schaffen.

Übrigens: Wenn der Shop oder die Plattform erst einmal steht, bedeutet eine Umsatzverdoppelung eben nicht eine Verdoppelung Ihrer Kosten. Ob Sie online 40 oder 400 Produkte verkaufen, wird Ihre Internet- und Personalkosten eher nicht in die Höhe treiben. Das nennt man ein »skalierbares Geschäftsmodell«.

Wenn wir von Mitarbeitern reden, von einem Team, dem Sie vorstehen, dann zählt das, was ich weiter oben schon betont habe: Ein positives Mindset ist die halbe Miete, manchmal die ganze. Wer positiv denkt und mit sich selbst im Reinen ist, kann diese positiven »Vibes« auch an seine Mitarbeiter, an Freelancer und sein Team insgesamt weitergeben. Nutzen Sie Ihre Energie und beeinflussen Sie Ihr Team, glücklicher, motivierter und erfolgreicher zu werden. Ein zufriedenes Team arbeitet besser, effizienter und trägt somit maßgeblich zu Ihrem Erfolg bei.

Das gilt nicht nur für Mitarbeiter im engeren Sinne. Gehen Sie Kooperationen und Partnerschaften mit Gleichgesinnten ein. Lernen Sie voneinander und lassen Sie sich von Freunden, Kollegen und Mentoren inspirieren. Schätzen Sie die Tatsache, dass Sie mit gesammeltem Wissen zu kollektiver Höchstform auflaufen. Bilden Sie Arbeitsgruppen mit anderen Unternehmern und besuchen Sie Workshops und sogenannte Mastermind-Gruppen. Eröffnen Sie sich Perspektiven und Horizonte, die anderen verschlossen bleiben – Sie werden begeistert sein von den neuen Möglichkeiten und von der plötzlichen Kreativität, die aus diesen Symbiosen entstehen.

Der Fokus auf eine Ausrichtung, mit der Sie Ihr Dropshipping-Business expandieren, OHNE in ein neues Hamsterrad zu geraten, ist wichtig! Denn es geht am Ende nicht nur darum, ob der Arbeitstag produktiv war. In unserem Modell geht es auch um die Freiheit, die Ihnen Dropshipping bietet. Und diese Freiheit werden Sie nur erreichen, wenn Sie hilfreiche Routinen und unterstützende Hände in Ihrem Business-Alltag zulassen.

Der ultimative Umsatzbringer: Die Fan Base

Mir ist bewusst, dass es manchmal schwer sein kann, konkrete Ziele zu visualisieren. Sollte das auch auf Sie zutreffen, dann erinnern Sie sich an die rund 90 Tage Vorbereitungszeit. In dieser Zeit sollte es Ihnen möglich gewesen sein, mindestens 150 Interessenten für Ihren Launch »einzusammeln«. Wenn Sie dieses Ziel erreicht haben, dann machen Sie sich klar: Der erste wichtige Meilenstein ist erreicht. Wenn Sie 150 Adressen von potenziellen Kunden gesammelt haben, dann wissen Sie: Es geht!

Machen Sie genauso weiter und setzen Sie sich weitere Ziele, weitere Meilensteine. Ich hatte mir in genau dieser Situation die Zahl 1000 notiert. Mein Ziel bestand darin, 1000 Bestandskunden aufzubauen. Ich rede von echten Bestandskunden, die wieder und wieder bei Ihnen einkaufen, womöglich auch Ihre Produkte im Abo beziehen. Zudem Freunden von Ihren aufregenden Produkten berichten (Stichwort: Partnerprogramm).

Was halten Sie von folgendem Gedanken? Um seinen Lebensunterhalt als Handwerker, Fotograf, Musiker, Designer, Autor, Trickfilmer, App-Produzent, Erfinder oder Dropshipper gesichert zu verdienen, braucht man nur 1000 echte Fans – manchmal, wie bei einem Handwerksbetrieb, auch nur ein paar Hundert treue Kunden oder weniger. Zugegeben, diese Idee der 1000 treuen Fans ist nicht wirklich von mir. Vielmehr wurde sie bereits 2008 von dem weltbekannten Zukunftsforscher und Autor Kevin Kelly beschrieben.

Demnach ist ein echter Fan wie folgt definiert: Dieser Fan kauft alles von Ihnen. Um es authentisch zu machen, sagen wir jedes Launch-Produkt. Diese eingefleischten Fans werden 1200 Kilometer fliegen (Sie wissen ja, ich wohne auf einer Insel, in Spanien ...), um an einem Workshop teilzunehmen. Solche Fans werden, in meinem Fall, die gebundenen Versionen meines Buches kaufen. Sie werden zudem den Podcast hören. Und wenn es vom Workshop eine Best-of-DVD-Version mit dem gesamten kostenlosen YouTube-Inhalt gibt, werden Sie auch dafür bezahlen. Ich habe solche Fans, und ich mag sie wirklich! Ich versuche alles, um ihnen das zu geben, was sie brauchen und wollen. Ohne treue Kunden wie diese kann kein Geschäft auf Dauer existieren.

Mir hat dieser Gedanke gefallen. EU-Dropshipping verstand ich schon immer als nachhaltiges Geschäftsmodell. Keine »Winning-Trend-Produkte«. Ich nehme bewusst den Umweg, um an echte, verwertbare Kundenkontakte zu gelangen. Ich gebe mich nicht mit dem Output der Marktplätze zufrieden (Stichwort Adress-Anonymisierung ...). Ich widerstehe zudem dem »Schnell reich werden«-Trugschluss, denn es ist auch unter diesem Gesichtspunkt nicht zielführend, eine Handvoll Artikel auf Marktplätze zu werfen und auf den schnellen Abverkauf zu warten.

Es geht mir – und das wissen Sie inzwischen auch – um nachhaltiges Unternehmertum. Dropshipping hat viele Gesichter und bietet viele Möglichkeiten. Finanzielle Freiheit mit Dropshipping erreichen Sie möglicherweise auch auf anderen Wegen wie den von mir vorgestellten. Ich erhebe keinen Anspruch darauf, dass mein System das einzig wahre ist. Alles, was ich sage, ist: Mein System funktioniert! Auch Ihre eigenen Ziele oder Meilensteine können durchaus von meinen abweichen. Größer, kleiner, anders. Dennoch erlaube ich mir darauf hinzuweisen, dass Sie mit 1000 Fans im Sinne von wiederkehrenden Kunden ein echtes nachhaltiges Unternehmen schaffen. Dabei spielt die gewählte Branche bzw. Nische keine Rolle. Es ist egal, ob Sie Ihr Business in Deutschland starten, in Österreich oder von Spanien aus.

Zunächst müssen Sie so viele Produkte launchen, dass Sie von jedem echten Fan durchschnittlich 100 Euro Gewinn pro Jahr einfahren können (Gewinn, nicht Umsatz!). Sie kennen inzwischen einige Dropfunnel-Ergebnisse und können grundsätzliche Tendenzen erkennen: Das ist möglich! Zweitens müssen Sie eine direkte Beziehung zu Ihren Super-Fans aufbauen und halten. In Zeiten von Social Media geht das leichter, aber auch Live-Events sind ein guter Nährboden. Veranstalten Sie Exklusives für diese Kunden- bzw. Fangruppe. Wenn Sie jährlich die vollen 100 Euro Gewinn von jedem echten Fan mitnehmen, dann brauchen Sie nur 1000 von diesen, um 100 000 Euro pro Jahr zu verdienen. Zum Vergleich: »Im Jahr 2019 betrug das Durchschnittsgehalt in Deutschland für vollzeitbeschäftigte Fach- und Führungskräfte pro Monat 4898 Euro brutto. Das entspricht einem Jahresgehalt von rund 58 785 Euro.«[58] Mit anderen Worten: 1000 Super-Fans bringen Ihnen fast das Doppelte eines Durchschnittsgehalts in Deutschland. Wohlgemerkt eines Durchschnittsgehalts für Fach- und Führungskräfte. Wenn Sie derzeit 3000 Euro brutto verdienen, dann reden wir vom Dreifachen. Glauben Sie mir jetzt, dass Sie damit Ihren Lebensunterhalt gut bestreiten können?

Wir könnten auch sagen, 1000 treue Fans in diesem Sinne sind fast schon die Garantie für ein unabhängiges Leben. Sie können mit dem daraus resultierenden Geldfluss nicht nur Ihre monatlichen Fixkosten bezahlen. Sie haben dadurch auch die Planungssicherheit, dass Sie Rücklagen bilden können (man denke nur an die unvorhergesehene Corona-Pandemie) und wie eingangs (Kapitel 1) skizziert, in eine Holding-Struktur investieren können. Sie arbeiten dann nicht mehr in einem Unternehmen – weder für einen Arbeitgeber noch zwingend in Ihrem eigenen. Am Ende können Sie Ihr operatives Tagesgeschäft verlassen (da Sie einen Geschäftsführer eingestellt haben, Inhaber bleiben Sie unverändert) und Ihr Vermögen gewinnbringend reinvestieren (beispielsweise in andere Firmenbeteiligungen). Und genau an dieser Stelle beginnt ein neuer Meilenstein, ein neues Kapitel in Ihrem (beruflichen) Leben.

Sie können Dropshipping auch einfach als Zubrot betrachten, auch darüber habe ich schon geschrieben. Eine »Gehaltserhöhung« durch ein zweites Standbein mit Dropshipping ist ebenfalls möglich.

So oder so: Bauen Sie eine Fan Base mit 1000 Kunden auf, die bei Ihnen den kompletten Dropfunnel »durchbestellen« (und im Idealfall am Ende in Ihrem Abo-Produkt landen). Das ist ein greifbares, ein machbares Ziel. Verfolgen Sie es!

Erfolge

... müssen gefeiert werden. Sie haben es verdient. Auch wenn der Weg das Ziel sein sollte. Wenn Sie Ihren ersten Verkauf erzielen, dann fühlt sich dies einfach großartig an. In Dropmatix® können Sie beispielsweise individuelle Umsatzziele, Verkaufsmengen-Ziele oder die geplante Anzahl der Bestandskunden definieren. Sobald ein solches Ziel erreicht wurde, regnet es virtuelles Konfetti.

Machen Sie sich bewusst, dass Sie Ihren inneren Schweinehund überwunden haben und den Mut aufgebracht haben, die berufliche Veränderung zum Dropshipper zu wagen. Belohnen Sie sich und feiern Sie jeden Erfolg!

Erfüllen Sie sich zum Beispiel einen Wunsch, den Sie bereits länger hegen oder gönnen Sie sich einen Entspannungstag. Auch ein schönes Abendessen im Lieblingsrestaurant, eine gute Flasche Wein oder Champagner oder ein toller Wochenendausflug können kleine Erfolge gebührend unterstützen. Zelebrieren Sie Ihren Mut auf jeden Fall mit Ihren Liebsten und feiern Sie mit dem Partner, der Familie oder mit Freunden zusammen. Denn geteilte Freude ist doppelte Freude!

Wagen Sie den Blick in Ihren eigenen Erfolgsspiegel. Ich gehe im Folgenden mit gutem Beispiel voran: Es war Ende 2018 im Dezember, die Familie war zu Besuch auf der Insel. Dann kam die Bestätigung. Ich war (und bin noch immer) bundesweit der erste Sachverständige für Dropshipping.[59]

Es war ein riesiger Meilenstein meiner Karriere. Und ein Gefühl der Zufriedenheit, wenn auch nicht lange, denn das nächste Projekt wartete bereits auf seinen Abschluss. Über eine Million Views bei YouTube, in einer Nische wie EU-Dropshipping, ist gewiss auch beachtenswert. Heute gehen wir bereits auf die zwei Millionen zu. Auch dieses Mal wird gefeiert.

Wenn Sie denn mögen, so wartet die Mission Dropshipping täglich aufs Neue. Es gibt immer etwas zu tun. Während ich diese abschließenden Zeilen schreibe, wartet schon der nächste Podcast auf mich.

Unsere neue Entwicklungsabteilung hat Projekt-Meilensteine für die nächsten sechs Jahre sicher. Was sagt uns das? Dropshipping ist ein Erfolgsmodell! Aber egal wie erfolgreich Sie auch mit Dropshipping sein mögen, am Ende geht es immer größer und noch besser. Glauben Sie mir, es ist gut, sich immer wieder daran zu erinnern, dass Leistung subjektiv ist und von Ihnen allein definiert wird. Erfolg, das sind gemachte Schritte. Nichts anderes. Deshalb: Belohnen Sie sich auch für die kleinen Schritt-Erfolge!

Geduldig experimentieren

Ich möchte dieses Buch mit einer Überzeugung abschließen. Ich bin davon überzeugt, dass es etwas ganz anderes ist, wenn Sie selbst etwas herausfinden, als wenn Sie von jemand anderem die Lösung erhalten. Es hat eine tiefere Bedeutung, und es gibt keine Diskussion darüber, ob die andere Person recht hat oder nicht. Es ist IHRE Lösung! Dieses Buch lädt Sie genau hierzu ein. Führen Sie geduldig Ihre eigenen Experimente durch. Wenn Sie beim nächsten Mal in eine ähnliche Situation kommen, werden Sie sich viel leichter an Ihre eigenen Erfahrungen, Ihre eigenen Lösungswege erinnern.

Positiv ist außerdem, dass Sie auf diese Weise trainieren, selbst Lösungen zu finden. Aus diesem Grund habe ich weder als Mentor noch als Vorgesetzter unseres Teams vorgefertigte »Lösungen« oder Checklisten oder Mitschriften noch Gesprächsleitfäden. Ich orientiere mich in diesem Zusammenhang auch gerne an Steve Jobs. Wenn eine Idee oder ein Vorschlag als »unmöglich umsetzbar« bezeichnet wurde, wandte Jobs einen Trick an, den er von einem Guru in Indien adaptiert hatte. Er blickte die betreffende Person bzw. das Team ohne zu blinzeln an und sagte: »Fürchtet euch nicht. Ihr schafft das.« In aller Regel funktionierte dies. Er trieb damit seine Mitmenschen an ihre Grenzen und den einen oder anderen vielleicht auch an den Rand des Wahnsinns, aber auch zu Leistungen, die sie selbst nie für möglich gehalten hätten.

Ich bin dankbar dafür, dass ich einige sehr genaue Vorstellungen davon habe, was ich im Leben erreichten möchte. Dropshipping ist für mich die Säule, die alles verbindet. Ich bin davon überzeugt, dass die besten Entscheidungen sowohl im Geschäfts- als auch im Privatleben mit meinem Herzen und meiner Intuition getroffen wurden. Man könnte auch sagen, aus dem Bauch heraus, nicht aufgrund irgendwelcher Analysen.

Sofern man eine Entscheidung analytisch begründet treffen kann, sollte man das tun. Aber für mich hat sich gezeigt, dass meine wichtigsten Lebensentscheidungen aufgrund von Instinkt, Intuition, Leidenschaft und mit meinem Herzen getroffen wurden.

Vor einigen Jahren zählte überschwängliche Geduld nicht zu meinen Stärken. In den letzten Jahren musste ich mich in Geduld üben. Ich musste die Erfahrung machen, dass ich gewisse Dinge nicht beschleunigen kann. Es gibt Dinge in der Welt, die fernab von meinem Wirkungskreis liegen. Ich fühle mich heute verbunden mit Jeff Bezos. Auf seiner Ranch in Texas hat er den Bau einer Tausend-Jahre-Uhr begonnen. Dieser exklusiv erstellte Chronometer verfügt über einen Jahrhundertzeiger, der sich alle eintausend Jahre mit einem Kuckucksruf meldet. Dies hat Symbolwert, denn es geht hier um langfristiges Denken!

Die Idee, etwas für die Nachwelt zu erschaffen, begeistert mich. Dropshipping ist dazu ein Vehikel, mein Vehikel, und womöglich ab sofort auch das Ihrige. Ich möchte geduldig experimentieren, akzeptieren zu scheitern und immer wieder unaufhörlich neue Samen pflanzen, Setzlinge beschützen und den Einsatz erhöhen, wenn Kunden begeistert sind. Überlegen Sie einen Augenblick. Sehen Sie, dass Launchs eine tolle Möglichkeit sind, dieses Schwungrad immer wieder von Neuem, schneller und schneller zu drehen? Mit jedem Zyklus werden wir besser, und lernen neue Fähigkeiten.

Ich betrachte mich selbst nicht als Pionier, denke aber, dass ich wohl hier und da, punktuell, doch einer bin. Ich habe die Erfahrung gemacht, dass mein Team und ich in der Welt des Dropshipping immer wieder Innovationen auf den Weg bringen, die mit einem Vorsprung von zwei Jahren gleichzusetzen sind. Unser Kompass waren nicht zuletzt unsere Kunden und die Community im Allgemeinen. Meine Leser, Hörer, Zuschauer haben mir oft den Weg gewiesen. Dafür bin ich dankbar.

Ein letzter summarischer Rat: Ergreifen Sie die Initiative, erschaffen Sie Ihren Weg! Fokussieren Sie sich auf Ihr Team und Ihre Kunden, Ihre Fans. Sie wissen, mit nur 1000 Fans können Sie etwas ganz Großes bewerkstelligen. Was glauben Sie geht erst mit 10 000 oder 100 000 Fans?

Abschließend fallen mir die Worte von Franz von Assisi ein:

> »Tu erst das Notwendige, dann das Mögliche und plötzlich schaffst du das Unmögliche.«

Entdecken Sie die Gratis-Videos zum Buch!

Nutzen Sie den gratis Video-Content zu diesem Buch:

Sie können diesen kostenfreien, exklusiven Video-Content mit dem folgenden QR-Code abrufen. Verwenden Sie den Code **FBVEVC2020**, um den Inhalt kostenfrei zu erhalten!

Viel Erfolg in Ihrem neuen Leben!

DANKSAGUNG

Ein großes Dankeschön geht an meine zukünftige Frau Jasmin Hoffmann. Sie ist nicht nur eine unverzichtbare Stütze im Tagesgeschäft, sondern auch eine große Hilfe bei meinen Publikationen, konkret auch bei diesem Buch. Sehr viele Grafiken stammen aus ihrer Feder. Ein weiterer Dank geht an Sie, lieber Leser, an die Community und an jedes konstruktive Feedback, das mich bislang erreicht hat. Dieses Buch ist die Summe all dieser Einflüsse und Impulse. Es ist geprägt von 15 Jahren Praxiserfahrung und unzähligen Webshop-Projekten, Workshops und Lieferantenverhandlungen. Mein Dank gilt auch jedem, der sich für Dropshipping im Allgemeinen interessiert. Sei es als Zuschauer auf meinem YouTube-Kanal, auf dem ich bald die 2-Millionen-Zuschauer-Marke erreichen werde, oder über welchen Kanal auch immer. Ein längst überfälliger Dank gebührt außerdem meinem Redakteur Rainer Weber. Er ist weit über das hinausgegangen, was er hätte tun müssen. Der FinanzBuch Verlag hat es überhaupt erst möglich gemacht, dem Thema Dropshipping eine Chance auch in einem großen Verlag zu geben. Dafür möchte ich vor allem Georg Hodolitsch und Tobias Schudok danken. Ein weiterer Dank geht abschließend an Julien Backhaus, der mich ursprünglich dazu ermutigt hat, meine Erfahrungen in dem vorliegenden Buch zu teilen und mich an den FinanzBuch Verlag zu wenden. Vielen Dank!

ENDNOTEN

1 https://www.msn.com/de-de/finanzen/financephotos/rente-mit-67-30l%C3%A4nder-in-denen-die-menschen-am-l%C3%A4ngsten-arbeiten/ss-BBLU3Rx#image=2

2 https://wortfilter.de/News/news3009.html

3 https://www.xovi.de/wiki/Ebay_PowerSeller

4 https://www.handelskammerjournal.ch/de/deutsche-gmbh-oder-schweizer

5 https://www.it-recht-kanzlei.de/bescheinigung-22-ustg-marktplat.html

6 Ebd.

7 https://www.institutional-money.com/news/theorie/headline/was-sie-von-den-zehn-groessten-investmentgenies-der-welt-lernen-koennen-136394/newsseite/9/uebersichtseite/5/newsbild/9

8 https://wortfilter.de/wie-viele-produkte-gibt-es-auf-amazon

9 https://www.amazon.de/gp/vine/help

10 https://info4.zentrada-network.eu/denetwor4einkaufer

11 https://www.webspotting.de/e-commerce/abo-commerce-in-deutschland-marktueberblick-und-erfolgsfaktoren

12 https://buero-huegel.de/artikel/shopify-erfahrungsbericht-happy-coffee

13 https://www.onlinehaendler-news.de/e-commerce-trends/logistik/130158-alibaba-errichtet-riesiges-logistikzentrum-belgien

14 https://www.augsburger-allgemeine.de/wirtschaft/Metro-will-Real-Warenhaeuser-verkaufen-kommt-V-Markt-zum-Zug-id56161426.html

15 https://www.peta.de/elektrohalsband

16 https://www.omsag.de/online-marketing-blog/sea/google-shopping-ab-sofort-kostenlos-alles-was-sie-wissen-muessen/

17 https://www.sueddeutsche.de/wirtschaft/burger-vegan-gesund-1.4555794
https://www.handelsblatt.com/unternehmen/handel-konsumgueter/burger-patty-fleischfrei-beyond-burger-im-test-weder-gesund-noch-nachhaltig/26294278.html

18 https://www.ndr.de/ratgeber/verbraucher/Veggie-Burger-Gesunde-Hamburger-ohne-Fleisch,veggieburger108.html

19 https://veganmagazin.de/abo-2

20 https://wortfilter.de/online-lebensmittel-ebay-der-underdog

21 http://significantobjects.com/about
22 https://orange.handelsblatt.com/artikel/29081
23 https://www.manager-magazin.de/lifestyle/artikel/start-up-szene-new-work-arbeitswelt-ist-oft-eine-schoene-neue-scheinwelt-a-1264963-2.html
24 Russel Brunson: Traffic Secrets: The Underground Playbook for Filling Your Websites and Funnels with Your Dream Customers
25 https://www.factretriever.com/mcdonalds-food-facts
26 https://www.internetworld.de/e-commerce/online-marktplatz/bedeutung-marktplaetzen-online-handel-1207594.html
27 https://www.amazon-watchblog.de/unternehmen/1265-kampf-giganten-kunden-vertrauen-amazon-google.html
28 https://onlinemarketing.de/news/preisvergleichsportale-in-deutschland-2017-vergleich-wo-werben
29 https://fastwp.de/magazin/5-extrem-gefahrliche-schwachstellen-von-wordpress
30 https://vendidero.de/woocommerce-germanized
31 https://services.amazon.de/programme/online-verkaufen/so-funktionierts.html
32 https://www.shopanbieter.de/14810-amazon-experte-kelm-wer-werbung-schaltenmuss-um-auf-amazon-umsatz-zu-machen-muss-sich-erstmal-fragen-was-er-falschmacht?
33 https://www.wiwo.de/unternehmen/handel/kleinhaendler-auf-amazon-schliessung-ohne-vorwarnung/20231368-2.html
34 https://t3n.de/news/amazon-sperrt-zahlreiche-haendler-1182198
35 https://advertising.amazon.es/de-de/products/sponsored-brands
36 https://www.exali.de/Info-Base/ebay-shop
37 https://windowsunited.de/twitter-so-funktioniert-das-kostenpflichtige-abo/
38 https://www.linkedin.com/posts/sellwithkaufland_unsere-seller-api-verarbeitet-t%C3%A4glich-%C3%BCber-activity-6805855364324564992-mEHR
39 https://excitingcommerce.de/2020/07/01/breuninger-will-zum-marktplatz-fur-exklusive-partner-werden/
40 https://www.westwing.de/partner/
41 https://corporate.douglas.de/news/douglas-lanciert-marktplatz-mit-erstem-exklusivem-partner-programm-fuer-beauty-in-europa/
42 https://www.mytoys.de/c/shopping-plattform-2017.html
43 https://winfuture.de/news,121747.html#:~:text=Der%20Anstieg%20wurde%20demnach%20zwischen,von%2042%20Prozent%20gegen%C3%BCber%202019
44 https://about.fb.com/de/news/2020/05/einfuehrung-von-facebook-shops
45 https://www.it-recht-kanzlei.de/usa-anwendbares-recht.html
46 https://www.it-recht-kanzlei.de/usa-anwendbares-recht.html
47 https://keepa.com/#!manage

48 https://www.bigfm.de/news/27829/top-deal-oder-schein-schnaeppchen-vorsicht-bei-black-friday-angeboten

49 https://www.morgenpost.de/wirtschaft/article215802329/Black-Friday-2019-Wie-man-richtige-Rabatte-und-echte-Schnaeppchen-findet.html

50 https://wortfilter.de/das-ist-jetzt-nichts-fuer-die-haendler-aus-der-hoelle/

51 https://plant-my-tree.de

52 https://www.stores-shops.de/technology/ehi-studie-das-retouren-dilemma/

53 https://www.it-recht-kanzlei.de/ausnahmen-widerrufsrecht.html

54 https://www.it-recht-kanzlei.de/ausnahmen-widerrufsrecht.html

55 https://www.seokratie.de/duplicate-content

56 https://www.the-future-of-commerce.com/2013/10/14/ecommerce-cross-sell-up-sell

57 https://www.datenschutzbeauftragter-info.de/urteil-einsatz-von-google-analytics-ohne-ip-anonymisierung

58 https://www.absolventa.de/karriereguide/arbeitsentgelt/durchschnittsgehalt

59 https://www.bundesverband-gutachter.de/user-vcard?task=search&user_id=3152

BILDERVERZEICHNIS

Living a selfmade life

Torben Platzer

Mit 27 sitzt Torben in seiner 1,5-Zimmer-Bude in Oldenburg und hat bis dahin alles gemacht, was seine Eltern von ihm erwarteten: Abitur und Studium. Dann bricht er aus dem vorgezeichneten Leben aus, um seinen eigenen Weg zu gehen. Er erkennt die Chancen von Internet und Social Media, baut sich selbst zur Marke auf und macht einen Umsatz in Millionenhöhe. In seinem Buch spricht er offen über seine Fehler, Ängste und den Mut, Träume zu leben. Sein Ziel ist, besonders jungen Menschen zu zeigen, dass der Glaube an sich selbst und die konsequente Umsetzung von Ideen sie langfristig auch außerhalb der Systemgrenzen glücklich machen können.

224 Seiten | Softcover | 18,99 € (D) | 19,60 € (A) | ISBN ISBN 978-3-95972-369-5

Millionärin von Nebenan

Stephanie Raiser

Wie wurde aus der unscheinbaren Heilpraktikerin mit Aversion gegen das Verkaufen eine der gefragtesten Coaches zum Thema Geld und Kundengewinnung? Wie wurde aus der konservativen Schwabenfrau diese offene, ambitionierte Menschengewinnerin mit Millionenerfolg und eine entspannte Ehefrau und Mutter, die ein ganz neues, unkompliziertes Bild von Familie und Beruf lebt? Stephanie Raiser beweist, was möglich ist, wenn man das eigene Denken zu Geld, Business und Familie verändert, sodass aus der alten Denke »schaffe, schaffe, Häusle baue« in weniger als zwei Jahren ein Multimillionenbusiness entsteht. Die Botschaft an alle Frauen: Du kannst das auch!

272 Seiten | Softcover | 18,99 € (D) | 19,60 € (A) | ISBN 978-3-95972-439-5

Raus aus dem Stundenlohn

Oliver Pott

Die alten, sicher geglaubten Arbeitsmodelle haben ausgedient: Selbst DAX-Konzerne entlassen massenhaft Mitarbeiter. Die Krise ist der Weckruf, sich als Angestellter oder Selbstständiger nicht nur auf sein Gehalt zu verlassen, sondern das eigene Einkommen selbstbestimmt in die Hand zu nehmen. Und wer sein eigenes Talent voll entfaltet, muss nie wieder Lebenszeit an andere verkaufen. Hier erfahren Leser, wie sie ihre größte Leidenschaft zum Beruf machen, indem sie neue Einkommensquellen für sich entdecken. So erlangen sie die Freiheit und Unabhängigkeit, um ohne Druck und feste Arbeitszeiten an den eigenen Zielen zu arbeiten.

224 Seiten | Softcover | 18,99 € (D) | 19,60 € (A) | ISBN 978-3-95972-424-1

Bullshit Rules

Julien Backhaus

Die wichtigste Regel: Es gibt keine Regeln. Es gibt nur Regeln, an die wir glauben. Doch die größten Fortschritte haben wir auf der Welt dann erlebt, wenn jemand die Regeln brach. Manchmal hieß das sogar, Gesetze zu brechen. Im Afrika der Apartheid galten Gesetze, die Schwarze unterjochten. Erst als einige Mutige wie Nelson Mandela diese Gesetze brachen, wurde ein Wandel eingeleitet, der die ganze Welt infizierte. Auch für die Wirtschaft gilt dieser Grundsatz. Erst als Elon Musk unbeirrt und unter dem Gelächter der deutschen Autoindustrie elektrische Autos baute, die hinsichtlich Reichweite, Eleganz und Schnelligkeit alles in den Schatten stellten, was man bisher gesehen hatte, begannen auch andere Konzerne geradezu panikartig, es ihm gleichzutun. Was jahrzehntelang als »nicht umsetzbar« galt, war plötzlich salonfähig. Ein Paradebeispiel für »Alle sagten: Das geht nicht. Dann kam einer, der wusste das nicht und hat's gemacht«. Julien Backhaus zeigt in 50 frappierenden Beispielen, warum es sich nicht lohnt, an den gewohnten Glaubenssätzen festzuhalten, und dass der Schlüssel zum Erfolg im Mut liegt, diese Grenzen zu überschreiten und neue Wege zu gehen.

128 Seiten | Softcover | 15,00 € (D) | 15,50 € (A) | ISBN 978-3-95972-489-0